AI 시대의 미디어

Media in the Era of Artificial Intelligence

김광호, 안동수, 박성규, 이창형, 김상철
박창묵, 박종원, 장형준, 이희대, 김상연

BOOK STAR

미디어 환경이 급변하고 있다. 새로운 기술의 발전과 미디어의 융합은 그 변화 속도와 방향을 제대로 가늠하지 못할 정도로 미디어산업을 급격히 변혁시키고 있다. 특히 2016년 알파고가 등장하면서 나타난 인공지능(AI : Artificial Intelligence)의 위력에 전 세계가 놀란 이후 오늘날 딥마인드 기반의 AI 기술은 사회 전 분야에 간여하며 핵심 지식융합산업으로 그 영역이 확대되고 있다.

AI 기술과 결합된 미디어 영역 역시 진화하면서 새로운 서비스를 내놓고 있다. AI와 빅데이터 분석기술이 접목되면서 이용자들의 관심 콘텐츠를 한눈에 파악할 수 있게 되면서 최적의 형태로 미디어를 제공하는 알고리즘들이 다양하게 개발되고 있으며 AI 기술을 바탕으로 새로운 느낌과 감각으로 가상현실과 증강현실 기술을 이용한 새로운 유형의 제작기술로 콘텐츠들의 고품질화가 급속히 진행되고 있다.

앞으로도 AI와 연동된 새로운 미디어들은 우리 사회 환경을 보다 다양한 체험 공간으로 바꾸어 주고 여러 사회적 문제를 극복하는 방안을 제공하는 중추 역할을 할 것으로 기대된다.

이 책의 구성을 보면 먼저 AI 기술과 미디어산업에 대한 추세와 정책 방향 개요를 알아본 후 다양한 형태의 AI와 연관된 미디어 영역을 보다 심층적으로 다루었다. 우선 AI 발전사를 비롯한 AI 관련 미디어 기술, 저널리즘 등과 미래미디어전망 등과 아울러서 5G와 연동된 가상현실, 증강현실 등의 사례와 발전 과제를 알아보았다. 유튜브 등 1인 미디어의 성장과 넷플릭스와 같은 OTT 서비스가 기존 방송의 실시간 미디어를 잠식하는 부분도 알아보았고, UHD 방송과 5G 기술을 연동한 융합 서비스의 발전이 어떻게 이뤄질지도 가늠하였다. 아울러서 분산 원장 기술을 바탕으로 탈중앙화를 재촉하며 특정 미디어 플랫폼이 지배하는 시장 불균형에 대한 혁신의 가능성을 보이는 블록체인과 미디어에 대해서도 다뤘다. 다양한 플랫폼과 연계하여 시민의 참여를 기초로 하는 공공 서비스 미디어(Public Service Media)로 전환을 모색하고 있는 새로운 공영방송의 개념도 알아보았다.

이 책에서는 전반적으로 AI 기술의 발전을 통한 미디어의 산업 구조 변화, 콘텐츠 변화, 플랫폼과 네트워크 그리고 그 유통 방식의 변화를 살펴보고 그 변화 전망을 예측하고 관련된 정책적 방안과 아울러서 AI 기술이 우리 사회의 중요한 문화와 산업의 영역을 담당하는 미디어에 어떤 영향을 미치며 어떻게 미디어 변화를 주도할 것인지를 파악하고 핵심적인 이슈와 대안을 살펴보고자 하였다.

오늘날 코로나19의 영향으로 언택트(Untact) 문화의 확산, 온라인 소비의 증가, 온라인 교육 등의 생활이 일상화되면서 국가 간 경계를 넘어서 전 세계적인 AI 기술을 바탕으로 한 미디어 전환이 가속화될 것으로 보인다. 언제 어느 순간 실현될지 모르는 미래에 사전에 대비하기 위해서는 AI와 미디어와 관련된 다양한 이슈를 파악하고 이에 선제적으로 대응할 필요가 있다고 하겠다.

이 책에서는 각각의 분야를 담당한 학자들과 중견 방송인들이 AI 기술을 바탕으로 미디어와 관련된 중요한 이슈들에 관해 실질적인 의견들을 제시하였다. 즉 일정 부분 미디어 정책의 일반적 내용과 아울러 방송 현장의 시각에서 노하우가 반영되었다고 할 수 있다.

부언해서 이야기할 것은 이 책을 저술한 대부분의 저자는 미래방송연구회에서 함께 미디어 관련 주제에 대해 공부를 하는 구성원들이다. 미래방송연구회는 관련 학계와 중견 방송인이 미래의 방송기술 정책과 방향을 연구하자는 취지에서 만들어진 모임이다.

이 책은 관련 전문가가 아니더라도 어느 다른 분야보다 급속히 발전하고 변화해온 미디어의 추세를 알아보고 미디어 관련 다양한 주제를 쉽게 이해할 수 있도록 평이한 문장을 쓰도록 노력하였다. 이 책이 제시한 전망이 미디어 분야에서 어떤 역량을 어떻게 키워야 할 것인지를 파악하고 향후 미디어의 틀을 이해하는 데 일조하기를 바란다.

공릉골에서 2020. 8
저자 대표 김광호

CONTENTS

AI 시대의 미디어산업 추세와 정책 방향

김광호(서울과학기술대학교 명예교수)

AI 시대의 미디어산업 추세와 정책 방향

1. AI 발전 개요 및 특성

1) 발전 개요

AI(Artificial Intelligence 인공지능)는 인공적으로 만들어진 지능으로 기계가 사람처럼 생각하는 것을 의미하며 오늘날 지식의 습득과 학습, 탐색과 추론 등 지능을 위한 기반기술에서 사물의 인식, 자연어 이해 등 응용 분야에 이르기까지 광범위하게 연구되고 있다. AI는 20세기 중반 본격적으로 컴퓨터 발달 혁신으로 발전하며 컴퓨터로 두뇌를 만들어서 인간이 할 수 있는 일을 대신시킬 수 있는 방안을 생각하면서 빠른 속도로 학문의 영역으로 들어왔다.

AI 기술은 앨런 튜링(Alan Turing)이 기계의 사고 능력에 대해 처음 질문을 제기한 1950년 이래로 크게 발전해왔다. 1956년 미국 다트머스에서 마빈 민스키 등 AI 및 정보 처리 이론에 공헌을 한 사람들로부터 처음 AI라는 단어가 만들어진 이후 인간이 논리 기반 시스템을 구축하는 상징적 AI 시기부터 20세기 중반 인간

만이 할 수 있는 영역이었던 자연어 처리와 복잡한 수학 문제의 해결 등을 컴퓨터로 해낼 수 있는 혁신적인 연구가 이뤄졌다. 초창기에는 컴퓨터 하드웨어 기술의 한계와 AI 연구가 뚜렷한 성과를 거두지 못하고 정체되었다. 이후에도 인간의 신경망을 모방한 여러 인공 신경망과 신경망을 학습시키기 위한 방법이 제시되는 등 꾸준히 AI에 대한 연구가 이루어졌지만 현실의 문제를 다루기 위해 사용되는 알고리즘과 모델은 너무 복잡하여 기존의 연산 속도로는 한계가 있었다(유수정, 2017). 그 후, 1980년도 10억 달러 규모의 시장을 형성할 정도가 되면서 1990년대 이후로 컴퓨터 하드웨어의 가파른 발전으로 컴퓨터의 연산 속도와 저장 공간의 비약적인 증가가 이루어지면서 체스 게임 컴퓨터인 딥블루(Deep Blue)까지 발전했다. 또한, 컴퓨터 하드웨어 성능 향상으로 인해 자동으로 학습을 진행하는 인공 신경망의 학습 속도가 증가하고 더 복잡한 신경망을 가지고 학습을 진행함에 따라 기존보다 훨씬 빠르고 정교한 AI 모델 딥러닝이 가능하게 되었다(최종현, 2020).

AI 기술은 2011년부터 AI 하위 집합인 기계학습(Machine Learning, ML)이 발전하면서 데이터를 통한 기계의 예측 능력이 향상되어 왔고 대규모 데이터 세트와 컴퓨팅 능력 향상과 함께 발달한 신경망(Neural Networks)이라 불리는 ML 모델링 기술로 AI 개발은 더욱 확장될 수 있었다. 최근 AI 기술의 진화는 고용량, 고대역폭, 고연산 처리 속도, 저전력 소모에 최적화된 AI 반도체 개발을 촉진하고 있다. 2015년 알파벳(Alphabet)의 딥마인드(DeepMind)는 바둑을 두는 소프트웨어를 선보였는데, 2016년 알파고(Alphago)는 당시 세계 최고 바둑기사인 이세돌을 4대 1로 물리쳤다. 그 후 알파고 개발자들은 스스로를 상대로 바둑을 두며 시행착오를 거치도록 했으며 그 결과 더 빠르게 훈련하며 알파고의 원래 버전을 100대 0으로 이기는 알파고 제로(AlphaGo Zero)가 탄생했다.

AI의 역사를 보면 기술적 한계로 인한 침체기를 여러 번 겪었지만 컴퓨터 스스로 반복을 통한 경험으로 학습하는 딥러닝 기술을 통해 다시 빛을 보게 되었다. 딥러닝 기술은 사물인터넷–빅데이터를 통해 발전을 하면서 그 기술의 수준이 올라가게 되었으며 특히 빅데이터는 딥러닝의 밑바탕이 되어 AI 구현의 완성도를 높여주고, 사물인터넷과 빅데이터, AI는 서로 상호보완적인 관계를 가지게 되었다.

최근 몇 년 동안에 AI의 성능, 보급, 성장과 영향력은 빅데이터, 클라우드 컴퓨팅과 관련 컴퓨팅 및 스토리지 성능을 사용할 수 있게 되면서 크게 향상되었으며 AI 시스템에서 이용 가능한 데이터의 양은 계속해서 늘어날 것으로 보인다. 최근에는 특정 인물을 알아보거나 글자를 읽어 번역해 주거나 어떤 말을 하는지에 따라 대응해 주는 등 다양한 목적과 형태의 AI 모델이 개발되고 연구되고 있다.

AI 연구의 주요 흐름은 다음과 같다.

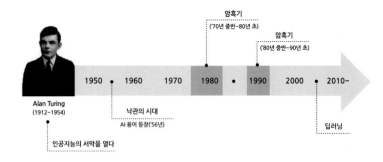

[그림 1] AI 연구의 주요 흐름 : ETRI(2015),
Insight Report ECOsight 3.0: 미래사회 전망 40쪽

2) AI의 특성

AI는 인간의 지능으로 할 수 있는 사고, 학습, 자기개발 등을 컴퓨터가 할 수 있도록 하는 방법을 연구하는 컴퓨터 공학 및 정보기술의 한 분야로서, 자연언어 처리(natural language processing) 분야, 전문가 시스템(expert system) 분야, 이론 증명(theorem proving), 신경망(neural net) 등의 특성을 가지고 컴퓨터가 인간의 지능적인 행동을 모방할 수 있도록 하는 것이라고 할 수 있다.

이러한 AI의 접근법은 크게 상향식 방식과 하향식 방식이 존재한다.

상향식 방식의 AI는 뇌의 신경망을 해석하고 화학작용을 분석하여 뇌의 전자 모델을 만들어 AI를 탄생시키는 것으로 인간의 뇌가 어떻게 동작하는지 조사하고 이러한 동작을 수학적으로 모델링하여 컴퓨터에서 시뮬레이션하는 데에 초점을 둔다.

하향식 방식의 AI는 지능이 필요하다고 보는 작업을 알고리즘으로 해결하는 데에 초점을 둔다. 문제를 효율적으로 해결하기 용이하며, 기존의 AI에 대한 연구는 거의 모두 하향식 AI로 일반적으로 특정 작업의 효율을 향상시키기 위해 사용되었다.

하향식 AI가 미디어에 적용되는 사례를 보면 보통 검색, 시청 기록을 통하여 사용자가 자주 시청하는 종류의 영상을 알고리즘을 통하여 추천하며, IPTV는 빅데이터와 AI를 기반으로 인프라를 고도화시켜 고객 맞춤형 서비스를 제공한다.

이 AI의 예로 가정의 여러 스마트기기와 연결되어 음성인식을 통해 상호작용하는 AI 스피커와 스마트폰 AI 비서 등이 있다. 또한, 유튜브와 넷플릭스는 빅데이터에 기초한 사용자의 관심사와 성향을 AI가 분석해 영상과 VOD를 추천해 주는 서비스를 제공하고 있다.

AI의 몇 가지 특징을 보면 다음과 같다.

① 학습성

AI는 신경망 학습을 통하여 원하는 기존의 프로그래밍과 달리 원하는 정보를 학습시킬 수 있다.

예를 들어 손글씨 이미지를 보여주고 어떤 그림이 1이라는 숫자임을 학습시키면 다른 손글씨 1을 입력받더라도 1을 출력할 수 있고, 고양이와 강아지를 학습시키면 이것이 고양이인지 강아지인지 유추하는 능력을 키울 수 있다는 특징이 있다.

신경망 학습의 정확성 향상을 위해서 좋은 질의 데이터가 많이 필요하게 되는데 이러한 데이터를 얻기는 쉽지 않고 비용이 많이 들기도 하며 실질적으로 데이터를 얻기가 아주 힘든 경우도 많다. 또한, 학습에 필요한 수치 중 학습자 본인이 스스로 설정해야 하는 값(학습률, 신경망의 깊이, 배치 사이즈) 등의 설정이 개발자의 경험과 직관에 의해 결정되기 때문에 이러한 과정이 상당히 번거롭고 AI의 정확도에 큰 영향을 끼치게 된다는 단점도 있다(구형일, 2018).

② 다양성

AI는 여러 가지 목적에 따라 다른 형태와 모델이 연구되고 있다. AI의 지능 영역을 특정한 문제를 지도학습, 강화학습 등의 방법으로 스스로 문제를 해결할 능력을 부여하는 '학습'의 과정이 필요한 학습지능, 특정한 기능을 수행하는 것에 특화된 단일지능, 인간과 비슷한 수준으로 감정을 이해하거나 창작 활동을 하는 등 고도의 프로그래밍이 필요한 복합지능으로 나누어 소분류하고 각각의 소분류에서 어떤 부분에 특화된 지능 인지에 따라 세분화할 수 있다(정준화, 2019).

[표 1] AI의 특징 분류

소분류	세분류	요소기술
학습 지능	머신러닝	베이지안 학습, 인공 신경망, 딥러닝, 강화학습, 앙상블 러닝, 판단 근거 설명
	추론/지식 표현	추론, 지식 표현 및 온톨로지, 지식 처리
단일 지능	언어지능	언어 분석, 의미 이해, 대화 이해 및 생성, 자동 통역·번역, 질의 응답(Q/A), 텍스트 요약·생성
	시각지능	영상 처리 및 패턴 인식, 객체 인식, 객체 탐지, 행동 이해, 장소/장면 이해, 비디오 분석 및 예측, 시공간 영상 이해, 비디오 요약
	청각지능	음성 분석, 음성인식, 화자인식/적용, 음성 합성, 오디오 색인 및 검색, 잡음 처리 및 음원 분리, 음향 인식
복합 지능	행동/소셜지능	공간지능, 운동지능, 소셜지능, 협업지능
	상황/감정 이해	감정 이해, 사용자 의도 이해, 뇌신호 인지, 센서 데이터 이해, 오감인지, 다중 상황 판단
	지능형 에이전트	에이전트 플랫폼, 에이전트 기술, 개인지능, 모방창작 지능
	범용 인공지능(AGI)	상식 학습, 범용 문제해결, 평생 학습, 도덕-윤리-법 지능

출처: 정준화. (2019). AI 정책의 주요 쟁점과 과제. 한국지역정보화학회 학술발표대회 논문집, 42p

이렇게 세분화된 AI 중 목적에 맞게 어떠한 AI를 사용할지 정하여 활용할 수 있다.

③ 범용성

잘 구현된 AI는 간단한 수준의 작업부터 복잡한 일까지 사람이 필요한 많은 부분의 일을 대신할 수 있기 때문에 다양한 분야에 광범위하게 활용될 수 있는 특징이 있다. 이러한 속성 덕분에 AI 가 활용될 수 있는 분야는 굉장히 넓다. 의료, 자율주행, 생산, 광고, 영화 추천, 주식 매매, 채용 등과 같은 넓은 분야에서 활용되고 있다.

2. AI와 미디어산업

1) AI의 미디어 관련 주요 추세

AI는 우리 사회에서 다양하게 어느 정도 활용되고 있다. AI는 더 나은 의사결정과 비용 절감을 위해 대량의 데이터에서 패턴을 감지하여 복잡하고 상호 의존적인 시스템을 모델링하는 것이 가능한 운송, 농업, 금융, 마케팅 및 광고, 과학, 의료, 형법, 공공안보, 증강/가상현실 등에 빠르게 기술이 도입되면서 활용되고 있다.

미디어 분야의 경우 AI 기술과 접목되어 미디어의 생산과 소비의 주체가 사람과 기계로 확장되며, 사람과 사람, 기계와 기계, 사람과 기계 간의 소통을 매개하는 미디어가 등장하고 기계와 인간이 창작의 측면에서 서로를 보완할 수 있는 가능성을 통해 기계의 연산 능력을 바탕으로 인간의 창조성을 확대하는 새로운 미디어 형식이 등장하며 사용자에게 지능적으로 맞춰진 시청각 감성을 만족할 수 있게끔 지능형 미디어 서비스의 형태까지 진화되고 있다. 현재 미디어의 여러 분야에서 지능형 미디어가 활용되면서 기존 산업의 프로세스는 물론 가치사슬 변화를 이끌어내고 있다.

지능형 미디어는 AI, 빅데이터, IoT 및 클라우드 기술과 융합되어 기존 방송, 스마트 미디어의 경계가 허물어지고 통합된 거대하고(Big), 지능적이고(Intelligent), 자율 성장(self－Growing) 미디어를 포괄적으로 말한다. 기술적으로 살펴보면 거대 빅데이터가 적용되면서 나타나는 특징으로 4V, 즉 크기(Volume), 다양성(Variety), 속도(Velocity), 가변성(Variability)의 특징을 갖는 미디어이고 지능(Intelligent)은 AI가 적용되면서 나타나는 미디어 부분의 제작, 편집, 송출, 소비의 생산성, 효율성 및 적응성이 극대화되는 지능적으로 학습하는 미디어이다. 지능형 미디어의 특징은 자율성이다. 이는 사용자－미디어 간 상호작용을 통해서 사용자의 의도를 파악하여 시청자의 미디어 소비 욕구를 충족시킬 수 있도록 계속해서 맞춤형으로 성장하는 미디어의 특징을 지닌다(김지균, 2017).

AI는 빅데이터, 클라우드, IoT, 블록체인, 3D 프린팅, 자율주행, 로보틱스, 5G, 가상현실·증강현실·혼합현실 등의 신기술과 비교해 보면 타 기술과의 연계성, 다양한 서비스로의 확장성, 혁신적 기술과 윤리적 규범의 상호작용성 등에 있어서 가장 통합적인 분야이다. AI를 통해 클라우드, 모바일, 빅데이터, 5G, VR/AR 등 관련 기술들이 본연의 실용적 가치를 확보하고 활용성을 더욱 확대하고 있으며 각각 독자적이던 기술들의 상호 접목·융합 현상이 가속화되고 있다.

AI와 관련해서 빅데이터는 중요한 부분이다. 스마트폰이 대중화되고 무선통신 기술이 발전함에 따라, 모바일을 통해 정보를 검색하고 소셜미디어를 통해 실시간으로 대화를 나누며, 위치정보를 활용해 새로운 만남을 갖기도 하는 등 우리 삶의 모습이 크게 변화하고 있다. 빅데이터는 우리가 온라인상에서 공유하는 다양한 형태의 메시지, 이미지는 물론 그러한 데이터가 입력, 검색되는 주기, 사용자 위치, 시간 등 인터넷에 연결된 디지털 기기를 통해 생성되는 모든 형태의 데이터를 포함하는 개념이다. 빅데이터와 AI를 결합하면 데이터를 정리, 통합하고 체계화하여 AI와 머신러닝의 힘을 활용하여 혁신과 비즈니스의 강력한 기반을 제공한다.

빅데이터 활용 영역은 다음과 같이 구분할 수 있다.

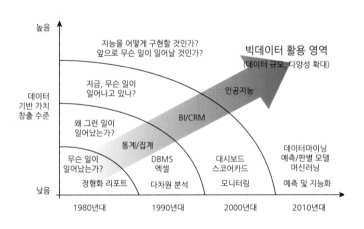

[그림 2] 빅데이터 활용 영역 [출처: 노무라연구소(2012), 심흥진(2017) 재인용]

미디어 부문을 보면, 현실과 가상, 온라인과 오프라인이 융합된 환경에서 미디어 간 상호작용을 통해 이용자에게 현실감·공간감을 체감할 수 있는 기술 환경을 제공하고 있으며 또한 미디어와 상황 정보의 지능적 결합으로 공간·사물 결합형 스크린을 통한 미디어 주도형 서비스로 발전하고 있다. 미디어 소비는 방송 중심의 수동적 미디어 소비 형태에서 인터넷과 다양한 기기를 이용한 미디어 재구성, 재배열 및 확장을 통해 소비하는 형태로 변화되고 있다. 새로운 개념으로 미디어 오케스트레이션 (Media orchestration) 서비스를 통해 이용자가 다양한 미디어와 디바이스들을 재배열, 재구성하여 소비하는 방식과 미디어 팔레트 (Media palette) 서비스로 이용자의 상황 정보를 인식하여 다양한 미디어를 지능적으로 융합·가공하고 제공하는 방식, 그리고 촉각/후각 등 오감·감성 표현이 가능한 체감형 (XF:Experience Feeling) 서비스 역시 AI를 활용한 경우라 할 수있다.

현재 코로나19로 인해 재택 시간이 늘어나면서 소비자의 AI 디바이스 이용 경험이 확대되고 있으며, AI의 편의성에 익숙해져 가는 추세이다. 소비 지출 방식에도 변화가 일어나 온라인 비즈니스는 더욱 활성화되고 있으며, 언택트 서비스 수요는 지속될 것으로 예상되는바, 향후 AI 기술은 모델의 진화, 새로운 접근, 실용적 요구사항 등에 맞춰 지속적인 혁신이 이루어질 것으로 보여진다. 아울러서 인간의 정보 처리 모델을 흉내 내는 이미지 인식이나 자연어 처리 분야에서 뿐만 아니라 우리 사회에서 AI가 보다 더 의미 있게 사용되기 위해 필요한 기능에 대한 도전도 계속 이뤄질 것이다.

2) 미디어산업에서의 AI

AI를 통한 미디어 환경의 변화는 이미 미디어산업의 다양한 분야에서 적용되고 있으며 이러한 흐름은 디지털기술을 활용하여 기존 서비스 사업의 프로세스는 물론 미디어산업의 가치사슬이 근본적으로 달라지고 있음을 보여주고 있다. 미디어산업 분야에서는 새로운 기술을 이용하기 쉽고 낮은 비용으로 도입할 수 있게 되었고 이는 산업 전반의 성과를 강화할 수 있도록 혁신을 가속하는 역할을 하고 있다.

일반 사용자들 역시 음성 기반의 가상 비서인 아마존 알렉사(Alexa), 구글 어시스턴트 (Assistant), 애플의 시리(Siri), 삼성의 빅스비를 대부분의 스마트기기에서 활용할 수 있는 상황이 되고 있다. 국내에서 AI 스피커가 실생활 제품으로 자리 잡으면서 SKT의 누구(NUGU), KT의 기가지니, 네이버 클로바의 사용량이 급속히 증가했다. 가전 부문에서도 AI 기술을 접목한 사물인터넷 적용이 활발히 진행되어 왔으며, 소비자들이 AI를 직접 체험할 기회가 늘어남에 따라 가전업체들도 AI를 탑재한 프리미엄 가전 판매를 확대할 전망이다. AI와 블록체인이 결합된 지능형 블록체인, AI가 본격화되는 자율자동차 속에 들어간 5G 네트워크 등 서로 결합된 기술들 역시 유기적인 연결로 시너지를 낼 것으로 보인다.

미디어산업의 진화는 플랫폼을 넘어선 콘텐츠 서비스 방식의 변화를 요구하는데 이미 AI를 활용하여 콘텐츠 소비와 생산에서 획기적인 변화가 야기되고 있다. AI로 이용자 개개인의 수많은 정보가 수집되고, 이 데이터의 처리를 담당하면서 개인 맞춤형 콘텐츠가 일반화되어 가고 있으며 기존에는 알지 못했던 이용자와 관련된 데이터를 수집해서 이를 통해 기존의 미디어가 놓쳤던 이용자의 맥락을 파악할 수 있다. 이러한 혁신을 통해 나타난 서비스가 미래 미디어 시장에 적지 않은 영향을 미칠 것이라는 점은 명확해 보인다. 이는 미디어산업의 콘텐츠 기획·제작·유통, 이용자 경험 등 전방위적 구조와 소셜 영역을 포함한 신문사, 지상파 방송사, 유료 방송사, 영화, 광고, 음악, 연예기획사 등 미디어산업 내 모든 분야에서 질적인 변화를 야기시킨다. 맞춤형 광고도 증가하고 있는데 예컨대 구글에서는 클릭에 비례하여 광고주에게 광고비를 받는 형식의 광고 서비스를 제공하는데 AI를 사용하여 사용자의 검색 기록, 방문 기록, 특히 쇼핑몰 검색 기록을 수집하여 사용자가 관심 있을 만한 광고를 내보내 준다. 이러한 방식으로 수집한 빅데이터를 활용하여, 어떤 부류의 사용자에게 언제, 무슨 광고를 노출 시켜야 하는지 실시간으로 최적화된 광고를 내보내 적중률을 높인다.

이처럼 시장의 속성, 수익 모델의 구조, 그리고 시장 지배력의 원천 모두가 변화하면서 미디어산업의 사업 모델은 근본적으로 변화하고 있다. 과거에 유통/마케팅 채널과 돈/기술의 희소성에 기반하여 미디어 사업자들의 소비자 통제가 이뤄졌다면, 지금은 새로운 플랫폼들이 질적으로 변화·발전하여 AI를 응용하기 위해 노력하고 있다.

현재 AI의 성장은 기업들이 데이터를 가장 소중한 기업 자산으로 전환할 수 있도록 해주고 있으며 실시간으로 언제나 접근이 가능한 데이터와 분석 도구를 통해 빠른 분석을 가능하게 해주었다. 기업들은 이제는 여러 포털 사이트 및 소셜 플랫폼, 모바일을 통해 생성되는 다양한 형태의 데이터를 기민하게 통합시켜 연계 분석하고 있다. 빅데이터 분석이 미디어 시장에서 상용되면서, 미디어 기업은 시청자의 성향, 관심사, 자주 사용하는 플랫폼 등을 기존보다 훨씬 합리적으로 빠르게 분석해 냄으로써 고객가치와 기업의 경쟁력을 동시에 향상시키는 긍정적인 효과를 창출할 수 있을 것이다. 사업자들은 방송 콘텐츠가 방영되는 동안 SNS에 올라오는 메시지들을 분석하여 즉각적으로 프로그램에 반영하고, 고화질 영상을 선호하는 사용자를 위해 고화질 기반의 UHD 콘텐츠를 다양하게 개발하며, 스마트폰, PC, VOD 등 시청자가 선호하는 방송 플랫폼에 적합한 콘텐츠를 개발하는 등 데이터와 방송기술이 융합된 소비자 중심의 동적인 방송 서비스를 구현함으로써 더 높은 수익 모델 창출을 기대할 수 있게 될 것이다.

이런 점에서 UHD 콘텐츠의 증가 및 미디어 시장의 변화로 인해 향후 폭발적으로 증가할 빅데이터에 대비해 체계적인 중장기 로드맵이 마련될 때, 미디어에 대한 더 높은 가치를 창출할 수 있을 것이다.

AI가 반도체와 같이 미디어 콘텐츠 산업의 주요한 도구로서 자리 잡게 되면서 미디어 영역별 사업자의 경계가 모호해지고 있다. 기존에는 콘텐츠 공급, 콘텐츠를 제공하는 플랫폼 및 네트워크, 디바이스 등 해당 영역을 선점하는 별도의 사업자가 존재했지만 이러한 미디어 시장의 경계는 사라지고 있으며 여러 영역을 통합한 새로운 영역으로의 전환이 가속화되고 있는 추세이다. 앞으로도 미디어와 관련된 기술들이 활용성을 더욱 확대하면서, 각각 독자적이던 기술들의 상호 접목·융합하는 현상이 가속화될 것이다. 이로 인해 개별적인 기술은 더욱 첨단화되고 새로운 서비스가 탄생될 수 있다. 검색과 스마트폰 플랫폼을 선도하며 음원, 전자북 등 새로운 콘텐츠 서비스까지 제공하는 구글의 사례가 대표적이다. 앞으로 이 분야에서 앞서 있는 AI 플랫폼을 기반으로 생태계 구성을 위해 아마존, 구글, 마이크로소프트 등의 글로벌 기업의 경쟁은 새로운 도전자의 등장과 함께 지속될 것이다.

이제 미디어 시장은 더 이상 공급자 중심이 아닌 수요자 중심으로 변했다. 이와 관련해 아마존 창업자 제프 베조스는 변하지 않는 중요한 가치에 시간과 노력을 집중해야 한다고 강조한다. 그는 1) 비즈니스 재해석 2) 가치사슬 재평가 3) 고객과의 관계 재정립 4) 조직과 역량 재정비를 제안하며 고객이 재미있고 유익한 다양한 콘텐츠를 원할 때 언제 어디서나 편리하게 합리적 가격에 보길 원한다는 가치에 집중해야 된다고 지적한다.

비즈니스 재해석의 경우는 ① 콘텐츠에 광고를 붙이는 모습에서 진화하여 다각도의 지적 자산 기반 사업 모델로 나아가자는 사업 모델의 재정의, ② 한 번의 시청률이 아닌, 길게 잠재 수익을 창출할 수 있는 가능성을 보자는 성공의 재정의, ③ 시청률이 아닌 시간 점유(Time share)/소비 점유(Wallet share)를 종합적으로 평가해 보자는 핵심 지표의 재정의를 들고 있으며, 가치사슬의 재평가는 ① OTT 자체를 새로운 기회 시장으로 보고, 과감히 떼어낼 부분과 확장할 부분에 대한 분석에 집중하자는 OTT와 함께 성장, ② 새로운 가치사슬 환경에서 기존 전문가와 데이터 분석가가 협업하여 직관과 분석, 경험과 통찰, 실험을 결합해 수익 기회를 극대화하자는 편성/광고의 최적화, ③ 외부의 역량 있고 열정 있는 사람들의 아이디어를 과감히 받아들이고 접목하여 변화의 동력으로 삼자는 오픈 이노베이션을 들고 있다. 고객과의 관계 재정립에서는 온디맨드 환경에서는 우리가 콘텐츠에 접근하는 방식을 근본적으로 변화시켜야 한다는 의견을 제시한다. 즉 기존 텔레비전 방송 프로그램의 공식화된 과정을 따르거나 보편성을 추구할 필요가 없이 좀 더 구체적이고 상세하게 고객의 목소리에 귀 기울이고 진짜 팬을 만들어나갈 필요가 있다는 것이다. 다시 말하자면, 우리 프로그램을 시청하고 구매하는 고객이 모두 같은 고객이 아니라는 점을 발견하고 이를 전략 수립에 적극 활용하는 것이 중요하다는 것이다. 조직과 역량을 새롭게 재정비해야 된다는 제안에서는 전통적 기업과 인터넷 기업을 막론하고 전통적 위계 구조의 조직도를 벗어나 셀 단위로 일하며 의사결정 프로세스를 획기적으로 단축하고 셀 리더의 권한과 조직원의 자율성을 강화하는 추세이며 이 방식은 작은 셀 단위로 성과를 빠르고 세부적으로 측정하고 성취감과 분발을 유도하는 시스템이라고 강조하고 있다. 이와 함께 데이터와 증거 기반 의사결정이 자리 잡기 위해서는 좀 더 중요한 것들을 사내에서 공유하고 실증적이고 탐험적인 접근을 널리 장려해야 하며 특히, 리더는 인력과 물적 자산과 함께 사내 데이터를 전략적 자산으로 인식하고 조직문화를 개선하는 전도사가 되어야 한다는 주장을 하면서 미디어산업의 나가갈 방향을 제시하고 있다(조대곤, 2019).

전반적으로 볼 때 미디어산업에서 AI를 활성화하기 위해서는 AI 혁신 환경의 인프라 구축의 틀 안에서 미디어산업에 대한 영향을 진단하고 평가하면서 미래를 예측하고 이에 맞춰 AI 기술개발을 위해 적극적 투자 및 정책 마련이 필요한 것으로 보인다. 인력 측면에서 보면 단순한 작업은 AI가 담당하고 보다 인간적이고 감정적인 스킬이 필요한 노동 직군이 새롭게 등장할 것이라는 예측도 감안해야 한다. 미디어 사업자들은 전사적 역량을 AI 혁신에 집중해야 할 것이다. 아울러서 기본적으로 기술에 대한 이해를 바탕으로 비기술적인 비즈니스 능력을 갖춘 조직 구성원들의 양성과 데이터 관련 플랫폼, 툴 등과 관련된 데이터 사이언스 조직을 얼마나 빨리, 얼마나 잘 만들어서 활용하느냐가 향후 사업의 성패를 좌우할 것이라 보여진다.

3. AI 활용 주요 분야 개요

주요 미디어 분야에서 AI가 어떻게 활용되는지 간단히 알아보기로 한다.

1) 실감형 미디어: VR/AR/MR

실감형 미디어란 우리가 살고 있는 현실과 경험을 가장 생생하게 재현해 내고자 하는 세계를 만드는 것을 말하며 인간의 눈과 귀라는 두 가지 감각 기관만으로 경험을 극대화해 활용하는 기술과 콘텐츠에 집중해 왔다.

실감형 미디어를 구분해 보면 먼저 VR(Virtual Reality)은 가상현실로, 현실 세계에서 분리되고 차단된 가상공간에서 체험하는 방식이다. VR은 실제와 유사하지만, 컴퓨터 그래픽으로 만들어낸 가공의 상황이나 환경으로 설계에 따라 사용자의 공간 제약이 사라진다. VR 콘텐츠는 몰입감과 상호작용으로 사용자에게 이전의 콘텐츠와는 다른 새로운 경험을 하게 해주면서 프레즌스[^1] 효과를 나타나게 한다. VR을 통하여 시각뿐만 아닌 다른 오감을 더하기 때문에 사람들의 의사소통과 정보 공유가 좀 더 생생하게 이루어질 수 있다. 현재 VR 기술을 이용하여 360도 VR 영상을 찍을 수 있는 카메라로 영상을 만들어 사용자가 화면 내 시점을 자신 마음대로 선택해 볼 수 있는 등 자유로움을 통한 몰입감 및 사실감으로 VR 미디어는 방송, 교육, 게임, 영화 등 다양한 분야에 활용되고 있다(정준영 외, 2018).

AR(Augmented Reality)은 현실 세계에 가상의 이미지 정보를 더하여 가상과 현실의 벽이 허물어져 같은 공간에 존재하도록 하는 방식이다. AR은 이용자의 실물 환경에 가상의 데이터를 맵핑하여 다양한 정보를 자연스럽고 실감 나게 제공하는 일체의 시스템과 콘텐츠로 구성된다(정상섭, 2019). AR은 VR과 다르게 현실 세계를 보완하는 것으로, 사용자가 눈으로 보는 현실 세계에 가상 물체를 겹쳐 보여주는 기술이다. 증강현실이라 불리며 일반적으로 스마트폰 앱을 이용하여 보급되어 있다.

MR(Mixed Reality)은 현실과 가상세계의 정보를 결합해 융합시키는 공간을 만들어내는 방식이다. AR, MR 기술을 이용한 예로는 마이크로소프트의 홀로렌즈가 있다. 홀로렌즈는 VR기기와 달리 안경이나 머리에 쓰는 형태의 기기로 렌즈에 맺힌 영상은 현실과 중첩되어 나타난다.

실감 미디어 구현에 필요한 요소로 3차원 공간성, 실시간 상호작용 그리고 몰입성이 있으며, 요소 구현을 위해서는 컴퓨터 그래픽기술, 네트워크 통신기술, 그리고 HMD(헤드 마운티드 디스플레이) 등의 오감을 자극하는 다수의 입출력 장치를 요구한다.

---

1) 프레즌스(Presence): 현실을 벗어나 마치 미디어 속에 자신이 존재하는 느낌. 영상물을 시청하면서 자신이 이를 시청하고 있는 상태를 지각하지 못하고, 어느 순간 미디어를 시청하고 있는 사실을 잊어버리고 매개된 영상물에 몰입하는 심리적인 상태. 실재감, 몰입감, 입장감.

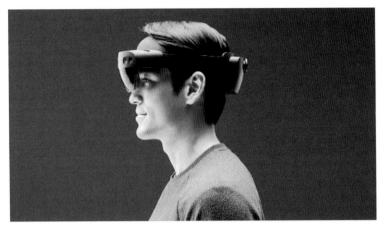

[그림 3] 마이크로소프트 홀로렌즈2
https://www.microsoft.com/ko-kr/hololens/hardware

실감 미디어기술이 급속도로 확산하게 된 원인은 다음과 같다.

첫째, 고화질 디스플레이의 등장

둘째, 모션 및 위치 정보 기술의 대중화

셋째. 컴퓨팅 및 네트워크 기술의 발전

넷째, 대중화된 콘텐츠 제작의 확대

AR · VR기술은 미디어 콘텐츠 분야에서 방대한 시장을 가지고 있다. 최근에는 디바이스가 필요 없는 AR의 장점과 큰 몰입감을 제공하는 VR의 장점을 결합한 MR 혹은 XR 개념으로 발전하고 있다. MR은 현실과 가상을 결합한 가상의 객체들이 공존하는 새로운 환경을 의미한다. 일례로 애플과 마이크로소프트 등 글로벌 기업은 홀로렌즈2 등을 공개하면서 이미 AR · VR을 넘어 혼합 현실(MR) 혹은 확장 현실(eXtended Reality: XR) 시대를 준비하고 있다. 최근에는 디바이스가 필요 없는 AR의 장점과 큰 몰입감을 제공하는 VR의 장점을 결합한 MR 혹은 XR 개념으로 발전하고 있다. MR은 현실과 가상을 결합한 가상의 객체들이 공존하는 새로운 환경을 의미한다.

광고, 마케팅에 AR·VR 기술을 접목하여 효과적인 광고 효과를 위해 사용하기도 한다. 맥도날드는 접으면 VR 고글로 탄생하는 해피밀 박스를 제작해서 해피 고글(Happy Goggles)을 출시 판매했는데 해피밀 박스를 지정한 방식으로 조립하고 함께 제공되는 렌즈를 끼워 스마트폰에 넣으면 가상현실을 체험할 수 있게 하였다. VR 광고는 2D 광고나 디지털 광고만으로 표현할 수 없는 생생한 현장 경험을 전달하며 광고 효과를 극대화할 수 있어 타 매체 광고와 달리 소비자가 해당 콘텐츠에 몰입하도록 만든다. 현재 가구 배치나 인테리어를 할 때도 AR 기술을 많이 사용한다. 이케아에서는 'IKEA PLACE' 애플리케이션을 출시하여 개인의 공간에 이케아 가구들을 배치해 볼 수 있도록 하였다. 현실 세계에 가상의 공간을 입힌 AR 기술은 소비자가 구매 이전에 경험을 강화할 수 있다는 강점이 있고 현실에 상상력을 입힌 새로운 스토리텔링이 가능해지고 있다.

역사적으로 보면 2016년 실감형 미디어로서 VR/AR 시장은 다양한 디바이스들이 각각 별도의 시장으로 존재했으며 각 제품들은 기능 및 전문성도 부족해 시장성이 높지 못한 상황이었다. 2018년까지 VR/AR/MR 등 실감형 미디어 시장은 대중화의 초기였다. 2018년에는 AR과 VR이 결합된 MR 기술이 등장하고 통신

인프라 및 디스플레이기술 등 제반기술들이 고도화되고, 이를 통한 활용 서비스가 구체화되고 다양화되었다. 2022년 이후에는 몰입형 디스플레이 수요가 폭발적으로 증가하여 VR/AR/MR의 대중화 단계에 이를 것으로 예상된다. 애플, 페이스북, 구글, 삼성, LG 등 기존의 ICT 기업들을 비롯한 국내외 통신 사업자들이 최근 VR/AR 시장에 인력과 자금을 투입하며 새로운 서비스를 잇따라 출시하고 BBC, CNN 등 방송국에서도 VR 기술을 시도하면서 더욱 현실감 있는 뉴스를 전달하려고 하고, 신문, 영화 등 여러 분야에서 VR, AR 기술을 사용하거나 이를 위한 실험을 하고 있다.

그러나 실감형 미디어의 좁은 활용 분야와 아울러 이를 경험한 수많은 이용자로부터 기술적인 한계에 대한 지적도 많다. 특히 VR/AR/MR 등이 무분별하게 혼재되어 사용되면서 용어와 범위의 부정확성이 문제로 제기되고 있으며 다양한 시장조사 기관에서 서로 다른 정의로 시장 규모를 예측하여 너무 큰 격차의 시장 예측이 나타나는 등 용어가 부적절하게 사용되어 산업 간 혼란을 초래하고 있다. 따라서 실감 미디어는 명확한 용어와 범위 설정을 통해 산업적 정체성과 지향점의 통일성을 갖추어야 할 것이며, AI 기술의 적용과 융합을 통해 새로운 가치를 제공하며 발전해 나가야 할 것이다.

2) 1인 미디어

스마트기기 보급 확대와 모바일 방송 애플리케이션 개발로 사용자의 접근성, 신속성 등이 개선되어, 시공간을 초월한 실시간 개인방송, 온라인 동영상 등 콘텐츠 이용이 가능하게 되면서 1인 미디어가 등장하고 이는 또 한 번의 커뮤니케이션 변혁이라 할 수 있다.

1인 미디어는 디지털 콘텐츠 창작 환경이 구현됨에 따라 인터넷상에서 개인화된 서비스인 미니 홈피나 블로그와 같은 정보 기반의 서비스와 트위터, 페이스북 등 소셜미디어를 포괄하는 개념으로 인간의 소통 욕구와 표현 욕구를 나름의 방식으로 충족시키고 반영하는 문화적 표현 양식이다. 특히 게임, 스포츠, 취미, 교육, 음식 등 다양한 부문에서 인기 있는 1인 미디어 크리에이터의 콘텐츠가 나타나고 있으며 시청자는 개인화된 1인 미디어 서비스를 이용하고 있다.

1인 미디어는 실시간 방송뿐만 아니라 스낵 컬처(Snack culture) 형태의 영상 편집을 통해 빠르고 다양하게 콘텐츠에 접근할 수 있어, 짧은 시간에 콘텐츠를 다양하게 소비할 수 있게 되었다.

동영상을 생산하고 업로드하는 창작자를 크리에이터(Creator)라고 하는데 1인 미디어 제작자에게 크리에이터라는 명칭을 쓰는 것은 단순히 동영상의 창작자일 뿐만 아니라 자신이 만든 동영상을 매개로 자신들의 팬 커뮤니티를 만들어 가는 커뮤니티의 창조자 역할도 동시에 감당하기 때문이다. 1인 미디어는 창작자와 시청자의 친밀한 쌍방향 통신을 통해 소비자의 참여와 소통 욕구를 충족시키고 방송에 반영함으로써 레거시 미디어에서 얻기 힘들었던 정서적 유대감을 제공한다.

현재 미디어 소비자들은 개인이 원하는 콘텐츠를 찾아보거나 자신의 취향과 선호도에 맞추어 추천하는 콘텐츠를 보게 되는 선택적이고 자유로운 소비 형태를 보이며 크리에이터들은 자신들의 콘텐츠를 특화해 스스로가 브랜드가 되어 충성스러운 팬층을 기반으로 개인의 브랜드 가치로 소비자들을 확보하고 있다.

플랫폼에서 크리에이터에 제공되는 주요 제공 기능으로는 다양한 스타일의 채팅창, 팝업 알림, 외국어 음성 지원 및 한글 번역, 여러 가지 정보(시청자 수, 구독자 수, 추천 수, 선물 내역 등)를 표시할 수 있는 그래프 등이 지원되는 데 여기에 AI 기술이 활용되고 있다. 시청자의 표현의 욕구 등 심리적 충족 등을 위해 사용 중인 텍스트 음성 변환(Text to Speech, TTS)은 향후 텍스트 기반에서 음성 입력을 기반으로 한 음성 변환(Voice conversion), 음성 전환(voice morphing) 등의 기술의 활용 가능성이 높으며 서비스 플랫폼에 미치는 시장성이 커질 가능성이 있다. TTS는 문자(Text)를 음성으로 변환해주는 프로그램(시스템)으로 인터넷 방송 분야에서는 크리에이터 방송 참여자(시청자)가 주로 사용하는 기술이다. 인터넷 방송에서 활용 중인 TTS는 대부분 텍스트를 전자음으로 읽어 주고 있으며 자연성, 명료성 측면의 개선을 위한 연구를 추진 중에 있다. 구글은 최근 자회사 딥마인드가 개발한 TTS를 통해 기존 전자음에서 사람의 음성에 가까운 음성 변환 기술 개발, 시장, 서비스형을 제공하면서 상용화가 확대되고 있다. 중국 기업 바이두는 최근 수십 분 내 수천 명의 목소리 음조, 발음, 악센트 등을 복제, 학습할 수 있는 기술인 딥보이스3(Deep voice 3)을 발표했고 딥러닝 속도가 급속히 개선되면서 수십 분 내 많은 사람의 목소리 학습이 가능해졌다. 한국어 음성 변환 아마존 폴리(Amazon Polly)는 딥러닝 기술을 통해 텍스트를 음성으로 변환하는 TTS 서비스를 제공하고 있다. 최근 KT는 AI 스피커에 딥러닝 기반 개인화 음성 합성 기술(P-TTS)을 상용화했고, 네이버, SKT의 AI 스피커, LG 모바일의 AI 적용 등 대기업뿐만 아니라 시스트란, 셀바스 AI 등 중소기업과 마인즈랩, 스캐터랩 등 스타트업 등 역시 IT 시장에서 AI 기술을 확보 중이다(신태환, 2018).

사용자 분석을 통한 AI 추천 서비스는 이미 소비자에게 널리 활용 중이다. 이미 나와 유사한 성향을 지닌 사람 기반으로 그 사람이 선택한 아이템 추천 또는 내가 선호하는 아이템 기반 유사 성향의 아이템을 추천해 주는 협업 필터링(Collaborative Filtering, CF), 콘텐츠 기반 필터링(Contents based Filtering, CBF) 기술 등이 있으며 콘텐츠 강화와 더불어 이용자 경험을 딥러닝한 AI 기반 콘텐츠 추천 서비스는 서비스 가입자 유지 확대, 사용자 만족도 측면에서 크게 개선되거나 향상될 가능성이 높은 것으로 판단된다.

최근 시청자는 1인 미디어 크리에이터와의 소통 중 한국어의 일본어, 중국어로 변환한 음성을 사용할 수 있으며, 캐릭터별 다양한 남성, 여성음을 사용 중인 소비자는 더 많은 음성 모델, 어조를 원하는 소비자 니즈로 연결될 가능성이 높다. 따라서 미디어 사업자에서는 인기가 높거나 유명한 1인 미디어 크레이터의 음성을 딥러닝하여 음성 서비스로 제공하는 오픈베타 서비스도 고려해 볼 필요가 있다.

현재까지 방송 크리에이터와의 커뮤니케이션의 수단으로서 텍스트 음성 변환 TTS가 소비자 측면에서 사용 중이나, 표현의 확장, 재미 확대, 선택의 폭 다양화, 품질 등을 고려한다면 인공지능 기반 TTS 적용 등이 보다 활발하게 이뤄질 가능성이 있다. 또한, 실시간 방송 환경에서 TTS뿐만 아니라 정확한 정보 확인을 위해 정보 제공자에 대한 AI 기반 사실 검증 서비스 연구 개발, 적용 기대 및 방송 시청자를 위한 적용 분야 지속적 연구 추진이 필요한 것으로 보인다.

전 세계적으로 가장 중요한 1인 미디어인 유튜브 역시 지속적인 소통을 통해 기존 콘텐츠보다 효율적이고 경쟁력 있는 콘텐츠를 만드는데 유튜브 또한 빅데이터 기반의 알고리즘을 사용한다. 사용자가 이전에 찾아본 검색어를 기반으로 그 영상을 본 다른 사용자들이 선호한 콘텐츠, 그 키워드에 걸 맞는 콘텐츠, 사용자의 사용 언어, 관심사 등을 빅데이터를 통해 분석하여 사용자의 유튜브 피드에 추천 영상 형식으로 올려준다. 또, 유튜브는 단순히 미디어를 위해 분석할 뿐만 아니라, 영상에 딸려오는 광고 또한 빅데이터에 의거해 붙여준다. 예를 들어, 내가 영어로 된 영상이나 외국어 공부법에 대한 영상을 자주 시청한다면, 외국어를 배울 수 있는 학습지나 다른 타 플랫폼의 광고를 내게 노출시켜 주는 형식으로, 다양한 방면으로 알고리즘을 사용하고 있다.

4) OTT 서비스

OTT(Over The Top)란 인터넷을 통해 볼 수 있는 TV 서비스를 일컫는 말로, 전파나 케이블이 아닌 인터넷망으로 영상 콘텐츠를 제공하는 서비스를 의미한다. 대표적으로 미국의 넷플릭스, 훌루가 있고 국내 기업으로는 웨이브, 왓챠플레이 등을 예로 들 수 있겠다.

OTT 서비스가 나타나면서 영상 미디어 지형에 많은 변화를 가져왔다. OTT 서비스는 PC, 스마트폰, 컴퓨터 등 다양한 플랫폼을 지원하여 하나의 콘텐츠를 다양한 플랫폼에서 시청할 수 있는 실시간 방송이나 VOD 등을 포함하기 때문이다. 미디어를 이용하는 소비자들의 이용 형태가 분화되고 다양해지면서 실시간 시청에서 스트리밍 시청으로, 가구 단위 시청에서 개별 단위 시청으로, TV 시청에서 모바일 시청으로 점점 바뀌는 추세에서 OTT 서비스는 그 중심에 자리하게 되었다.

OTT는 AI 기술인 '딥러닝'도 도입했다. 넷플릭스는 콘텐츠를 만들 때 빅데이터 분석을 통해 가입자의 콘텐츠 기호를 파악하고 여기에 맞는 영화나 TV 프로그램을 추천하는 서비스를 제공하며 실시간으로 데이터를 처리하여 최적의 정보를 제공하는 알고리즘을 활용하여 각종 데이터를 결합하여 맞춤형 정보를 제공한다. 넷플릭스의 빅데이터는 2,500만 명 이상의 이용자들의 일시 정지, 되감기 등의 이용 행태를 포함한 하루 평균 3,000만 건의 동영상 재생 기록, 최근 3개월 기간에 해당하는 20억 시간 이상의 동영상 시청 기록을 분석하여, 가입자의 콘텐츠 기호 파악을 가능케 해 다른 콘텐츠 제작 시에도 상당한 기여를 하고 있다. 빅데이터를 활용한 콘텐츠 기획/제작으로 작품을 만들 때 넷플릭스는 데이터 마이닝을 통해 시청자의 성향을 파악한 뒤 그들이 원하는 연출 스타일이나 좋아할 만한 배우 등을 예측해 섭외했으며 구독자의 선호도를 철저히 분석하여 기획부터 주인공 섭외, 배급까지 전반에 걸쳐 빅데이터 분석을 활용하였다.

넷플릭스의 전략은 시장의 변화에 대응할 뿐만 아니라 미래를 위한 기획에도 큰 경제적 기반을 쌓아 준다. 또 한편으로는, 실제로 관심이 있는지 없는지도 확실하지 않은 대중을 상대로 광고에 막대한 투자를 하는 것보다 넷플릭스 알고리즘대로 정말 그 영상을 볼 만한 시청자에게 추천하고 어필을 하는 것이 훨씬 확실한 수익을 올리는 효과적인 홍보라고도 볼 수 있다.

국내의 경우도 OTT 사업자들이 AI의 빅데이터를 활용한 추천 알고리즘을 활용하고 있다. CJ ENM, KT 등은 알고리즘을 개편하면서 넷플릭스와 유사한 방식의 큐레이션을 제공하면서 관람한 작품의 장르나 출연 배우들의 유사점이 있는지 등을 살펴 비슷한 장르나 배우들의 작품을 추천해 주는 것은 물론, 시청을 중단한 지점을 부분을 데이터화하여 사용자의 흥미가 없는 콘텐츠를 회피하도록 도와주고 있다.

동영상 서비스 시장을 지배하고 있는 OTT 서비스는 다른 플랫폼에서는 볼 수 없는 오리지널 콘텐츠에 장르 다양성까지 포함하고 있어서 이용자의 콘텐츠 욕구를 최대한 충족시킬 수 있다.

이용의 편의성으로 맞춤형 콘텐츠 추천, 사용자 인터페이스(UI, User Interface) 및 검색 편의성, N스크린의 이용, 자유로운 가입과 해지 등은 OTT 플랫폼의 가장 매력적인 소비 포인트이다(곽은하·최진호, 2019).

OTT 산업에서 중요한 역할을 하는 콘텐츠 큐레이션이 경제적 가치를 창출하는 산업으로서 대두되기 시작한 것은 미디어기기의 보급과 인터넷 환경의 일반화, 데이터를 수집, 가공할 수 있는 AI 분야의 성과 등과 관련 있다. 빅데이터에 기반한 알고리즘만이 정교한 큐레이션을 제공할 수 있기 때문이다.

앞으로 OTT에서 데이터 경제가 더욱 중요할 역할을 할 것이 예측된다. 빅데이터를 미디어 콘텐츠 이외의, 예컨대 이용자가 특정 국가에 대한 영화를 감상하면 해당 국가나 도시 여행 상품을 광고로 노출시키는 등 다른 상품 판매를 위한 데이터로도 활용할 여지는 얼마든지 존재한다는 점에서 다양한 형태의 비즈니스 모델을 창출해 낼 수 있는 잠재력이 있다고 할 것이다.

5) 5G

오늘날 미디어 산업은 이른바 스마트 혁명 이후 가장 큰 변화를 겪은 산업 중 하나로 스마트폰을 통한 스트리밍 영상 시청과 스낵(snack)형 영상 소비가 빠르게 증가하고 있으며 5G 네트워크가 상용화되면 미디어 이용 행태는 더욱 다양해질 전망이다.

현재 5G는 혁신 기술로서 AI와 함께 상호보완하며 발전해 나가고 있다. AI가 기술 자체를 스마트하게 발전시키고 있다면, 5G는 여러 플랫폼 간의 실시간 연결을 가능하게 함으로써 안정적인 AI 서비스의 기반을 마련하고 있는 것이다.

5G는 현재 우리가 사용하는 4세대에 비해 초고속, 저 지연 및 고신뢰도, 대규모 연결성에서 획기적인 향상을 목표로 하고 있다. 속도 측면에서 4G에서 최대 지원 속도인 1Gbps지만 5G는 20Gbps를 지원한다. 이러한 전송 속도 향상은 모바일 비디오 서비스에 큰 발전을 가져올 것으로 예상이 된다. 저 지연 및 고신뢰도 측면에서는 고신뢰도를 요구하는 원격 조종 및 제어 서비스를 가능하게 하며 대규모 연결성 측면에서는 급증하는 사물인터넷기기들을 1㎢당 백만 개를 연결하는 네트워크를 제공한다. 즉 5G는 빅데이터와 그에 따른 IoT 기기들을 수용하는 데 필수적인 기술인 것이다.

5G는 기존에 없던 새로운 서비스들을 가능하게 해주지만 5G가 다양한 기기와 서비스들에 적용되기 위해서는 유연성과 확장성이 요구된다. 즉 5G 통신망을 충분히 활용하기 위해서는, 확장성 있고 자동화된 환경으로 재설정하는 과정이 필요하고, 이 과정에서 AI가 중요한 역할을 하게 된다

국내 현황을 보면 지난 2018년 7월 과학기술정보통신부 장관의 주재로 이동통신 3사의 대표가 모였으며, 2019년 3월 동시에 5G 상용화를 선언하였다. 한국전자통신연구원(ETRI)이 발표한 세계 5G 이동통신 시장 규모는 2026년 1조 1,588억 달러로 전체 이동통신 시장 2조 3,175억 달러의 50% 수준이 될 것으로 전망했

다. 가트너에서 발표한 2019년 10대 전략 기술도 실제 서비스나 제품으로 구체화되기 위해서는 5G에 근간을 둔 인프라의 확산이 필수적이다. 또한, 자율적으로 동작하는 로봇, 자동차, 드론과 같은 자율형 기기(Autonomous things)와 차세대 사용자 경험으로 급부상하고 있는 몰입형 경험(Immersive experience)이 확산되기 위해 언제나, 어디서든지 가능한 초고속 이동통신이 필수적이다(김건호, 2019).

5G의 주요 3가지 서비스 카테고리, 즉 "초고속성", "초연결성", "초안정성"을 구현하기 위해서는 이동통신사가 제공하는 네트워크의 마지막 단, 즉 사용자나 디바이스를 직접 붙잡고 있는 구간의 역할이 매우 중요해진다. 서비스 수준을 보장하는 구간은 바로 5G로 연결된 이 구간이기 때문이다. 이는 가트너에서도 2019년 10대 주요 전략 기술 트렌드로도 언급한 엣지 컴퓨팅이 중요한 역할을 하게 되는 구간으로 특히, 디바이스와 5G로 직접 연결되는 지점에서의 클라우드 서비스, 즉 엣지 클라우드의 중요성이 대두된다(한국인터넷 진흥원, Kisa Report 2019).

향후 5G 도입 시 무선에서도 8K 영상 전송이 가능할 것으로 기대하고 있고 MCN뿐 아니라 방송사 등이 방송 중계 시설(FPU, SNG)의 보완재로서 5G를 활용할 수 있으며 5G를 기반으로 VR, AR을 무선으로 즐길 수 있게 되면서 신규 시장 창출, 모바일 실감형 미디어 시장 개척에 기여하는 것으로 예측할 수 있다.

시장조사 기관 트렌드포스에 따르면, 국내 VR 시장 규모가 1조 4,000억 원에서 5조 7,000억 원까지 늘어날 것으로 전망하고 있다. 5G 기여도로 초고용량 영상 전송 등 실시간 연결 용량 확대에 대한 기여 비율을 적용하는 경우 2025년 연간 2조 3,178억 원, 2030년 연간 3조 4,715억 원의 전략적 편익이 발생함을 추정할 수 있다(KT경제경영연구소, 2019).

　5G의 기술적 특성을 살릴 수 있는 실감형 미디어는 시장의 성장 기회를 높일 것으로 예측되고 있다. 시장 초기에 도입되는 5G NR(New Radio)은 5G에서 구현할 수 있는 목표 전송 속도에 이르진 못했어도 실감형 미디어의 진화에 중요한 몇 가지 기술적 특징을 갖고 있다. 하나의 기지국에서 더 많은 장치를 수용할 뿐만 아니라 실시간성을 강화하고, 대용량 데이터를 전송하는 장점을 갖고 있다. 이처럼 실감형 미디어와 5G를 결합한 원격 제어 시장은 산업, 의료, 항공 우주 및 국방 상업, 소비자 전자 제품, 로봇 및 엔터테인먼트 산업까지 확장될 수 있다. 이 밖에도 5G는 공간을 시간의 손실 없이 연결하는 네트워크 기술이므로 다양한 실감형 미디어 산업을 활성화할 것으로 보인다. 실제 공간을 실시간으로 전송하는 특성을 활용하면 날씨로 인해 이동하기 어려운 도서 지역 학생들의 학습권을 보장하는 한편 콘서트나 스포츠 등 기존의 중계 방식과 다른 시청각 환경으로 발전시킬 수 있기 때문에 수많은 산업의 변화를 가져다 줄 것으로 기대를 모으고 있다.

　5G를 통한 온라인 광고 시장도 확대될 수 있다. 기존 포털, Youtube 등 온라인 광고에 VR, AR 적용을 함으로써 광고 효과를 높이고 기존 형식의 광고에 대한 기회비용을 확보할 수 있다.

한국인터넷진흥원의 온라인 광고 시장 규모 추정치를 기반으로 로그 회귀분석을 통해 2025년과 2030년 온라인 광고 시장 규모를 추정하고 VR/AR로 인해 신규로 발생하는 광고 시장 규모는 온라인 광고 시장의 10% 규모로 추정하는 경우 2025년 연간 1,372억 원, 2030년 연간 1,422억 원 규모의 운영상 편익이 발생함을 추정할 수 있다(KT경제경영연구소, 2019).

특히 4세대(4G) 대비 훨씬 다양한 기능과 많은 셀(cell)이 필요한 5G는 학습 기반 AI 알고리즘을 통해 성능을 극대화할 수 있고 이런 측면에서 이제 AI는 5G 기술 혁신을 위한 필수 요소이다. 5G는 빅데이터, AI 등과 결합하여 더 빠르고 큰 시너지 효과를 낼 것으로 기대되는바 여타 첨단기술에 대한 육성 노력도 수반되어야 그 효과가 제대로 나타날 것이다. 즉 AI, IoT, 5G가 확산 되면서 점차 기술 융합이 가속화되고 그 활용성이 더욱 커지게 하기 위해서는 관련된 정부 정책, 제도, 조직문화 등의 기반이 잡히고 체계화가 수반되어야 할 것이다.

6) 블록체인

블록체인과 AI는 지금의 디지털 생태계를 뒤흔드는 대표적인 기술 키워드로 합쳐서 보면 더욱 강력한 잠재력을 갖는다. 블록체인(block chain)이란 P2P 방식으로 배포되는 데이터를 블록(block)이라는 소형 데이터 묶음에 저장하고 이를 체인 형태로 연결해 분산 데이터 저장 환경에 저장하는 기술이다. 한 번 기록되면 수정 불가능한 비가역성이 특징으로 신뢰할 수 있는 제3자의 보증 없이도 데이터의 위·변조가 되지 않았음을 기술적으로 상당 수준 보증해 준다. 블록체인 네트워크에 올라오는 데이터들은 모두 사실에 기반하며 여러 사람들에 의해 검증됐고 삭제도, 변경도 할 수 없다. AI가 이런 데이터를 활용하면 보다 정확한 미래 분석이 가능해진다.

국내에서도 많은 기업이 블록체인 서비스를 고려하고 있다. 카카오, 라인 등이 블록체인 기술 개발에 적극 나서고 있다. 또 NHN 엔터테인먼트, 한빛소프트, 위메이드, 네오위즈 등은 블록체인 기반 게임을 선보일 예정이며 여러 기업이 블록체인 기반 결제, 인증, 문서 관리 서비스 등을 준비하고 있다. 공공 부문에서도 블록체인 기반 투표 서비스, 부동산 문서 관리, 외교 문서 관리 서비스가 본격적으로 준비되며 지방자치단체들 역시 각 지역 특색을 고려한 다양한 블록체인 지역화폐 사업을 고려하고 있다. 아마존 웹서비스, 마이크로소프트(MS), IBM 등 글로벌 기업들은 서비스형 블록체인(BaaS)을 제공하고 있으며 국내에서도 KT, LG CNS 등 기업들이 BaaS 사업에 나서고 있다. 미디어산업 분야에서도 이를 활용하기 시작했다. 미디어산업은 콘텐츠 생산과 공급, 수급과 배포, 소비에 이르는 가치사슬을 이질적 주체들이 함께 구성하는 복잡한 구조를 하고 있을 뿐 아니라 기존 사업자에게 유리하고 독과점 구조를 형성할 가능성이 항시 존재하는 속성을 가진다. 시장 지배적 사업자나 거대 플랫폼이 산업 전체를 통제하여 이윤을 독점하고 부당 노동을 묵인하는 문제 또한 크다. 이러한 상황에서 블록체인은 수익 배분의 자동화와 수익의 분산 관리를 가능케 함으로써 광고 및 로열티 배분 중심의 가격 체계를 변동시키는 데 기여할 것으로 기대된다(한국방송통신전파진흥원, 2018).

미디어 블록체인의 핵심 특성은 플랫폼리스(platformless)로서 미디어 콘텐츠가 생산, 유통되는 과정에서 참여자들이 믿을 수 있는 네트워크 기반의 플랫폼을 토대로 콘텐츠를 공유할 수 있다. 플랫폼리스란 플랫폼은 있지만 플랫폼 사업자는 없는 상태이며 그 결과 플랫폼 사업자가 가져가던 초과 이익은 창작자와 사용자에게 재배분된다. 미디어 블록체인 기반 플랫폼은 오랫동안 성장한 중앙화된 기존 미디어 플랫폼에 비하면 여러 가지 면에서 부족할 수 있지만 P2P(peer to peer) 기반인 블록체인 특유의 탈중앙화의 가치, 플랫폼 사업자가 아닌 창작자와 사용자가 중심이 되는 특성에 기초해 자신만의 세계를 확장해 갈 수도 있다. 콘텐츠 창작자는 쉬워진 오픈소스 플랫폼 기술을 활용해 다양한 개발자 집단과 협력해 자신만의 플랫폼을 개발할 수 있다. 미디어 블록체인 기반 플랫폼은 암호화폐 기반 보상 체계를 바탕으로 광고보다는 저작권료에 기초해 운영되기에 창작자는 더 적은 사용자에게 소구하더라도 경제적 기반을 충분히 마련할 수 있다. 이에 따라 창작자는 보다 개성 있는 콘텐츠를 지속적으로 생산할 수 있고 사용자는 자신의 취향에 맞는 콘텐츠를 소비할 수 있게 된다.

이처럼 데이터가 범용화되면 AI 알고리즘이 생태계에서 가장 중요한 요소가 되며 이 경우 앞으로 대규모 데이터를 소유한 사람들에서 유용한 알고리즘을 만드는 이들로 권력이 넘어갈 것이다.

또한, 블록체인을 활용하면 콘텐츠 불법 복제를 방지하는 기술인 DRM(Digital Rights Management)의 실행이 용이하고, 투명하고 정확하며 빠른 대가 지급이 가능하며 라이선스와 수익에 대한 정산은 물론 콘텐츠에 대한 인증 체계 등 모든 측면을 향상시킬 것이라 한다.

현재 AI 기술은 여러 한계가 있다. 검증되지 않은 정보들이 많아지면 오류도 커지고 편향된 결정을 내릴 수도 있다. 이런 상황이 벌어져도 해당 AI 시스템을 만든 회사나 대규모 데이터를 보유한 거대 서비스 회사들은 시스템이 어떻게 돌아가는지 외부에 공개할 필요성을 느끼지 못한다. 블록체인은 이같은 판을 흔들 수 있는 변수로 주목받고 있다.

그래서 블록체인이 발전하면 현재 중앙 집중식 서비스 모델로 IT 생태계를 지배하는 거대 인터넷 기업들을 견제하는 시나리오가 현실화될 것이란 기대도 나오고 있다. 블록체인으로 인해 페이스북, 아마존, 넷플릭스, 구글, 바이두, 알리바바, 텐센트 등 거대 인터넷 회사들의 빅데이터 경쟁력은 약화될 수 있다는 것이다. 그래서 향후 기존 미디어 플랫폼 사업자 중 미디어 블록체인 시대에 가장 잘 적응할 것 같은 서비스는 오리지널 콘텐츠로 수익을 내고 있는 사업자이다. 블록체인 기반 AI 프로젝트들은 여전히 초기 개발 단계다. 그러나 블록체인이 확산될수록 탈중앙화된 마켓 플레이스를 통해 공유되는 데이터들도 늘어날 가능성이 높으며 블록체인에 공유되는 데이터가 늘수록 이를 활용한 AI 파워는 커지게 마련이다.

블록체인이 확산되면서 부작용이 나타날 수 있다. 즉 개인정보 보호 및 관리 문제로, 한번 기록하면 완전히 삭제하는 것이 어려운 블록체인의 특성으로 인해 블록체인에 기록되는 개인정보 문제가 나타날 수 있으며 또한 블록체인이 아직 완벽히 안전한 것은 아니어서, 블록체인 생태계를 위협하는 공격이 나타날 수 있다. 이런 부작용에 따라 대책 마련과 법·제도 정비 이슈도 함께 부각될 것이다.

7) 미디어 콘텐츠 제작 및 저널리즘 분야

(1) 콘텐츠 제작 분야

지금까지 우리는 미디어 제작자로 당연히 PD, 작가와 스텝 등 사람을 상정해 왔다. 미디어의 콘텐츠 제작은 창의적 작업이고 이런 창의성은 다른 사물과 구별되는 인간의 고유한 특성으로 간주되기 때문이다. 그러나 최근의 다양한 사례를 보면, AI가 단순히 행위자 수준을 넘어 창작자로서의 가능성을 선보이는 상황에서 제작자를 인간에게 한정할 수만은 없게 될 것으로 전망된다. 예컨대 콘텐츠의 제작에서 AI는 영상 아카이브에서 각각의 사건을 기록한 영상들을 가져와 내러티브와 결합해낼 수 있으며 다큐멘터리와 여론조사를 AI와 결합할 수 있다. 물론 초보적 수준의 시나리오를 제외한 픽션은 힘들더라도 다큐멘터리와 같은 논픽션 콘텐츠는 기존의 자료를 활용해 콘텐츠의 완성도가 높지 않더라도 만들어 낼 수 있는 기술적인 실현 가능성은 확보된 것으로 보인다.

최근 발전된 빅데이터와 인공지능 AI 기술은 라디오 방송과 결합, 새로운 콘텐츠 개발이라는 차원에서 이뤄지고 있다. 예컨대 교통방송에서는 최신 빅데이터와 인공지능 기술을 통해 '교통사고 예보 서비스'와 '교통 혼잡 예보 서비스'를 만들어나가고 있다. 교통사고 혼잡 예보 서비스는 라디오의 가치를 다시 한 번 높여 주는 계기가 됐으며, 방송 콘텐츠 차원에서 교통 소통 상황 및 실시간 예측 정보를 빅데이터로 가공해 제공하는 '과학적인 교통 방송'으로서의 새로운 패러다임을 개척하고 있다(권기영, 2019)

AI는 현재 미디어 제작에 있어 거의 모든 프로세스에서 도입되고 있다. 미디어 제작의 각 단계를 AI 알고리즘의 입력의 형태인 텍스트, 오디오, 이미지, 동영상에 따라 분류하여 보면 모든 단계에서 AI 기술이 이미 도입되었거나 도입이 시도되고 있음을 알 수 있다.

사례별로 정리해서 보면 다음과 같다.

기획 단계에서는 소재 발굴, 기사 작성, 시나리오 작성 등에 AI 기술이 활용된다. 예컨대 ScriptBook은 AI를 활용하여 특정 대본이 주어지면 관객 수를 예측하여 기획 단계의 의사결정에 도움을 주고, Erickson은 광고 제작 콘셉트와 아이디어를 발굴한다.

제작 단계에서는 텍스트 변환, 음성 합성, 영상 생성, 메타 정보 생성, 작곡, 자동 촬영 등에 AI를 도입하여 활용한다. 예를 들면 구글, 삼성전자 등이 고화질 영상 변환 AI를 개발하고, SM 엔터테인먼트가 스캐터랩의 핑퐁을 적용하여 특정인의 목소리로 음성을 생성하는 음성 합성 기술을 개발했다. 향후 편리한 창작 및 변형 도구들을 이용하여 더 많은 콘텐츠가 생성될 전망이다.

편집 단계에서는 영상을 분석하고 분류하여 하이라이트와 예고편을 편집하는 데에 활용한다. 예컨대 어도비는 인공지능을 편집기에 적용하는 연구를 진행, 미리 저장된 템플릿 형태를 편집기에 적용시키면 AI 편집기가 자동으로 스타일을 찾아서 편집하고 있다.

이미 방대하게 제작되어 있는 AI 기술을 활용하여 분절, 조합, 편집을 통해 새로운 미디어로 자동 생성하려는 시도도 이루어지고 있으며 AI 기술을 활용한다면 누구나 손쉽게 영상 미디어를 기획하고 생성하는 작업을 할 수 있는 환경이 조성되고 있다.

유통 단계에서는 사람이 일일이 구분하기 어려운 방대한 양의 콘텐츠에 대해 판별하고, 분류하여 유해물을 걸러내고, 소비자에게 최적화된 콘텐츠를 추천하는 데에 활용한다. 유튜브, 페이스북, 네이버 등에서는 AI를 이용하여 유해물을 필터링하여 개인의 취향에 맞춤형으로 제시하기 위한 기술을 개발하고 적용하고 있다.

소비 단계에서는 이용자의 감정, 콘텐츠 소비 패턴 등을 수집

분석하여 이를 기반으로 맞춤형 콘텐츠 제공에 활용하고 있다. TV 방송 사업자들은 음성인식 기반 리모콘과 셋톱박스에 AI를 탑재하여 소비 패턴을 파악하여 맞춤형 콘텐츠 제공에 활용하고 있다. 예컨대 CNN, 뉴욕타임즈, 워싱턴포스트 등은 챗봇을 통해 소비자의 관심 사항과 뉴스 소비 패턴을 파악하며 상호작용하고 있다.

이제 미디어 소비 시장은 AI 기반 추천 기술을 활용한 정확한 큐레이션 서비스가 핵심 경쟁력이 되며 AI의 기술은 미디어 제작 단가를 낮추고, 제작 기간을 획기적으로 축소시킬 것이다.

향후 미디어 분야에서는 최상의 콘텐츠 탐색의 조력자가 살아남을 것이라고 예측된다. 여기서 AI 메커니즘은 콘텐츠 큐레이션 방식의 혁신 등 미디어 콘텐츠의 생존 전략을 개발하고 발굴할 수 있는 핵심 데이터를 제공한다.

AI 큐레이션의 핵심은 이용자가 원하는 콘텐츠 및 양질의 데이터 보유를 이용자에게 정확히 전달하는 데 있다. 이를 통해 미디어 플랫폼은 이용자와 소비자를 연결하는 매개체로서 이용자의 취향, 관심 등을 파악할 수 있는 주요한 데이터 소스를 제공해야 하며 AI를 이용해 이용자의 선호 콘텐츠와 시청할 콘텐츠를 사전에 분류 및 예측하여 최적의 맞춤형 서비스를 이용자에게 제공 가능해야 한다는 것이다. 또한, 콘텐츠 추천을 넘어 가정 내 가전제품을 제어하거나 날씨, 뉴스와 같은 생활 필수 정보 제공 등 종합 AI 에이전트 서비스를 제공한다면 더욱 경쟁력이 강화될 것이다. AI가 이용자의 상황과 심리 등까지 고려해 최적화된 미디어 선택 행위를 도와준다면 이용자의 수요를 자극하는 데 그치지 않고 미디어 콘텐츠의 능동적 수요 창출의 가능성까지 이어질 수 있을 것이다. 하지만 아직 최적의 콘텐츠를 제공해 주기 위해선 부족한 점이 많을뿐더러 개선되어 나가기까지 많은 시간과 축적된 데이터 등이 필요할 것이다.

(2) 저널리즘 분야

새로운 기술과 그 기술의 복합체가 뉴스 생산, 유통, 소비에는 어떤 변화를 가져오며 AI가 정보를 조직해서 뉴스를 생산하고, 생산된 뉴스를 분류하고, 개인의 수요와 욕구에 따라 권유하는 상황에서 저널리즘의 본질은 어떻게 전환될 것인지, 또는 자율주행 자동차의 사용이 일반화되면 미디어 이용 형태는 어떻게 바뀔 것인지 등 AI가 저널리즘에 응용되면서 다양한 의제가 나타나고 있다. 그 이유는 미디어, 특히 저널리즘은 공동체의 삶을 구성하는 가장 중요한 요소 중의 하나이기 때문에 사회적인 관심을 불러일으키고 있다.

저널리즘 분야에서 뉴스 기사, 특히 신문 기사는 AI 기술을 적용한 미디어 콘텐츠 중 가장 일찍, 그리고 가장 많이 연구, 개발된 장르다. 그렇게 된 가장 큰 이유는 뉴스 기사를 구성하는 일차적 미디어 요소인 텍스트가 영상에 비해 컴퓨터 연산 처리가 용이하기 때문이기도 하다. 방송의 영상 뉴스 역시 텍스트 기사를 기반으로 만들어진다는 점에서 일차적인 처리 대상은 텍스트다.

AI와 관련된 저널리즘 분야는 세 영역으로 나누어지는데, 알고리즘 기사 작성, 뉴스 기사 편집, 데이터 저널리즘이 바로 그것이다.

알고리즘 기사 작성은 데이터를 기반으로 하며 데이터 수집, 이벤트 추출 및 핵심 이벤트 구성, 기사 문장 작성 등과 관련된다. 알고리즘 기사 작성은 인간 기자가 작성하던 모든 기사를 작성할 수 있는 것은 아니고 스포츠, 증권, 사건 사고 등과 같이 수치 데이터가 존재하는 부문에 국한하고 있다. 최근 알고리즘을 활용해 데이터가 없더라도 기사를 구성하는 단서나 팩트를 제공하면 제한적이기는 하지만 딥러닝 기반으로 인간 기자와 같이 뉴스 기사를 작성해 내는 시스템이 개발되고 있다. 이런 시스템을 일명 로봇 저널리즘이라 명명하기도 한다.

딥러닝을 통한 AI의 발전으로 등장하게 된 로봇 저널리즘은 알고리즘 저널리즘, 데이터 저널리즘이라고 불리기도 하는데 이 로봇 저널리즘의 기사 작성 방식은 뉴스의 생산과 소비 과정에서 다양한 관련 정보를 수집하고 빅데이터를 분석해 알고리즘을 통해 기사를 작성한다.

현재 로봇 저널리즘은 매우 광범위하고 포괄적인 데이터를 기반으로 기존 뉴스의 패턴을 분석하고 그 형식에 맞는 자료를 수집, 분석하여 일정한 형식으로 시각화함으로써 쉽고 빠르게 뉴스를 자동으로 작성하고 있다. 로봇 알고리즘은 미래에 음성인식과 이미지 및 패턴 인식, 자동 번역 기술 등과 결합해 지속해서 진화할 것이며 데이터를 바탕으로 논리적 연산 과정을 거쳐 기사를 쓰는 데 그치지 않고 부분적으로 취재의 영역까지 담당할 수 있을 것이다. 자동 번역 기능으로 국제 뉴스 작성도 가능할 것이며 패턴을 인식하여 텍스트와 더불어 이미지와 동영상이 추가된 기사를 만들 수도 있을 것이다.

그러나 아직 알고리즘에 대한 편향성과 신뢰성은 아직 추가적인 연구가 필요하며 뉴스 제작 과정에서 IT 기업의 개입이 필수적이기 때문에 정보 통제권에 대한 문제가 있다. 또한, 개인화된 뉴스 소비를 가능하게 한다는 장점이 뉴스의 기능인 사회 통합적 기능을 상실시키는 상황을 초래할 수도 있으며 생산된 뉴스가 인간의 도덕과 윤리를 어겼을 때, 또는 저작권, 프라이버시 침해가 발생했을 때의 책임이 누구한테 있는지가 문제가 될 수 있다(김선호, 박아란, 2017).

알고리즘을 활용한 뉴스 편집은 구글 뉴스(Google News)가 처음 선보였다. 구글의 뉴스 편집은 개별 뉴스 기사들을 평가하는 작업, 그리고 유사한 내용의 기사들을 묶어내는 작업으로 나누어진다. 구글 뉴스는 기사의 길이, 인용 수, 최신성, 맞춤법 등과 같은 기사 요인, 그리고 편집국 기자의 수, 글로벌 취재 범위, 수용자 반응 등과 같은 언론사 요인으로 대별해서 분석한다. 이렇게 평가된 개별 뉴스 기사는 기사들 사이의 유사성 지표를 산출해 비슷한 기사들을 묶어서 독자들에게 제공한다. 이런 작업은 원래 편집국 또는 보도국 내의 편집기자의 고유 영역으로 간주되어 왔다. 구글 뉴스와 같은 알고리즘 뉴스 편집 시스템을 만들려면, 인간이 뉴스 기사를 판단하는 데 적용하는 미묘한 다수의 기준들을 기계에 학습시켜야 한다.

국내에서 네이버와 카카오로 대표되는 포털 뉴스 서비스는 최근 알고리즘 편집 모델로 거의 전환되었다.

사람이 아닌 AI가 독자에 따라 맞춤형으로 뉴스 페이지를 편집하는 개인화 뉴스 페이지(Front Page Personalization) 기술도 있다. 먼저 각각의 독자들이 어떤 기사를 읽고, 어떤 반응을 보였는가를 일일이 추적한 빅데이터를 만들고 AI는 이 데이터를 파악해 각 독자에게 최적화된 뉴스 페이지 편집 모델을 만들어서, 그 독자가 뉴스 페이지에 접속하면 AI가 그 독자가 좋아할 만한 기사만으로 꾸며진 페이지를 만들어 보여준다. 기사뿐만 아니라 동영상 모음 페이지에도 같은 기술이 활용된다. 이렇게 되면 독자의 충성도를 끌어올리고, 페이지뷰(PV) 및 방문자 수 확대에 매우 효과적일 수 있게 된다(정철환, 2018).

AI는 언론사의 수익성 개선에도 직접적으로도 활용된다. '독자별 타겟 광고(Target Ads)'가 대표적이다. 각 독자의 개인 성향을 기반으로 성별과 나이, 관심사, 주거 지역 등 마케팅에 주로 활용되는 데이터를 더해 가장 적합한 광고를 보여준다. 또 독자가 이 광고를 봤는지, 클릭을 했는지, 구매로 이어졌는지를 모두 기록했다가 나중에 다른 광고를 추천할 때 판단 자료로 또 활용한다(정철환, 2018).

AI는 전반적으로 저널리즘에 긍정적인 영향을 주고 있으며, 이를 활용한 사례는 앞으로도 더욱 늘어날 것으로 전망한다. 다만 그 기술의 확산으로 보도 속도, 보도 규모 및 범위 등에 도움

될 수 있지만, 데이터의 질에 따라 좋지 않은 기사가 나올 수 있다는 점을 감안해야 한다.

중요한 것은 AI는 저널리즘의 도구이지, 저널리즘을 대체하는 것이 아니며 저널리즘의 도구가 변한다고 해서 저널리즘의 법칙이 변하지 않는다는 것이다. 저널리즘은 단순히 정보를 전달하는 기능만을 수행하는 것이 아니며 저널리즘은 사회 주요 사안을 공공 이슈로 선택해서 제안해야 한다. 이를 통해 사회 주요 현안에 대한 공공의 주목이 생산된다는 점을 잊어서는 안 될 것이다. 저널리즘은 또한 구성원이 자유롭고 활발하게 공공의 논의에 참여하게 만들어야 한다. 이를 통해 공동체 구성원들의 생존과 안전이 보장되고 복지가 향상된다는 원칙하에서 이를 활용해야 될 것이다.

4. 해외 국가들의 AI 관련 주요 방향

최근의 AI 기술과 관련 서비스의 등장과 발전은 발전의 속도와 범위가 매우 빠르고 광범위해서 사회적 가치와 규범이 그 속도와 범위를 따라가지 못하는 상황이 종종 발생하고 있다. 그 결과 AI 기술과 서비스의 혜택이 때로는 예측 범위를 벗어나기도 하며, 때로는 악용될 수도 있는 다양한 경우의 수가 생겨나고 있다. 이러한 문제 제기는 많은 국가가 당면하고 있으며 특히 AI가 모든 분야에서 새로운 산업 경쟁력을 제공할 수 있기 때문에 새로운 국가 경쟁력으로 AI 기술을 어떻게 확보하고 바람직하게 육성할 것인가 하는 과제가 중요하게 되었다.

따라서 대부분의 국가에서 국가적으로, 산업적으로 AI 기술의 발전을 핵심 발전 분야로 성장시키기 위한 다각적인 노력을 기울임과 동시에 AI 시대에 필요하고 바람직한 윤리의 정립을 위한 대책도 함께 정비해가고 있다. 이와 관련해서 AI의 도전 과제에 대한 모든 해답을 제시하기에는 단일 국가의 역량으로는 감당하기 쉽지 않다. 그러므로 AI의 개발과 사용에 방향성을 제시할 수 있는 국제 협력과 여러 이해 관계자의 대응이 필요하다. 이런 점에서 세계 각국의 AI에 대한 대응을 파악하여 세계적인 AI 혁신 트렌드에서 국내 AI의 역할과 변화 방향에 대한 방안을 마련해야 할 것이다.

최근에는 거의 대부분의 주요 국가가 AI 국가전략을 수립하고 있는데 지역별로 보면 AI 핵심 인력의 확보와 양성은 미국 실리콘밸리와 보스턴 지역, 캐나다의 몬트리올과 토론토, 영국의 옥스포드, 중국 베이징 등의 허브를 중심으로 치열한 인재 확보 경쟁이 벌어지고 있다.

이 분야에서 가장 치열한 경쟁을 벌이는 미국과 중국은 글로벌 리더로서 AI 기술을 선점하고자 국가 차원에서 막대한 예산을 투자하고 지원하고 있으며 두 나라를 비교해 보면 미국과 중국 모두 AI 분야에서 선도적인 입지를 유지하는 것을 정부 목표로 제시하지만, 세부 실행 단계에서 정부의 개입 정도와 민간의 참여 형태, 민감 정보 데이터 제공 여부 등은 차이가 있다.

사회 전반에 걸친 변화를 이끌 핵심 동력으로 AI 기술이 부상함에 따라, 미국에서 AI 기술 개발은 대학 및 연구소와 아마존, 구글, 페이스북, MS, IBM 등 기업의 투자로 활성화되고 있으며, 개별 프로젝트는 방위고등연구계획국(DARPA), 정보고등연구기획청(IARPA)이 지원하고 있다. 미국 연방정부는 AI 기초 연구 및 컴퓨팅 인프라, 머신러닝, 자동화 시스템에 대한 자금 지원을 최우선 목표로 하고 있으며, 2015년 이후 AI 및 관련 기술에 대한 R&D 투자는 약 40% 성장했다. 또한, 2020년 2월 AI 연구에 추가로 10억 달러를 추가하는 방안을 추진했다.

중국은 〈2018-2020 차세대 AI 산업 발전을 위한 3개년 계획〉을 발표하며 국가 메가 프로젝트로 AI 기술 개발을 추진 중이며, 자율주행차(바이두), 스마트시티(알리바바), 의료 영상(텐센트), 스마트보이스(아이플라이텍) 등 각 분야별 민간 기업을 참여시켜 국립연구소와 협업으로 연구를 진행하고 있다. 2017년 중국 기업이 받은 AI 관련 투자액은 전 세계 투자액의 약 48%에 달하며, AI 스타트업의 약진이 두드러지고 있으며 코로나19 대응과 관련하여 중국 정부에서 주도적으로 AI 기술을 포함한 디지털기술을 방역에 적극 활용할 것이라고 발표하자, 중국 IT 대기업뿐 아니라 AI 스타트업도 정부의 방역 활동에 적극 동참하고 있다. 중국의 AI 투자 자금은 주로 기초 알고리즘 개발, 로보틱스, 스마트 인프라 구축과 관련되어 있으며, 2018년 기준 약 17억 달러 규모로 AI R&D가 진행되고 있는 것으로 추정(방위 분야 제외 AI R&D 예산 추정치, Center for Security and Emerging Technology)된다.

EU의 경우를 보면 EU 집행위는 2018년 6월 유럽의 AI 전략 수립과 이행을 지원할 학계·산업계 전문가 52명으로 AI 고위 전문가 그룹을 구성했다. 이 그룹은 2019년 4월 '신뢰할 수 있는 AI 윤리 기준' 권고안을 마련해 제안했는데 이 권고안은 AI가 EU 법률과 규정, 윤리와 가치를 존중하고 기술적으로 견고해 안전하게 사용될 수 있도록 AI 개발과 활용에 대한 기준을 제시했다. 이는 인간의 존엄과 기본권, 민주주의를 존중하는 유럽의 가치와 전통에 근거를 두고 있다고 볼 수 있다.

권고안은 AI 시스템이 신뢰할 수 있는 것으로 간주되기 위해 충족해야 하는 7가지 기준을 제시했는데, 인간의 선택과 감독(human agency and oversight), 기술적 견고성과 안전성(robustness and safety), 사생활 보호 및 데이터 관리(privacy and data governance), 투명성(transparency), 다양성, 차별 금지 및 공정성(diversity, non-discrimination and fairness), 사회적·환경적 안녕(societal and environmental well-being), 책무성(accountability)이다(김유식, 2020).

EU는 윤리적 AI의 리더가 돼 세계적 규범과 표준을 만들고자 하고 있다. 이 접근법은 정책 및 규제 측면을 넘어 유럽 중심 세계관에 내재된 규범적·문화적 요소에 근거를 두고 있다. 그러나 권고안으로 제시된 AI 윤리 기준은 윤리적·법적 조항의 경계와 집행 가능성을 보다 명확히 하고 구체화하는 데 더 많은 시간이 필요할 것으로 보인다. 다만 EU의 윤리적이고 인간 중심적인 AI 접근 방식이 과잉 규제로 인해 새로운 혁신을 방해할 위험이 있는지, 아니면 기술 개발에 대한 예방적 관리로 작동할지 여부는 향후 AI 규제를 구체화하는 과정에서 관건이 될 것이다(김유식, 2020).

　현재 주요 국가들은 AI 패권 장악을 위해 2017~2018년에 걸쳐 AI 국가전략을 수립하고 AI 인재 양성을 주요 어젠다로 설정하고 세부 실행 방안을 제시하고 있다. 미국은 신규 직무 개발과 재교육 프로그램 확대, 이공계 교육 강화, 연방 부처의 연구 프로그램 적극 활용을 중심으로 한 AI 인력 정책을 발표하고 있으며 중국은 1,000인 인재 프로그램과 인공지능 분야 훈련 시스템 개선 등을 포함하는 고등교육기관의 AI 기술 혁신 및 인재 양성 계획과 대학 AI 인재 국제 양성 계획을 수립하였으며, 일본은 모든 사람이 AI를 활용할 수 있는 능력을 보유하고 세계 최고 수준 인재 육성에서 교양 교육까지 교육 시스템 강화를 목적으로 한 AI 인재 양성 전략을 수립하고 있다. 이처럼 미국, 중국, 일본은 고급 인재 양성과 확보 및 산업계 협력을 강화한다는 점에서 유사한 전략 방향을 가지고 있었으나, 최근에는 AI 인재 확보 현황에 따른 주요 문제를 재정의하고 그에 따른 개선 및 보완에 대한 논의가 활발하게 진행 중이다(AI Trend Watch 2020 − 8).

　보다 포괄적인 전략 동향으로 다양한 국가전략을 분석해 보면 다음과 같이 8대 정책 분야로 나눌 수 있다.

[표 2] 정보통신정책연구원(2020), AI 국가전략의 8대 정책 분야(AI TREND WATCH 2020-9호, 2020.6.30.)

AI 국가전략의 8대 정책 분야	
정책 분야	내 용
연구	AI 기초 및 응용 연구나 AI 공공 연구의 기존 재원 확충을 위한 공약으로 새로운 연구센터, 허브 또는 프로그램 신설
인재 육성	연구 의장과 펠로십을 포함한 국내·외 AI 인재를 유치, 유지, 양성하거나 AI 특화 석·박사 프로그램 설립 정책
미래 일자리	STEM(과학, 기술, 엔지니어링 및 수학) 교육, 디지털기술 또는 평생 학습에 대한 투자와 같이 학생을 포함한 전체 인력이 미래 기술을 개발할 수 있도록 지원
산업 정책	전략 분야 투자, AI 창업·중소기업(SME) 자금 지원, AI 클러스터 및 생태계 조성 전략 등 AI 기술의 민간 도입을 촉진
윤리	AI의 윤리적 이용과 발전을 위한 기준이나 규정을 마련하기 위한 협의체, 위원회 또는 태스크포스의 창설(설명 가능하고 투명한 AI를 만들기 위한 연구 또는 파일럿 프로그램 대상 구체적 자금 지원 포함)
데이터와 디지털인프라	개방형 데이터 파트너십, 플랫폼 및 데이터셋, 테스트 환경 및 규제 샌드박스 구축 정책
정부 내 AI	AI를 활용하여 정부 서비스 제공, 공공행정 등을 개선하고 효율성을 제고하는 시범 프로그램
포용	AI가 사회적, 포용적 성장을 촉진하고 AI 커뮤니티가 다양한 배경과 관점을 포함하도록 보장

1) AI 전반에 걸친 이슈

AI는 우리 사회에 많은 이슈와 생각할 부분들을 던졌다. 인류는 첨단기술의 융합성과 사물인터넷을 기반으로 우리의 삶에 새로운 경험과 편리를 제공하는 기술의 초연결성(Hyper Connectivity)을 통해 이전까지는 볼 수 없었던 새로운 형태의 사물을 접할 수 있지만 새로운 기술들이 빠르게 융합되면서 만들어지는 결과의 예측이 어려우면서 삶의 불확실성(uncertainty)이 더욱 커지고 있다.

그런 점에서 AI와 관련해 인류의 삶에 대한 전망과 함께 다양한 사회 문제, 더 나아가 인류의 존폐에 영향을 미치는 관련 이슈 논의가 더욱 증가하고 있다.

예컨대 AI로 인한 일자리 문제, 노동에의 변화는 교육 현장에서부터 소득 재편 문제까지 모든 분야에 영향을 끼치기 때문에 관심이 높다. AI는 편리성, 생산성 향상, 인간의 생물학적 존재로서의 한계 극복 등의 장점을 가지고 있다는 점에서 사람을 대체할 수 있고 노동 시장에서는 고용이 감소하고 기존의 노동인구들이 일자리를 잃는 것에 대한 우려는 계속하여 증가하고 있다. 이전 산업화 시대에서도 수작업을 기계가 대체 하면서 노동자들이 분노하여 기계를 파괴하는 '러다이트 운동'이 일어나기도 했지만 현재 AI가 등장하면서 산업 형태의 변화에 따라 많은 직업이 사라지는 것은 피할 수 없는 추세로 보인다. 2016년 다보스포럼에서는 4차 산업혁명으로 인해 선진국에서 710만 개의 일자리가 사라질 것이라고 전망하기도 하며(안상희, 이민화, 2016) 가트너는 2025년경에는 로봇과 드론이 전체 직업의 33%를 대체할 것이라고 예측했다. 국내 한국고용정보원의 조사에 따르면 '4차 산업혁명으로 자신이 종사하는 직업에서 일자리가 줄어들 것'이라고 응답한 비율이 평균 44.7%로 나타났다(23개 직종별 재직자 1006명 설문조사). 특히 금융·보험 관련직 등 숫자와 계산해야 하는 직업에서 높은 응답률을 보였으며, 반대로 보건 의료직이나 사회복지, 종교 관련 직종에서는 낮은 수치를 나타냈다.

인간이 할 수 있는 대부분의 일이 기계와 AI로 대체될 것이라는 내용은 자주 확인할 수 있다. 컴퓨터, 기계의 유지비가 인간 노동자와 비교해 매우 저렴하기 때문에 기계가 인간을 대치해 수행할 수 있는 여러 직무에서는 이미 많은 일자리가 사라져갔다. 장기적으로는 기계나 AI에게 대체되지 않을 분야는 거의 없을 것으로 예측된다. 예를 들어 자율주행 자동차가 일반적으로 보급된다면 택시 운전기사들은 대량으로 실직하게 될 것이며(김광수, 2019) 은행 업무도 인터넷뱅킹, 자동화 등을 통하여 은행은 지점을 늘리지 않고 오히려 줄이고 인력도 서서히 축소시키는 경향을 보인다. 온라인 계좌, 신용카드 발급 직접 배송 등의 굳이 은행 지점을 들리지 않아도 해결할 수 있는 업무들이 늘어나며 직원이 직접 해나가는 업무가 줄어들고 있기 때문이다.

AI에 대한 윤리적 우려도 심화되고 있다. 한 사례로 자율주행 자동차의 윤리적 결정에 관한 사례를 들 수 있다. MIT의 사고 실험에서는 갑작스러운 브레이크의 고장 상황을 가정하고 자동차의 AI가 승객을 보호할 것인지 보행자를 보호할 것인지를 판단해야 하는 상황을 제시한다. MIT의 Moral Mechine 사이트에서 설문 응답자에게 브레이크 고장 상황에 대해 어떤 결정을 할 것인지를 13단계에 나누어 선택하게 하였는데 여기서는 연령, 건강도, 성별, 법률 준수 등 누구를 살리고 죽일지에 대하여 응답자가 중요하게 생각하는 요소를 보여준다. 즉 누구를 살리고 누구를 죽여야 할지에 대해 인간의 가치에 대한 윤리적 판단은 어떠한 기준으로 진행되어야 할 것이며 이를 AI에 어떻게 적용할 것인지도 논란을 야기시킨다.

　AI가 옳지 못하거나 틀린 정보를 학습하는 것에 대한 부작용과 우려도 있다. 완벽하게 올바른 데이터를 구하지 않는 이상 데이터에 숨어 있는 편견이나 오류를 AI가 학습하여 판단에 사용하게 되는 경우가 그렇다. 대표적인 예로 글로벌 기업인 아마존에서 AI를 통하여 직원 채용에 관한 서류 심사를 진행하였는데 여성 지원자를 차별하는 문제가 발생하였다. 이는 과거의 이력서와 채용 여부 등의 데이터를 AI가 학습하였는데 과거에 채용한 직원 비율 중 남자 직원이 많아서 남성은 IT 업계에 더 적합하고 여성은 아니라는 기준을 만들었기 때문에 남성 위주의 채용이 이루어졌고 이는 공정하지 못한 결과를 도출하였다(이진천, 2020). 또 다른 예로는 플로리다 법원의 범죄자 재범 확률 평가 AI인 COMPAS에 관한 것이다. 이 평가는 1년간 모은 7,000명에 대한 작은 데이터를 기반으로 만들어졌는데 데이터가 치우쳤고 AI가 백인보다 흑인이 재범할 확률이 높다는 편견을 가지고 평가를 해온 것이 드러났다. 또한, 2016년 3월에 마이크로소프트가 신경망을 기반으로 타인의 말을 따라 하는 방식으로 트위터에 게시물을 업로드하는 테이를 공개하였는데 마이크로소프트는 테이에 나쁜 말이 무엇인지 아는 프로그램을 만들지 않았다. 그런데 여기에 인종 차별주의자, 여성 혐오자 등의 혐오를 조장하는 트위터 유저가 일부러 테이가 혐오와 차별 발언을 하게끔 유도하였고 결과적으로 테이는 욕설과 혐오에 관한 게시물을 업로드하기 시작하였고, 테이의 서비스는 16시간 만에 중지될 수밖에 없었다.

이처럼 AI 시스템의 신뢰성에 관해 제기되는 문제는 다양하며 젠더 및 인종과 관련된 기존의 편견을 체계화하고 강화하거나, 개인정보와 같은 인권 및 가치를 침해할 위험성 등도 마찬가지이다.

AI가 시장 집중 및 디지털 격차를 더욱 악화시킬 것이라는 우려도 증폭되고 있다. AI 기술들을 선도하고 있는 기업들인 구글, 아마존, 유튜브 그리고 페이스북 등의 선점 효과가 존재하는 모든 시장에서 독과점 현상이 발생하고 있다. 이러한 기술들은 네트워크를 기반으로 하며 새로운 서비스가 출시되어도 특별한 경우가 아니면 이용자들이 사용하는 원래의 서비스에서 바뀌는 경우가 별로 없다. 서비스의 장점은 이용자가 많을수록 두드러지고 그렇기 때문에 강한 독점력과 높은 진입 장벽을 동반하게 되면서, 그 결과 시장은 극소수의 기업이 독점하도록 만들어진다. 많은 이용자가 사용한다는 것은 그만큼 많은 고객의 정보를 가졌다는 것이며, 많은 정보를 가지고 있는 기업은 기계학습 등의 정보가 많을수록 좋은 결과를 가져다주는 기술을 사용해 더욱 사용자들에게 좋은 맞춤 서비스를 제공할 수 있고 이는 독점 기업의 독점력을 더욱 키운다는 문제가 있다. 이처럼 기술의 고도화가 가져올 사회에서 경쟁력을 가지게 될 계층은 소수가 될 것이며, 소수에 의한 부의 축적으로 인해 빈부 격차가 심화될 것이라는 점에서 누구에게나 기회가 되지는 않을 것이라고 예측되기도 한다.

개인정보 유출 역시 중요한 문제이다. 빅데이터 등의 기술을 이용하여 사람들을 분석, 예상, 유도하는 기술이 나날이 발전해 나가며 악의를 가지고 사용자의 기록 등을 보는 것으로 효율적으로 사람을 감시, 평가, 유도하는 문제가 발생한다. SNS를 통하여 몇천만 명 이상의 개인정보를 얻을 수 있고 이 데이터가 악의적으로 이용하거나 유출이 되면 사생활 침해, 도용, 범죄 연루 데이터 수집 등의 문제가 생긴다. 그렇기 때문에 이러한 개인 신상 정보 보안에 관해서는 철저한 감시가 필요하다. 국가의 민간에 대한 통제력 강화, 가짜정보 유통, 역주행 자율주행차, AI 살인 로봇 등 부정적인 진화로 인해 악용되는 사례들 또한 기술의 속도만큼 빠른 증가가 예상되기도 한다. 이런 점에서 향후 관련 위협들을 해결하고 대비하기 위한 정책, 법적 조치 등이 더욱 중요하게 될 것이다.

따라서 사회 구성원들은 관련되는 문제에 대한 논의와 아울러 국가의 월권을 감시하고 자유와 인권을 함께 지켜 나가야 할 스마트 플랫폼에 기반한 스마트 거버넌스를 활성화시켜야 할 필요성도 제기되고 있다. 아울러 AI 분야의 핵심인 알고리즘을 어떻게 투명하게 운영하여 윤리나 법제도 정비를 할 것인지 파악해야 한다. 이런 여러 가지 논란 때문에 AI와 관련된 새로운 기술 도입 정책 결정은 신중하게 이뤄져야 하며 섣부른 정책 결정은 부가적인 사회적 비용의 증가를 야기시킬 수 있다는 점이 감안되어야 한다.

2) 미디어 관련 이슈

AI는 창의적인 영역에서도 발전해 나가고 있다. 원하는 분위기의 곡에 맞춰 새롭게 작곡해 주는 AI, 스케치를 디테일한 그림으로 만들어 주는 프로그램 등, AI가 진입하려면 더 오랜 시간이 필요할 것이라 예상한 분야에서도 AI는 이미 등장하였다. 또, AI를 통한 기계 번역의 수준이 매우 높아지고 있으며, 딥러닝을 통하여 사람 목소리, 어조를 흡사하게 따라 하는 AI가 개발되고 있다.

창의성이 강한 미디어 분야의 경우도 AI 기술의 발전은 미디어를 둘러싼 새로운 이슈들을 제기해 왔다. 일자리 문제와 관련해서 한 SNS 설문조사 결과에 따르면 방송/미디어, 언론 분야는 인공지능의 대체 가능성을 묻는 조사에서 15.5%의 최하 수준으로 대체 가능성이 낮은 것으로 나타났다.

하지만 단순 기술직이나 사무직의 경우 다른 업계와 업무 영역이 크게 다르지 않고 국내의 경우 방통 융합을 통해 그 어떤 나라보다 최신 기술 도입이 빠르기 때문에 타 분야와 같은 문제 제기가 될 수 있다. 미디어·콘텐츠 분야에서도 수치와 계산 혹은 패턴이 있는 업무의 경우는 AI에 밀려날 수밖에 없다. 예컨대 LA 타임즈의 퀘이크봇(Quakebot)이라는 로봇 저널리즘 알고리즘이 2015년 LA 워스트우드에서 발생한 진도 4.0의 지진을 인터넷판에 보도하는 데 걸린 시간은 약 5분이었다. 사람이 도저히 따라갈 수 없는 속도인 것이다.

미디어 업계는 타 직업군과 비교해 감정과 경험 위주의 창조적인 영역이 많으면서 자동화가 필요 없는 분야가 다수 포함되어 있지만 AI 기술이 미디어에 활용되면서 미디어에 대한 기존 이념과 인식, 관행 등이 달라질 가능성이 많아지고 있다.

특히 유의해야 할 것은 미디어 분야에서 제공되는 많은 서비스들이 일반 국민과 이용자들을 양극화시키는 기제로 작용할 수 있다. 흔히 디지털 시대에는 사회적 자본으로 일컬어지는 신기술과 신규 서비스에 대한 활용 능력과 이를 뒷받침하는 경제적 자본을 일정 정도 갖춘 국민과 그렇지 못한 국민의 디지털 격차가 점점 확대되고 있다고 지적되는데 이는 AI 시대에 더욱 강화될 수도 있다. 오늘날 많은 이용자들이 복잡하게 얽힌 미디어에 쉽게 접근하지 못하는 경우도 생기고 있으며 미디어 서비스들이 일회적으로 비용을 지급하고 이용하는 구매 시스템에서 지속적으로 비용을 투입해야 하는 구독 시스템으로 전환되고 있기 때문에 경제적으로 취약한 계층의 디지털 격차는 더욱 심화될 수 있다는 것이다.

빠르게 변화하는 기술의 속도에 맞춰 AI가 미디어에 널리 활용될 경우 새롭게 제기될 미디어의 핵심 이슈가 나타날 것이다.

무엇보다 먼저, AI 시대의 미디어 관련해서 먼저 방송 이념과 공적 규제 문제가 제기될 것이다.

방송 이념은 방송이 문화라는 모델서 출발한 공영방송 모델과 경쟁을 통해 시청취자의 이익을 증진시킬 수 있다는 상업방송 모델로 크게 구분할 수 있다. 또 과거의 방송에 대한 공적 규제는 전파의 희소성, 국민 수탁, 그리고 방송의 사회적 영향력이라는 세 가지 원리에 의거했지만 방송기술의 발전으로 이런 고전적 방송 이념과 공적 규제의 기반이 약화되어 왔었다. 그러나 AI가 본격적으로 대두되면 개인 미디어가 범람하면서 공영방송 모델의 필요와 정당성 문제가 다시 부각될 것으로 보인다. 즉 사회의 파편화 가능성이 높은 상황에서 오히려 사회 통합의 필요에서 공영방송의 이념은 더 존중되어야 한다고 할 수 있다. 이런 점에서 먼저, 공영방송의 공공성 강화를 위한 다각적인 정책 마련이 필요하다는 논의가 중요해질 가능성이 높다.

사회 윤리적 문제도 중요한 이슈다. 사회적으로 높은 수준이 요구되는 미디어 윤리와 관련하여, 미디어 분야에서 AI가 활용되면 알고리즘 관련 윤리가 현재보다 더욱 중요한 윤리 기준이 될 것이라고 전망되기도 한다. 이럴 때 새로운 규범성으로 미디어를 구성하는 알고리즘의 핵심 윤리인 투명성과 신뢰성, 설명 가능성이 부각될 가능성이 높다. 알고리즘의 투명성과 신뢰성, 알고리즘의 결과 산출 이유를 설명하는 문제 등이 사회적 영향력이 높은 미디어의 경우에 더욱 중요해질 것이다.

미디어에 대한 이용자 경험도 이제까지와 전혀 달라질 것이다. 전통적인 TV는 이용자들의 경험이 스토리의 흐름과 시청 몰입으로 특징지을 수 있었다면, AI 기술은 이용자들에게 개인화된 서비스를 제공하는데 적용되며 TV 경험은 분절과 조작으로 특징지어질 수 있다. 과거 우리는 사전에 시간적으로 배열된 프로그램을 연속적으로 시청했지만 현재 OTT 서비스는 AI를 활용해 고객에게 맞춤형 서비스를 제공하고 있다. AI 시대에서는 이제 알고리즘을 활용해 개인화된 맞춤 서비스를 제공하는 편성이 보편화될 것이며 현재의 AI 기술이 더욱 고도화되면 콘텐츠 추천 서비스를 넘어서 완전한 개인 맞춤형 미디어가 생성되어 나만의 콘텐츠를 감상할 수 있게 될 것이다.

미디어산업의 커다란 틀도 바뀔 것이다. 전통적으로 문화산업인 미디어산업은 AI 시대를 맞아 미디어, 특히 방송산업은 프로그래밍 산업으로 전환될 가능성이 높아질 것이다. 이는 방송의 핵심이 창의성에서 컴퓨터 연산으로 방향 전환되어 가는 것을 의미하는 것이다. 컴퓨터 연산에 의거하는 산업으로 전환되고 자동화가 진전되면서 방송 제작, 편성, 서비스 등에서 노동 의존성이 높던 과정이 알고리즘 의존성이 높은 과정으로 전환되면서 인력 및 업무의 재배치는 필연적일 것이다(이재현, 2019).

3) AI 관련 미디어 정책

미디어 환경 변화는 이제 보다 근본적인 질문에 대한 답을 요구하고 있다. 예를 들어 미디어 시장이 글로벌화된 환경에서 미디어의 공익성을 어느 수준에서 요구하고, 상업성을 어떤 상황에서 용인할 것인가. 기존 미디어는 거대화된 조직을 효율화하면서도 기존의 공익적 콘텐츠의 제작 기반을 유지할 수 있을 것인가 등, 이런 질문들에 대한 선택을 통해 앞으로 다가올 거대한 변화에 의미 있는 대응을 해야 된다.

특히 중요한 것은 미디어 이용자에 관한 것이다. AI와 미디어의 본격 융합이 국내 미디어산업에 던지는 메시지는 이용자 중심의 서비스라 할 수 있다. AI 시대 미디어기술과 서비스의 발달은 어떻게 이 분야에서 이용자의 능력을 강화하는 방안으로 사용할 수 있을지가 중요하게 될 것이다. 이런 점에서 이용자 스스로 합리적 판단을 통해 선택하고 다양한 서비스를 자신에게 유익하게 조합할 수 있는 미디어 리터러시 역량이 더욱더 요구되고 있으며 미디어와 서비스의 선택, 이용, 참여, 생산의 모든 과정에서 이용자가 주체적으로 참여하고 자신의 권리와 의무를 이행하는 이용자 주권(sovereignty) 개념은 더욱더 강조되어야 한다.

즉 미디어 서비스를 주체적으로 이용하고 그에 대한 효과와 성과에 대해 책임질 수 있는 미디어 역량(competence)과 아울러 서비스의 제반 과정에서 자기 권리를 주장할 수 있는 이용자 권리(right to service)가 더욱 섬세하게 표현되어야 한다.

한편, 장애인, 저소득층, 고령층 등 취약계층 등이 새로운 미디어 플랫폼, 디바이스, 콘텐츠에 접근하기 어렵다는 점에서 취약계층에 대한 접근성(access) 제고를 위한 이용자 보호 정책은 새로운 생태계 환경에서도 지속적으로 추진되어야 하며 콘텐츠 측면에서도 소수 취약계층의 관심사와 이해관계를 반영할 수 있는 내용상의 다양성을 제공하는 정책이 필요하다. 이제 이용자를 보호의 대상으로 여기는 소극적인 의미가 아니라 이용자를 자신의 권리와 의무를 행사하는 자율적이고 책임 있는 주체로서 위상을 정립한다는 데에 중요한 의미가 있다.

아울러서 AI를 활용하여 원하는 성과를 달성하기 위해서는 무엇보다도 고품질의 데이터 확보가 중요하나, 이 과정에서 개인정보 보호 및 관련 인권 문제 등의 선결 과제도 존재한다. 즉 이용자 보호, 이용자 역량 및 권리 강화, 이용자 편익 제고, 이용자 보호 체계 확립 등 매우 폭넓은 내용의 과제 등 이용자 보호 종합 계획이 차질 없이 추진되어 국내 미디어 분야에서 보편적으로 적용 가능한 윤리 규범 제정 및 확대가 필요할 것이다. AI가 미디어에 이용될 때 다양한 이점도 있지만 공공정책 면에서 고려할 여러 사항도 있기 때문에, 신뢰할 수 있는 인간 중심의 AI 시스템을 보장하기 위한 노력이 필요하다는 것이다.

AI에 관해 새로운 형태의 윤리 및 공정성 문제도 제기되고 있는데 그중에서도 인권과 민주적 가치에 대한 존중, 편견과 관련된 위험성 등이 주요한 문제로 꼽힌다. AI 사용에 관해 투명하며 그 결과에 대한 책임 소재가 분명한 시스템 설계가 중요하다. AI

시스템은 적절하고 보안이 확보된 안전한 방식으로 작동해야 한다. AI 시스템의 신뢰성을 높이기 위해서는 개인정보 보호와 함께 데이터에 접근할 수 있는 AI 환경에 대한 필요성이 높아졌다. 특히 향후 AI의 부정적 기능을 통한 위협들을 해결하고 대비하기 위한 정책, 법적 조치 등이 중요한 영역으로 나서게 될 것이다. 인간을 수단으로 활용되는 우려를 극복하기 위해, 빠르게 변화하는 기술의 속도에 맞춰 인간 중심의 기술 발달과 활용이 필요하다

유럽위원회에서는 미래의 AI 신뢰성에 대한 중요성을 인식하고, 신뢰할 수 있는 AI를 만들기 위해 고려하고 지켜야 할 7가지 윤리 가이드라인을 제정하였는데 다음과 같다.

(1) 인간 주체와 감독 (human agency and fundamental rights)

AI 시스템은 인간의 역할과 기본권을 지원함으로써 공평한 사회를 가능하게 해야 하며, 인간의 자율성(human autonomy)을 감소시키거나 제한하거나 잘못 인도해서는 안 된다.

(2) 견고성 및 안전성 (Robustness and safety)

신뢰할 수 있는 AI는 AI 시스템의 모든 수명주기 단계에서 오류나 불일치를 처리할 수 있을 정도로 안전하고 신뢰할 수 있으며 강력한 알고리즘(algorithms)을 필요로 한다.

(3) 개인정보 및 데이터 통제 (Privacy and data governance)

시민들은 그들 자신의 데이터에 대한 완전한 통제권을 가져야 하지만, 그들과 관련된 데이터는 그들을 해롭게 하거나 차별하는데 이용되지 않는다.

(4) 투명성 (Transparency)

AI 시스템이 내린 결정은 추적이 가능해야 한다.

(5) 다양성, 무차별, 공정성 (Diversity, nondiscrimination and fairness)

AI 시스템은 인간의 능력, 기술(재주), 요구사항(요건)의 전체를 볼 수 있어야 하며, 그에 대한 접근성을 보장해야 한다.

(6) 사회적 환경적 복지(웰빙) (Societal and environmental well-being)

AI 시스템은 긍정적으로 사회 변화를 증진시키고, 지속 가능성과 생태적 책임을 강화하기 위해 사용되어야 한다.

(7) 책임성 (Accountability)

AI 시스템과 그 결과에 대한 책임과 그 책임을 보장하기 위한 메커니즘이 마련돼야 한다.

유럽위원회는 7가지 가이드라인에 맞추어 모든 AI는 이 가이드라인에 맞춰 개발할 것을 권고하고 있다(정병희, 2020).

이처럼 신뢰할 수 있는 미디어 관련 AI 기술 정책은 다음과 같은 요소들이 전제되어 이뤄져야 할 것이다.

첫째, AI 시대의 새로운 미디어기술을 도입할 때 미디어를 통한 수용자의 자기표현 가능성을 넓히며, 나아가 보다 세분화되고 다양한 사회의 문화적 욕구를 충족시킬 수 있는 조건을 창출할 수 있도록 적극적으로 노력해야 한다. 이를 통해 이용자들의 문화적 생활의 질을 향상해야 할 것이다.

둘째, AI 시대를 준비해 나가고 이를 실현시킬 다양한 미디어 기술들은 보다 체계적이고 일관된 계획 아래서 이뤄져야 한다. 이 같은 계획에는 장기적인 프로그램과 함께 이를 통한 미디어 구조 전반의 합리적이고 다원적인 재편 계획이 포괄되어야 한다. 특히 방송의 경우 지상파라는 전송 방식이 무의미해진 상황에서 지상파와 유료 방송이 아닌 공영과 민영으로 분류해 수신료 재원 중심의 공영방송과 민영방송의 규제 수준에 관한 논의도 필요할 것이다.

셋째, AI가 미디어 영역에 도입될 때 다양한 논의와 폭넓은 의견을 수렴하는 결정 메커니즘을 갖추어야 하고 또 AI 관련 정책 결정에 있어서 자체 검증 장치와 외부 집단의 평가를 받을 수 있는 제도적 장치를 도입해야 한다. 이를 통해 여러 각도에서 문제점을 파악하여 앞으로의 새로운 AI 도입에 있어서 중요한 지침이 돼야 한다.

넷째, AI 관련 기술 도입 정책을 결정하는 과정은 보다 공개적이고 투명하게 진행되어야 한다. 관련 정책은 도입에 따른 경제적 이득이 엇갈리는 이해집단들이 서로 얽혀 있다. 따라서 공정하고 합리적인 정책이 입안되어야 하며, 정책이 종합적이고 체계적이면서 일관되게 집행되어야 한다.

다섯째, AI의 미디어 관련 기술에 대한 기존의 논의가 주로 시장 경제적인 입장이나 산업론적 관점에서 제기되어 왔다면, 이같은 기술의 활용에 대한 문화적이고 규범적 차원의 논의도 병행되어야 할 것이다. 결국, 정책이란 공익성, 규범성, 당위성이라는 사회적 가치를 실현하기 위한 의식적인 프로그램이고 미디어기술 역시 한 사회의 공익성과 규범성의 틀 내에서만 수용 가능하다는 점에서 새로운 문화적 잠재력을 정책적으로 개발해 내는데 역점이 주어져야 할 것이다.

전반적으로 AI 시대의 새로운 미디어기술을 통한 우리 사회의 구조적인 변화에 직면하여 새로운 기술이 가지고 있는 경제적, 사회적, 문화적 잠재력을 극대화함으로써 이용자들의 문화적 생활의 질을 향상시키고 미디어의 공익적 가치를 개발하는 미래지향적 활동 방침 또는 목표를 지향해야 할 것이다. 이러한 틀 안에서 새로운 기술의 원활한 보급과 확산을 통한 경제적, 사회적 이익을 극대화할 것이다.

AI 수용은 이제 선택의 문제가 아닌 현실이 되었다. 이런 점에서 국가 차원의 대응과 미디어 분야의 체제 혁신 방향에 지혜를 모아야 할 것이다. 특히 AI 시대의 핵심으로서 미디어 분야에서의 산업 활성화, 규제 혁신, 사회적 가치 제고 등을 위한 정책을 개발하고 집행해야 한다. 또 AI 산업의 활성화를 위해서는 기술 개발, 기술 응용, 서비스 상용화와 같은 산업 진흥 정책과 함께 AI로 인해 발생할 수 있는 부정적 환경을 제어할 수 있는 규제 차원의 정책이 함께 균형 있게 추진되어야 한다.

미디어에 대한 종합적인 발전 전략을 마련하는 과정에서 사회 변화를 예측하고, 세계적인 미디어 혁신 트렌드에서 국내 미디어산업의 역할과 변화 방향에 대한 방안도 마련해야 할 것이다. 미래 사회와 역사를 바꿀 중요한 전환점이 될 AI를 맞이하여 미디어의 역할 변화와 트렌드를 분석해 미래 미디어의 방향을 예측하고, 관련 분야 혁신을 통해 미디어 역량을 육성하기 위해 실천 방안을 모색해야 할 것이다.

무엇보다도 AI는 이점도 있지만 공공 정책 면에서 고려할 사항이 다양하기 때문에, 신뢰할 수 있는 인간 중심의 AI 시스템을 보장하기 위한 노력이 필요하다. 또한, AI가 미디어 환경을 어떻게 바꾸고 있고, 그러한 변화가 사회적 소통 구조에 미칠 영향은 무엇이며, 민주주의의 유지와 발전을 위해서 어떤 사회 공동의 노력이 필요한가에 대해 염두에 두어야 한다.

AI와 미디어

이창형 (KBS 기술본부장)

CHAPTER 02

AI와 미디어

1. AI의 역사

인공지능(Artificial Intelligence)은 1930년대부터 인간의 사고를 이론으로 체계화하려는 노력이 시작되었으며, 인공지능의 개념은 1940년대 영국의 수학자이자 컴퓨터 과학의 아버지로 불리는 앨런 튜링(Alan Turing)이다. 앨런 튜링은 24세에 컴퓨터의 기본 설계도를 작성하였으며, 제2차 세계대전 때에는 암호해독 기계를 만들어 연합군이 승리하는 데 기여하였다. 1950년에 발표한 논문 〈기계도 생각할 수 있을까(Can Machines Think)〉를 발표하여 생각하는 기계의 원리를 처음 생각하여 인공지능(AI) 컴퓨터의 기초를 닦은 인물이다. 1943년에 워렌 맥컬럭(Warren McCulloch)과 월터 피트(Walter Pitss)가 최초의 신경망(Neural Network) 모델이 제안되었다. 맥컬럭과 피츠는 네트워크 내의 단순한 요소들의 연결을 통하여 무한한 컴퓨팅 능력을 구현할 수 있다고 하였다. 그 후 앨런 튜링이 생각하는 기계의 구현 가능성과 튜링 테스트를 제안한 것은 1950년의 일이다.

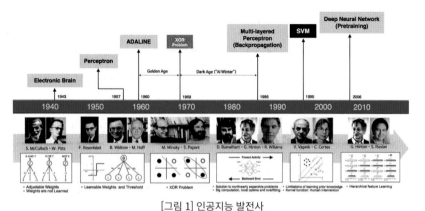

[그림 1] 인공지능 발전사

출처: Deep Learning 101/History and Background Andrew L.Beam

인공지능이란 용어는 1956년 컴퓨터 과학자 존 매카시(John McCarthy)에 의해 다트머스(Dartmouth) 회의에서 처음으로 사용되었으나 이를 프로그램 이론을 정립하는 과제에는 어려움이 있었다. 이는 단층 퍼셉트론 이론 때문인데, 단층 퍼셉트론은 XOR 같은 논리 문제를 해결하는데 어려움이 있었다. 이러한 문제로 인공지능기술은 1970년 중반에서 1980년 후반까지 별다른 진전 없는 암흑기를 맞이하였고 꾸준한 데이터 축적과 알고리즘의 진화로 새로운 부흥기에 접어들고 있다. 그 후 다층 퍼셉트론 이론이 소개되면서 다시 인공지능에 대한 활기를 가지게 되었다. 그 후 1986년 심층 신경망을 학습할 수 있는 알고리즘이 개발되었으며, 1993년 루가와 스터블필드((Lugar & Stubblefield)는 인공지능의 정의를 지능적 행동을 자동화하기 위한 컴퓨터 과학이라고 설명하기도 하였다. 인공지능기술을 상용화까지 여러 한계에 직면하다가 딥러닝을 필두로 하는 알고리즘의 개선, 빅데이터와 컴퓨팅 파워의 발전과 함께 부흥기를 맞고 있다.

1) 퍼셉트론(Perceptron)

퍼셉트론은 1957년 코넬 항공 연구소(Cornell Aeronautical Lab)의 프랑크 로젠블라트(Frank Rosenblatt)에 의해 제안된 알고리즘이다. 퍼셉트론은 다수의 신호를 입력으로 받아 AND, NAND, OR 논리회로를 거쳐서 하나의 신호를 출력한다. 로젠블라트가 제안한 퍼셉트론은 단층 퍼셉트론(Single Layer Perceptron)으로 딥러닝의 기원이 되는 알고리즘이다. 입력 모든 게이트에서 같고 다른 것은 매개변수의 가중치와 임계값뿐이다. 단층 퍼셉트론은 AND, NAND, OR 논리회로는 설명할 수 있는데 XOR 게이트는 설명하기 어려운 점이 있다. XOR 게이트는 배타적 논리합이라는 논리회로로 한쪽이 1일 때만 1을 출력한다. 1969년 마빈 민스키(Marvin Lee Minsky)와 세이무어 페퍼트(Seymour Papert)는 수학적 알고리즘으로 XOR 문제를 풀 수 없다는 사실을 수학적으로 증명하였다. 그래서 등장한 것이 다층 퍼셉트론(Multilayer Perceptron)이다. 다층 퍼셉트론은 AND, NAND, OR 게이트를 조합함으로써 만들 수 있다. 그 후에 역전파 방법이 등장하였고 비지도 방식의 논문들이 나오면서 기존 신경망 국부최소점(Local minimum)과 과적합(Overfitting) 문제를 해소할 수 있게 되었다. 국부최소점은 일정 영역에서만 최소인 점을 말하며 과적합은 머신러닝 과정에서 학습이 너무 잘 되어서 높은 정확도를 나타내지만 데이터를 실제 적용 시에는 성능이 떨어지는 현상을 말한다. 단층 퍼셉트론은 직선형 영역만 표현할 수 있고, 다층 퍼셉트론은 비선형 영역도 표현할 수 있다.

2) AI의 정의

인공지능은 인간의 지적 활동, 즉 시각·언어·감각 이해 능력과 학습 능력 및 추론 능력 등을 구현하고 재현하기 위한 모든 장치 및 시스템을 말한다. 학습 능력에 따라 눈에 보이지 않는 비정량화된 정보의 패턴과 특징을 추출하여 결과를 예측할 수 있다. 인공지능 개념도 인간과 마찬가지로 학습에 의해서 발전이 가능하다는 가설에서 출발하였다. 사물을 보고(이미지인식), 듣고(음성인식), 읽는(문자인식) 기술이 시장에 보급되는 수준으로 발전하였으며, 현재는 학습 및 추론 기술을 향상시키고 있는 단계에 도달해 있다. 인공지능에 대한 정의는 시대가 흐르면서 변화해 왔는데 디지털기술과 컴퓨터의 기술 발전에 많은 영향을 주었다. 2018년 과기부 4차산업혁명위원회에서는 인공지능을 인지, 학습 등 인간의 지적 능력의 일부 또는 전체를 컴퓨터를 이용해 구현하는 지능을 의미한다고 정의한 바 있다. 1956년 존 매카시의 인공지능에 대한 정의는 지능적인 기계를 만드는 엔지니어링이라 하였고, 1993년 루거스와 스터블필드는 지능적인 행동의 자동화에 관한 컴퓨터 과학의 한 부문이라 정의하였다.

[표 1] 인공지능에 대한 정의

구분	인공지능에 대한 정의
John McCarthy (1955)	지능적인 기계를 만드는 엔지니어링 및 과학 (The science and engineering of making intelligent machines)
John McCarthy (1956)	인공지능((Artificial Intelligence, AI) 용어 제안 Dartmouth Conference (1956, Dartmouth University, USA)
Rosenblatt, (1958)	Perceptron 이론 주장(인공지능 신경망 모델)
Bellman(1978)	인간의 사고, 의사결정, 문제 해결, 학습 등의 활동에 연관 지을 수 있는 자동화라고 정의
Charniak and McDermott (1985)	여러 계산 모델을 이용하여 인간의 정신적 기능을 연구하는 것 (The study of mental faculties through the use of computational models)
Kurzweil (1990)	인간에 의해 수행되어질 때 필요한 지능에 관한 기능을 제공하는 기계를 만들어내는 작업으로 정의. 즉 사람이 기능적으로 수행해야 하는 기능을 수행하는 기계의 제작을 위한 기술이라고 정의 (The art of creating machines that perform functions requiring intelligence when performed by people)
Nisson, (1990)	인공물이 지능적인 행위를 하도록 하는 것
Rich and Knight (1991)	컴퓨터가 특정 순간에 사람보다 더 효율적으로 일을 할 수 있도록 하는 연구(The study of how to make computers do things at which, at the moment, people are better)
Schalkof (1991)	인간의 지능적인 행동 양식에 있어 계산적 과정을 이용해 모방하고 설명하는 것에 대한 연구 분야(A field of study that seeks to explain and emulate intelligent behavior in terms of computational processes)
Winston(1992)	인지와 추론, 행위를 가능하게 하는 계산의 연구로 정의
Luger and Stubblefield (1993)	지능적인 행동의 자동화에 관한 컴퓨터 과학의 한 부문 The branch of computer science that is concerned with the automation of intelligent behavior)
Poole et al. (1998)	지능적인 에이전트를 설계하는 학문

출처: 박가열 외 (2016) 2030 미래 직업세계연구(Ⅱ), 국고용정보원(자료 보강)

2. AI 기술의 등장

지난 2016년 1월 열린 2016년 세계경제포럼(WEF)의 주제가 4차 산업혁명이었고, 이후 세계 주요국들이 기술표준과 혁신을 주도하기 위해 발 빠르게 움직이고 있다. 4차 산업혁명은 인공지능(Artificial Intelligence)과 로봇기술, 사물인터넷 및 빅데이터 등의 기술들이 전 산업 분야에 확산되어 고도화되고 지능화된 사회로 발전한다는 것이다. 4차 산업혁명의 사회는 갑자기 나타난 것이 아니라 3차 산업혁명까지의 축적된 기술들이 지능적으로 융합되고 고도화되면서 나타나게 된 현상으로 초연결 및 초지능화로 미래를 예측하게 되었다. 이러한 제4차 산업혁명의 시대를 맞이하면서 각 산업별 영역은 파괴되고 초연결을 통하여 경계선도 무너지게 되었다. 특히 제4차 산업혁명의 시대의 미디어와 관련한 기술로는 인공지능(AI)과 로봇기술, 빅데이터(Big Data) 분석기술, 가상현실(VR), 증강현실(AR) 및 사물인터넷(IoT) 기술 등이 있다. 최근에는 '로봇 저널리즘'이라는 용어가 등장하고 인공지능을 탑재한 로봇의 기사 작성이 가시화되고 있다. 또한, 빅데이터 분석 기술은 4차 산업혁명 시대에 미디어의 핵심적 발전이라 볼 수 있다. 가상현실(VR)과 증강현실(AR)은 미디어에서 많이 적용되고 있는 기술이다. 4차 산업혁명의 핵심은 "모든 것이 연결되고 보다 지능적인 사회"를 구축하는 데에 있다. 빅데이터, 인공지능 로봇, 사물인터넷, 3D 프린팅, 무인자동차, 나노바이오 기술 등이 융합하여 새로운 것을 창조하는 파괴적 기술(disruptive technology)이 중심이 되며 그 속도와 파급력은 빠르고 광범위한 것이다. 로봇이나 인공지능을 통해 실재와 가상이 통합되어 사물을 자동적이고 지능적으로 제어할 수 있는 가상 물리 시스템의 구축이 기대되는 산업상의 변화를 일컫는다. 인공지능(AI), 로봇 등의 지능정보 기술은 스스로 학습하는 과정을 거치면서 급속한 발전을 거듭하고 있고, 제조업·의료·교통·문화 등 거의 모든 영역에 활용되기 시작하면서 새로운 경제적 가치 창출의 촉매제 역할을 할 뿐 아니라 개인과 사회 전반에 걸쳐 광범위한 영향을 미칠 것으로 예상되고 있다. 2020년 초 코로나19가 전 세계로 대유행 팬데믹(pandemic) 현상으로 확산되고 있는 상황에서 인공지능(AI) 기반기술이 광범위하게 적용되었다. 코로나19의 예측과 유입 차단, 현장 대응, 확산 방지, 신약 개발, 영상 판독, 무인 현장 대응, 확진자의 동선 추적 등 다양한 분야에서 적용되었다. 이제 AI는 국가 방역 체계에 활용되고 개인 생활에까지 광범위하게 적용되고 있다. 이러한 AI의 적용은 많은 데이터를 통하여 가능하다. 빅데이터를 분석하여 일정한 흐름이나 패턴을 파악할 수 있다. 빅데이터를 기반으로 인공지능이 적절한 판단과 자율 제어를 수행, 딥러닝을 통해 자율적인 진화가 가능한 초지능화 시대가 된다. 글로벌 IT 리서치 기관인 가트너(Gartner)는 매년 트렌드 기술을 발표하고 있는데, 2019년에는 지능(Intelligent), 디지털(Digital), 메시(Mesh)로 구분하여 발표하였다. 이 중에서 인공지능은 증강현실과 사물인터넷 등과 함께 고도로 기술로 새로운 솔루션을 제공할 것으로 기대하고 있다. 2019년 가트너가 230만

트위터 계정에 사용된 단어들로 작성한 이슈 사이클(Hype Cycle)에서도 인공지능(AI)의 열풍을 확인할 수 있는 구간에 들어와 있다.

[표 2] 주요 국가의 인공지능 개발 현황

국가	관련 산업	프로젝트
미국	·BW 왓슨이 세계 AI 분야 선도 ·애플, 1년간 AI 분야 스타트업 6개 인수	·AI 분야 선두 유지 위해 차세대 AI에 우선 투자 ·국가 AI 연구개반 R&D 전략 계획
일본	이화학연구소와 도요타, 도쿄대 등이 10년간 AI 원천기술 개발 예정	·3단계 AI 산업화 로드맵 ·사회 모든 영역이 연결, 융합되는 AI 생태계 구축
중국	·AI 신생 기업에 10억 달러 이상 정부 투자(2017) ·화웨이, 미국 버클리대학과 100만 달러 투자 계획	·차이나 브레인 프로젝트, 15년간 5조 원 투자 ·인터넷플러스 AI 3년 액션 플랜 규모 약 17조 원 확대 ·바이두는 정부 차원의 프로젝트 '중국 대뇌' 제안
한국	삼성전자, LG전자, SK레콤 등 투자의 연구 개발	·2017년 12월 혁신성장동력 추진계획에 AI 포함 ·2022년까지 핵심 인재 4만 명 양성

인공지능의 적용 분야는 의료, 국방 및 금융 등 다양하다. 소프트웨어와 머신러닝, 클라우드, 고성능 컴퓨터 등을 포함하고 있다. 과학기술정통부가 2018년 발표한 "I-KOREA 4.0 실현"을 위한 인공지능 R&D 전략으로 전 산업 분야로 적용을 확대해 나가고 있다. 미국, 일본, 중국 등도 인공지능기술을 전략적으로 투자하고 있다. 인공지능은 단순한 인지 기능을 넘어서 데이터를 스스로 학습하고 미래를 예측하는 단계까지 발전되고 있다. 인

공지능기술과 관련 기술은 딥러닝(Deep Learning), 머신러닝(Machine Learning) 및 인공 신경망(Artificial Neural Network) 기술 등이 있다.

3. AI 개념 이해

1) AI 구분

인공지능은 ANI(Artificial Narrow Intelligence)와 AGI(Artificial General Intelligence) 및 ASI(Artificial Super Intelligence)로 구분할 수 있다. 1980 년대에 존설(John R. Searle)은 심리철학의 측면에서 약한 인공지능 (weak AI)인 좁은 개념의 ANI와 강한 인공지능(strong AI)인 AGI로 구분하였다. 사람에게 도움을 주는 개념의 인공지능은 약한 인공지능이고, 사람과 똑같이 수행하는 것을 강한 인공지능이라 하였다. 많은 인공지능 전문가들(Average Experts)은 인간처럼 행동하고 사고하는 인간형 인공지능인 AGI는 2040년에 출현하고 인간의 영역을 넘어서서 능력을 발휘할 수 있는 초인공지능인 ASI는 2060년에 도래할 것으로 예측하였다.

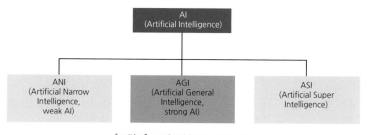

[그림 2] AI의 구분 ANI, AGI, ASI

(1) ANI(Artificial Narrow Intelligence)

ANI 인공지능은 특정 분야에서 정해진 업무만 처리하는 단계이다. 사람과 비슷한 수준으로 세상을 인식하고 정보를 조합하고 이해하는 정도의 좁은(Narrow) 의미의 인공지능을 약한 인공지능(weak AI)이라 한다. 인공지능 개인 비서는 AI 스피커 형태로 음성 명령을 인식하고 맞춤형 음악 재생이나 날씨 알림 등 스마트 홈 기기와 연계된 다양한 기능들을 수행한다. AI 스피커는 삼성, 구글, 아마존, KT 및 SK텔레콤 등에서 개발하였다.

[그림 3] 삼성(홈미니), 구글(구글홈), 아마존(에코), 애플(홈팟),
KT(기가지니), SKT(누구), 카카오(카카오미니)

또한, 지난 2020년 1월 미국 라스베이거스에서 개최되는 세계 최대 가전 IT 전시회 CES 2020에서 삼성전자는 지능형 컴퍼니언 로봇(Companion Robot)인 볼리(Ballie)를 발표했다. 볼리(Ballie)는 공 모양으로 사용자를 인식해 따라다니는 반려 로봇이다. 집안 곳곳의 가전제품을 구동시키고 스마트폰 등 기기와 연동한 홈 비서의 역할을 하는 로봇이 개발되었다. 인공지능 비서가 발전하면 상담원 역할도 가능하다. 음성인식 기술이 좀 더 발전하면 콜센터의 상담원 역할을 수행하게 될 것이다. 최근 코로나 감염으로 콜센터 상담원들이 집단 감염이 발생하고 있는데 AI로 대체하면 감염병은 걱정할 필요가 없다. 감정 노동자의 애환도 해소되고 임금 인상이나 주 52시간 근무 제한도 받지 않는다. 해외 글로벌 기업에서는 이미 도입하였고 국내의 일부 은행에서 도입하고 있다. AI 콜센터가 원활하게 운영되기 위해서는 반복적인 학습을 통하여 자연스러운 대화가 중요하다.

이와 같이 특정 문제를 해결하는 지능적 행동의 인공지능으로 사람의 능력을 흉내 낼 수 있는 수준이다. 고양이와 개의 모양을 구분한다든지, 또한 알파고, 구글 번역기, SIRI(Speech Interpretation and Recognition Interface) 및 동영상 자료에서 특정인의 안면인식이나 얼굴의 특정 부분을 인식하는 정도의 인공지능이다.

[그림 4] 마스크를 쓰고도 안면인식 가능
http://www.biotimes.co.kr/news/articleView.html?idxno=3430

또한, 프랑크푸르트 공항은 빈번하고 이륙과 착륙이 복잡하게 이루어지고 있는데 인공지능의 기계학습과 패턴 인식을 사용하여 항공기의 이착륙을 제어하고 있다. 또한, 삼성전자와 LG전자는 2020년 CES에서 인공지능기술을 적용한 TV를 출시하였는데 수많은 영상 데이터와 음향 데이터를 분석하고 화질을 개선하였다. 영화, 스포츠 및 애니메이션 등 장르를 구분해 최적의 화질과 음향을 제공하며 가전기기를 제어할 수 있다.

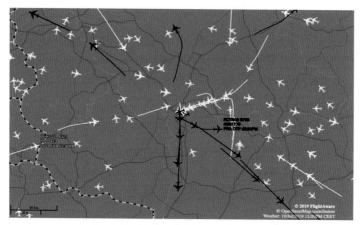

[그림 5] 프랑크푸르트 공항 이착륙 항공기 인공지능 제어
https://cmte.ieee.org/futuredirections/2019/07/22/artificial-intelligence

(2) AGI(Artificial General Intelligence)

AGI는 인간 수준의 인공지능으로 어떤 문제를 실제로 사람처럼 사고하고 해결할 수 있는 수준을 의미한다. 즉 인공지능으로 추론, 문제 해결, 계획, 의사소통, 자아인식, 감정, 양심, 지혜, 지각력이 있고 스스로를 인식할 수 있는 수준이다. 인간이 수십만 년을 걸쳐 이루어낸 지적 수준을 순간적으로 처리할 수 있는 능력을 가지고 있다. 인간의 뇌의 뉴런 속도는 최대 200Hz 정도이

지만 컴퓨터의 CPU 속도는 10억 배 더 빠른 GHz 단위이다. 강한 인공지능은 크게 두 가지로 구분할 수 있는데 인간처럼 행동하고 사고하는 인간형 인공지능과 인간과 다른 형태의 지각과 사고 추론을 하는 비인간형 인공지능이다. 인공지능이 인간 수준의 지능을 가진 기계장치가 구현되는 것을 범용 인공지능(AGI, Artificial General Intelligence)이라 한다. 많은 인공지능 전문가들이 약 2040년 정도에 초인공지능이 출현할 것으로 예측하고 있다.

(3) ASI(Artificial Super Intelligence)

범용 인공지능이 더 진화하여 인간의 영역을 넘어서서 모든 분야에서 능력을 발휘할 수 있는 초인공지능이다. ASI에 도달하는 초인공지능은 스스로 지능을 폭발하는 지점에 도달하게 된다. 모든 인류의 지성을 합친 것보다 더 뛰어난 인공지능이 초인공지능(ASI) 수준으로 될 때 이 전환점을 특이점(singularity)이라고 한다. 특이점은 미국 과학자 레이먼드 커즈와일이 쓴 《특이점이 온다(The Singularity Is Near)》라는 저서를 통해 유명해진 개념이다. 커즈와일은 특이점이 2045년에 도래할 것이라고 하였다. 또한, 2015년 푸에르토리코에서 열린 컨퍼런스에서 대다수의 과학자들은 인류에게 재앙이 될 수 있는 신의 영역이라고 할 수 있는 초인공지능 단계는 약 2060년 정도에 출현할 것으로 예측하고 있다.

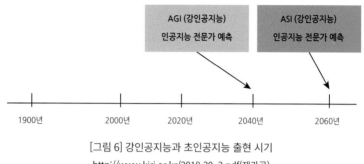

[그림 6] 강인공지능과 초인공지능 출현 시기
http://www.kiri.or.kr/2018-30_3.pdf(재가공)

4. AI의 구성

인공지능은 크게 인공지능, 머신러닝 및 딥러닝의 3가지로 구분하여 설명할 수 있다. 머신러닝(Machine Learning)은 입력된 빅데이터를 분석하고 가공해서 스스로 학습을 통해 새로운 정보를 얻어 내거나 미래를 예측하는 기술이다. 이후에 새로운 데이터가 입력됐을 때 과거의 학습 경험을 토대로 이를 이해하고 분석하여 정확성을 높여 미래 예측의 정확성을 더욱 높일 수 있다. 매년 CES 장비 전시회에서도 인공지능기술은 적용한 장비들이 주류를 이루고 있다. 인공지능기술은 인가의 뇌 구조를 연구하여 인공 신경망 알고리즘을 적용한 머신러닝과 딥러닝에 대한 연구가 더욱 확대되고 있다. 결국 미래의 인공지능은 우리 생활을 더욱 풍요롭게 만드는 방향으로 발전하게 될 것이다.

체스게임은 이미 인공지능과 대적할 수 없는 영역이 되었으며 알파고의 등장으로 바둑도 인간의 지능으로는 대적할 수 없게 되었다. 의학 분야에 인공지능기술을 적용하여 의사와 인공지능, 그리고 환자와의 구조로 형성되어 진단과 치료에 보다 더 질 높은 의료 서비스가 진행되고 있다. 주요 머신러닝 엔진은 구글의 딥마인드, 페이스북의 팬더 및 야후의 룩플로우 등이 있다. 딥러닝(Deep Learning)은 머신러닝보다 심층학습 알고리즘이다.

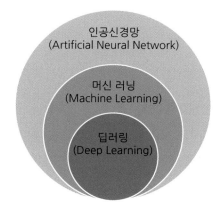

[그림 7] 딥러닝과 머신러닝, 인공지능기술의 관계

1) 인공 신경망(Artificial Neural Network)

인공지능(AI) 기술은 기계학습(Machine Learning) 기술의 한 종류인 신경 회로망(Neural Network) 기술을 의미한다. 인공 신경망(Artificial Neural Network) 기술은 수학적 모델의 머신이 아닌 인간 두뇌의 정보 처리 과정에 대한 수학적 모델 또는 컴퓨터 시뮬레이션이라 할 수 있다. 인간의 뇌 신경세포 뉴런들이 네트워크 형태로 연결되어 있는 것을 모방한 알고리즘이다.

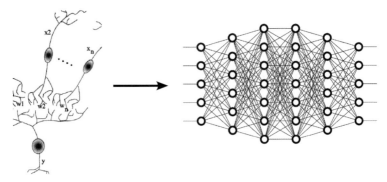

[그림 8] 뇌 신경세포 뉴런을 모방한 인공 신경망 구조

인간의 뇌는 100억 개의 뉴런과 각 뉴런을 연결하는 6조 개의 시냅스로 이루어져 있으며 비선형적이고 병렬적인 정보를 처리하는 매우 복잡한 시스템이다. 각각의 뉴런은 연결을 통해 여러 입력 신호를 받지만 출력 신호는 오직 하나만 생성한다. 즉 인공 신경망은 인간의 신경망을 모델로 구현한 기술로 두뇌와 비슷한 방식으로 정보를 처리하기 위한 알고리즘이다. 이러한 기술을 인공지능기술에 적용한다.

2) 머신러닝(Machine Learning)

머신러닝(Machine Learning)은 기계학습으로 컴퓨터가 스스로 방대한 양의 데이터를 분석해서 미래를 예측하는 기술이다. 즉 컴퓨터를 이용하여 데이터를 기반으로 학습을 하고 추론하여 스스로의 성능을 향상시키는 시스템과 이를 위한 알고리즘을 연구하고 구축하는 기술이라 할 수 있다. 학습이란 훈련 데이터를 이용하여 모델을 알아내는 과정이고, 추론이란 학습된 모델을 이용하여 미래의 새로운 데이터를 예측하는 과정을 말한다. 머신러닝은 스스로 학습하는 과정을 거치고 나면 패턴을 인식할 수 있는 능력을 갖추게 되고 미래를 예측하고 판단하는 능력, 그리고 결정할 수 있는 능력을 가지게 된다. 이것이 바로 머신러닝 알고리즘이다. 머신러닝의 알고리즘들은 엄격하게 정해진 정적인 프로그램 명령들을 수행하는 것이라기보다는 입력 데이터를 기반으로 예측이나 결정을 끌어내기 위해 특정한 모델을 구축하는 방식을 취한다. 인공지능이 개와 고양이를 구분하기 위해서는 귀의 모양, 수염의 유무, 털의 모양 및 입의 구조를 설정해 주고 이를 학습하여 개와 고양이를 구별할 수 있게 된다.

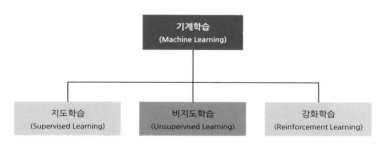

[그림 9] 머신러닝(Machine Learning) 알고리즘 종류

　머신러닝 종류에는 지도학습, 비지도학습 및 강화학습으로 구분할 수 있다. 지도학습은 레이블된 데이터로 학습하는 것으로 미래 데이터를 예측하는데 적용된다. 비지도학습은 레이블이 없이 학습하는 방법으로 데이터의 숨겨진 구조와 특징을 발견하는데 적용된다. 강화학습은 보상 시스템으로 학습하는 방법인데

의사결정을 위한 최적의 방법을 선택하는 학습 알고리즘이다.

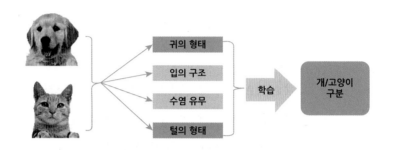

[그림 10] 개와 고양이 구분 기계학습 프로세스

3) 딥러닝(Deep Learning)

딥러닝(Deep Learning)은 인공지능 기반기술에서 머신러닝(Machine Learning)을 구현하는 기술의 하나로 인공 신경망(Artificial Neural Network)이 여러 개 쌓인 것을 말한다. 즉, 딥러닝은 머신러닝의 세부 방법론을 통칭하는 심층학습의 개념으로 머신러닝의 부분 집합이라 볼 수 있다. 여기서 머신러닝은 기계학습으로 인공지능의 연구 분야 중에서 인간의 학습 능력과 같은 기능을 컴퓨터에서 실현하고자 하는 기술이다. 인공지능이 개와 고양이를 구분하기 위해서는 학습을 통하여 구별할 수 있게 된다. 또한, 인공 신경망은 인간의 뇌 구조 속의 뉴런 구조를 본떠서 만든 기계학습 모델이다. 인공 신경망 기반 알고리즘으로 분류되는 알고리즘은 영상정보에 적합한 합성 신경망(Convolutional Neural Network,

CNN)과 언어정보에 적합한 순환 신경망(Recurrent Neural Network, RNN)
이 대표적이며, 기존의 신경망 알고리즘에서 특징 추출 과정을
학습 과정에 포함시킨 것이 특징이다.

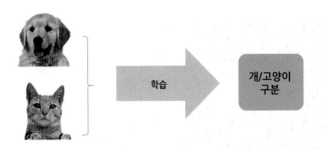

[그림 11] 개와 고양이 구분 딥러닝 프로세스

여기에 2개의 신경망 구조를 갖는 생성적 적대 신경망(Generative
Adversarial Network, GAN)은 방대한 데이터가 필요한 신경망 알고리즘
에서 데이터의 영향력을 감소시킬 수 있다. 이러한 기술을 적용
하여 구글 브레인은 인터넷에 올라온 수많은 이미지를 수집하여
분석하는 과정을 거치는 것으로 개와 고양이의 이미지를 구분하
는 알고리즘을 개발하였다.

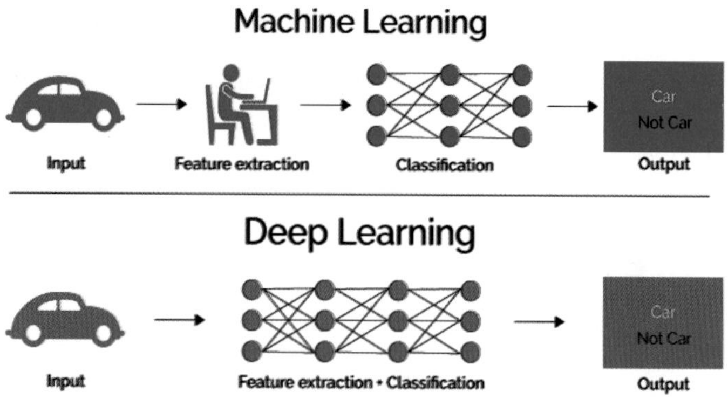

[그림 12] 머신러닝 딥러닝 프로세스 비교
www.deeplearning-academy.com/p/ai-wiki-machine-learning

합성 신경망(CNN)은 합성곱 연산을 사용하는 인공 신경망 중의 하나이며 공간정보를 갖는 영상인식에 적합하여 이미지 처리 시 필터링 기법을 적용함으로써 이미지를 더욱 효과적으로 처리하는 신경망이다. 순환 신경망(RNN)은 입력 과정에서 순서가 있는 정보를 데이터로 사용한다는 점이 특징이다. 일반적인 신경망은 각각의 입출력이 서로 독립적이라 가정하여 처리한다. 음성인식에 적합한 신경망이다. 생성적 적대 신경망(GAN)은 한 네트워크가 다른 네트워크와 경쟁하여 두 개의 네트워크로 구성된 심층 신경망 구조이다. 두 신경망 모델의 경쟁을 통해 학습하고 결과물을 만들어낸다. 새로운 것을 생성하는 데 적합한 신경망이다.

5. AI와 미디어

미디어 분야에 인공지능(AI)을 적용하여 지능형의 미디어 제작 환경이 만들어지고 있다. 미디어 프로세스의 각 단계에서 채택하고 있는 인공지능 알고리즘은 텍스트, 오디오, 이미지 및 동영상 등 입력 형태에 따라 다양하게 적용되고 있다. 또한, 더 나아가 제작, 편집, 유통 및 이용의 모든 단계까지 적용되고 있다. 현재 수준의 인공지능은 사람과 유사한 수준으로 음성과 문자로 표현된 인간의 언어를 이해하고, 이미지와 동영상을 해석하는 수준으로 개발 중이다. 인공지능기술은 4차 산업혁명을 보다 구체화시킬 것으로 기대된다. 특히 인공지능 미디어 분야는 AI 구현의 도구로써 새로운 개념의 미디어 영역으로 견인하는 역할을 수행한다.

[표 4] 미디어 프로세스 단계와 입력 형태에 따른 AI 도입 사례

구분	TEXT	오디오	이미지	동영상
기획	소재 발굴, 기사 작성, 시나리오 작성			
제작	번역	텍스트 변환, 음성 합성	메타 정보 생성, 영상 생성, 영상 변환, 고화질 영상 변환	자동 촬영, 광고 제작
편집	데이터 분석	메타 정보 생성	메타 정보 생성	하이라이트 편집 예고 편집
유통	추천	추천		최적 압축
소비	반응 분석, 의견 수집	TV 채널 컨트롤, 실시간 자막		

출처: ETRI 산업전략연구그룹

이제 인공지능기술은 미디어 영역에 접목되어 미디어 생태계가 변화하고 있다. 인간이 처리하기에는 많은 시간과 노력이 필요한 영역에 인공지능기술을 적용하면 순간적으로 결과를 받아볼 수 있다. 인공지능 알고리즘으로 기사를 작성하는 로봇 저널리즘, 사물에 센서를 부착하여 데이터를 수집하여 정보를 분석하는 센서 저널리즘, 방대한 양의 데이터를 활용해 자료를 수집·정리하는 데이터 저널리즘, 1인 미디어 형태로 미디어 시장에서 급격하게 성장하고 있는 유튜브 저널리즘, 그리고 VR 환경을 이용한 콘텐츠를 제작하는 몰입 저널리즘 등 많은 영역에 빠르게 적용되고 있다.

1) AI의 미디어 적용 단계

(1) 기획 단계 인공지능 적용

신문사들은 페이스북, 트위터, 인터넷 등 SNS에서 뉴스 소재의 발굴하고, 기사 작성과 시나리오 작성 등 인공지능기술을 적용하여 기사를 작성한다. 소재 발굴은 페이스북, 트위터 등 SNS상에서 이슈화되고 있는 내용들을 분석하여 일정한 패턴을 읽어낸다. 로이터 뉴스 트레이서나 워싱턴포스트 신문에서 적용하고 있다. 기사 작성은 기사 작성 로봇으로 기사를 작성하는데 워싱턴포스트 신문 등에서 사용된다.

(2) 제작 단계 인공지능 적용

제작 단계에 인공지능기술을 적용하여 자동 번역, 음성 텍스트 변환, 음성 합성, 영상정보 생성, 고화질 영상 변환, 메타정보 생성 및 작곡 등을 AI를 활용한다. 음성을 텍스트로 변환하는 활용은 NHK 방송에서 적용하고 있으며, 음성 합성은 특정인의 목소리를 인공지능으로 재현하는 기술이다. 영상정보 생성은 영상 생성 및 변환기술이 탑재된 창작 활동을 지원한다. 구글, 페이스북, 아마존, 네이버 및 카카오 등에서 활용되고 있다. 고화질 영상 변환은 저해상도 영상을 고해상도로 변환하는 기술로 구글 및 삼성전자 등에서 적용하고 있다.

(3) 편집 단계 인공지능 적용

편집 단계에서 인공지능을 적용하여 영상을 검색, 데이터를 분석하고 분류하여 편집하는 데 AI 기술을 적용한다. 데이터 분석은 스포츠 분야에 공과 선수를 추적하여 위치, 속도 이동 데이터를 수집하여 기존의 기록과 함께 분석하여 결과를 도출한다. 하이라이트 편집은 스포츠 등에서 사용되고 영화 등의 예고편 제작은 IBM 등에서 적용하고 있다.

(4) 유통 단계 인공지능 적용

유통 단계에서 인공지능기술을 적용하여 방대한 자료를 검색하고 분류하여 유해물을 발췌하고 최적화된 콘텐츠를 유통하는 데 AI 기술을 활용한다.

(5) 소비 단계 인공지능 적용

미디어 소비 단계에 인공지능을 적용하여 미디어 이용 행태, 필터링 서비스, 미디어의 소비 패턴 등을 수집 분석하여 맞춤형 미디어 제공에 AI 기술을 적용한다. 필터링 서비스는 유해 사진이나 동영상 판별 등에 사용된다. 소비자의 이용 형태 및 개인정보를 분석하여 콘텐츠를 선정하고 제시할 위치 및 순서를 추천한다. 영상 구간별로 소비자의 선호와 반응을 예측하여 영상 구간에 따라 압축비를 최적화한다.

2) AI 음성인식 기술

(1) STT(Speech-to-Text)

사람이 말하는 음성 및 오디오를 인공지능의 기술로 실시간 해석하여 그 내용을 문자로 전환하는 기술이다. 인공지능의 음성인식(Speech Recognition) 및 음성 합성(Speech Synthesis) 기술 등을 적용하여 여러 사람의 목소리도 각각 인식한다. 음성을 텍스트로 변환한다는 데서 음성 텍스트 변환(Speech-to-Text, STT) 시스템이라고 부른다.

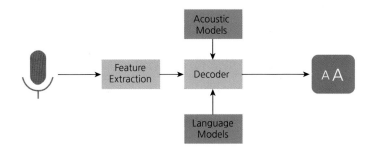

[그림 13] 음성 텍스트 변환(Speech to Text) 개념도
출처: www.deepai.org/machine-learning-glossary-and-terms

　음성 텍스트 변환 기술을 적용한 AI Preview는 인터뷰 화면, 드라마, 영상 화면에서 다양한 언어도 문자로 전환하는 기능을 가진다. AI Preview는 영상 타임 코드 기반의 프리뷰 노트 생성 서비스, 다국어 지원 및 번역 서비스가 가능하다.

(2) TTS(Text-to-Speech)

　다양한 언어의 텍스트를 원하는 사람의 목소리로 변환이 가능하다. 텍스트를 입력받은 후 파라미터로 지정된 음색과 속도로 음성을 합성할 수 있다.

　텍스트를 음성으로 변환한다는 데서 텍스트 음성 변환(Text-to-Speech, TTS) 시스템이라고 부른다. 스티븐 호킹 박사도 신체적 장애로 소통에 어려움이 있었으나 센서로 텍스트를 입력하여 소통할 수 있었다. 스티븐 호킹 박사 센서를 통하여 문자가 입력되면 억양과 운율에 대해 자연어 처리(Natural language Processing, NLP)

와 디지털 신호로 처리(Digital Signal Processing, DSP)로 소통하였다. 또한, MicroSoft사의 스피치 메이커를 파워포인트에 설치하여 사용하면 발표자 없이 음성 발표가 가능하다. PT 자료에 TTS(Text to Speech) 음성을 탑재시켜서 슬라이드 하단의 텍스트 내용을 원하는 사람의 음성으로 변환하여 발표자가 필요 없는 PT 발표가 가능하다.

[그림 14] 텍스트 음성 변환(Text to Speech) 개념도

인공지능의 엔진을 이용하여 음성을 인식하고 비서 역할을 하는 솔루션들이 이미 개발되어 서비스하고 있다. 애플은 '시리' 제품으로 메시지를 전송하거나 우버의 차 호출, 은행 송금, 영상 콘텐츠 검색 및 가전제품 제어 등을 수행한다. 아마존의 알렉사는 인터넷 검색, 음악 재생, 피자 주문 우버의 차 호출, 쇼핑 및 가전제품 제어 등이 가능하다. 또한 구글은 '구글 어시스트'를 통하여 메시지 전송, 식당 예약, 인터넷 검색 및 음악 재생 등을 수행한다.

3) AI 이미지인식 기술

동영상이나 사진 자료에서 특정 객체를 식별하는 기술로 딥러닝과 머신러닝 알고리즘을 통해 인식할 수 있다. 인간의 생체인식 기술은 신체적, 행동적 특성을 추출하여 확인하는 기술을 말한다. 그중에서 안면인식 기술은 사진이나 동영상에서 특징적인 얼굴의 정보를 파악하는 기술이다. 또한, 실시간 방송에서 인공지능 머신러닝 기술을 적용하여 이미지나 타이틀을 인식하여 녹화를 하거나 SNS 등으로 자동 송출하는 데 사용하고 있다. 방송 중에 영상 이미지의 특징이나 패턴을 학습시킨 후 동일한 이미지가 검출되면 유튜브나 페이스 북에 자동 스트리밍하는 기능이다.

[그림 15] 인공지능을 적용한 실시간 이미지 검색
출처: KBS 자율연구회 발표 자료(2019)

동영상 편집이나 자료 검색에 사용되기도 하지만 악용되는 경우도 있다. 안면인식 기술은 개인의 얼굴이 노출되거나 악용 문제로 논란을 일으키고 있다. 안면인식 기술 클리어뷰 AI 앱을 구현하면 입력된 이미지가 페이스북·유튜브 등 SNS를 비롯한 인터넷상의 비슷한 얼굴 사진을 찾아 보여주는 기능으로 개인정보 침해의 우려가 있다.

4) AI 영상 편집

인공지능기술을 적용하여 동영상 편집이 가능하다. 편집 기능을 가진 Vrew, AI Preview 등은 편집기처럼 쉽게 컷 편집을 할 수 있으며 음성인식 결과를 참고하여 편리하게 자막을 넣을 수 있고 음성이 없는 구간을 제거할 수 있다.

[그림 16] AI를 적용한 Vrew 및 Preview 자동 자막 처리 화면

IBM의 인공지능 왓슨(Watson)은 영화 〈모건(Morgan)〉의 예고편을 제작하였다. 왓슨은 약 100여 편의 공포 영화 예고편을 학습한 다음에 모건 영화를 대상으로 가장 긴장감을 장면을 선택하여 편집하는 예고편을 만들었다. 또한, 인공지능이 스포츠 편집에도 적용된다. 윔블던 테니스 경기의 주요 경기 장면을 편집해서 보여주기도 하고 농구의 덩크슛 장면만 골라서 편집하기도

한다. 왓슨은 영상 속 이미지와 언어 등을 분석하여 특정한 장면을 추출하여 편집을 한다.

[그림 17] 윔블던 테니스 경기 편집 (IBM의 인공지능 왓슨)

또한, NHK는 2017년에 인공지능 기반의 프로그램 제작 환경을 구축하였다. AI를 활용하여 사회의 다양한 데이터를 빅데이터 분석하고, 이미지인식 및 음성을 인식한다. 그중에서 프로그램과 관련된 빅데이터를 분석하고, 이를 프로그램 제작에 활용한다. 또한, BBC 연구진은 인공지능 기반 제작 프로젝트(AI in Production)로 2017년부터 영상 편집에서 형상의 추출, 샷의 시퀀싱(Shot Sequencing), 샷의 선택(Shot Selection) 등에 대하여 가이드라인을 제정하였다. 연구진은 제작부서와 협력해 인공지능기술을 적용하여 제작 과정의 효율성을 높일 수 있는 Ed 시스템을 개발하였다. Ed 시스템은 제작 과정에서 AI 접근 방식을 사용하여 비디오 편집 작업을 자동화하는 알고리즘을 개발하였다. 시청자들은 영상 크립에서 화분, 간판, 머그잔이 완전히 클립 안으로 들어가

거나 완전히 프레임 밖으로 빠져 있는 영상을 선호한다. 영상의 가장자리에 어중간하게 잘려 있는 사물은 산만하게 보이는 것으로 보았다. 원샷의 경우, 지나치게 확대된 얼굴을 보는 것보다는 머리 전체와 몸을 보여주는 원샷을 선호한다는 것을 알았다. 이러한 결과를 토대로 인공지능 기반 제작 가이드라인을 제정하였다.

5) AI 출판과 미술

인공지능 출판사 인키트(Inkit)는 2016년 설립된 후 총 24권의 책을 출간하여 그중 22권이 현재 아마존에서 분야별 베스트셀러에 오르며 돌풍을 일으키고 있는 신생 인공지능 출판사이다. 인키트는 웹사이트와 앱을 통해 누구나 인키트 플랫폼에 다양한 스토리를 올릴 수 있도록 개방하여 스토리를 완성한다. 일반 독자에게 스토리를 공개하고 독자 취향에 맞는 스토리를 추천받아서 완성한다. 현재 등록된 저자만 4만 명이며, 연재되거나 완료된 스토리는 15만 개이다. 또한, 인공지능 딥러닝 기술은 미술과 이미지에 대한 상상력을 발휘할 수 있는데 그림이나 이미지의 절반을 가린 후에 채우는 상상력을 발휘할 수 있다. 인공지능을 이용한 글쓰기에서 단어들을 나열하는 방법을 배워서 다음 단어, 그리고 그다음 단어를 예측하듯이 이미지 픽셀도 같은 방법으로 그림 그리기의 상상력을 발휘하게 된다.

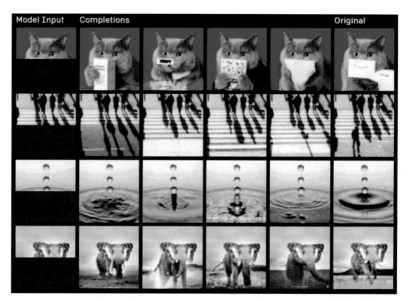

[그림 18] 인공지능 딥러닝 기술을 적용한 이미지 완성

출처: https://openai.com/blog/image-gpt)

6) AI 아나운서

중국의 국영 통신사 인 소후와 신화사가 공동 개발한 2명의 남자 AI 아나운서가 세계 최초로 등장하여 WIC 인터넷대회(2018. 11)에서 발표하였다. AI 아나운서는 실제로 존재하는 아나운서의 목소리와 얼굴로 만들어냈다. 실제 아나운서의 영상에서 얼굴, 입술의 움직임, 표정, 목소리, 억양, 움직임 등을 딥러닝 학습 과정을 거쳐 실제 사람 같은 AI 아나운서가 등장한 것이다.

[그림 19] 중국 AI 앵커, 일본 에리카, 사우디 소피아 (출처: 유튜브)

일본에서도 AI 아나운서 에리카와 요미코(2018)가 등장했으며 사우디아라비아에서는 여성 로봇 소피아에게 시민권을 부여하기도 했다. 국내에서도 머니브레인 회사에서 사람 목소리와 얼굴을 똑같이 합성해 제작한 인공지능 뉴스 앵커(2019.7)를 개발하였다. 2020년 3·1절 기념식에서는 인공지능기술을 활용한 디지털 아바타 기술로 김구, 유관순 및 홍범도 등 독립 영웅 3인이 등장하여 만세삼창을 선도하기도 하였다.

[그림 20] 인공지능 아바타 기술을 적용한 독립 영웅 3인

MBC는 2020년 총선에서 인공지능 음성 합성기술을 적용하여 각 정당 대표인 이낙연, 황교안, 손학규 등의 목소리로 방송하였다.

6. AI 기술의 명암

1) 영상 복원기술

엔비디아(Nvidia)는 2018년 알토대학과 MIT 연구원이 개발한 인공지능 이미지 개선 기술을 공개하였다. 과거의 색바랜 이미지나 손상된 영상, 낙서 등 노이즈 가득한 사진 등을 원래의 형태로 복원하는 과정을 인공지능기술로 가능하게 되었다.

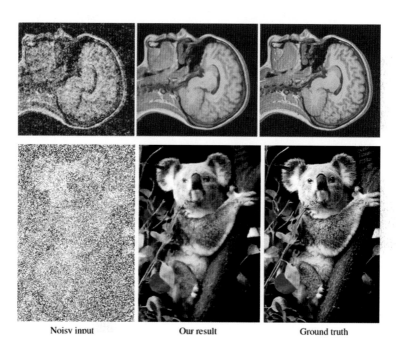

Noisy input   Our result   Ground truth

[그림 21] 엔비디아(Nvidia) 영상 복원기술 (출처: 유튜브)

깨끗한 원본 자료를 수백 장 보여주고 학습하여 원본 형태로 복원하는 능력을 갖추게 되었다. 이러한 기술은 이미지를 개선할 수 있고 MRI 사진도 개선할 수 있다. 또한, 역사적인 흑백 사진을 딥러닝 기술을 적용하여 컬러 사진으로 복원이 가능하다.

[그림 22] 흑백 사진을 컬러 이미지로 복원 (출처: KBS 후반제작부)

2) 딥페이크(deepfake)

딥페이크(deepfake)는 딥러닝(deep learning)과 페이크(fake)의 합성어로 인공지능 머시러닝 기법인 딥러닝 알고리즘을 사용하여 원본 이미지나 동영상 화면을 다른 이미지로 중첩하거나 결합해서 원본과 다른 영상을 합성하는 기술이다. 딥페이크 과정은 대상 이미지나 동영상을 추출(extraction)하고 학습(learning)과 병합(mergeing)하는 절차를 거친다. 2018년 4월 유튜브에 오바마 전 미국 대통령이 '트럼프 대통령은 쓸모없는 사람'이라고 하는 말하는 영상이 올라왔는데 이 영상은 인공지능 딥페이크 기술을 적용하여 만든 가짜 동영상이었다.

[그림 23] 오바마 전 미국 대통령을 대상으로 만든 딥페이크(출처: 유튜브)

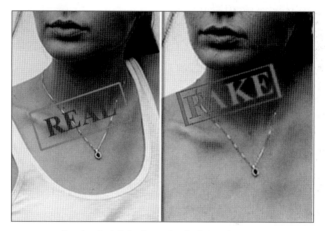

[그림 24] 딥페이크(deepfake) 이미지 악용 사례
출처 https://www.thurrott.com/uncategorized

또한, 두 개의 인공 신경망 네트워크로 구성된 딥러닝 이미지 생성 알고리즘으로 이미지를 생성하는 기술들도 개발되었다. 딥페이크 영상 편집기술은 인공지능기술을 사용하는 첨단기술로 역사적 사실을 실제처럼 복원하거나 광고 분야, 영화 등에 다양한 언어로 더빙하는 등 긍정적으로 활용되는 경우도 많으나, 가

짜 뉴스, 가짜 연예인 포르노 등에 악용되는 요소가 많다. 최근
에는 가짜 이미지를 추적하는 연구가 진행 중이다. 미국 국방성
은 미디어 포렌식 S/W를 개발하여 AI로 변형되었거나 수정 여
부를 판단하는 알고리즘을 개발하였다. 딥트레이스사도 SNS나
검색 엔진의 백그라운드에서 눈에 띄지 않게 작동하면서 탐색하
는 딥페이크 탐지 소프트웨어를 개발하였다.

3) AI 기술의 혐오 악플 차단

인터넷과 SNS 등의 커뮤니티에 댓글들이 일상화되었는데 근
거 없는 악플에 대하여 인공지능 알고리즘을 도입하여 제거하
게 된다. 최근 유명인들이 악성 댓글에 시달리다가 극단적인 선
택을 하는 경우가 종종 발생하고 있다. 잘못된 정보나 악성 루머
등이 SNS나 인터넷 등에 퍼져나가는 인포데믹(infodemic) 현상에
대한 대책이 시급하다. 악플 댓글자를 처벌하기 위해 모욕죄 등
법조항도 만들어진 상태이지만 근절되지 않고 있어 큰 사회 문
제로 대두되고 있다. 이러한 악플 문제를 해소하기 위해 인공지
능기술이 적용된다. 댓글 중에 지나치게 공격적이라고 판단하면
경고 메시지를 알려주고 댓글 자에게 순화를 요청하게 된다. 문
제가 있다고 판단되면 댓글을 안 보이게 하거나 제거하는 기능
도 가능하다. 네이버, 카카오(다음), 구글, 페이스북 및 인스타그램
등 국내외 포털 기업들은 인공지능 알고리즘을 적용하여 악성
댓글을 제거하고 있다. 구글은 퍼스펙티브라는 프로젝트를 통해

악플에 대응하는 인공지능기술을 적용하여 댓글에 대응하고 있다.

[표 5] 인공지능기술로 악플 제거

포털명	악플 대응 기능
네이버	욕설 댓글 자동 치환, 악플 탐지 AI 클린봇, 언론사가 댓글 정책 직접 선택, 상처 없는 댓글 세상 만들기 캠페인 추진
카카오(다음)	욕설 음표 치환 기능, 악플 추방 캠페인
인스타그램	AI 활용 댓글 취소, 제한하기 기능 도입
페이스북	커뮤니티 가이드라인 제정, 댓글 숨기기 기능 선택 가능
구글(유튜브)	퍼스펙티브 프로젝트

구글은 2017년 8월부터 유튜브에 올라온 도박, 음란물 등 유해 내용이나 저작권 침해, 역사 왜곡 등의 콘텐츠에 대하여 노란 딱지를 붙이는 제도를 도입했다. 노란 딱지는 인공지능 알고리듬에 따라 자동으로 붙는다. 네이버의 클린봇은 AI 기술을 적용해 욕설이 포함된 댓글을 자동으로 숨겨 주는 기능이 있으며 카카오는 인공지능기술을 적용하여 댓글 중에 욕설과 비속어를 필터링하는 욕설 자동 치환 기능을 적용하고 있다.

4) 보이스 피싱

인공지능기술을 사용해 목소리를 사칭해 범죄에 사용될 수 있다. 또한, 인공지능기술로 피해를 입은 사람의 목소리를 들어보고 인공지능으로 통화 내용을 분석해 보이스 피싱 여부를 확인할 수 있다. 최근 인공지능 앱으로 보이스 피싱을 차단할 수 있게 되었다. 보이스 피싱 탐지 앱은 통화 내용을 분석해 보이스 피싱 확률이 일정 수준에 달할 경우 사용자에게 경고 알림을 보낸다. 이 앱은 인공지능 딥러닝으로 탐지 정확도를 높이는 역할을 한다.

7. AI 저널리즘

1) 로봇 저널리즘(Robot Journalism)

4차 산업혁명의 핵심 기술인 인공지능은 저널리즘 영역에서도 예외 없이 적용되어 로봇 저널리즘이라 불리는 인공지능(AI)이 기사를 생산하는 시대가 도래하였다. 로봇 저널리즘은 인공지능 컴퓨터를 뜻하는 로봇과 뉴스 보도를 의미하는 저널리즘의 합성어로 컴퓨터 알고리즘을 이용해 자동으로 기사를 작성하는 행위를 말한다. 로봇의 기사 작성은 1977년 미국의 예일대학교에서 개발한 Tale-Spin 프로그램이 시초이고, 그 후 기상 예보 작성 프로그램인 FOG 등이 개발된 적이 있다. 로봇 기사 작성 알고리즘은 새로 입력된 데이터나 알고 있는 데이터를 기계학습을 통하여 분석하고 결과를 예측하고 추론하는 방식이다. 이런 방식으로 기사를 작성하는 것을 알고리즘 저널리즘으로 명명되기도 하고 컴퓨테이셔널 저널리즘, 데이터 저널리즘으로 불리는 데, 결국 뉴스 기사를 자동으로 생성하는 소프트웨어에 기반을 둔 저널리즘을 말한다. 로봇 기사 작성은 2011년 야구 기사 작성 프로그램인 StatsMonkey를 완성하면서 본격화되었다. 현재는 기자를 보조하는 역할을 넘어서 스포츠, 재난, 금융 분야에 있어 기존 언론인을 대체가 가능할 정도로 발전하였다.

[그림 25] StatsMonkey 홈페이지

(1) 국내 로봇기술로 기사 작성

인공지능(AI)은 인간의 지능으로 할 수 있는 문장 이해, 영상인식, 음성인식, 학습 등을 컴퓨터가 실행하는 영역으로 컴퓨터의 두뇌라고 분수 있다. 인공지능 로봇을 이용하여 기사를 작성하는 솔루션을 로봇 저널리즘이라고 한다. 로봇 기자가 자동으로 기사를 작성하는 알고리즘을 통해 기사를 생산해 낸다. 통계 내기 쉬운 데이터의 분석 기사, 스포츠, 날씨, 증권 기사 등의 정보를 수집하고 분석하여 기사 형태의 문장으로 표현한다. 즉 로봇 기자라고 하여 로봇이 돌아다니면서 취재하고 기사를 쓰는 것이 아니라 정해진 알고리즘에 따라 분석하는 것을 말한다. 이준환 교수의 로봇 기사 작성 모델을 살펴보면 데이터 수집, 이벤트 추출, 핵심 이벤트 구성, 무드 추적 및 기사 문장 작성 등의 절차를 거친다.

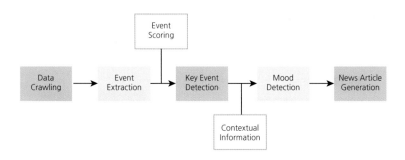

[그림 26] 로봇 기사 작성 모델 (이준환 교수)

로봇 기자는 수집된 데이터에서 가치 있는 뉴스거리를 찾아 기사의 핵심까지 잡는다. 설정된 논조에 따라 알고리즘은 뉘앙스가 다른 단어로도 바꿀 수도 있다. 기사 문장은 인간이 작성했던 기존 기사들을 최소 단위로 분석해 도식화한다. 도식화된 문장에 정보를 입력하면 사람 손을 거치지 않은 기사가 곧바로 독자에게 출고된다. 국내에서는 이준환 서울대 언론정보학과 교수

연구팀이 로봇 저널리즘을 활용한 프로야구 뉴스 로봇이 페이스북 페이지를 운영하고 있다. 데이터와 기록이 생명인 스포츠에서는 인공지능 알고리즘을 탑재한 로봇의 기사 작성의 탁월함을 누구도 넘볼 수 없게 되었다. 수많은 정보 속에서 데이터를 분석하고 의미를 해석한 후 기사를 작성하기 때문에 신속하고 정확하다. 다음 기사는 서울대학교 이준환 교수 연구팀이 개발한 기사 작성 알고리즘 '야알봇'이 작성한 기사이다.

〈프로야구 뉴스로봇 2016년 10월 14일〉

김준태의 적시타, 롯데의 승리(2016 - 10 - 09, 넥센 5 對 8 롯데, 사직)

9일 사직구장에서 열린 롯데와 넥센과의 2016 타이어뱅크 KBO 리그에서 롯데가 김준태의 적시 2루타 기록에 힘입어 8:5로 승리했다. 3:3으로 팽팽한 경기 중이던 6회 말 2사 만루에서 김준태가 2루타를 때려 3점을 득점해 승부를 결정지었다. 현재 김준태는 이번 리그에서 120타수 33안타 2홈런 22볼넷 16타점 12득점을 기록 중이다. 2회 초 넥센은 2사 1, 3루 득점 찬스를 맞이하였으나 박동원의 우익수 플라이로 공격 기회를 소진해 주자를 불러들이는 데에는 실패했다. -중략-

결국 경기는 롯데의 승리로 끝났다. 오늘 경기 결과에 따라 롯데는 현재 8위로 하위권으로 승률 0.458을 기록 중이다. 한편 넥센은 3연승 후 3연패를 당했으나 현재 3위 상위권으로 승률 0.538을 기록 중이다. 팀은 10안타를 날려 꽤 좋은 플레이를 보

여 팬들을 아쉽게 했다. (출처: 프로야구 뉴스로봇 페이스북 홈페이지)

　기사 내용을 보면, 국내 스포츠 기자들이 자주 사용하는 '승리를 결정지었다' 또는 '팬들을 아쉽게 했다'라는 표현으로 실제 기자가 쓴 것과 같은 언어를 선택해 인간 기자가 쓴 기사라는 착각을 하게 한다. 이와 같이 프로야구 뉴스로봇이 작성한 야구 경기 기사에 대하여 일반인들의 반응을 조사해 본 결과 , 일반인의 81.4%, 기자의 74.4%가 인간이 쓴 것이라고 답했다. 로봇 기사에 대한 신뢰도도 기자가 쓴 기사에 대한 신뢰도보다 높거나 비슷했다. 주식 시황 뉴스도 마찬가지다. 서울대 언론정보학과 이준환, 서봉원 교수 연구팀이 로봇으로 파이낸셜뉴스를 통해 코스피 뉴스 기사를 작성하였다. 코스피 시황과 주가가 오른 업종, 내린 업종을 정확히 분석하여 국내 최초로 언론사를 통해 공식적으로 게재되었다. 다음 기사는 서울대학교 이준환, 서봉원 교수 연구팀이 개발한 기사 작성 알고리즘 '야알봇'이 작성한 기사이다.

〈코스피 4.92포인트 하락, 1840.53포인트 거래 마감〉
　2016. 01. 21 18:07

　코스피가 전날보다 4.92포인트(-0.27%) 하락한 1840.53포인트로 거래를 마쳤다. 이날 개인과 외국인이 각각 287억 원, 2971억 원어치를 동반 순매도하며 지수 하락을 이끌었으며, 기관은 3120억 원을 순매수했다. 코스닥은 전날보다 3.84포인트(-0.57%)

하락한 665.84포인트로 거래를 마쳤다. 이날 개인과 외국인이 각각 249억 원, 37억 원어치를 동반 순매수하고, 기관은 259억 원을 순매도했다.

 기사 작성에 필요한 데이터를 수집하고 분석하여 기사를 작성하는 알고리즘이 이미 적용되어 사용 중이다. 파이낸셜뉴스는 지난 2016년 1월 21일 "코스피 4.92포인트 하락, 1840.53포인트 거래 마감"이란 제목의 기사를 내보냈다. 기사 작성자는 'IamFNBOT'. 이름에서 알 수 있듯이 이 기사는 로봇이 썼다. 또한, 주식정보 전문 방송 프리미엄경제TV의 신형 로봇 어드바이저 '알파온 8호'는 기존 알파온보다 데이터 분석을 향상시키고 모멘텀 분석을 최적화하였다. 알파온 8호는 알고리즘 신호에 따라 모멘텀을 적시 적소에 파악해 내고 있으며 많은 수익률을 내고 있다. 최근(2020.4) 국내에서는 연합뉴스는 자연어 처리기술(NLP) 인공지능기술을 적용하여 날씨 뉴스를 시작하였다.

[그림 27] 연합뉴스 인공지능 적용으로 날씨 뉴스 시작

(2) 해외 로봇기술로 기사 작성

해외의 인공지능 로봇을 이용한 기사 작성은 발 빠르게 진행되고 있다. 이미 2006년부터 영국의 톰슨 파이낸셜은 기업의 수익에 관련한 기사를 쓰기 시작하였고, 2009년 미국의 노스웨스턴대학교 학생들은 스택츠 몽키라는 알고리즘을 개발하여 이미 제작된 문장에 수집된 정보를 분석한 내용을 채워 넣는 방법으로 야구에 대한 뉴스 기사를 작성하였다. 또한, 미국 LA타임스, 로이터, 포브스 등 언론사는 로봇 저널리즘을 활용해 지진·스포츠·금융·날씨 관련 속보와 단신 기사를 제작한다. 노스웨스턴대학교에서 개발한 기사 작성 알고리즘인 퀼(Quill)은 기업의 실적, 금융, 스포츠 경기 결과 등 데이터를 입력하면 퀼 알고리즘에 따라 분석, 자동으로 뉴스를 작성한다. 데이터를 입력 후 작성까지 10초 이내에 가능하다. 포브스 사례를 살펴보면, 격주마다 발생되는 미국의 경제 잡지로 2000년대 후반부터 경영난을 겪던 중 퀼을 활용하여(2012) 증권 시황, 스포츠 경기 결과 등의 기사를 작성하였다. 하루 평균 30여 건의 기사를 작성으로 뉴스의 보도 범위가 확대되고 고품질의 뉴스를 제공하여 수익 증가 효과를 얻게 되었다.

또한, 미국의 언론사인 LA타임스가 개발한 퀘이크봇(Quakebot)은 LA 주변에서 발생하는 지진정보를 실시간으로 수집하고 진도 3.0 이상의 지진이 발생했을 때 자동으로 기사를 작성하는 알고리즘이다. 미국 지질조사국(USCG)에서 진도 3.0 이상의 지진 발생 정보가 송출되면 장소, 시간, 지도, 해당 지역의 최근 지진 발생 내역을 포함해 기사를 작성한다. 지난 9월 22일 캘리포니아주 북부 케이프타운에서 약 43마일 떨어진 지역에서 진도 3.3 규모의 지진이 발생했다. 연방 지질연구소가 곧이어 지진 발생 사실을 알리자 불과 수분 뒤인 오전 10시 LA타임스에 4줄짜리 속보 기사가 출고됐다. 기자 이름은 퀘이크봇(Quakebot)이다. 지질연구소를 통해 전달된 데이터를 바탕으로 자동으로 기사를 작성하고 인간 기자에게 알린다. 인간 기자는 기본적인 팩트만 확인하고 출고 버튼을 누르기만 하면 된다. 지진 발생부터 기사 출고까지 모든 과정이 완료되는데 불과 6분이 걸렸다.

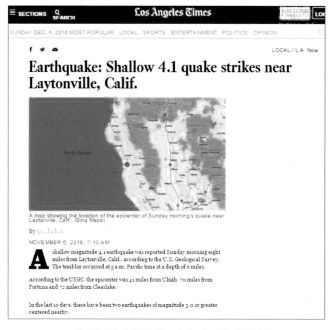

[그림 28] 퀘이크봇(Quakebot) 지진 기사 작성

내러티브 사이언스(Narrative Science)사는 2014년 자신이 만든 인공지능 알고리즘 퀼(Quill)은 다양한 데이터 중에서 핵심 사실을 추출해내고 이를 분석하는 기사를 작성하여 미국 포브스(Forbes) 등에 판매하고 있다.

[그림 29] 포브스(Forbes)dp 실린 내러티브 사이언스 기사

또한, 스태츠 멍키(Stats Monkey)라는 알고리즘은 미국 지역 리그 야구 경기에 대한 뉴스를 자동으로 생산하는 기능을 가지고 있다. 이 분야에서 탁월한 실적을 쌓고 있는 스태츠 멍키는 정보를 수집하고 이 비정형 데이터를 의사결정나무 학습 알고리즘에 탑재해 분류한다. 야구 경기에 나선 주요 선수와 경기 진행 상황이 분석되고, 그 결과가 이미 제작된 기본 문장에 입력된다. 이런 방식으로 단 몇 초 만에 야구 경기 기사가 완성된다.

[그림 30] 스태츠 멍키(Stats Monkey) 야구 경기 기사 작성

　중국의 최대 인터넷 기업인 텐센트가 개발한 드림라이터는 중국 경제 동향과 전문가의 전망을 포함하고 있는 1,000자 분량의 경제 기사를 1분 만에 작성해 자사 포털사이트에 게재하였다. 또한, 중국 베이징대학 샤오쥔 교수가 개발하여 일간지인 남방 도시보에 기차역 승객 운송 현황에 관한 300자의 기사를 작성해 게시하였다. 편집부에서 제공한 예문, 열차 편명, 표 잔여수량 등의 수치를 기반으로 1초 만에 기사를 작성하였다. 영국의 가디언은 로봇이 편집하는 주간지를 발행할 뿐만 아니라 미국 오토메이티드 인사이트(Automated Insight)가 개발한 로봇기자 워드스미스(Wordsmith)는 10억 개의 자동 생성 콘텐츠를 생산했으며, 2013년 기준으로 매월 평균 약 1만 5천여 건의 기사를 언론사들에 판매했다고 한다.

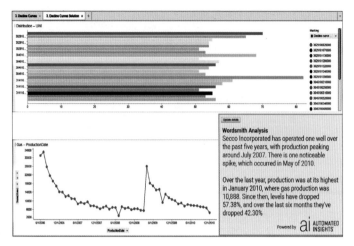

[그림 31] 워드스미스(Wordsmith) 기사 작성

이와 같이 인공지능기술은 데이터를 읽는 속도나 능력은 이미 인간의 한계를 넘어서 날씨나 지진, 스포츠나 증권 같은 분야에서 로봇 저널리즘이 위용을 떨치고 있다. 소설 시나리오 작성, 음악 작곡, 음악 연주 등 다양한 분야로 확대해 나가고 있어 미래에는 불가능한 영역이 없을 것으로 예상된다.

2) 센서 저널리즘

사물인터넷은 모든 사물에 센서를 부착하여 데이터를 수집한다. 센서는 사물의 움직임과 주변 환경 등의 데이터를 중앙 데이터 장비로 보내어 분석하여 정보를 추출해 낸다. 센서 저널리즘은 기술 혁신에 따른 저널리즘 영역의 접목의 하나로 사물인터넷 분야에서 센서로 측정한 데이터와 이를 분석하는 소프트웨어를 이용해 보도하는 행위를 뜻한다. 언론사가 미세먼지 감지 센서로부터의 데이터를 기사화한다든지 4대강의 수질 오염도를 실시간으로 측정하여 보도하는 기능들을 센서 저널리즘이라 할 수 있다. 예를 들면 워싱턴포스트는 샷스포터(Shot Spotter)를 활용해 멀티미디어 기사를 작성하는 기사를 보도하였다. 아래 그림과 같이 곳곳의 건물 지붕에 총소리 감지 센서를 설치한 후 센서로 총소리의 주파수를 감지하여 소리를 저장한 후 경찰 중앙통제센터로 데이터를 전송하여 총성의 위도와 경도, 주소지, 총성 횟수와 총성 시간, 총기 발사자 위치와 이동 경로 등을 분석하는 방법이다.

이러한 유용성이 있는 반면에 센서 저널리즘에는 개인정보 및 공유와 관련된 윤리적인 문제는 여전히 숙제로 남아 있다.

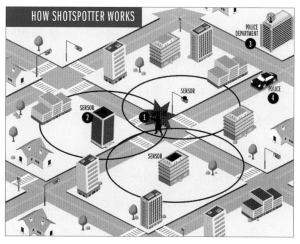

[그림 32] 샷스포터(Shot Spotter) 센서 활용

3) 빅데이터와 저널리즘

데이터 저널리즘은 방대한 양의 데이터를 활용해 자료를 수집하고 정리해 의미 있는 정보를 찾아 기사화하는 것을 말한다. 그러나 데이터 저널리즘과 데이터 활용한 보도는 차이가 있다. 기사의 내용을 뒷받침하기 위해 단순히 데이터를 활용하는 보도가 아니라 데이터 자체가 뉴스의 모든 것이 되는 것이 바로 데이터 저널리즘이다. 쏟아지는 정보를 어떻게 활용하고 가공하느냐가 데이터 저널리즘의 관건이라고 할 수 있다. 데이터 저널리즘을 활용한 대표적 사례로 영국 '가디언'의 2011년 런던 폭동의 진실을 파헤친 '런던 폭동 읽기'가 있다. 2011년 8월 영국 런던 등에서 경찰이 쏜 총에 한 흑인 청년이 사망한 사건이 발단되어 대규모 폭동이 발생했다. 이 사건에서 트위터 분석 결과를 토대로 작성한 '트위터에서 폭동 루머가 어떻게 퍼졌나'라는 기사가 화제가 됐다. 기사는 트위터 분석을 통해 '폭도 선동설'을 비롯해 당시 떠돌았던 루머의 진위 여부를 과학적으로 입증해 냈다. 이처럼 데이터 저널리즘은 대중의 참여를 끌어들이며 독자의 참여와 협력의 플랫폼을 제공하게 된다. 그러한 플랫폼들이 모여 건전한 미디어의 생태계를 조성하는 것이다.

빅데이터 활용 사례의 선두주자는 구글이다. 구글은 데이터양이 많으면 많을수록 얻을 수 있는 정보의 품질이 좋아진다는 것을 인터넷 검색에서 실천하고 있는 기업이다. 접근할 수 있는 모든 웹페이지를 탐색해서 제목과 내용이 검색어와 얼마나 밀접한 관계를 가지는지를 측정해 지수로 환산한다. 빅데이터에 기반을 둔 분석 방법론은 과거에 불가능했던 일을 가능하게 만들고 있다. 대표적인 사례로 '독감 예보 서비스'를 들 수 있다. 구글은 독감과 관련된 검색어 빈도를 분석해 독감 환자 수와 유행 지역을 예측하는 독감 동향 서비스를 개발했다. 이는 미국 질병통제본부(CDC)보다 예측력이 뛰어난 것으로 밝혀졌다.

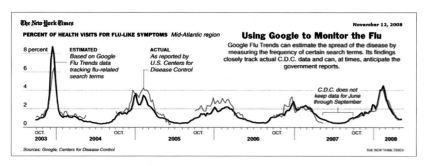

[그림 33] 구글 독감 실제 확산 비교(뉴욕타임즈 2008. 11. 12)

국내에서도 민간 분야뿐 아니라 정부를 포함한 공공 부문에서도 빅데이터가 다양하게 활용되고 있다. 서울시는 지하철과 버스가 끊기는 밤 12시부터 다음날 오전 5시까지 서울 시내를 누비며 시민들을 실어 나르는 '올빼미버스'를 운영해 대박 상품을 만들어냈다. 시민들이 이용하는 심야택시 승·하차 데이터 500만 건과 KT의 통화 데이터 30억 건을 노선별로 분석해 심야버스 운영에 활용했다. 빅데이터를 활용해 시민들의 편익을 극대화함으로써 '사회적 비용 감소와 공공 서비스 품질 향상'에 기여한 것이다. 최근 인터넷에 산재한 다양한 웹 문서, 댓글 등을 통해 특정 이슈에 대한 시민의 의견을 분석해 대응책을 마련하는 오피니언 마이닝(opinion mining)을 도입하는 사례도 늘고 있다.

4) 가상현실(VR)과 저널리즘

가상현실(VR)은 구현하기 어려운 현실 상황을 가상의 공간을 컴퓨터로 구성하여 실제 상호작용하고 있는 것처럼 느끼게 하는 기술이다. VR은 게임, 스포츠, 영화 등의 영역과 접목한 기술 개발이 주를 이루고 있다. 최근 4차 산업 시대에 VR 환경을 이용한 콘텐츠를 제작하는 VR 저널리즘이 이슈화되고 있다. 뉴스에서 실제와 같은 체험을 할 수 있는 가상현실(VR)을 접목시켜 현장감 넘치는 보도를 하는 형태를 'VR 저널리즘'이라고 하며, '몰입 저널리즘'이라고도 불리기도 한다. 기자가 취재한 실제적인 자료를 통해 가상현실을 구성하면, 시청자가 특정 공간에 들어가 가상현실 기기를 착용하고 3D 영상을 보는 형태이다. 소리 및 3차원 공간을 통해 사건 현장에 직접 와 있는 것 같은 느낌을 받을 수 있다. 걸음을 옮기면 인물에게 다가갈 수 있으며 VR 360도 영상도 구현된다. 언론사 입장에서는 기존의 뉴스 보도와의 차별화된 콘텐츠로서 시청자에게 다가갈 수 있게 된다.

VR의 360도라는 시야각은 VR 콘텐츠를 마케팅에 활용할 수 있다. 과거에는 카메라가 비추는 대로 스포츠 경기를 봐야 했지만, VR 중계를 보는 시청자의 눈은 경기장을 향할 수도 있고 바로 옆 광고판으로 향할 수도 있다. 카메라 센서를 활용해 VR 콘텐츠를 시청할 때 시청자의 움직임을 파악하고 이를 시각화한다. 데이터를 보면 관중의 눈이 주로 어디에 있는지, 얼마나 오랜 시간 머무는지 파악할 수 있다. 이를 바탕으로 광고주들은 VR 영상의 어느 위치에 광고를 배치할지 등을 결정할 수 있다. 이미 콜드플레이 콘서트, NBA 게임을 VR 중계할 때도 이 기술이 적용된다. BBC는 2018년 러시아월드컵 경기를 VR 앱으로 생중계하였으며, Fox 스포츠는 가상의 VIP 관람석에 개개인마다 아바타를 설치하여 아바타를 통해 경기에 대하여 소통하도록 적용하였다.

[그림 34] BBC Sports VR과 Fox Sports VR 적용

또한, VR과 인공지능을 이용하여 역사적 인물 등에 대한 재현도 시도되었다. 최근(2020.3) MBC는 휴먼 다큐멘터리에 VR을 접목하여 세상을 떠났던 아이를 만나는 프로그램을 제작하였다. VR 속에서 아이의 실제 모습에 가깝게 재현했으며 인공지능기술을 적용하여 목소리도 재현하였다. 또한, KBS는 한국전쟁 중에 모택동, 스탈린, 맥아더, 트루먼 및 김일성 등의 중요 인물에

대한 AI로 음성을 복원하여 방송하였다.

5) AI 소설 및 시나리오

영화나 드라마를 제작하기 위해서는 시나리오가 필요한데 이를 위해서는 문장을 이해하고 분석할 수 있을 뿐만 아니라 카메라의 이동, 배우의 동선 등도 함께 고려해야 한다. 인공지능기술이 발전하면서 시나리오 분야에도 신기술들이 적용되면 더욱 좋은 시나리오가 나올 것으로 예상된다. Disney는 스토리 콘텐츠의 기획 및 제작에 활용할 수 있는 인공지능기술들을 공개했다.

[그림 35] Disney의 스토리 반응 예측기술 개발 방식

캐나다의 그린라이트 에센셜 영화 제작 솔루션 업체는 2016년 세계 최초로 인공지능 기반 영화 〈임파서블 팅스〉를 제작하였다. 수천 편의 공포 영화 스토리를 학습하였고 이를 기반하여 줄거리와 캐스팅의 구체적인 조합까지 생성하였다.

[그림 36] AI가 창작한 시나리오로 제작된 영화(임파서블 팅스)

일본의 마쓰바란진 교수팀은 인공지능 로봇이 쓴 단편소설 〈컴퓨터가 소설을 쓰는 날〉이 신문사가 주관하는 SF 문학상 심사를 통과하였다.

[그림 37] 인공지능 시나리오 선스프링

Disney 연구소에서 개발한 스토리 반응 예측기술 개발 방식은 데이터를 수집하고 스토리를 추출한다. 그리고 스토리를 분석하여 테스트 데이터를 통해 인공지능 알고리즘이 선별한 텍스트를 적용하여 스토리의 인기를 예측하게 된다. 2016년 6월 영국에서 개최된 SF 영화제에 출품된 인공지능 단편 영화 시나리오 〈선스 프링〉은 8분짜리 SF물로 유튜브 등으로 공개되었다. 장편 공포 영화 시나리오인 〈믿을 수 없는 것들〉도 인공지능이 시나리오 작가로 참여한 공포 영화다.

6) AI 뮤지컬 제작

인공지능을 이용하여 연극과 뮤지컬 등 다양한 분야에도 적용 되고 있다. 영국에서 인공지능을 적용하여 〈울타리 넘어서〉라 는 뮤지컬을 제작하였으며, 2019년 국내 연극 중에 〈AI 그리고 그녀〉라는 제목의 연극이 공연되었다. 일본의 연극 〈사요나라〉 에서는 인조인간 로봇이 연극무대에 올라와 불치병에 걸린 여자 를 위해 위로하는 시를 읽어 주기도 한다. 이와 같이 연극과 뮤 지컬에도 인공지능과 결합한 작품들이 등장하고 있다.

[그림 38] 인공지능기술을 적용한 뮤지컬 〈울타리 넘어서〉

1) 로봇 저널리즘의 미래

AI는 인간에게 한편으로는 흥미와 기대, 다른 한편으로는 두려움이라는 감정을 동시에 유발했다. 저널리즘 영역도 마찬가지이다. 기사 생산의 문법이 바뀐다. 전통 저널리즘 시대엔 공급이 수요를 결정했다. 한정된 인적 자원으로 한정된 분량의 기사를 생산해야 하는 언론사 입장에선 수요를 최대한 자극할 수 있는 '틀 짓기'에 주력했다. 그동안 언론은 '보편적인 상품'을 보편적인 독자들에게 보급하는 데 힘을 쏟았다. 그러다 보니 조금은 특별한 취향을 갖고 있는 사람들은 뉴스 시장에서 소외될 수밖에 없었다. 하지만 인공지능(AI)과 로봇이 나오면서 이런 상황이 조금씩 달라지고 있다. 정교하게 개발된 AI와 알고리즘은 각종 데이터를 기반으로 추가 비용 부담 없이 엄청나게 많은 양의 기사를 쏟아낼 수 있다. 큰 부담 없이 '다품종 소량 생산'을 할 수 있으며 좀 더 발전할 경우엔 개인 맞춤형 기사 생산도 가능하다. 흔히 4차 산업혁명으로 불리는 거대한 변화의 물결이 사회 전반의 시스템, 특히 일자리에 많은 변화를 몰고 오는 건 이런 배경과도 밀접한 관계가 있다.

그러나 인공지능기술을 적용한 저널리즘은 기존의 저널리즘을 완전하게 대체하기에는 제약되는 요소들이 있다. 대량의 데이터를 분석하여 객관적인 결과를 도출할 수는 있다. 하지만 발로 움직여서 현장의 모습을 취재하고 보도하는 과정은 인간이 할 수 있는 영역이다. 또한, 취재한 기사를 평가하는 것도 로봇이 처리하기엔 무리가 있다. 이 영역은 언론 자유의 영역이며 민주주의의 본질에 관한 문제이기 때문이다.

2) 데이터 저널리즘의 미래

데이터 저널리즘(Data Journalism)은 수많은 데이터에서 추출된 자료를 단순히 통계 수치를 활용하는 수준을 넘어 데이터 분석을 통해 의미 있는 결과를 찾아내는 것이다. 미디어 환경 변화와 미디어 소비자들의 미디어 이용 행태가 변화하면서 매일매일 수많은 공개된 데이터가 쏟아져 나오고 있다. 이러한 방대한 데이터를 활용한 데이터 저널리즘이 부상하고 있다. 저널리스트 미르코 로렌츠는 데이터 저널리즘이란 데이터를 깊이 파내어 모으고, 정제하고, 구축하고, 솎아내어 보기 좋은 이야기로 만드는 일련의 작업 과정이라 하였다. 단지 데이터를 공개하는 것뿐만 아니라 양방향으로 상호 인터렉티브하는 내용들을 수집하여 분석해 보면 의미 있는 자료를 생산할 수 있다. 이 과정에서 데이터 저널리스트라는 특정인들에게 한정된 것이 아니라 다양한 영역의 사람들 간의 소통 공간을 통하여 만들어지고 새로운 데이터가 재생산된다.

데이터 저널리즘에 대한 명확한 정의는 아직 없지만 저널리스트인 조너선 스트레이(Jonathan Stray)는 일반 대중이 흥미를 느끼

는 자료를 찾아서 잘 조직화해 대중에게 발표하는 일련의 과정
이라고 하였고, 반에스(Van Ess)는 데이터 저널리즘을 특정한 이야
기를 만들어내기 전에 몇 가지 도구들로써 처리해야 할 데이터
들에 기반을 두어 객관적 사실을 보여 주고자 하는 저널리즘이
라 정의했다.

[표 6] 저널리즘에 대한 정의

주장자	정의
미르코 로렌츠 (Mirko Lorenz, 2010)	① 자료에 깊게 파고들어, ② 정보를 찾아내고, ③ 그래픽이나 멀티미디어 형식으로 정보를 시각화해, ④ 주어진 정보와 특정한 이야기를 연결시킴으로써, ⑤ 독자들에게 가치 있는 매체를 만드는 모든 작업의 흐름
반 에스 (Van Ess, 2012)	특정한 이야기를 만들어내기 전에 몇 가지 도구들로써 처리해야 할 데이터들에 기반을 두어 객관적 사실을 보여 주고자 하는 저널리즘
조너선 스트레이 (Jonathan Stray, 2011)	일반 대중이 흥미를 느끼는 자료를 찾아서 잘 조직화해 대중에게 발표하는 일련의 과정

데이터 저널리즘은 오픈 데이터 저널리즘(open data journalism),
빅데이터 저널리즘(big data journalism), 또는 데이터 중심 저널리즘
(data-driven journalism)과 혼용되어 사용하고 있다. 오픈 데이터 저
널리즘은 일반인들이 자주 사용하는 트위터, 페이스북, 인터넷
과 SNS 등과 같이 공개된 데이터를 수집하고 분석하여 현상과
사건을 좀 더 심층적이고 과학적으로 분석하여 의미 있는 자료
를 찾아내는 과정이라 볼수 있다. 이 과정에서 컴퓨터 활용 취재

(CAR, Computer Assisted Reporting)를 활용하여 방대한 자료를 모아 분석할 수 있는 기술을 활용한다. 빅데이터로부터 의미 있는 자료를 추출하는 분석 방법을 데이터 마이닝(data mining)이라고 한다. 데이터 마이닝은 방대한 데이터 가운데 숨겨져 있는 의미 있는 자료들 간의 상관관계를 발견하여 유용한 정보를 추출해 내고 과정을 말한다. 데이터 마이닝의 적용에는 분석 유형과 분석 기법으로 구분할 수 있으며 종류에는 텍스트 데이터 마이닝, 웹 데이터 마이닝, 공간 데이터 마이닝 및 특수 분야 데이터 마이닝 등이 있다. 영국의 일간지 '가디언'도 데이터 저널리즘을 구현하는 것으로 유명하다. '가디언'은 방대한 데이터를 수집하고 분석하여 그 속에서 의미 있는 정보로 찾아 제공하는 일간지인데 많은 기업과 기관에서 자료를 활용하기 시작하면서 중요한 데이터 저널리즘으로 평가받고 있다. 우리나라의 '뉴스타파'도 과학적인 탐사보도 중심으로 하는 데이터 저널리즘을 구현한 언론이라 볼 수 있다.

　미래의 기업도 데이터를 소유하고 통제하는 것이 사업의 성패를 가르게 될 것이다. 앨빈 토플러는 부를 결정하는 주요 요인 중의 하나로 지식을 꼽으면서 별 의미 없는 방대한 데이터 속에서 중요한 정보를 선별하는 능력을 강조했다. 방대한 데이터 속에서 고객이 어떤 행위를 하는지, 무엇을 사는지, 어떻게 시간을 보내는지 고객의 요구를 알아내는 것이다. 데이터 저널리즘도 사람들이 뉴스를 어느 시간에, 어떤 채널로 소비하는지 맥락 정보를 분석하면 중요한 뉴스 소재가 될 수 있다. 데이터 저널리즘에서 가장 중요한 이슈는 수용자 분석이다. 생산자 마음대로 콘텐츠를 만드는 것이 아니라, 방대한 데이터를 수집하고 분석하여 수용자가 원하고 수용자에게 새로운 경험과 가치를 줄 수 있는 저널리즘이 되어야 한다. 공개된 데이터를 활용해 기사를 작성하는 저널리즘의 중요한 원칙인 객관성을 잘 보장해 줄 수 있는 수단으로 데이터 저널리즘이 기대되고 있다. 객관성을 담보하기 위해서는 데이터의 볼륨(Volume) 규모가 커야 한다. 데이터의 양이 4배 정도 많으면 에러 발생률은 1/3로 떨어진다. 또한, 에러율이 12%이면 정확도는 90%이며 에러율이 5%이면 데이터 정확성은 99%로 올라간다. 데이터 저널리즘은 데이터를 이용한 보도로 데이터의 객관성에 힘입어 뉴스 콘텐츠의 질을 높이고, 언론산업의 활성화도 추동할 것으로 예상된다. 독자들도 기사 작성에 참여를 가능하게 하는 데이터 저널리즘은 더 신뢰할 수 있는 정보를 제공할 수 있으며 새로운 비즈니스 모델을 만들어 낼 수 있을 것이다.

3) VR 저널리즘의 미래

가상현실(Virtual Rreality,VR)은 가상을 뜻하는 Virtual과 현실을 뜻하는 Reality의 합성어이다. 컴퓨터 등을 사용하여 만들어낸 가상의 세계에서 사람이 실제와 같은 체험을 할 수 있도록 하는 기술을 말한다. 가상의 환경이나 상황에서 사람의 오감을 자극하며 실제와 유사한 공간적, 시간적 체험을 하게 함으로써 몰입감을 가지게 된다. 최근 영상기술이 발달함에 따라 뉴스 영역에 VR을 도입하여 실제 현장에 있는 듯한 느낌으로 보도하는 언론 사들이 등장하고 있다. 소셜미디어의 확산과 함께 VR을 도입한 저널리즘 형태의 새로운 변화가 나타나고 있다. 특히 취재 현장에서 어안렌즈식의 카메라를 활용해 360도로 볼 수 있는 영상으로 실제 현장에 있는 것과 같은 느낌을 주는 기술이다. 미국의 NYT는 360도 영상으로 난민 다큐멘터리를 제작한 영상을 제공하였으며, CNN도 민주당 대선후보 토론회 중계에 VR 기술을 활용하였다. 국내 방송사들도 360도 카메라를 활용해 몰입형 영상을 제공하는 시도를 하고 있다. 특히 스포츠 중계, 대중 집회, 재해·재난 방송 및 환경 오염 현장에 접근하기 어려울 경우 VR기술을 사용하여 생생하게 현장의 모습을 보여줄 수 있다. 향후 헤드셋 등 VR 장비들을 간편하게 개선되고 성능들이 향상된다면 시청자에게 새로운 시청 경험을 보여줌으로써 보다 더 흥미롭게 시청할 수 있을 것이다.

9. AI 시대의 미디어 과제

인공지능기술의 발전은 다양한 산업의 발전뿐만 아니라 미디어 환경 변화에 큰 변화를 예고하고 있다. 미디어의 영역이 넓어지고 영향력이 확대되면서 공익성과 사회 윤리 문제 등 미디어의 순기능과 역기능이 발생하게 되는데 이를 효과적으로 통제할 수 있는 대책 마련이 필요하다. 인공지능 미디어 분야의 순기능적인 측면은 제작, 편집, 유통 및 소비 단계까지 각각 영역에서 AI 알고리즘을 적용하여 도움을 주고 보다 더 정확하고 풍성하게 만들어 주고 있다. 미디어 분야에 인공지능기술을 적용하여 영상을 편집하고, 시나리오를 작성하고 소설을 쓰고, 연극 대본을 쓰고, 영화를 제작한다. 또한, 인간처럼 보고, 듣고, 말하는 인공지능은 인간보다 더 똑똑한 결과를 보여주고 있다. 미디어 제작 현장에서 텍스트를 오디오로 변환해 주고, 음성을 텍스트로 변환하고, 이미지를 검색하고, 동영상을 편집하는 작업들을 인공지능 알고리즘을 활용함으로써 과거에 많은 시간 동안 작업을 하던 것을 순간적으로 처리할 수 있게 되었다.

그러나 인공지능기술을 미디어에 적용하여 악용하는 사례들도 나타나고 있다. 인공지능기술을 적용한 미디어는 개인의 영향력을 확대해 주고 여론 형성과 정책 활동을 변화시켜 줄 수 있으나, 시민과 사회에 대한 데이터의 수집과 분석의 툴이 발전하면서 악용할 소지가 있다. 순기능적으로 활용하면 작업 과정이 편리하고 기업의 이윤을 극대화할 수 있지만, 비윤리적인 결과도 도출될 수 있다. 미디어는 권력을 감시하고 사회의 부정을 고발하는 공적인 역할을 수행하기 때문에 미디어와 미디어 종사자들은 엄격한 윤리를 준수해야 한다. 현재의 미디어 관련 법 등에 규제를 받지 않는 새로운 이슈들이 등장하는 AI 미디어의 부작용을 최소화하면서 AI 미디어를 발전시키기 위한 정책들이 필요하다. BBC는 인공지능기술을 활용하여 미디어의 신뢰성을 확보하기 위한 다양한 노력들이 진행되고 있다. 특히 안면인식기술과 오디오 인공지능기술들이 악용되고 있다. 다른 사람의 얼굴과 목소리를 인공지능에 적용하여 왜곡되고 가짜 뉴스를 유포한다면 큰 혼란이 초래될 수 있다. 앞으로 이러한 가짜 뉴스를 구별해 내는 인공지능의 개발도 필요한 시대가 도래하고 있다. 또한, 인공지능기술이 초인간 지능의 단계에 도달할 경우 법적으로 문제될 경우 책임 소재에 대한 이슈도 발생한다. 인간의 개입 없이 상호작용하는 과정에서 기존에 없었던 새로운 이슈들이 발생할 수 있다. 기존의 질서를 인공지능에 똑같이 적용할 것인지 아니면 새로운 규정을 마련할 것이지도 과제이다. 인공지능에 대한 법적 책임 소재도 규정할 필요가 있다. 인공지능에 대한 윤리적 문제와 법적 제제에 대한 규정 마련이 시급한 과제이다.

1인 미디어와 AI

이희대 (명지대학교 만화애니콘텐츠학과 지도교수)

김상연 (광운대학교 미디어커뮤니케이션학부 교수)

CHAPTER
03

1인 미디어와 AI

1. '미디어' 하는 인간

《표준국어대사전》 '인간(人間)'= 1. [같은 말] 사람 (1. 생각을 하고 언어를 사용하며, 도구를 만들어 쓰고 사회를 이루어 사는 동물).

사전이 안내하듯 동물과 인간을 가르는 인류 문명 발달의 기원을 1968년 작 영화 〈2001 스페이스 오딧세이〉에서 스탠리 큐브릭은 단 한 장면(scene)으로 은유한다. 영화 도입부, 인류의 시조격인 유인원들이 등장한다. 이들이 처음 발견한 도구이자 무기가 바로 '뼈다귀'다. 한 유인원이 이 도구를 사용 후 몸부림치다 하늘 높이 던지는데, 빙글빙글 하늘에서 회전하던

'뼈다귀'는 곧바로 2001년 은하를 가로지르는 '우주선'으로 점프 컷한다. 무려 3만 년 이상을 한 컷으로 건너뛴 가공할 시퀀스(sequence)다. 이 점프는 석기시대로부터 21세기에 이르기까지 '인류'로 이름 붙여진 이 영장류들이 바로 이 '도구'와 함께 진화하며 살아오고 있음을 축약해 보여준다. 이처럼 인간을 현재와 같이 진화된 종으로 구분시킨, 중세 활판 인쇄술에서 시작해 현 시대 스마트폰에 이르는 커뮤니케이션의 혁명을 일으킨 대표적 도구의 하나, '미디어'다.

책, 신문, 영화, 라디오, TV 등으로 미디어의 발명품들이 차례로 발전되어 왔지만, 21C 디지털, 인터넷, 모바일, 스마트기기로 이어지는 급속한 정보기술 환경의 변화 속에 AI 시대를 맞고 있는 현재. 미디어는 또 한 번 점프 컷을 진행 중이다. 우리가 이 도구에 주목하고 다시 적응과 진화를 준비해야 할 이유다(한국콘텐츠진흥원, 2013).

2. 미디어 환경 변화의 키워드

이미 전 세계적으로 초고속 이동통신과 스마트폰의 보편화가 이루어지는 가운데 최근 5세대(5G) 네트워크까지 출시되면서 TV와 PC로 대변되어온 기존 고정형 네트워크와 대비해 고품질의 모바일 콘텐츠 이용 환경은 인류의 미디어 소비 방식에 전에 없던 패러다임의 전환을 가져오고 있다. 장소와 시간에 구애 없이 음악, 영화, TV, 게임, VR(Virtual Reality), AR(Augmented Reality) 무엇이든 원하는 엔터테인먼트를 보다 쉽게 즐기며, 직접 1인 미디어 채널을 개설해 전 세계 누구와도 국경 없이 자신의 관심사를 스스럼없이 공유하고 커뮤니티를 생성해 더 친밀한 관계를 만들거나 쉼 없이 소통하는 현생 인류들을 우리는 매일 목도 중인 것이다. 본고에서는 이처럼 급변하는 미디어 환경의 변화에서 나타나고 있는 주요 트렌드를 분석하고 다음의 4가지 키워드를 통해 진단해 보았다.

1) 콘텐츠는 동영상으로

CISCO가 발표한 통계(Cisco, 2019)에 따르면 2022년까지 동영상 포맷은 모든 인터넷 트래픽의 82%를 차지할 것으로 예측되고 있다. 인터넷 트래픽이 4.8 제타바이트(Zettabyte, ZB) 또는 월간 396 엑사바이트(Exabytes, EB)에 도달할 것으로 보이는 가운데 동영상이 그중 약 4 ZB, 월간 317 EB에 이른다는 것이다. 1 ZB는 약 1000 EB, 1EB는 10억 테라바이트(Terabytes, TB)에 또는 1조 기가바이트(Terabytes, GB)에 달한다. 또한, 글로벌 네트워크 정보 기업 Sandvine은 자사의 분석 보고서(Sandvine, 2019)를 통해 2019년 전 세계 인터넷의 Up-Stream 트래픽 총량 중 동영상이 60.6%로 전년 대비 2.9% 포인트 증가했다고 밝힌 바 있다. 이러한 경향은 유저가 업로드하는 동영상 포맷의 품질이 지속적으로 향상됨에 따라서 더욱 확장될 것으로 보인다. 현재 보편화되고 있는 4K, 8K, 360° 동영상과 같은 고품질 동영상 포맷은 이 같은 추세를 강화해줄 것이라는 분석이다.

Down-Stream에서도 동영상의 점유율은 확연하다. 동영상 OTT(Over The Top) 서비스인 넷플릭스는 전체 인터넷 Down-Stream 트래픽의 12.60%, 전체 인터넷 트래픽의 11.44%에 달하고 있으며, 구글(Google)은 검색 및 Android 기기뿐만 아니라 자사 1인 미디어 플랫폼인 유튜브로 인해 전체 인터넷 트래픽의 12%를 차지한다. 유튜브는 전 세계 모바일 트래픽에서는 35%를 점하고 있다. 이 보고서에서는 또한 최근 게임 및 게임 관련 동영상의 인터넷 대역폭 증가가 급격한 상승세를 나타내고 있음에 주목하며 특히 모바일 네트워크에서 동영상 포맷의 확산 기조가 지속될 것임을 강조했다.

2) 다운로드에서 스트리밍으로

인터넷의 동영상 트래픽의 확산은 스트리밍(Streaming) 서비스의 증대와 맞닿아 있다. 스트리밍은 큰 용량의 오디오나 동영상을 압축기술을 이용하여 여러 개로 쪼개서 전송하기 때문에 하드디스크에 저장하지 않고 다운과 동시에 재생하는 것이 가능하게 된다. 이는 시간을 절약할 수 있고, 유저의 하드디스크 용량에도 영향을 미치지 않는다. 이 같은 장점으로 인터넷에서 현재 오디오 음원 소비 형태는 이미 스트리밍 방식으로 보편화가 이루어지고 있다. Napster, Kazaa 등 음원별 개별 다운로드 방식의 서비스를 이용하던 소비자들은 번거로운 다운로드 방식을 떠나

Spotify, 유튜브와 같은 디지털 스트리밍 플랫폼의 구독 서비스(Subscription Model)로 대거 이동 중인 상황이다.

동영상 콘텐츠는 음원에 이어 현재 스트리밍 혁명의 진두에 있다. 2019년 동영상 스트리밍(SVoD) 부문의 매출은 미화 247억 달러에 이를 것으로 예측되고 있다(Statista, 2019). 동영상 스트리밍의 매출은 연간 3.2%의 성장률(CAGR 2019~2023년)을 보일 것으로 예상되며, 이에 따라 2023년에는 시장 규모가 281억 달러에 이를 것으로 예상된다. 동영상 스트리밍 이용자 보급률은 2019년 14.5%로 2023년 16.2%를 기록할 것으로 전망되며, 이용자당 평균 수익(ARPU)은 현재 미화 23.22달러에 달할 것으로 보인다.

3) 클라우드로의 귀결

Digital TV Research의 최근 발표 데이터(Digital TV Research, 2019)에 따르면, 동영상 OTT 서비스의 글로벌 시장은 향후 5년 동안 계속 확장될 것이며, 2018년에 기록된 총매출의 두 배 이상이 될 것으로 전망했다. 또한, OTT 스트리밍 서비스의 주 수익원은 2014년에 유료 구독 모델이 광고를 넘어섰으며 향후로도 계속 시장에서 더 많은 점유율을 차지할 것으로 예상하고 있다.

음원에 이은 광대한 동영상의 확산으로 전개되고 있는 인터넷의 스트리밍 서비스와 구독 모델로의 현 변혁기에서 주목할 부분은 이를 가능하게 하는 인프라, 즉 동영상 스토리지, 컴퓨팅, 인코딩, 네트워킹 및 스트리밍의 전 영역이 가상 서버인 클라우

드(Cloud) 서비스에서 이루어지며, 이 서비스는 AWS(아마존 웹 서비스),
MS(마이크로소프트), 구글 Cloud의 주요 3대 브랜드가 주도하고 있다
는 점이다. 특히 AWS의 연간 수익은 약 100억 달러 이상이며,
이는 아마존 전체 수익 중 약 75%에 달한다.

　시너지리서치그룹은 최근 보고서(Synergy Research Group, 2019)를 통
해 IaaS(Infrastructure as a Service)와 PaaS (Platform as a Service), 호스티드
프라이빗 클라우드 서비스(Hosted Private Clouds) 등을 포함한 클라
우드 인프라 서비스 시장은 전년 동기 대비 39% 늘어나는 등 높
은 성장세를 기록하고 있다고 밝히고, 특히 전체 시장의 대부분
을 차지하는 퍼블릭 IaaS와 PaaS가 42% 성장했으며 특히 AWS
와 MS 두 업체가 클라우드 인프라 서비스 비용의 절반 이상을
차지하는 상황이라고 분석한 바 있다. 넷플릭스와 컴캐스트 같
은 OTT 및 방송산업 분야 초대형 기업들도 자사의 콘텐츠 데이
터를 이들 클라우드 서비스 기업의 가상 서버를 임대해 제공하
고 있는 상황으로 이 같은 특정 주요 기업에 독점적, 의존적인
현 시장 지배 구조에 대해 분산의 필요성까지 대두되고 있는 실
정이다.

4) AI 스마트폰의 시대

　시장조사 기관 카운터포인트 리서치(Counterpoint Research)가 2019
년 발표한 보고서(Counterpoint Research, 2019)는 오는 2022년 말까지
전 세계 스마트폰 4대 중 3대는 AI(인공지능) 전용 프로세서를 보유

할 것이라고 전망했다. 이 예측의 근거는 전 세계 최대 칩 제조
업체 중 하나인 Qualcomm의 머신러닝 AI 칩인 855 Soc 및 P90
Soc 등이 공급되는 해당 기간 스마트폰 출시 계획에서 추산된
것이라는 설명이다. 이에 의하면 AI 스마트폰 판매량은 2018년
1.9억 대에서 2022년까지 12.5억 대로 빠르게 증가할 것으로 분
석된다.

국제 시장분석 기관인 모도 인텔리전스(Mordor Intelligence)는 모
바일 부문의 AI 시장 규모가 2019년부터 2024년까지 연평균
28.65%의 성장률을 기록할 것으로 예상하며(Mordor Intelligence,
2019), Deep Learning, Natural Language Processing, Computer
Vision, Machine Reasoning 전 분야에서 B2C(기업 – 소비자 간 거래) 단
위를 넘어 기업 단위의 B2B(기업 – 기업 간 거래) AI 애플리케이션 솔루
션, 즉 엔터프라이즈 네트워크(Enterprise Network) 기반 AI 분야까지
급부상하며 모바일과 AI의 융합 활성화를 이끌 것에 주목했다.

현재 모바일 AI에서 주목하는 분야는 스마트폰 카메라와 관련
된 Computer Vision 및 Deep Learning 기반의 이미지인식과 검
색, 'Siri', 'Alexa', 'Bixby' 등 자연어 처리(Natural Language Processing)
AI를 활용한 음성인식 및 음성 비서, Apple의 Animoji와 같은 VR
등이며 이는 관련 애플리케이션 및 콘텐츠의 증대 추세와도 연
결되고 있다. 이외에도 배터리 수명 관리 및 보안과 같은 다양한
기능에 AI가 활용되고 있다.

3. AI 시대, 미디어의 미래 4대 시나리오

앞서 살펴본 바와 같이 유·무선을 관통하는 온라인 환경의 키워드가 '동영상', '스트리밍', '클라우드', 'AI'로 수렴되는 가운데 전체 디지털 콘텐츠 포맷에서 주를 이루는 '동영상' 시장의 향후 판도는 미래 미디어 트렌드를 가늠하는 전략적 지표가 될 것이다.

이와 관련하여 글로벌 컨설팅 기업 딜로이트(Deloitte)가 2018년에 내놓은 보고서 〈2030년, TV 및 동영상 시장의 미래 예측 4대 시나리오〉(Deloitte, 2018)는 향후 디지털 콘텐츠 유통의 전개 방향에 대한 매우 의미 있는 향후 10년의 인사이트를 제시하고 있다. 본고는 이 보고서를 살펴보고 분석해 글로벌 및 국내 미디어 트렌드의 향방을 가늠해 보고자 한다.

딜로이트는 시나리오 연구를 위해 TV 및 동영상 산업을 형성하는 약 100여 개의 사회, 기술, 경제, 환경 및 정치 동인에 대한 포괄적인 요소 분석을 선행하고 이 중 '영향력' 및 '불확실성'을 기준으로 주요 23가지 동인의 상호 관련성을 측정했다. 미래 시나리오 구축에서 가장 까다롭고 중요한 '불확실성' 부문은 다음의 2가지 질문을 축으로 도출되었다.

- What will the player structure look like?
  사업자 구조는 어떤 형태인가?

  (글로벌 기업 또는 국내 기업인지 여부)

- Who will have access to consumers?

누가 고객 접점을 지배할 것인가?

(콘텐츠 중심 기업 또는 플랫폼 중심 기업인지 여부)

먼저 "사업자 구조는 어떤 형태인가?"의 축은 글로벌 미디어 기업과 함께 자국 내 방송사, 그리고 콘텐츠 제작사 간의 영향력 동향을 분석한 것으로 최근 아마존, 애플, 페이스북, 구글 또는 넷플릭스와 같은 글로벌 미디어 기업들이 서비스 공급 국가들의 콘텐츠를 구매, 유통만 하는 것이 아닌 오리지널 콘텐츠 제작 등을 통해 직접 가치사슬의 주요 플레이어로 진입하고 있는 현실까지도 고려한다. 미래 동영상 시장의 미래를 결정하는 두 번째 축 또는 중대한 불확실성은 "누가 고객 접점을 지배할 것인가?"로 글로벌 디지털 플랫폼 회사나 자국 방송사, 또는 콘텐츠 제작자 중 누가 광고, 유료 콘텐츠 등 혁신적인 수익 모델을 개발해 고객과의 직접적 관계를 구축, 확대하느냐의 이슈를 다룬다.

이러한 '불확실성'이 변수라면, 연구에 참여한 전문가들은 미래 예측에 명확하게 영향을 미칠 것으로 보이는 주요 환경 요소들은 상수로 고려했다. 가장 중요한 요소로 뽑힌 것은 지속 진화하는 디지털 통신 인프라다. 고속 광케이블 네트워크와 5세대 (5G) 통신의 보급은 미디어 콘텐츠의 모바일 소비 가속화를 주도할 것으로 예상했다. 또한, 빅데이터 분석에 기반한 인공지능의 추천 알고리즘 발전은 이용자들의 VOD 수요를 더욱 촉진시킬 요인으로 분석됐다. 반면, 여전히 수많은 팬은 축구 월드컵 결승을 실시간으로 볼 수 있기를 원하기 때문에 기존 방송사들은 라이브 중계 등을 중심으로 콘텐츠 시장의 한 축을 계속 유지할 것으로 예측했다.

그럼에도 불구하고 보고서는 업계의 미래 지형에 대해 지속보다는 변화의 가능성을 높게 바라봤다. 국경을 기준으로 자국내에서 형성되던 TV 및 동영상 시장의 플레이어들은 글로벌 통합의 변화 속에 새롭게 형성되는 시장의 가치사슬에 따라 결국자신의 현재 위치를 재배치하게 될 것이라는 해석이다.

딜로이트는 이러한 연구를 토대로 '2030년, TV 및 동영상 시장의 미래 예측 4대 시나리오'를 다음과 같이 제시했다.

1) Universal Supermarkets
: 주요 글로벌 디지털 플랫폼 회사가 기존 방송사를 대체!

이 첫 번째 시나리오에서는 모든 동영상 콘텐츠가 온라인으로배포된다. 유튜브, 아마존과 같은 소수의 대형 디지털 플랫폼 회사(DPC)가 가치사슬의 모든 부분에서 세계 시장을 지배한다. 플랫폼이 콘텐츠의 제작자, 소유자 및 배포자다. 기존 국내의 로컬TV 방송사는 이제 국내 콘텐츠 제작에만 역할을 하며 유통 및배포에는 관여하지 않는다. 소비자는 전 세계 및 국가별 콘텐츠를 다양하게 선택할 수 있으며, 우리 주변의 대형 슈퍼마켓들과마찬가지로 공급 업체 간의 차이는 각 사의 일부 독점 제작 및스포츠 권리에 대해서만 존재한다. 딜로이트의 이 시나리오에서 큰 변화는 방송사가 더 이상 광고 수익을 얻지 못하고 콘텐츠 공급자로 전락한다는 것이다.

2) Content Endgame

: 글로벌 콘텐츠 제작자가 미래에 시장을 지배!

이 시나리오에서 가장 큰 승자는 콘텐츠의 소유자, 즉 Disney, Warner Media 같은 종래의 대규모 글로벌 콘텐츠 보유사 또는 대량의 오리지널 콘텐츠를 제작, 확대 중인 넷플릭스와 같은 기업이다. 전체 가치사슬에 수직으로 통합된 이들 주요 콘텐츠 제작자는 디지털 플랫폼 회사(DPC)에서 콘텐츠를 철회하고 자체 유통 채널로 콘텐츠를 유통해 직접적인 고객 관계를 구축하는 데 중점을 둔다. 이 시나리오에서 기존 TV 방송사와 소규모 콘텐츠 제작자는 일부지만 콘텐츠 소유자로 분류할 수 있기에 나름의 역할은 있다. 그러나 대형 콘텐츠 기업이 지배하는 이 세계에서 경쟁하려면 독창적이고 강력한 브랜드 콘텐츠가 필요하다.

3) Revenge of the Broadcasters

: 로컬 TV 방송사, 디지털 혁신의 성공적 완수로 동영상 생태계에 강력한 입지를 확보!

국내 로컬 TV 방송사들이 디지털화를 성공적으로 완수함으로써 자체 디지털 플랫폼을 사용해 VOD 콘텐츠를 대규모로 제공하고 빅데이터 기반의 추천 알고리즘도 구현할 수 있다. 이들 방송사들과 글로벌 디지털 플랫폼 회사(DPC)는 시장에 공존하며, 전자는 고품질의 로컬 콘텐츠에 중점을 두고, 후자는 글로벌 프로덕션 및 블록버스터에 중점을 두게 된다. 소비자는 글로벌 DPC가 제공하는 VOD 또는 TV 방송사의 실시간 방송을 선택할 수 있다. 이와 같은 시나리오의 형성 배경에는 자국 방송을 시장을 보호하려는 정부의 지원과 규제 정책이 동반된다.

4) Lost in Diversity

: 단일 지배적 플레이어가 없는 개별화된 생태계로 발전!

소비자는 몇몇 대형 플랫폼이 아닌 다양한 경쟁 콘텐츠를 제공하는 수많은 유통 플랫폼을 통해 서비스를 제공받는다. 다수가 플레이어가 분산된 매출을 얻을 수 있지만, 소비자는 다양한 플랫폼을 사용하기에 유저 충성도가 결여되고 콘텐츠 품질에 관심이 많을 수 있으므로 광고주는 대상 고객에게 도달하기 위해 예산을 다수의 플랫폼에 할당해야 할 것이고 이러한 경쟁 환경에서 각 플레이어들은 생존을 위한 힘든 투쟁이 예상된다.

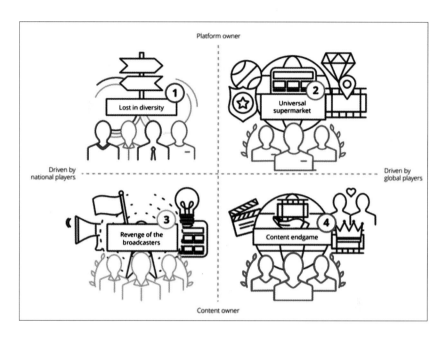

[그림] 2030년, TV 및 동영상 시장의 미래 예측 4대 시나리오, 딜로이트(2018)

출처: Deloitte, The future of the TV and video landscape by 2030, 2018.11

딜로이트는 이와 같이 미래 TV 및 동영상 시장에 대한 4가지 방향의 시나리오를 제시하고 있지만 전체적으로 Netflix, Amazon, Apple 또는 Google과 같은 디지털 플랫폼 제공 기업(DPC)들이 몰고 오는 시장의 위협을 강조하고 있으며, 이들로 인해 상대적으로 기존 방송사와 콘텐츠 제작사는 중대한 변화의 국면에 접해 있음을 경고하고 있다. 딜로이트가 제시한 4대 시나리오는 향후 10년 후인 2030년의 글로벌 미디어 시장을 전망하고 있다. 미래는 현재가 만드는 결과다. 2019년 현재 한국의 미디어 시장을 들여다보면 우리의 미래는 과연 이 중 어느 시나리오에 가까울 것인지 가늠이 가능할 것이다.

이와 관련해 방송통신위원회가 2019년 말 발표한 '2019 방송 매체 이용 행태 조사'는 의미 있는 지표를 시사한다. 보고서는 전년도에 비해 전체적으로 이용률이 크게 증가한 동영상 OTT(온라인 동영상) 서비스의 부상에 주목한다.

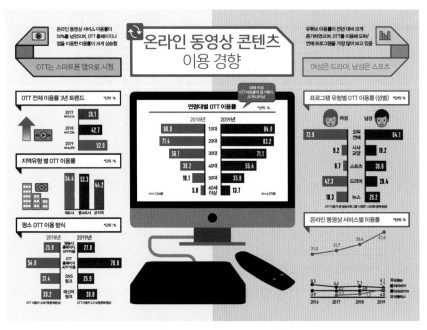

온라인 동영상(OTT) 콘텐츠 이용 경향, 방송통신위원회(2019)
출처: 방송통신위원회, 2019 방송매체 이용행태 조사, 2019. 12

OTT 서비스 이용률은 전체 응답자 기준 52.0%로 전년 대비 (42.7%) 10% 이상 증가했으며, OTT 서비스 이용자 중에서 주 5일 이상 시청 빈도는 49.4%, 주 1회 이상 시청 빈도는 95.5%로 역시 전년 대비(36.0%, 88.8%) 높아진 것으로 나타났다. 평소 시청한 적이 있는 OTT 서비스로는 1인 미디어 플랫폼인 유튜브(47.8%)가 가장 높으며, SNS 기반의 페이스북(9.9%), 포털사이트의 동영상 서비스 네이버 TV(6.1%), 웰메이드 콘텐츠 전용 서비스인 넷플릭스(4.9%) 등의 순으로 나타났다. 특히 동영상 OTT 서비스 이용의 주 시청 단말기는 스마트폰이 91.6%를 보이며 압도적으로 모바일 시청이 주를 이루는 것으로 드러났다. 이 같은 결과는 국내 미디어 시장의 흐름을 진단하는 데 있어 모바일 OTT 서비스의 이용 현황이 중요 지표임을 제시한다 하겠다.

정보통신기획평가원이 2019년 발표한 주간기술동향의 '국내 모바일 OTT 서비스 현황' 연구(정보통신기획평가원, 2019)에 따르면 최근 1년간 국내 모바일 동영상 OTT 서비스 애플리케이션별 '총 이용 시간' 현황의 추이를 분석한 결과 분류된 총 5개 업종 그룹별로 월간 '총 이용 시간' 평균의 비중을 살펴보면 포털 사업자(70.9%) 〉 SNS 사업자(20.8%) 〉 통신 사업자(3.9%) 〉 방송 사업자(2.8%) 〉 독립 사업자(2.7%)의 순으로 집계되었다. 이 중 유튜브는 국내 OTT 서비스 전체 이용 시간 중 약 60%를 점유하며 거의 절대적인 주이용 서비스임이 확인되고 있고 유튜브를 포함한 8개의 글로벌 서비스들의 비중은 국내 모바일 동영상 OTT 서비스 전체 '총 이용 시간' 중 81%를 넘기며, 16개의 나머지 국내 서비스 모두의 합보다 4배가 넘는 차이를 보이는 것으로 나타났다.

이 결과에 따르면 딜로이트의 시나리오 중 향후 10년까지를 내다볼 여유도 없이 유튜브와 넷플릭스 같은 소수의 대형 디

지털 플랫폼 회사(DPC)가 가치사슬의 모든 부분을 관장하는 ①
Universal Super markets 모델 또는 2019년 11월 직접 자체 OTT
서비스 플랫폼을 출시해 첫날에만 1,000만 명의 가입자를 모은
뒤 2020년 4월 말 현재 5,450만 명을 기록 중인 글로벌 콘텐츠 강
자 디즈니의 사례가 보여준 ② Content Endgame 모델로 수렴되
고 있는 것이 작금의 현실로 보인다.

[표1] 국내 모바일 동영상 OTT 서비스의 '총 이용 시간' 비중　　(단위: *1,000분)

구분 (업종)	모바일 OTT 서비스 (애플리케이션명)	월간 총 이용 시간 평균 (2018.08~2019.07)	제공 사업자	제공 국가	비고
포털 사업자 70.90%	네이버TV	346,231	네이버	한국	
	V LIVE	114,019	네이버	한국	
	스노우	112,052	네이버(스노우)	한국	
	잼라이브 퀴즈	183,412	네이버(스노우)	한국	
	카카오페이지	3,907,664	카카오	한국	
	카카오TV	22,486	카카오	한국	
SNS 사업자 20.80%	유튜브	28,810,892	구글	미국	
	Twitch	600,519	아마존	미국	
	Facebook	4,484,950	페이스북	미국	
	Instagram	2,485,072	페이스북	미국	81.70%
	Twitter	1,642,304	트위터	미국	
	TikTok	516,214	바이트댄스	중국	
	Buzzvideo	270,158	바이트댄스	중국	

	넷플릭스	435,913	넷플릭스	미국	
독립 사업자 (OTT 전용) 2.70%	아프리카TV	612,899	아프리카TV	한국	
	만개의 레시피	43,710	이지에이치엘디	한국	
	더퀴즈라이브	140,579	NBT (캐시슬라이드)	한국	
	왓챠플레이	82,333	프로그램스	한국	
통신 사업자 3.90%	옥수수	1,186,719	SKB	한국	
	올레TV모바일	257,656	KT	한국	
	U+모바일TV	445,049	LGU+	한국	
방송 사업자 2.80%	지상파DMB	477,498	지상파방송	한국	
	POOQ	617,423	지상파 연합	한국	
	티빙	262,950	CJ E&M	한국	

출처: IITP, 국내 모바일 OTT 서비스 현황(주간기술동향 Vol.1907), 2019. 07

지상파 등 국내 토종 TV 로컬 방송사들이 이 치열한 글로벌 격전의 상황에서도 경쟁력을 갖고 제자리를 찾아 자신의 위치를 고수한다는 ③ Revenge of the Broadcasters 모델이나, 국내외 미디어 시장의 크고 작은 다양한 플레이어들이 각자의 역할을 갖고 나름의 몫을 나누어 소비자의 선택을 분화하게 될 것이라는 ④ Lost in Diversity 모델은 다소 낭만적인 기대로 보이는 것이 사실이다.

지상파 3사와 CJ ENM, JTBC, TV조선, 채널A, MBN 등 로컬 방송사들이 유튜브에 대항해 결성한 콘텐츠 유통 대행사 SMR(Smart Media Rep)이 2019년 말 네이버TV 및 카카오TV 등 국내 플랫폼에만 전용으로 공급했던 각 방송의 하이라이트 영상을 유튜브에서 동일하게 서비스하도록 결정을 내린 사실(연합뉴스, 2019)은 이 같은 국내 현실 상황을 반영한다고 할 수 있다. 딜로이트가 시나리오 ①에서 예견한 바와 같이 유튜브 등 소수의 글로벌 대형 디지털 플랫폼 회사(DPC)에 국내 로컬 방송사는 기존 방송 플랫폼 사업 자로서의 지위보다 디지털 콘텐츠 제공사로서의 이익 추구에 더 집중하는 형세로 접어든 것이다.

콘텐츠의 품질 우위, 다양성이 소비자의 선택을 가르는 OTT 서비스의 특성상 Google(유튜브), Netflix, Amazon, Apple 같은 글로벌 디지털 플랫폼사와 Disney, Warner Media 같은 블록버스터급 글로벌 콘텐츠 보유사와 같은 이들 골리앗과의 경쟁에서 특히 영화, 드라마, 예능 등 웰메이드 동영상 콘텐츠 분야에서 국내 브랜드가 정면승부를 통해 이길 가능성은 그리 커 보이지 않는다. 이에 국내 미디어 시장에서 기존 강자의 위치를 점해오던 주요 통신 사업자 및 방송 사업자들이 '규모의 경제'에서 절대 우위를 갖고 있는 골리앗들과 직접 맞서기보다는 우선 연대를 모색, 제휴를 통해 K콘텐츠로 아시아 시장을 동반 공략하거나, 해외 시장 진출의 루트로 고려하는 전략을 구사하고 있다.

SK텔레콤이 2019년 하반기 KBS와 MBC, SBS 등 지상파 3사와 양해각서를 체결하고, 푹(POOQ)과 옥수수(oksusu)를 결합한 wavve(웨이브)를 선보였고, KT가 기존 올레tv 모바일에 지상파 3사를 포함시켜 개편한 seezn(시즌)을 시작한 바 있다. CJ ENM이 일찍부터 자사의 제작 파트를 분리 독립시켜 '스튜디오 드래곤'을 창설하고 Netflix의 한국향 오리지널 제작 대행을 적극 유치하는 대신, K-POP 콘텐츠를 중심의 해외 공연 프로그램 '케이

콘(KCON)'을 정착시킨 사례나 2020년 11월 LG유플러스와의 IPTV 독점 계약이 만료되는 것을 두고 SK텔레콤과 KT가 분주하게 제휴 검토에 나섰다는 보도와 SK텔레콤 박정호 사장이 언론을 통해 디즈니와 OTT 제휴 추진을 시사한 것 등도 이와 같은 행보의 일환으로 살펴 볼 수 있다.

4. Content Endgame과 1인 미디어

1) 'Content Endgame'의 실제 주인공

웹, 모바일상의 온라인 스트리밍 플랫폼인 OTT(Over – The – Top) 서비스의 확장 속에 기성의 미디어 생태계는 간단한 애플리케이션 다운로드와 손끝 터치로 국경도 진입 장벽도 없으며 오직 콘텐츠와 서비스 품질의 우위를 통해 소비자 선택을 가르는 무한 경쟁의 격전지로 바뀌고 있다. 본고는 이 같은 미디어 환경의 급속한 변화를 다양한 국내외 분석 자료를 통해 살펴보고, 특히 국내 미디어산업의 향후 예상 방향을 딜로이트의 보고서가 제시한 미래 4대 시나리오 중 'Universal Super markets' 또는 'Content Endgame'의 형태로 수렴되어 가고 있다고 진단한 바 있다.

다만 딜로이트의 시나리오는 미디어 시장을 주요 유통 콘텐츠의 유형을 RMC(Ready Made Content), 즉 전문가들이 제작하는 영화, 드라마, 예능 등의 웰메이드 콘텐츠에 초점을 맞추어 기성의 방송 기반 레거시 미디어 진영과 온라인 및 모바일의 OTT 서비스 기반 디지털 미디어 진영의 비교에 초점을 두고 있어 실상 현시점 가장 많은 콘텐츠의 양산과 소비가 이루어지고 있는 UGC(User generated content) 영역의 현황을 명확히 담고 있다고 보기 어렵다.

딜로이트가 시나리오에서 명명한 'Content Endgame'이 'Contents is King'을 의미하는 것이고, 콘텐츠의 유형이 RMC와 더불어 콘텐츠 소비자가 직접 창작에 참여하는 UGC까지 전 영역을 포함한다고 하면 실제 'Content Endgame'의 주인공은 앞서 다양한 국내외 보고서들이 시사하고 있듯 이는 단연 개방형 1인 미디어 플랫폼인 '유튜브'다. 세계 최대 동영상 플랫폼이자 1인 미디어 플랫폼, 구글에 이은 세계 2위 검색 포털 유튜브에 대한 소개는 유튜브 자사 홈페이지의 회사 소개 보도자료 란에 다음과 같이 상세하게 설명되고 있다.

- 매월 20억 명이 넘는 로그인한 사용자들이 유튜브를 방문한다.
- 사람들은 매일 10억 시간이 넘는 분량의 동영상을 시청하며, 조회 수는 수십억 건에 달한다.
- 유튜브 시청 시간의 70% 이상이 휴대기기에서 발생한다.
- 유튜브는 100개가 넘는 국가에서 현지화된 버전으로 출시됐다.
- 유튜브는 총 80개의 언어로 탐색할 수 있다.

2) 1인 미디어 전성시대, 비밀은 편익

노벨 경제학상을 수상한 제임스 토빈은 "인간은 인센티브(경제적 유인)에 반응한다."라고 단언했다(한국경제신문, 2007). 백 원 동전에 대형 마트의 쇼핑카트가 제자리로 돌아가고, 리터당 백 원의 종량제 봉투는 쓰레기 배출량 감소에 크게 기여한다. 사람들은 자신에게 편익(Benefit)이 더 큰 방향으로 선택을 한다는 것이다.

신문, TV 방송으로 대표되는 기존 대중 매체와 유튜브로 대표되는 1인 미디어와의 영향력 변화에서도 이와 같은 현상이 속속 나타나고 있다. 국내 주요 지상파 방송사 중 한 곳의 노조 측이 최근 성명서를 통해 밝힌 자료에 의하면 해당 방송사의 광고 매출이 지난 1월 말 하루 8천만 원을 기록한 날이 있다고 한다. 반면, 7세 어린이 보람이가 만드는 유튜브 채널 '보람튜브'의 월 광고 수익이 약 40억 원에 달한다는 뉴스는 이미 알려진 사실이다. 1일 매출로 환산하면 1억 3천만 원을 상회하는 수준인 것이다(하나그룹, 2020).

우리에게 너무도 익숙하고 당연시 여겨지던 신문과 방송, 매스컴(Mass Communication) 중심의 미디어 환경이 완전히 유튜브, 1인 미디어라는 새로운 질서로 재편되고 있는 현 상황을 이해하는데 미디어 생태계를 구성하는 이해 당사자 그룹 간 편익 추구의 관점은 의미를 갖는다.

먼저 이용자 측면의 편익은 유튜브의 주 이용 단말기인 스마트폰의 대중화와 맞닿아 있다. 편리한 휴대성은 기본이고, 앱 중심의 간편한 UI(유저인터페이스), 5G 등 높은 전송 품질 및 경제적인 요금제 도입 등등 이 손 안의 작은 기기가 보여주는 편익은 신문과 TV가 갖고 있던 그것들을 압도한다. 일방적으로 편성해주는 콘텐츠를 그대로 받아들여야 했던 환경에서, 내가 원하는 콘텐츠를 간단히 검색해 찾아보거나, 나와 성향이 맞는 SNS의 지인이 추천해준 콘텐츠를 골라 보는 쌍방향의 미디어 소비 행태는 미디어와 콘텐츠에 대한 '다양성', '개인 선택권' 등 기성 미디어에서 줄 수 없는 편익을 무한히 선사한다.

다음으로 콘텐츠를 만들고 보여주는 사람들, 일명 크리에이터들의 편익은 어떻게 변화했을까. 스마트폰은 이들에게도 역시 큰 편익을 준다. 폰 카메라 기능의 발달로 인한 사진과 동영상의 촬영 편의성, 앱을 통해 간단히 자신의 채널을 개설하고 업로드할 수 있는 환경이 손 안에 쥐어진 것이다. 또한, 이들은 1인 미디어 플랫폼에 자신이 만든 콘텐츠를 대중 매체와 같은 중간 관문을 통하지 않고 직접 선보이고 평가 받는다. 곡을 내놓고도 지상파 가요 순위 프로그램에 방송되지 못하면 무명가수로 불리던 능력 있는 신인들이 지금은 자신의 노래를 직접 유튜브에 올리면 그만이다. 저스틴 비버, 애드시런 등 빌보드 상위의 주요 가수들도 유튜버 출신이다. 음악뿐 아니라 키즈, 뷰티, 게임, 먹방 등등 재능만 있다면 장르는 제한이 없다. 물론 이들에게 가장 강력한 편익은 바로 수익이다. 조회 수, 즉 콘텐츠 선호도에 따른 광고 수익, 크리에이터의 선호에 따른 이용자들의 후원 수익, 여기에 더해 콘텐츠 내 직간접적인 홍보를 통한 수익 등이다. 플랫폼 이용료 격인 수수료 외에 이들 수익은 역시 중간 단계 없이 크리에이터에게 지급된다. 무한경쟁이지만 차등 없이 능력만큼의 인센티브가 주어지는 구조다. 저금리 시대 단 몇만 원의 이자를 올린 통장 개설 이벤트에 수십만 명이 자신의 시간을 기꺼이 투자해 은행을 찾는 것이 사람의 본성임을 고려해볼 때 1인 미디어 플랫폼으로 크리에이터들의 러시가 이어지는 것은 당연한 수순이다.

마지막으로 광고주 입장이다. 광고주는 사실 대중 매체나 1인 미디어라는 구분은 특별히 중요하지 않다. 자사의 상품이 잘 광고되고 잘 팔린다면 그것이 편익이다. 다만 소비자의 상품 구매 행위에는 단순히 광고만이 영향 요소가 아니기에 판매량을 곧 광고 효과로 직결하기는 어렵다. 이에 광고주 입장에서 중요한 것은 일단 광고가 효과적으로 노출이 되고 있는지 그 측정의 여부다. 우리에게 익숙한 측정 기준은 '시청률'이다. 이는 물론 과학적인 측정이지만 비용과 시간 때문에 전수조사가 아닌 샘플링을 이용한다. 반면 인터넷과 SNS(소셜네트워크) 기반의 1인 미디어 플랫폼은 이용자 전체를 대상으로 정밀하게 조회 여부가 집계된다. 이를 바탕으로 선호 타겟, 시간, 지역, 단어, 색감까지도 알아낼 수 있어 다음 광고 전략을 구상할 수 있다. 또 광고 집행의 형태 또한 온라인에서 원스톱으로 가능하며, 간단한 스마트폰 촬영만으로 저렴하게 제작한 광고 영상도 효과를 얻는 사례가 많다. 이 같은 환경 속에 광고주는 상품의 특성에 따라 대중 매체와 1인 미디어에 광고를 전략적으로 노출하면 궁극적으로 편익이 상승하는 것이다. 이에 따라 1인 미디어에 배분된 광고 비용만큼 대중 매체의 광고 수익은 감소한다.

IT 환경의 변화는 편익의 흐름을 바꾸고 있다. 이 같은 변화의 흐름을 잘 파악하고 대응 또는 적응하는지 여부는 일부 산업의 경우 생존을 가를 수준이다. 미디어는 더욱이 그 한복판에 있다. 3개 그룹의 편익의 흐름만 보아도 이후 미디어의 방향이 어느 정도 예상이 된다. 모바일 기기의 지속적 발달과 더불어 모바일로 콘텐츠를 즐기는 라이프 스타일은 더욱 확대될 것이며, 이에 이용자와 크리에이터들은 선택할 콘텐츠가 많은 모바일 기반의 1인 미디어 플랫폼으로 더욱 몰리게 될 것이고, 광고주는 많은 이들이 몰릴수록 효과를 기대하고 여기에 광고비를 집행할 것이다. 광고비가 몰리면 인센티브를 기대하는 크리에이터들은 더욱 열심히 제작 경쟁에 나서고, 1인 미디어이기에 기대하지 못했던 수준의 콘텐츠들로 품질 경쟁도 벌어질 것이다. 선순환이다.

혹자는 1인 미디어의 확대로 무분별한 콘텐츠의 난립을 걱정하기도 한다. 반면 스마트폰과 인터넷만 있으면 누구든 전 세계 인구와 접촉할 수 있는 기술적 환경, '검색'과 '구독', '좋아요'를 통해 온전히 스스로가 자신의 채널 선택권을 행사하는 이용자 중심 결정 구조, 모든 사람에게 기회가 열려 있고 누구에게나 수익을 공유하는 구조, 이 같은 편익은 과거에 미디어산업을 지배했던 게이트키퍼 중심의 모델보다는 훨씬 공평하며, 콘텐츠의 발전이라는 측면에서도 오히려 더 향상의 가능성이 높을 것으로 기대한다.

5. AI와 유튜브, 그리고 다양성

오늘날 '유튜브 혁명'을 부정하는 현대인은 많지 않을 것 같다. 콘텐츠의 종류는 개인의 수만큼이나 다양해졌고, 어떤 채널은 웬만한 지상파 방송사보다 더 많은 수익을 낸다. 자신과 자신의 콘텐츠를 대중에게 알리기 위해 반드시 필요했던 미디어는 이제 그 설 자리를 빠르게 잃고 있는 모습니다. 유튜브가 혁명의 주인공이 된 데는 수많은 유저의 로그가 남긴 빅데이터, 이를 기반으로 한 추천 알고리즘, 이를 가능하게 한 인공지능(AI)이 그 바탕이 되고 있다. 본고에서는 AI와 유튜브의 연계, 이를 기반으로 유튜브가 리드해 가는 다양성 모멘텀, 그리고 그것이 오늘날 한국 사회에서 갖는 함의에 대해 생각해 본다.

1) "우리는 이렇게 인식한다"

우리는 개와 고양이를 어떻게 구분(classification)할까. 경험 많은 뇌와 좋은 눈이 답일 것이다. 태어나 그들을 처음 보는 아이는 그 차이를 알기 어렵다. 주위에서 개와 고양이를 자주 접하면서, 아이는 그 둘의 '의미 있는' 상대적 특징들(예: 눈, 수염, 코, 꼬리 등의 모양과 크기, 짖을 때 내는 소리)을 포착하고, 이것을 데이터화하여 뇌에 저장한다. 다음에 둘 중 하나를 만나게 되면, 그 대상을, 뇌에 축적된 추상화, 혹은 일반화된 개와 고양이의 이미지와 대조해 판단을 내린다. 즉 무언가를 인식(recognition)하는 과정은 단순히 감각에만 의지하는 것이 아니다. 인식은, 지금 막 감각기관을 타고 전달된 새로운, 아직은 정확히 정의할 수 없는 어떤 사물(예: 털이 수북한 작은 네 다리 짐승)과, 과거의 학습을 통해 이미 알고 있는 수많은 정보(예: 개, 고양이) 중 그와 가장 유사한 것을 찾아 '매칭(matching)' 하는 일련의 과정을 수반한다. 특히 신경학적으로 볼 때, 매칭은 인식의 대상에 따라 그에 상응해 활성화되는 독특한 뉴런 시퀀스를 뜻한다. 수백억 개의 뉴런들 중, 개를 보았을 때와 고양이를 보았을 때 폭발하는 뉴런의 수와 패턴이 각각 다르다.

인식의 과정은 평상시 매우 빠르고 정확하게 이루어지므로 겉으로 보기에 매우 수월해 보이지만, 항상 정확한 것도 아니며, 때로는 상대적으로 많은 시간을 필요로 한다. 사물이 잘 보이지 않는 경우, 혹은 사물에 대한 과거의 데이터가 적은 경우 그렇다. 시력이 나쁘거나 사물이 그늘진 곳에 있어 그 형상이 뚜렷하지 않을 때, 유사한 사물에 대한 과거의 경험이 부족할 때, 우리는 개를 고양이로, 혹은 고양이를 개로 착각(mis-recognition)할 수 있다. 때로는 '정답'을 내는데 평상시보다 시간이 오래 걸리기도 한다. 개 같은 고양이, 고양이 같은 개를 만났을 때, 어디서 본 듯한데 정확히 누구인지 생각이 잘 나지 않을 때 특히 그렇다. 뇌에 전달된 감각 데이터(sense data)와 한 번에 딱 맞아떨어지는 이미지를 머릿속에서 바로 찾을 수 없어, 유사한 이미지들을 재료로, 앞서 말한 매칭의 과정을 여러 번 되풀이해야 하기 때문이다. 반대로 외부의 사물을 선명하게 관찰할 수 있을 때, 대상과 관련된 데이터가 머릿속에 많이 축적되어 있을 때, 인식의 속도와 정확도는 상승한다. 일정 수준에 이르기까지 우리는 수많은 시행착오(trial and error)를 반복해야 한다.

2) "AI도 그렇게 인식한다"

AI(artificial intelligence)가 작동하는 원리는 전술한 인간의 인식 과정과 매우 흡사하다. 우리가 오감을 통해 인지하는 감각 데이터를-예를 들어 수만 장의 개와 고양이의 사진들-숫자 행렬로 변환해 주는 사전 처리(preprocessing) 과정이 있을 뿐이다. 컴퓨터는 숫자화된 변인들과 프로그래머가 제공한 모델(neural network)을-주로 hidden layer와 activation function(우리의 뇌로 따지자면 뉴런)의 수를 정하는 작업·기반으로 각각의 이미지에 나타난 동물이 개인지 고양이인지 최초 랜덤으로 예측한 뒤 '정답', 즉 출력값과 비교한다. 물론 처음엔 대부분이 에러를 보인다. 예측을 함에 있어, 각 변인들의 기여도(weight)를 얼마로 해야 할지 아직 모르기 때문이다. 이제 예측 치와 정답의 차, 즉 오류를 수치화하고, 이를 일정량 줄이는 방향(gradient descent)으로 각 변인들의 기여도를 조정(back propagation), 모델 전체를 수정한다. 오류 값이 더 이상 크게 줄지 않을 때까지(convergence) 이 과정이 반복되며, 그 결과 머신러닝의 기초(training)가 완성된다. 이후 같은 형태의 새로운 데이터가 주어졌을 때, 모델이 정답을 얼마나 정확히 맞히는지 확인(testing)한다. 데이터가 축적됨에 따라 학습의 양 또한 증가하며 모델의 정확도 역시 진화를 거듭한다. 특히 이미지에 왜곡

이 없다면, 모델은 개와 고양이를 거의 완벽히 구분해 낼 수 있다. 이 연산 과정 전체를-즉 새로운 데이터의 편입, 학습, 예측, 모델 업데이트-자동으로 지속할 수 있는 프로그램이 바로 AI다. 반복적 시행착오를 통해 개와 고양이를 구분할 수 있는 인지적 시스템을 구축하고, 새로 들어오는 시각정보를 이에 매칭 하여 답을 내리는 인간의 뇌 구조와 많이 닮아 있다.

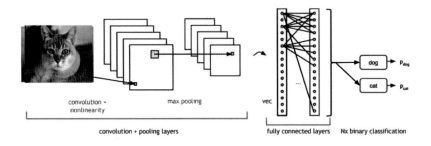

[그림] 머신러닝을 통해 개와 고양이를 구분하는 연산 과정
출처: GeeksforGeeks

3) "유튜브는 이렇게 추천한다"

차이는 있으나 유튜브가 우리에게 특정 동영상 리스트를 추천하는 방법 역시 머신러닝에 기반을 둔다. 해당 유저가 최근까지 어떤 영상을 보았는지, 또 유사한 영상을 보았던 다른 유저들은 무엇을 보았는지, 그 외 유저의 인구학적 변인(예: 거주지, 나이, 성별, 유튜브 사용 시간대)을 토대로 모델(주로 matrix factorization과 neural network의 합성)을 구축하고, 학습을 통해 각 변인들의 기여도(weight)를 수정, 재수정하여 업데이트한다. 과거의 데이터에만 의존해 리스트를 만들 경우, 추천하는 콘텐츠들의 시의성이 떨어질 수 있으므로, 최근 빠르게 확산되고 있는 새로운 컨텐트들에 가중치를 주어 이들이 최종 추천 리스트 상위에 랭크될 확률을 높인다. 거의 무한대의 콘텐츠들 중 수억 명 유저들의 개인 취향에 맞는 동영상을 찾아 추천하는 작업이며, 따라서 다단계로 구성된 수천 개의 활성함수(activation function, 인간의 뉴런)를 통한 딥러닝(deep learning)을 필요로 한다(Covington, Adams, & Sargin, 2016).

4) 유튜브: 다양한 콘텐츠와 개인

  제작자의 입장에서 볼 때, 유튜브는 철저한 개인화(individuation)를 요구한다. 유사한 콘텐츠를 제공하더라도 다른 제작자들과 어떤 면에서는 차별화가 되어야 수용자의 선택을 받을 수 있기 때문이다. 1인 미디어 분야에서 하나의 장르이자 트렌드로 고유명사가 된 '먹방(mukbang)'의 경우도 제작자의 취향과 기획에 따라 그 종류가 수십, 수백 가지에 이른다. 소개되는 음식의 종류는 차제하더라도, 출연자의 연령대와 성별, ASMR 사용 여부, 공동 출연자의 유무, 촬영 장소(예: 실내, 야외), 다른 장르(예: 롤플레이 게임 중계와 먹방을 함께 진행)와의 연계 유무, 챌린지(예: 매운 음식 참고 먹기, 많이 먹기) 포함 유무, 출연자가 직접 요리를 하는지 주문한 음식을 먹는지 등등, 방금 언급한 카테고리들을 각각 두 종류로만 나누어도 이론상 28 = 256가지의 서로 다른 먹방이 가능하다. 출연자들의 독특한 캐릭터(예: 생김새, 말투, 성격) 등을 고려하면 실제 '먹방' 속 콘텐츠의 다양성은 이를 크게 초과할 가능성이 높다.

수용자의 입장 역시 다르지 않다. 전술한 바와 같이, 유튜브가 추천 콘텐츠를 찾아낼 때, 해당 유저와 그와 유사한(예: 데모그래픽, 콘텐츠 소비 성향) 다른 유저들이 최근까지 어떠한 영상을 보았는지가 주 정보원이기 때문이다. 결국 우리가 추천받는 콘텐츠들 대부분은 우리가 지금까지 자주 보았던 영상을 만든 제작자들의 것이거나 이와 함께 자주 검색, 소비되는 것들, 혹은 나와 유사한 취향을 가진 다른 유저들이 볼 만한 것들일 확률이 높다. 다시 말해, 우리가 평소에 즐겨보는 콘텐츠의 '심화 버전'이거나 기본 장르를 중심으로 새로운 아이디어가 가미된 '변종'이 소비, 재소비된다고 볼 수 있다. 이러한 가정이 참이라면, 수용자는 그가 추종하는 제작자들만큼이나 자신의 흥미에 맞는 좁은 영역 내에서 '종적 다양성'만을 경험할 가능성이 있다. 유저의 취향이나 흥미에 맞지 않는 분야에서 '뜨고 있는' 콘텐츠들을 추천받을 확률이 상대적으로 낮기 때문에, 자신의 영역을 탈출함으로써 경험할 수 있는 '횡적 다양성'은 그만큼 희생된다. 거시적으로 보면 우리 사회는 극히 다양한 영역에 심취해 있는 오타쿠들을 양산하고 있다고 하겠다.

5) 한국을 깨우는 유튜브

거시 문화적으로 볼 때 우리나라는 '타이트한' 문화(tight culture)에 속한다(Hofstede, 1981). 제법 강력하고 일관된 사회적 통념과 규범이 존재하며, 이것이 개인의 자유와 개성을 압도한다. 개인의 장점을 최대한 살려 그 잠재력을 충분히 발현(promotion – focused)시키려는 노력보다, 단점을 보완해(prevention – focused), 딱히 못 하는 것 없이, 어떤 조직에 들어가더라도 모나지 않고 원만한 생활을 할 것을 독려한다(Lee, Aaker, & Gardner, 2000). 사회는 효율적으로 잘 돌아가는 듯 보이지만, 이는 개인의 개성과 그로 인해 얻을 수 있었던 사회적 혁신의 기회를 희생함으로써 가능한 것이다. 그저 수긍하며 속으로는 툴툴대는, 사회가 원하는 자리를 하루하루 채우는 불만으로 꽉 찬 개인만이 남을 뿐이다.

우리나라는 자유 시장 경제를 표방하고는 있으나, 이는 시민들의 교육 수준이나 의식이 점차 향상되며 자연스럽게 나타난 사회제도라기보다, 과거 소수의 정치 지도자의 결단에 따라 그리 정해졌다고 하는 편이 더 정확할 것 같다. 그래서인지 개인의 자유와 방임에 대한 사회의 반응은 여전히 억압적일 때가 많다. 성공의 정의는 무엇인지, 좋은 학생은 어떤 아이를 말하는지, 괜찮은 직장은 어떤 것인지 등등에 대해 우리 사회 내에 일관된 컨센서스(consensus)가 존재해 왔다.

물론 다른 이유도 있겠지만, 유튜브는 이렇게 타이트한 우리나라의 문화에 훌륭한 자극제가 될 것으로 보인다. 전술한 바와 같이 유튜브는 다양성이며, 곧 다양한 개인을 뜻한다. 특히 '투표'를 많이 받는 개성 강한 유튜버들은 세간의 주목을 받게 되고 - 물론 AI의 추천 알고리즘 덕에 이러한 유명세에는 거품이 조금 끼게 마련이다 - 세상 사람들은 사회 통념과는 매우 다른 성공한 여러 삶을 직면하게 된다. 반드시 '사'자 붙은 직업이 아니더라도, 자신이 잘하는 것을─그것이 무엇이 되었든─더 개발하고 공유함으로써 누구든 자신이 원하는 '성공'을 거둘 수 있는 이 현실이 한국의 현주소임을 우리는 조금씩 깨달아가고 있다.

　비교하기 좋아하는 우리나라 사회(relativistic socity; Lim, Allen, Burrell, & Kim, 2008)에 유튜브가 가져올 친사회적 효과 역시 함께 언급할 만하다. 우리나라는 그저 똑똑하거나 '잘나가는 것'에 만족하지 않는다. 더 중요한 것은, 바로 지금 내 옆에 있는 사람보다 '더' 똑똑하고, '더' 잘나가는 것이다. 이러한 문화 환경이 사람들을 더 노력하게 하는 모티베이션이 될 수는 있으나, 99%의 대중에게는 항상 스트레스의 요인이 된다, 생태 피라미드 최상단에 있는 1% 미만의 사람들과 견주어 그 누구도 열등감의 늪에서 빠져나갈 수 없으므로(Kim & Lim, 2015). 자신의 실제 잠재력에 비해 비현실적으로 자존감이 낮고, 자신의 장점에 기뻐하기보다 단점에 아파하는 한국 사람들에게 유튜브는 정신적 활력제가 될 수 있다. 다양성의 폭발로 인해, '횡적 비교'가 그 의미를 잃게 되기 때문이다. 예컨대 요리사는 더 이상 자신이 검사가 되지 못한 것에 대해 열등감을 갖지 않는다. 다만 자신이 매일 밤 유튜브를 통해 보는 백만 명의 구독자를 거느린 숨은 요리 고수만이 그의 열등감을 자극할 것이다. 이것이 '종적 비교'이며, 앞서 언급한 '횡적 비교'와 달리, 개인과 사회에 긍정적 효과를 가져다줄 확률이 높다. 검사와 비교해 보아야 신세 한탄밖에 할 것이 없지만, 자신이 좋아하는 요리 고수의 영상을 보며, 배움을 통해 자신의 가치를 높일 수도, 심지어 채널을 통해 그와 함께 일을 도모해 볼 수도 있다. 특히 전술한 유튜브 추천 알고리즘의 '중매'로, 둘 사이의 직업적, 취향적 '궁합'은 매우 좋을 확률이 높고, 이외의 분야에 존재하는 둘 사이의 경험 차에서 훌륭한 시너지를 기대해 볼 수 있다(Page, 2008). 평소 음식에 관심이 많던 유명 가수(성시경)가 인기 먹방 채널(산적TV밥굽남)에 출연해 라이브로 식사를 한다던가, 인기 프로그램의 PD(나영석)가 게임 전문 채널(대도서관TV)에서 방송 콘텐츠 이야기를 나눈다던지, 서로 다른 정치 성향의 정치인들(유시민, 홍준표)이 자신들의 채널(알릴레오, 홍카콜라)로 토론 대전을 공동 송출한다든지 기성 TV에서라면 좀처럼 이루어지기 어려울 이런 조합, 유튜브의 이른바 콜라보 콘텐츠가 이제 익숙한 트렌드가 된 것을 우리는 자주 확인한다.

이렇듯 유튜브는 끊임없는 비교와 통제적인 사회 규범, 그리고 단점에 목메도록 길들여진 한국인이 드디어 다양성을 발견하고, 자신의 장점을 유효한 방향으로 발전시켜 볼 수 있는 기회를 주고 있다.

6. AI 시대, 1인 미디어를 대하는 자세

HBO를 시작으로 넷플릭스를 거쳐 2011년 유튜브의 임원으로 합류한 로버트 킨슬이 펴낸 책 《유튜브 레볼루션》은 유튜브 크리에이터 서밋(유튜브 creator Summit) 행사에 초청된 개성 있는 크리에이터들, 관계자들의 무대 인사와 저자와의 인터뷰들을 통해 기존 미디어와 다른 유튜브의 속성과 문화적 변화를 다양한 시각에서 조망한다(국회뉴스ON, 2019).

준비된 각본의 TV 연예인이 아닌, 자신과 비슷한 사람들이 나와 공감할 수 있는 문제에 대해 이야기하는, 덜 세련된 무언가를 보고 싶어 하는 것이 유튜브에서 증명된 시청자들의 진정한 욕구라는 것이 공통된 그들의 진언이다. 인기를 구가하던 TV 리얼리티 쇼들이 과거처럼 큰 호응을 얻지 못하고 있고, 유명 스타들이 막상 유튜브를 개설해도 기존 TV 프로그램식 접근으론 주목을 끌지 못하는 이유가 설명되는 대목이다. 진솔함과 공감이 호감과 믿음을 더욱 깊게 만드는 이 특별한 유대관계의 형성에는 유튜브의 콘텐츠 포맷도 역할이 크다고 크리에이터들은 전언한다.

"유튜버는 시청자의 눈을 바라보며 이야기하기 때문에 가까워질 수밖에 없어요. 물리적으로도 모니터 앞에 가까이 앉아 이야기하니까, 정말 친구와 대화를 나누는 것 같은 기분이 들죠."

세계 최대 동영상 플랫폼이자 AI가 섬세한 알고리즘으로 개인별 추천을 진행하는 1인 미디어 플랫폼 유튜브를 단순히 진화된 기술의 산물로만 보아서는 안 되는 지점이다. 동영상이라는 형식을 빌지만 사람과 사람 간 커뮤니케이션을 매개하는 미디어로서 유튜브와 1인 미디어의 의미와 근원을 살펴야 하는 이유다.

1) 평행이론의 증명

1455년 독일의 작은 도시 마인츠. 이곳 공방에서 한 장인이 만들어낸 발명품과 2007년 1월 미국 샌프란시스코의 한 전시회에서 청바지 차림의 연사가 치켜올린 손안의 새 발명품. 반세기를 훌쩍 넘는 기간이 무색하리만치 마치 평행이론처럼 이 두 제품은 우리 인류의 삶을 바꾸었다(국회보, 2020).

구텐베르크의 '42행 성서(42 – line Bible)' 그리고 스티브 잡스의 '아이폰('iPhone'). 이들은 세계 최초라기보다는 이미 존재하고 있던 기술들을 효율적이고 유용하게 조합해 혁신을 일궈냈다.

구텐베르크는 기존의 목판을 개선해 글자별로 배치가 자유로운 이동식 금속 활자판을 개발해 포도주 생산에 쓰이던 스크루프레스(screw press)와 유성 잉크를 결합, 종이에 압착하는 기술로 대량 인쇄의 시대를 열었다. 잡스도 기존에 있던 세 가지 제품의 장점을 하나에 구현했다. "넓은 터치스크린을 가진 아이팟, 혁신적인 휴대전화, 그리고 완전히 새로운 인터넷 통신기기." 이로써 포스트 PC 시대, 스마트폰의 시대가 시작됐다.

중세의 유럽에서 책이란 것은 수도사들이 직접 보고 베낀 필사본이 대부분이었고 그 수도 극히 적었다. 특히 성경은 고가의 필사 비용을 감당할 수 있는 특권층과 소수 성직자의 전유물이었다. 고작 하루 수십 페이지 정도를 필사하던 성경의 제작을 3,600페이지로 늘린 것이 활판 인쇄술이었다. 이후 성경의 광범위한 확산은 종교 개혁의 막을 올리며 개신교의 등장에까지 큰 역할을 하게 된다. 또한, 서적의 대량 보급은 소수 지식층에 국한되어 왔던 지식과 정보를 대중에 공유, 전파하며 서방의 사회 문화적 혁명을 이끈다. 압축 인쇄기(Press)를 이르던 단어가 언론(Press)의 명칭이 되고, 매스미디어(mass media)의 기원이 되었으니 실로 이 발명은 문명의 전환이었다.

　편리한 휴대성, 직관적인 인터페이스(Interface), 동영상 촬영의 편의성, 데이터 품질의 향상… 2007년 첫 등장 이후 폭발적 대중화를 이뤄온 스마트폰의 성장을 이러한 기술적 유용함의 성과로만 설명할 수 없음을 오늘날 우리는 쉽게 확인할 수 있다. 거리에서, 집에서, 맛집에서 삼각대 위에 올려둔 스마트폰을 향해 이야기를 걸고 있는 많은 사람을 통해 '42행 성서'의 기시감을 느낀다. 불과 5년 전만 떠올려도 미디어에 방영되는 방송·영상물의 제작은 언론·방송사 혹은 PD나 감독이 맡아야 하는 특화 영역이라는 데 의구심을 갖는 이는 드물었다. 2019년 현재는 어떤가. 내 손에 스마트폰과 구글 ID만 있다면 지금 곧 동영상 특종을 전 세계로 전달할 1인 미디어가 될 수 있다. 전 세계 인구 4명 중 1명(20억 명)이 로그인하고 있는 유튜브의 시청 시간 중 70% 이상이 스마트폰에서 이루어지고 있음이 바로 그 증거다. 500여 년 전 포도주 압축기(Press)로 소수만의 전유물을 대중 누구나 향유할 수 있게 했던 그 변혁을 지금 우리는 유사 경험 중이다. 지식과 정보 전파의 주체가 소수에서 대중, 각 개인으로 전이되는 거스를 수 없는 문명의 전환을 다시 맞이하고 있다. 미디어가 근본적으로 변화 중인 것이다.

기존 매스미디어 대비 제작 비용 등 상대적으로 고품질을 선보이기 힘든 현실적 여건에도 불구하고 유튜브 플랫폼에서 여느 방송사 채널보다 1인 미디어들이 더 인기를 끌고 있는 현상은 이 전환을 증명한다. 스마트폰을 통한 1인 시청 환경에서 이용자들은 만듦새 자체보다는 크리에이터 개인이 전하는 이야기가 자신의 선호 취향에 맞는지 그 동질감과 공감에 더 의미를 둔다는 것으로 해석된다. 이 같은 현상엔 또 다른 배경도 살펴볼 수 있다. 4차 산업혁명의 시대, 인간을 대신하는 기계(machine)의 확장으로 생활 곳곳에 비대면(非對面) 서비스가 증가하고 있는 가운데, 1인 미디어 인기 채널들 대부분이 유사 면대면(面對面, Face-to-Face) 커뮤니케이션 형태다. 먹방, 제품 리뷰, 정치 논평… 장르와 상관없이 스마트폰 속 작은 화면의 크리에이터가 자신을 바라보며 대화하듯 이야기를 하는 방식에 이용자는 더 반응한다. 단순한 방문자가 아니라 다시 찾아오는 구독자가 되고, 친밀한 팬이 된다. 1인 미디어는 단순히 스마트기기를 통해 동영상 콘텐츠를 일방적으로 소비하는 행위 이상의 소셜 플랫폼인 것이다. 4차 산업혁명의 파고 속에 1인 미디어는 이러한 인간의 내적 딜레마를 기술적으로 더 섬세하게 해소해 줄 수 있는 진화된 도구일 수 있다. 공간적 제한과 격식의 엄격성을 벗어나 언제 어디서나 자연스럽게 동영상을 통해 유사 대화라는 방식으로 상호 소통하는 새로운 커뮤니케이션 혁명이 그것이다.

2) 원인 없는 결과는 없다

유튜브가 페이스북, 트위터 등 SNS(소셜네트워크)를 기반으로 콘텐츠를 선보이는 경쟁 서비스들, 또는 다수의 유사 동영상 플랫폼들과 차별화를 갖게 된 두 가지 계기도 새겨볼 대목이다.

경쟁 서비스들과 달리 동영상을 본 횟수가 아닌 시청 시간을 최우선으로 하는 방향으로 알고리즘을 수정한 뒤 더 많은 사람이 더 오랜 시간 플랫폼에 체류하며 유튜브 영상을 시청하는 결과로 이어졌다. 단순 조회 수보다 영상을 보는 데 할애한 시간을 해당 콘텐츠의 가치를 판단하는 기준으로 삼은 것은 공급자가 아닌 고객의 눈높이로 니즈를 읽어낸 신의 한 수였다. 그리고 불법 저작물들이 원저작자의 수익을 침해할 수 있다는 우려를 콘텐츠 아이디(content ID) 기술을 적용해 해결한 것도 유튜브의 현명한 조처 중 하나로 꼽힌다. 새로 동영상이 업로드될 때마다 영상내 콘텐츠와 참조 파일을 대조해 일치하는 경우 저작권 소유자에게 알리고, 해당 영상의 중단 또는 수익 공유를 결정하게 함으로써 모든 광고 수익이 저작권자에게 돌아가게 한 시스템이다. 덕분에 다수 영상들이 중단보다는 공유 구조로 남게 되고 원저작자들은 지속해 수익을 받는 구조가 됐다. 콘텐츠 활용의 자율성과 원저작권자의 권리를 동시에 지켜내며 지금의 방대한 크리에이터 생태계를 창조한 탁월한 선택이었던 것이다.

Henry Jenkins(2006)는 "융합은 다양한 미디어의 기능들이 하나의 기기에 융합되는 기술적 과정이 아니라, 소비자로 하여금 새로운 정보를 찾아내고 서로 흩어진 미디어 콘텐츠 간의 연결을 만들어 내도록 촉진하는 문화적 변화"라고 정의한 바 있다. 미디어 융합의 변화에 핵심 요소는 '콘텐츠', 그리고 '상호작용'을 강조한 것이다. 제킨스의 지적은 과거와 달리 콘텐츠가 다수의 플랫폼을 넘나들며 기성의 미디어 생산자와 소비자의 힘(참여문화)이 복잡하게 얽히며 역동적으로 상호작용하고 있는 상황을 제시하고 있다. 이는 소비자 중심의 시각이 중요함을 얘기하고 있다. 즉 아무리 시대가 변해 옹기에서 크리스탈로, 스테인리스로 용기(容器)가 바뀌어도 기본을 이루는 것은 여기에 담겨진 김치고 젓갈이며 장맛이다. 또한, 시청자들은 달라진 시청 방식, 단말기, 플랫폼 안에서 다시 선택하기 마련이다. 그 기준은 다시 콘텐츠이며 시청자들과의 교감이다(한국콘텐츠진흥원, 2012).

원인 없는 결과는 없다. 매스미디어의 오랜 관성을 뒤로 물리고, 오늘날 우리가 가장 많은 시간을 시청하고 있는 이 특별한 미디어의 탄생과 성장은 제작자가 아닌 시청자를 주인공으로 바라본 기본 철학과 이를 구현하기 위한 섬세한 기술의 배려가 합쳐진 산물인 것이다.

4차 산업혁명, AI 시대의 파고 속에 1인 미디어는 커뮤니케이션이라는 인간의 명제, 내적 딜레마를 기술적으로 더 섬세하게 해소해 줄 수 있는 진화된 도구일 수 있다. 공간적 제한과 격식의 엄격성을 벗어나 언제 어디서나 자연스럽게 동영상을 통해 유사 대화라는 방식으로 상호 소통하는 새로운 커뮤니케이션 혁명이 그것이다. 머지않은 미래에 전 인류에 더욱 익숙해질 이 소통의 방식의 진화를 다양한 콘텐츠의 실험을 통해 미리 개척하고 있는 1인 미디어의 크리에이터들을 이 새로운 미디어 혁명을 이끌 최일선의 개척자로 인식하고, 제도와 규제보다는 장려와 육성으로 우리 사회가 체계적이고 다각적인 지원을 검토해야 할 이유다.

가상현실(Virtual Reality)과 미디어

장형준 (KBS 제작기술센터 TV기술국장)

가상현실(Virtual Reality)과 미디어

1. 가상현실(VR)과 미디어에 대한 이해

가상현실(VR)과 증강현실(AR)은 인간의 인지 체계 중 오감을 확장시킴으로써 비주얼(Visual)적 경험과 실감형 사운드 그리고 촉각을 비롯한 감각적 확장을 통해 정보를 제공하고 소통하는 공유의 기술을 의미한다.

'초연결', '초지능', '초융합'으로 대표되는 4차 산업혁명의 핵심에는 인공지능(AI), 사물인터넷(IoT), 로봇, 드론, 자율주행차, 3D 프린터, 가상현실(VR) 기술 등이 대표적이라 할 수 있다. 그중에서도 가상현실은 컴퓨터가 만든 가상 환경 내에서 이용자의 감각정보를 확장하고, 공유함으로써 현실 세계에서 경험하기 어려운 상황을 실감 나게 체험할 수 있게 하는 기술을 의미하며, 증강현실은 현실 세계 및 실제 사물에 가상의 콘텐츠를 합성해 이용자에게 소통 환경 및 정보를 제공하는 기술이다.

가상현실(Virtual Reality)에 대한 최종의 목표는 몰입형 가상현실과 같이 실제 현실을 완벽하게 대체하는 것으로 컴퓨터 그래픽을 통해 현실 세계를 시각적으로 구현하고 오감(시각, 청각, 후각, 촉각, 미각)

등도 완벽하게 구현할 수 있어야 가능하다고 정의되고 있다.

초기의 가상현실은 컴퓨터 그래픽을 바탕으로 리얼리티를 보조하는 역할에 무게를 두었으며 그래픽 기술이나 디스플레이 기술 등의 제약과 이를 구현하기 위한 비용의 한계로 인하여 시각적 효과 구현에도 일부 분야에서는 어려움을 겪고 있는 수준이었다. 그러나 최근 들어 ICT 기술 발전과 디스플레이기술 발전으로 다양한 분야에서 활용 가능성이 열리고 있다.

지난 2016년은 VR(Virtual Reality), 즉 가상현실의 원년이라고 주목받을 만큼 ICT 기술의 융합에서 가장 핫한 이슈로 가상현실이 주목받았다. 실감형 미디어의 한 축으로 그리고 새로운 미디어 플랫폼으로써의 주목받고 있으며 그 성장세 또한 매우 빠르게 전개될 것으로 예측되고 있다.

IT 분야에서는 가상현실(Virtual Reality) 분야가 빅데이터와 사물인터넷과 더불어 4차 산업의 핵심으로 인간과 컴퓨터 간의 상호작용 기술로 부각하고 있다.

가상현실의 강력한 특징에는 몰입감, 상호작용, 현실의 상상 등을 들 수 있다. 이용자는 실시간으로 가상현실 플레이어와의 상호작용을 통해 VR 기기와 대화하고, 오감으로 느끼는 체험으로 인해 VR 기기가 보여주는 가상현실 세계에 몰입하게 된다. 이러한 과정에서 가상 세계를 구축하기 위해서는 콘텐츠를 느끼고 받아들이기 위한 개별적 상상이 필요하다. 이러한 특징들을 가상현실이 주는 주요 특징이라 할 수 있다.

가상현실 기술은 그 응용 분야가 매우 넓을 뿐만 아니라, 영화,

텔레비전, 게임기기, 모바일 기기와 같이 이미 대중화된 미디어 도구의 확장이 가능한 산업적 파급력을 갖고 있다. 가상현실의 응용은 게임을 비롯한 체험형 콘텐츠에서 시작하여 의료, 교육, 시뮬레이션, 정보, 훈련, 홍보, 관광 등으로 확장 가능하며 이미 선두적으로 발전하고 있는 게임, 방송, 영화, 쇼 등 엔터테인먼트 분야와 제조, 영업, 광고 등 산업 기반 전반에 걸쳐 폭넓게 적용될 수 있다. 콘텐츠뿐만 아니라 요소기술의 핵심인 몰입형 디스플레이, 광학, 센서, 인공지능 및 소프트웨어 산업, 햅틱/촉각 기기 등의 하드웨어 및 관련된 기반 소프트웨어 산업에서도 시장성에 대한 전망이 요구되고 있다.

가상현실이 HMD와 같은 몰입형 장치를 통해 그래픽 기술로 현실감을 느끼는 콘텐츠에 대한 체험 위주라면 증강현실은 실제 세계와 융합된 콘텐츠를 제시한다는 점에서 구별된다. 최근에는 증강현실의 연장선상에서 가상 세계와 실제 세계의 결합이 더욱 자연스러워지는 혼합 현실이 등장하면서 이용자의 몰입 경험을 극대화하는 기술이 개발되고 있다. 이러한 몰입 경험은 이용자의 오감과 소통을 기반으로 더욱더 발전하고 있으며 걸림돌로 작용하던 기술적 문제를 5G 기술로 극복하고 있다. 초기의 일대일 서비스에서 일대다의 매칭 방식 등 다중 이용자 환경으로 발전되면서 더욱 극대화될 것으로 예상되고 있다.

1) 가상현실/증강현실/혼합현실의 특징

가상현실과 증강현실은 인간의 인지 체계 중 오감을 확장시킴으로써 비주얼(Visual)적 경험과 실감형 사운드 그리고 촉각을 비롯한 감각적 확장을 통해 정보를 제공하고 소통하는 공유의 기술을 의미한다. 1956년 모턴 하일리그(Morton Heilig)의 가상현실 디바이스인 센서라마 시뮬레이터(Sensorama Simulator)를 가상현실 개념을 정의하는 초기 모델로 알려져 있다. 이후 유타대학교의 이반 서덜랜드(Ivan Edward Sutherland)의 투구형 3차원 디스플레이에 대한 논문을 시초로 한다. 이는 헤드마운트(HMD) 기기의 초기 모델로 가상현실용 헬멧과 장갑 형태의 인터페이스를 개발한 컴퓨터 프로그래머 재론 래니어(Jaron Lanier)에 의해 다양한 기기가 보급되면서 가상현실이란 용어가 대중화되기 시작했다.

증강현실이라는 용어는 1992년 보잉의 토머스 코델(Thomas P. Caudell) 박사가 처음 사용했다. 증강현실의 기술적 개념에 대해서는 1994년 토론토대학교의 폴 밀그램(Paul Milgram) 교수가 현실과 가상 연속성에 관한 스펙트럼을 고안하여 설명하고자 했다. 밀그램은 현실과 가상 사이의 스펙트럼을 '현실-증강현실-증강가상-가상(현실)'의 네 단계로 구분했다. 또한, 1997년 로널드 아즈마(Ronald Azuma)는 증강현실의 3요소인 가상현실의 융합, 실시간 상호작용, 3차원 결합을 정의한 바 있다.

가상현실(Virtual Reality: VR)과 증강현실(Augmented Reality: AR)에 이어 혼합현실(Mixed Reality: MR)이 급부상하고 있다. 이들 기술들은 차세대 ICT를 이끌어 나갈 핵심기술로 가상현실(VR)과 증강현실(AR), 그리고 혼합현실(MR)은 스마트폰과 태블릿, 스마트 워치 등 이른바 스마트 하드웨어 시장이 정체기에 진입하면서 차세대 IT 시장을 이끌어 나갈 차세대 동력으로 주목받고 있다. 세 가지 기술에 대한 기대는 세계적으로 큰 관심을 받으며 가장 크게 성장할 분야가 될 것으로 전망되고 있다. 각각의 개념과 정의는 상호 유기적인 연관성이 있으나 그 정의와 개념은 서로 특징이 있다. 가상현실은 말 그대로 현실과 비슷하게 가상의 것을 만들어 내는 것을 의미한다. 가상의 것을 만들어 내는 것이기 때문에 재현 내용에 대한 현실성 여부에 따라 이용자는 긍정적 또는 부정적 경험을 하게 된다. 가상현실(VR)은 컴퓨터를 통해 가상의 공간을 만들어 이용자가 실제로 존재하지 않는 가상의 공간을 체험하게 하거나 실제 특정 장소에 가지 않고도 그 공간을 체험하게 해주는 하드웨어와 소프트웨어 시스템을 말한다. 이용자의 자유의사를 반영하는 시스템으로서, 인터렉션(Interaction) 요소가 가상현실의 개념과 접목되어야 한다. 이를 위해서는 이용자의 시야가 VR에 집중하도록 제작된 헤드셋이나 헤드 마운트 디스플레이(HMD)를 착용해야 한다. 현실 세계에서 느낄 수 없는 공간을 컴퓨터 그래픽을 적용하여 새로운 경험을 할 수 있도록 하는 이용자 중심이기 때문에 몰입감이 높다는 장점이 있다.

반면 증강현실(AR)은 가상의 콘텐츠가 마치 실제로 존재하는 것처럼 화면상에 보여주는 기법이다. 즉 현실 세계에 3차원 가상 물체를 겹쳐서 보여주는 기술을 말한다. 증강현실은 현실 환경과 가상 환경을 융합하는 복합형 가상현실 시스템(Hybrid VR System)이다. 그래픽을 통한 실제와 유사한 체험을 제공하는 가상현실은 실제 환경을 볼 수 없는 반면 실제 환경에 가상의 정보를 투영시키는 증강현실은 더욱 심화된 현실감과 부가정보를 제공하는 기술이다. AR은 현실 세계에 가상의 콘텐츠를 중복시켜 새로운 경험을 할 수 있게 해준다.

VR은 현실이 아닌 가상 공간에서 실제로 존재하지 않는 것을 경험하기 때문에 몰입도가 높지만 반면에 현실감은 떨어진다. 이와는 다르게 AR은 현실 세계를 기반으로 하기 때문에 보다 현실감 높은 디지털 경험을 할 수 있고 현실 세계에 도움이 되는 정보도 얻을 수 있다는 장점이 있다. VR과 비교해 HMD 같은 시각적으로 외부와 폐쇄된 장비를 착용하지 않아도 되지만 글래스 형태의 디스플레이는 필요하다.

혼합현실(MR)은 VR이 주는 몰입감과 AR에서 느낄 수 있는 현실감이 적절하게 섞여 있다고 할 수 있다. VR과 AR의 장점만을 따서 현실감 있는 가상 정보를 결합한 융합 공간 속에서 새롭게 생성된 정보를 실시간으로 혼합해 이용자와 상호작용할 수 있어 정보의 사용성과 효용성을 극대화한 차세대 정보처리기술로 주목받고 있다. 혼합현실(MR)은 현실에 있는 실제 물체를 렌더링(Rendering)하고 공간 좌표를 매칭해 가상 공간 안에서 이용자가 보면서 실제 공간의 물건을 만질 수 있게 하는 기술을 의미한다.

현실과 가상을 균형감 있게 혼합함으로써 VR과 AR의 단점을 보완하고 특징을 강화한 것이다. 가상현실이 주는 이질감을 완화시키고 융합된 가상의 이미지가 현실의 일부처럼 느껴지고 직접 체험하는 듯한 고해상 홀로그램 영상을 구현하는 기술이다. 단순히 시각적 체험을 넘어 눈앞의 가상 콘텐츠를 조작하는 등 좀 더 몰입감 높은 형태의 체험을 제공하는 가상현실 하드웨어 및 소프트웨어를 지칭하기도 한다.

기존의 연구에 의하면 증강현실과 가상현실의 주요한 특징은 상호작용성(Interactivity)과 미디어 풍요성(Richness)을 들 수 있다. 멕켈렌(Mclellan)은 증강현실과 가상현실은 시각, 청각, 촉각, 후각까지 포함된 다양한 감각을 통한 지각화의 결과라고 말하고 있다. 깁슨(Gibson)은 인간의 인지 활동의 능동성을 강조하여 시각, 청각, 촉각이라는 표현 대신 인간이 보고, 듣고, 느낀다는 방식으로 감각을 표현해야 함을 강조하고, 나아가 능동적 탐구를 통해 획득되는 다양한 감각이 서로 보완적으로 상호작용함으로써 인지 활동이 가능해진다고 설명하였는데, 증강현실과 가상현실은 바로 이러한 다감각에 의존한 표현 방식을 통해 인간의 지각력을 높임으로써 정보에 대한 감각적 몰두(Sensory Immersion)를 가져온다고 설명하고 있다.

VR 예: 스파이더맨: 홈커밍(2017) VR 출처: Sony Pictures &CreateVR	AR 예: 아이나비 X3의 내비게이션 화면 출처: https://youtu.be/cNyReh1QvSs
MR 예: Hololens를 활용한 Ford 자동차 디자인	XR 이미지

[그림 1] VR/AR/MR/XR의 예

2) 가상/증강현실의 기술적 요소와 전망

가상, 증강현실을 구성하는 특징을 상호작용과 미디어의 풍요성으로 분류하기도 하지만 기술적 특징에 따라 분류할 수도 있다. 가상현실과 증강현실을 구현하는 핵심기술로는 가상현실의 경우 몰입기술, 실감 상호작용 기술, 가상현실 환경 생성 및 시뮬레이션기술을 들 수 있으며 증강현실의 경우 실제와 가상의 이미지와의 합성이 실제 공간에 정합되는 실시간 인터랙션이 가능한 기술, 센싱 및 트래킹기술, 영상 합성기술, 실시간 증강현실 상호작용 기술 등을 핵심기술로 꼽을 수 있다.

또한, 기술 발달로 인한 전망을 살펴보면 현실 세계를 바탕으로 향후 발전 가능한 서비스와 지원 가능한 내용 등을 예측해 볼 수 있다. 현실 세계의 인지에 대한 향후 전망이나 모델링 부분, 실감형 콘텐츠가 어떻게 발전할 수 있는지에 대한 부분, 정보 증강과 실감 인터렉션 등의 기술 수준과 향후 발전 가능성에 대한 부분에 대해 살펴보면 다음과 같다.

[표 1] VR/AR 핵심기술

기술명		주요 내용
가상현실	몰입 가시화	- 이용자에게 가상현실의 몰입 환경을 제공하는 기술 - HMD와 프로젝션 등 가시화 장치, 기술, 영상 가시화 SW
	실감 상호작용	- 이용자의 오감을 기반으로 가상현실 시스템과의 입출력에 해당하는 기술 - 모션 기반 시뮬레이터, 위치 추적, 촉각, 햅틱, 후각, 미각 관련 기술
	가상현실 환경 및 시뮬레이션	- 360도 파노라마 이미지나 복원을 기반으로 가상현실 환경을 생성하는 기술 - 가상현실 참여자를 위한 시나리오 기반 몰입 가시화 및 상호작용 환경 제공
증강현실	센싱 및 트래킹	- 증강을 위한 가상 물체를 실제 공간에 정밀하게 위치를 제공하는 기술 - 마커와 같이 미리 알고 있는 정보를 이용하는 방법과 비주얼처럼 새로운 공간에 대한 트래킹을 지원하는 기술 등 다양한 방법으로 개발
	영상 합성	- 가상의 물체를 실제 공간의 영상과 일치하게 표현하는 기술 - 증강현실 환경을 이용자에게 제공하는 장치기술과 실제 공간과 심리스(seamless)하게 영상을 합성하는 기술을 포함 실시간 증강현실
	상호작용	- 실제 공간에 합성된 가상의 물체를 증강현실 참여자가 실시간 상호작용을 통해 증강현실 공간을 체험할 수 있게 하는 기술

<출처> 디지털타임즈, "가상현실 증강현실을 만드는 대표 기술" 재구성

[표 2] VR/AR 주요 기술별 전망

기술명	기술 수준
현실세계 인지 및 모델링	- (현재) 별도 기기의 의도적 공간 센싱을 통한 부분적 현실 세계 인지 및 모델링 - (향후) 인체에 부착/이식 또는 착용 가능한 경박단소의 형태로 센싱 정보를 공유하며 실시간 현실 세계 인지 및 모델링
실감형 콘텐츠 및 정보 증강	- (현재) 청각/시각 속성 구현의 개선 및 일부 후각/촉각 구현의 개발 단계 - (향후) 오감을 통합적으로 모방하여 현실 수준의 사실성 높은 복제 및 모델링이 가능해지고, 고도의 인공지능을 활용하여 이용자의 반응에 적응적으로 대응하거나 감성적인 반응이 가능한 상호작용 운용
실감 인터렉션	- (현재) 이용자의 명시적 요구에 반응 - (향후) 이용자의 묵시적 의도와 환경의 상황을 파악하고 다감각을 통합적으로 활용하여 직관성이 높은 실감 상호작용을 지원
혼합현실 체험	- (현재) HMD와 같은 안경형 개인 장비를 이용한 개인 체험 위주 - (향후) 디지털 홀로그램 기술 등을 이용한 단체 체험 및 통신 네트워크 기술에 의한 원격 체험

<출처> 2016 기술영향평가보고서 –가상증강현실 기술, 한국과학기술기획평가원

3. 가상/증강/혼합(VR/AR/MR)현실 서비스와 기술의 발전

1) 가상현실/증강현실/혼합현실 서비스의 발전

인공지능(AI) 분야에서도 가상현실과 증강현실을 통한 응용이 확대되고 있다. 시각 인지 과정의 뇌 활동을 연구해 인공지능(AI) 기술에 활용하는 사례가 늘어나고 있으며 이들 데이터를 응용해 가상현실과 증강현실 분야에 반영되고 있다. 연구에 따르면 이용자가 세상과 소통하는 데는, 오감 중 시각이 가장 많은 정보를 제공하는데, 무려 83%에 달한다. 그다음으로 청각이 11% 정도며, 이외에는 후각이 3.5%, 촉각이 1.5%, 미각이 1% 등으로 알려져 있다. 이 밖에도 평형과 위치를 인지하는 전정기관에 의한 감각도 있다고 알려져 있다.

가상현실과 증강현실을 잘 반영하려면, 이러한 감각기관과 운동기관을 적절하게 다룰 수 있어야 하는데, 현재는 시청각 분야에 집중한 기술 개발이 가장 발달해 있다. 현재는 컴퓨터 그래픽을 통한 2차원적 영상을 통해 정보를 얻었으나, 앞으로는 우리가 생활하는 3차원 공간 속에 정보가 표시되고 입력되는 방식으로 발전할 것으로 예상된다. 3차원 공간을 촬영한 후 그 화면에 필요한 정보를 추가해 이용자에게 전송하고, 최종적으로 이용자의 시야 전체에 그 공간을 실제와 같이 표시하는 방식이다. 현재의 가상, 증강현실의 단계는 증강현실과 가상현실 분야의 광학기술, 디스플레이, 영상 처리, 3차원 공간 인식 등의 기술이 단계적으로 빠르게 성장하고 가상현실의 HMD 단말 형태로 발전하고 있다.

KT경제경영연구소에 따르면, VR과 AR에 이어 혼합현실(Mixed Reality)의 발전 전망으로 세계 MR 시장은 2015년 4,580억 원에서 2021년 1조 980억 원으로 약 두 배 이상 성장할 것으로 전망된다. 관련 업계의 동향을 보면 2017년 1월 27일, 마이크로소프트의 VR 플랫폼인 홀로그래픽을 혼합현실로 변경하면서 관심은 더욱 커졌다. 마이크로소프트는 게임바 기능 향상과 빔 스트리밍 등의 신규 기능 및 기능 개선이 적용된 윈도우 10의 '인사이더 프리뷰 빌드'를 공개하면서 혼합현실도 함께 발표했다. 이후 마이크로소프트는 VR 콘텐츠를 소개할 때 '윈도우 홀로그래픽(Window Holographic)' 대신 '윈도우 혼합현실(Window Mixed Reality)'이라는 용어를 사용했고, 홈페이지에서도 MR을 공식적으로 사용하기 시작했다. 또한, 마이크로소프트사의 MR을 구동할 수 있는 보급형 헤드셋인 에이서(Acer)의 사양이 공개되면서 MR에 대한 기대감은 커졌다. 인텔은 2016년 8월 자체 개발한 3D 센서 리얼센스 기반의 프로젝트 알로이(Project Alloy)를 공개함으로써 공개적으로 MR 시장 진출을 선언했다.

MR 시장은 시각 중심에서 인간의 오감을 통해 경험이 가능한 다중 감각 기술로의 발전이 전망되고 있다. MR 기술에 대한 기대와 전망 등이 속속히 발전해 가고 있는 가운데 MR 기술을 보유한 기업들은 주로 홀로그래픽을 UI(User Interface)로 채택하고 있다. 매직리프는 홀로그래픽 기술인 포토닉스 라이필드를 공개하기도 했는데, 이 기술은 단말기에 탑재된 소형 프로젝터가 투명한 렌즈에 빛을 비춰 망막에 닿는 빛의 방향을 조정해 컴퓨터가 만든 가상의 객체를 현실 세계의 물체처럼 구현하는 기술이다.

한편 마이크로소프트의 홀로렌즈는 PC나 모바일에 적용된 윈도우의 메트로 UI를 홀로그램으로 확장하는 데 집중하고 있다. 이러한 홀로그램 기반의 UI는 시선인식, 모션인식, 음성인식 등 이용자의 생체정보가 입력장치로 사용될 전망이다.

센서 측면에서 MR은 AR 등에 비해 수준 높은 기술 적용이 필요하다. 일반적으로 AR이 스마트폰의 GPS, 자이로 센서, 중력 센서 등을 활용하는 방향으로 기술이 발전하고 있다면, MR은 센서, 카메라, 마이크 등을 활용해 이용자의 시선, 움직임, 음성 등을 입력장치로 발전할 것으로 전망된다. 특히 마이크로소프트의 홀로렌즈에는 시선, 손동작, 음성 등을 지원하는 독자적인 인터랙션 기술이 적용돼 있다.

최근 서울대학교에서의 연구 결과에서 VR/AR 기반 서비스의 흐름을 보면 VR/AR 기반 콘텐츠, VR용 DIY 키트, 카드보드, 가상현실 게임, AR 기반 정보 제공 등의 기초적인 서비스에서 VR 기반 다면 영화, 실감형 교육 콘텐츠, 스마트폰 기반 VR 기기의 상용화, 360VR 방송 서비스 등의 발전을 거쳐 향후에는 오감 인터렉션 콘텐츠, VR 초경량 디바이스, 가상훈련 교육 시스템 등으로 발전 전망이며 정부 주도의 사업에서 민간 주도 융합 서비스로 발전될 전망을 하고 있다.

2) HMD의 기술적 변화와 분류

가상현실의 역사적 배경은 1962년도 미국의 모턴 헤이리그가 개발한 센서라마 시뮬레이터로 3차원 비디오와 모션, 컬러, 입체 음향, 향기, 바람 효과, 진동 의자로 구성되어 실제 오토바이를 타고 달리는 경험이나 운전자가 의자를 통해 길의 울퉁불퉁함의 진동을 느낄 수 있으며 속도에 따라 바람을 느끼고 길가의 음식 냄새까지 맡을 수 있는 시뮬레이션을 시초로 볼 수 있다. 이러한 연구를 기반으로 하여 HMD(Head Mounted Display)의 가능성이 발견되었다. 최초의 HMD 개발자인 이반 서더랜드의 연구로 두 개의 출력장치(CRT)를 이용한 이용자 인터페이스를 개발하는 데 성공하였으며 이는 오늘날 HMD의 기초가 되었다. 1980년대에 는 미국항공우주국(NASA)에서 우주비행사의 교육을 위해 시각적 가상환경 디스플레이 VIVED(Virtual Visual Environment Display)를 개발 하였으며, 이는 LCD 기반 HMD로써 나중에 VIEW(Virtual Interface Environment Workstation)로 발전하게 되었다. 이밖에도 2000년대에 는 다양한 형태의 디스플레이들이 개발되었으며 보다 소형화되고 영상의 반응 속도가 개선된 모니터를 대상으로 발전해오고 있다.

초기 가상현실 시스템의 상용화에서는 컴퓨터 인터페이스 장치의 성능 저하와 초기 상업용 디스플레이로 1980년에 소개된 Eye Phones이었다. 이것은 최초의 상업적 HMD라는 측면에서는 의의를 가지지만, 너무 낮은 해상도(360*240 픽셀) 때문에 가상의 장면들이 흐릿하게 나오는 점, 비싼 가격과 무거운 무게의 문제점 때문에 상업적으로 성공하지는 못하였다.

HMD라 하는 장비들은 자체적으로 디스플레이가 내장된 것만을 이야기하며, 구글 카드보드나 기어 VR과 같은 장비는 모바일 VR 헤드셋, 혹은 스마트폰 VR 헤드셋으로 분류된다. HMD의 경우 동작 범위에 따라 다시 Seated VR과 Room-scale VR로 구분한다.

스마트폰 열풍과 기술 발전으로 소형 고해상도 디스플레이가 급속히 성장하면서 2014년 이후에 들어서는 색 재현력이 높은 AMOLED를 사용한 제품도 속속 등장하였다. LCD로는 한계가 있는 명암 표현력도 크게 상승하였으며 렌즈의 광학기술도 점점 진보하여 2016년 이후에 나오는 HMD는 해상도가 크게 개선되어 1인칭 시점에서 느끼는 시야각의 발전과 멀리 떨어진 영화관 화면을 보는 느낌이 되어 눈의 피로도가 줄게 되었다.

AR 서비스를 위한 HMD에는, 비디오-시스루(Video See-Through) 방식과 광학식-시스루(Optical See-Through) 방식이 있다. 비디오-시스루 AR HMD는 VR HMD와 비슷하나, 실제 환경의 영상을 카메라를 통해 촬영하고 가상 이미지를 겹치는 방식으로 AR 콘텐츠를 구현하는 점이 다르다. 광학식-시스루(Optical See-Through) HMD 방식은 촬영된 카메라 영상을 이용하는 비디오-시스루 방식의 AR HMD와는 달리, 이용자의 눈으로 외부의 환경을 직접 인지함과 동시에 눈앞의 렌즈에 투사된 가상 이미지를 겹쳐 볼 수 있다. 2015년에 마이크로소프트의 홀로렌즈가 출시된 이후에 다양한 광학식-시스루 AR HMD들이 등장하고 있으며, 최근 매직리프(Magic Leap)에서는 '매직 리프 원(Magic Leap One)'이라는 제품을 발표하기도 하였다. '매직 리프 원'은 라이트웨어, 라이트팩, 무선 컨트롤러로 구성되어 있다. 라이트웨어는 두꺼운 고글과 같은 형태로 머리를 감싸는 모양이며, 다양한 센서가 앞면에 배치되어 있다. 라이트팩은 배터리와 컴퓨팅 팩으로 이루어져 전력 공급과 컴퓨팅 작업을 처리하는 기능을 수행하며 라이트웨어에 선으로 연결되어 있다. 무선 컨트롤러는 무선으로 연결하여 라이트웨어를 자유롭게 이용할 수 있도록 제작되었다.

HMD 방식 이외의 프로젝션(projection) 기반 디스플레이 방식은, 평면뿐 아니라 반구형 곡면, 큐브형 공간 등을 대상으로 공간 몰입형 가상현실 애플리케이션을 구현하거나, 벽이나 실제 물체의 표면에 빛을 투사하여 이미지를 보여주는 증강현실 애플리케이션을 구현할 때에 적용될 수 있다. 프로젝션 방식으로 구현하면 가상·증강현실용 HMD 방식과 달리, 개인용 디스플레이를 가지고 있지 않더라도 여러 사람이 함께 애플리케이션이나 콘텐츠를 즐길 수 있다.

[그림 2] HMD의 종류

 Oculus Crescento Bay	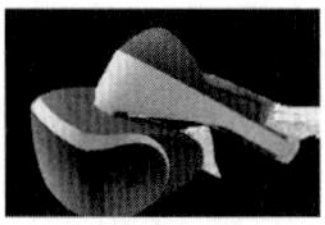 Sony Morpheus	 Google Cardboard	 Durovis Dive
 Valve/HTC Vive	 Fove VR	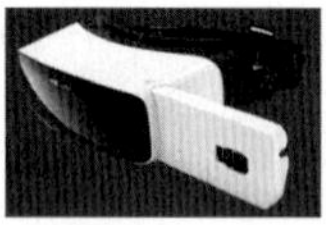 Zeiss VR ONE	 Samsung GearVR
 삼성 HMD	 VIVE Pro HMD	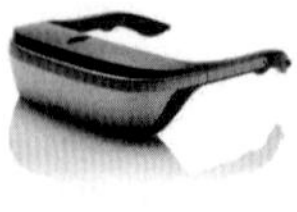 이머렉스VRG-9020 HMD	 HMD Oculus Go

[그림 3] AR 글래스의 종류

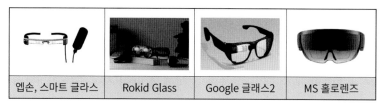

엡손, 스마트 글라스	Rokid Glass	Google 글래스2	MS 홀로렌즈

3) 주변기기의 종류와 기술 발전 동향

가상환경 구축에 필수적인 항목으로 이용자 상호작용을 지원하기 위한 인터페이스 기술의 뒷받침이 필요하다. 가상 공간상에서 이용자의 특정 위치에 맞추어 실시간 위치와 자세의 파악은 가상현실의 실감성과 몰입감의 증대에 크게 관여하기 때문이다. 대표적인 분야가 동작인식 기술이고 이는 센서기술, 인체 분석기술, 컴퓨터 그래픽스기술, 네트워크기술, 그리고 가상현실기술, 입체 영상기술, 모션센싱기술들로 구분된다.

가상현실의 동작인식에 관한 기술은 크게 접촉식과 비접촉식으로 구분할 수 있다. 접촉식 동작인식 기술은 이용자의 신체에 센서나 장치를 부착해서 정보를 획득하고 획득된 정보를 동작인식 콘텐츠에 활용하는 방법이다. 비접촉식 동작인식 기술은 주로 카메라를 이용해 이용자의 움직임 정보를 추적하여 정보를 인식하는 방법으로 이용자의 자유도가 높으며 움직임이 자연스러운 특징이 있다. 그러나 이용자의 행동 패턴과 이를 추적하는데에는 기술적인 어려움이 있다. 비착용형 또는 비접촉식의 경우, 두 손의 움직임을 추적하기 위해서 깊이 카메라(Depth Camera)

를 활용하는 방식이 주를 이루고 있으며, 깊이 값을 얻기 위한 방법으로 크게 스테레오 카메라 방식, 패턴 투사 방식 또는 펄스를 쏘고 반사파가 들어오는 시간 차이를 측정해서 거리를 구하는 방식으로 레이더나 초음파 센서에서 많이 사용하는 TOF(Time of Flight) 방식이 있다.

TOF 기반 Depth 카메라는 빛의 펄스를 생성하기 힘들고 고속 특성 때문에 반사파의 위상 차이를 센서에서 파악하는 방식으로 Depth를 구하는 방식이 많이 사용된다. 대표적으로는 립 모션 (Leap motion)에서는 스테레오 카메라를 활용하여, 깊이 맵을 얻어낸 후, 각 손가락 관절의 움직임을 추정하는 방식으로 특별한 장치의 착용 없이 자연스러운 손가락 제어가 가능하다. 비착용형 제스처 인식은 이용자에게 자연스러운 상호작용을 제공하는 장점이 있지만, 가상 공간에 존재하는 객체와의 상호작용으로 얻는 질감이나 진동 등을 느끼지 못하는 단점이 있다.

가상현실에서 공간 이동을 위해서는 내비게이션 제어장치도 필요하다. HMD를 착용하고 이동 시 앞이 보이지 않기 때문에 충돌 등의 위험이 존재한다. 이러한 위험 요소도 제거하면서, 가상 공간에서 이동 제어를 할 수 있는 장치들도 개발되고 있다. 대표적인 기술로 Vituix Omni, Cyberith Virtualizer와 Infinadeck Treadmill 등이 있다.

VR 기반 실감형 콘텐츠의 가장 중요한 인터페이스 요소가 바로 동작인식과 이를 통한 실시간 추적과 즉각적인 반응이다. 인체의 움직임과 관련된 특정 부위의 센서나 카메라를 통해 인식하는 속도의 감소를 통해 정확성과 반응 속도의 개선이 필요하다. 영상을 이용하여 동작인식을 구별하는 방법보다 동작인식 센서를 사용하여 동작인식 게임이나 실감 콘텐츠를 제작할 경우 센서를 정확성이 향상되겠지만 동작 표현에 자연스러움에 방해가 되지 않도록 해야 한다. 따라서 센서 크기의 소형화와 경량화, 그리고 자체 네트워크 통신이 가능한 센서들이 개발될 것으로 기대된다.

[그림 4] 가상현실 체험의 보조기구

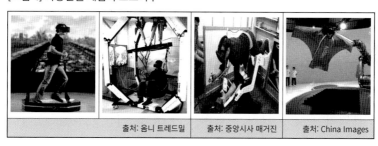

| | 출처: 옴니 트레드밀 | 출처: 중앙시사 매거진 | 출처: China Images |

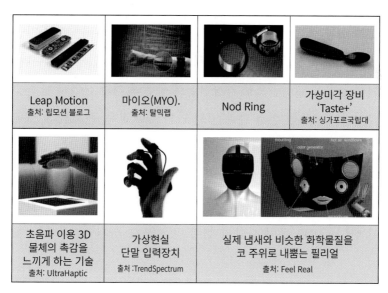

| Leap Motion
출처: 립모션 블로그 | 마이오(MYO).
출처: 탈믹랩 | Nod Ring | 가상미각 장비
'Taste+'
출처: 싱가포르국립대 |
| 초음파 이용 3D
물체의 촉감을
느끼게 하는 기술
출처: UltraHaptic | 가상현실
단말 입력장치
출처 :TrendSpectrum | 실제 냄새와 비슷한 화학물질을
코 주위로 내뿜는 필리얼
출처: Feel Real | |

4) 5G 서비스와 VR/AR 서비스의 연계

5세대 이동통신인 5G 네트워크는 4세대 이동통신인 LTE에 비해 20배 빠른 데이터 전송 속도와 10분의 1에 불과한 초저 지연이 특징이다. 5G의 기술적 특징으로는 초고속으로 4G의 300Mbps에서 5G는 20Gbps로 속도가 빠르게 진화되고 있다. 응답 속도에서도 4G의 10ms에서 5G는 1ms로 연결성 측면에서도 1만 대에서 100만 대로 초연결성을 들 수 있다(1제곱킬로미터당 최대 동시 접속기기 숫자). 대용량 콘텐츠를 순식간에 내려받고 즉각적인 상호작용이 가능해지면서 기존 VR의 문제점이었던 버퍼링 및 화면 지연이 해결되었다. 실시간 상호작용이 가능해지면서 단순 시청 형태의 콘텐츠가 아닌 이용자의 여러 액션 반영이 가능한 '인터렉티브 VR 콘텐츠'가 활성화될 수 있게 됐다.

본격적인 5G 시대에 이르면, VR/AR 등 실감형(Immersive) 미디어는 빠르게 확산될 것으로 예상된다. 5G 시대에 가상현실이 진짜 현실과 같은 모습을 구현할 것이라 말하는 이유는, 초저지연성을 확보해 시간차 없는 네트워크를 구축할 수 있기 때문이다. 실제 공간을 실시간으로 가상현실로 구현해 기존 산업의 발전을 끌어낼 수 있다. 흔히 말하는 원격 의료와 교육, 콘서트나 스포츠 관람 등이 대표적이다.

VR 콘텐츠는 화면 이동 시 생성되는 잔상 현상인 모션블러(Motion Blur)를 방지하기 위해 많은 양의 데이터를 전송할 수 있어야 한다. AR과 같이 사람의 신경 반응을 요구하는 경우에는 초저지연성 확보가 필수다. 이용자와 상호작용하는 것을 고려하면, 네트워크 지연은 더욱 짧아야 한다. 신경 자극의 인체 내 최대 속도는 100m/s로 손에서 뇌까지 신호를 전하는데 소용되는 시간은 대략 10ms이다. 이용자의 움직임과 AR 화면 변화 사이에서 발생하는 지연 속도의 차이는 방향을 잃게 하거나 어지럼증과 같은 체감 저하로 이어지는 이유다. 업계에 따르면, 눈과 머리 움직임을 조정하는데 약 7ms가 소요된다. 즉, 5G의 초저지연성이 확보되어야만 VR/AR을 원활하게 즐길 수 있다.

저지연성을 이용한 AR의 사례를 들 수 있다. '태양의 서커스'는 마이크로소프트의 홀로렌즈를 이용한 증강현실로 무대 현장 공간을 읽어 들이고 그 안에 실제 크기로 가상의 무대 구조물들을 직접 배치하는 설계를 한다. 주변 환경에 따라 소재나 색 등을 미리 손볼 수도 있다. 특히 배우들의 연기도 미리 입력해 두었다가 가상의 무대 위에서 배우들이 연기하는 동선도 가상으로 확인할 수 있는 것이 눈길을 끈다. 무대의 실측이 중요하지만 공연 전체를 미리 확인하는 것만으로도 공간 활용과 안전 등을 두루 챙길 수 있다. 증강현실은 실제 공간을 직접 활용하기 때문에 네트워크 환경의 관리와 통제가 쉽지 않다. 증강현실도 VR 기반의 가상현실과 마찬가지로 데이터의 양과 현실 공간과 가상의 콘텐츠가 지연 없이 실시간으로 매끄럽게 연결돼야 한다. 데이터 처리량과 지연 없는 통신기술을 통한 콘텐츠가 필요한 시점이다.

5G 가입자 확대를 위해 콘텐츠 제작 스튜디오도 속속 개설 중

이다. LG유플러스는 2019년 'U+ AR스튜디오'의 문을 열었다. 4K 화질의 동시 촬영이 가능한 카메라 30대와 전용 서버 45대, 촬영용 특수 조명 등을 갖췄다. 360도 입체 촬영 제작기술을 보유한 미국의 '8i'와 제휴해 고품질 AR 콘텐츠 제작을 위한 전용 솔루션도 도입했다. 올 상반기에 '제2 스튜디오'를 추가 개설할 예정이다. SK텔레콤은 올해 3월 AR과 VR을 혼합한 복합현실(MR) 제작 시설인 '점프 스튜디오'를 연다. 마이크로소프트와의 국내 계약을 통해 'MR 캡처 스튜디오' 기술을 도입했다.

5G 기술을 응용한 AR·VR 콘텐츠로 체험 학습과 어학 교육을 들 수 있다. 실제 경험하기 어려운 우주나 바닷속을 가상 체험하면서 현장감·몰입감을 높여 학습 효과를 극대화하는 식이다. LG유플러스는 교육부와 협업해 AR/VR 기술로 견학·체험 학습을 하는 실감형 교육 모델을 만들었다. 교과서에 게재된 문화재나 지역 명소, 동·식물을 가상 체험할 수 있다. SK텔레콤은 인공지능(AI) 기반의 에듀테크 스타트업 마블러스와 VR을 이용한 어학 콘텐츠 '스피킷'을 내놨다. 전용 안경 등 HMD(head mounted display)를 착용하면 눈앞에 외국의 레스토랑, 공항, 회의실 등 가상 상황이 펼쳐진다. 가상현실 속 등장인물과 영어로 대화를 진행한다.

두 번째로 게임이나 스포츠·공연 관람 등 즐길 거리다. KT는 360도 3D-8K VR로 아이돌 공연 무대를 구현한 '가상형 실감 음악 VP 앨범'을 출시했다. 기존 VR 콘텐츠의 해상도보다 5배 높은 150만 픽셀의 초고화질 영상을 360도로 제공한다. 아이돌 멤버 한 명 한 명과 눈을 맞추거나 무대 반대편에서 퍼포먼스를 즐길 수도 있다. SK텔레콤은 2019년 10월부터 마이크로소프트의 클라우드 게임 '프로젝트 엑스클라우드'를 시범 서비스하고 있다. MS콘솔 '엑스박스'의 고화질·대용량 게임을 스마트폰에서 진행할 수 있다. 넥슨·픽셀리티게임스와 협업해 '크레이지월드 VR'이라는 'VR 게임'도 공동 개발했다. 한 공간에서 50명이 동시에 사격·양궁·테니스·볼링 등 4종의 미니 게임을 체험할 수 있다.

다음으로는 힐링·명상 등 정서적 영역이다. SK텔레콤은 용인 세브란스병원과 협업해 30~40대 직장인의 스트레스를 줄여주는 힐링 VR 영상 '마인드풀니스' 12편을 제작했다. HMD 기기를 쓰면 평화로운 자연 경관과 잔잔한 배경 음악이 나온다. 성우의 안내 멘트에 따라 명상에 들어갈 수 있다.

5G의 기술적 특징을 적용한 VR/AR/MR 분야에서의 콘텐츠는 기존의 콘텐츠보다 더욱 정교하고 이용자 반응이 좋게 될 것으로 기대되고 있다. VR을 통한 농업, 산업 현장 관리로 초연결성과 초저지연성을 활용하여 산업 공정을 모니터링할 뿐만 아니라 원격으로 제작 컨트롤이 가능해질 것으로 보인다. 드론과 VR을 통한 재난 현장 감시로 5G의 초연결성이 필요한 부분이다. 4G보다 월등히 넓은 커버리지를 통해 현재 부분적으로만 가능한 오지나 극단적인 환경에서의 현장을 모니터링하는 것이 가능하기 때문이다. VR을 통한 원격 진료로 의사가 인명 구조 헬리콥터 내부의 의료 설비를 통해서 응급처치로 초저지연성과 초연결

성을 이용한 콘텐츠로 새로운 의료 영역으로 기대가 되고 있다. 5G 초고해상도를 이용한 8K VR이나 360VR의 적용으로 현장성을 높이는 기술로 평가되고 있다.

이 밖에도 드론과 VR을 통한 정확한 일기예보 관측과 평창올림픽 때 시도되었던 VR을 통한 스포츠 중계도 기대가 되고 있다. 영화산업 쪽에서는 5G의 초고속, 초연결성을 이용해 HMD를 중앙에서 컨트롤하는 방식을 통해 2차원 영상의 패러다임이 VR 시네마 쪽으로 발전할 가능성이 커지고 있다.

4. 가상/증강/혼합(VR/AR/MR)현실의 전망과 국내외 동향

1) 가상현실/증강현실/혼합현실의 전망

북미 시장조사 업체인 슈퍼데이터의 조사에 의하면 2018년도 VR시장이 36억 달러(한화 약 4조), AR/MR 시장은 23억 달러(한화 약 2조 5700억)에 이르며 카메라와 캡처 장비 등이 약 7억 달러로 집계되었다.

미래 전망으로 오는 2022년에는 VR 산업이 163억 달러(한화 약 18조)에 달하고 AR 산업은 96억 달러(한화 약 10조 7천억), MR 산업은 82억 달러(한화 약 9조 2천억)정도로 성장할 것으로 예측하고 있다.

2022년에는 VR/AR/MR 시장이 4배 이상 성장하고 AR/MR 시장이 VR 시장을 넘어설 것으로 예측하고 있다.

초기의 VR과 AR 산업에서는 오큘러스(Oculus), 매직리프(Magic

Leap), 버툭스(Virtuix) 등 창의적인 아이디어나 선도적 기술력을 가진 해외 스타트업들이 주역이었다. 이후 점차 마이크로소프트와 애플, 페이스북 등 주요 ICT 기업들이 참여하면서 경쟁이 심화돼 가고 있다.

HTC(HTC vive pro), 오큘러스(Oculus Go, Oculus Quest), 마이크로소프트(Windows Mixed reality), 소니(Playstation VR) 등이 주도하고 있는 가상현실 및 HMD 산업은 향후 기술 성숙도에 따라 규모가 달라질 것으로 예측된다. 현재 가상현실산업이 HMD 등 하드웨어를 중심으로 성장하고 있지만, 가상현실 장비의 보급 이후에는 미디어 및 콘텐츠를 비롯한 플랫폼 등 소프트웨어 시장이 더 큰 비중을 차지할 것이며 게임, 하드웨어, 위치 기반 서비스 등과 같은 분야의 순으로 성장이 예상되고 있다. 증강현실의 경우, 모바일을 기반으로 한 산업이 중심을 이루고 있으나 점차 HMD, 스마트 글라스의 비중이 커질 것이다. 모바일 증강현실 분야는 애플(AR kit), 구글(AR Core), 페이스북(Camera Effects) 등과 같은 SW 플랫폼 기술 서비스로 인해 시장 규모 및 산업이 확대될 전망이다. HMD 및 스마트 글라스 분야에서는 매직리프(Magic Leap One), 마이크로소프트(Hololens 3세대), ODG(R9) 등이 제품화되면 2020년부터는 크게 성장할 것으로 전망된다. 증강현실 활용에 있어서는 전자상거래, 하드웨어, 광고 분야 순으로 확대될 것으로 전망된다.

2) 가상현실과 증강현실의 국내외 동향

미국은 2000년대 중반부터 VR과 AR을 10대 미래 핵심 전략 기술 중 하나로 지정해 투자하고 있다. 지난 2014년에는 국가 주도 R&D(연구개발) 프로그램에 VR/AR R&D를 포함했으며 이를 통해 향후 10년간 약 50조 원을 지원하기로 했다. 미 국방부는 STE 프로그램을 통해 오는 2022년까지 군사용 가상훈련 시스템에 110억 달러를 투자할 예정이다.

유럽 또한 '범유럽 7차 종합 계획'을 수립하고 미래 R&D 프로젝트를 통한 실감 미디어기술 개발에 주력하고 있다. EU 주요국을 중심으로 ESPRIT(European Strategic Program on Research in Information Technology)와 같은 대형 연구개발 사업에 가상현실과 관련된 연구를 포함하고 있다.

ICT(정보통신기술) 강국으로 떠오르고 있는 중국은 시진핑 정부의 '인터넷 플러스' 정책에 따라 기존 산업과 VR을 융합시키겠다는 입장이다. 중국 공업 신식화부는 지난 2016년 4월 VR 산업 발전 로드맵과 함께 '가상현실 산업 발전 백서 5.0'을 발표하고 콘텐츠 제작과 유통, 인력 양성 등을 위한 산업단지 조성을 추진하고 있다. 산업 기술 체계 중점 구축 분야로 가상현실(VR) 및 증강현실을 포함한 정책을 기반으로 하고 있으며 2017년 초에는 "모바일 인터넷의 건전한 발전 촉진 관련 의견"을 통해 가상현실, 인공지능, 증강현실 등 핵심기술 분야의 발전을 가속화하고 있다.

국내의 경우 과학기술정보통신부의 '가상현실 플래그십 프로젝트', 산업통상자원부의 '가상훈련 시스템 개발' 등이 추진됐다. 또한, '13대 혁신 성장 동력 추진계획'에서 VR과 AR 기술을 융합 서비스 유형으로 선정하고 오는 2022년까지 연 매출 100억 원 이상의 글로벌 강소기업 100개 이상을 육성한다는 정책을 발표했다.

국내의 경우에도 차세대 산업으로 여겨져 대기업 및 스타트업 중심으로 다양한 시도를 하고 있다. SK텔레콤은 2017년 MWC(Mobile World Congress)에서 AR을 활용한 텔레프레즌스(Tele-presence) 서비스를 선보였다. 이 서비스는 원격지의 회의 참가자들이 실제 같은 방에 있는 것처럼 느낄 수 있는 AR 기반 홀로그래픽 통화 솔루션으로 원격 의료 및 원격 회의 등의 원천기술이 될 수 있다.

삼성전자는 마이크로소프트와 협업해 MR HMD인 넓은 시야각을 통한 360° 영상 콘텐츠를 즐길 수 있는 '삼성 HMD 오디세이(Samsung HMD Odysey)'를 발표했다.

VR과 AR의 산업적 전망을 보면 한국 VR산업협회, 소프트웨어정책연구소는 국내 VR 시장 규모가 2018년 약 2.8조 원이며, 2020년에는 5.7조 원을 돌파하고, 2025년 약 13조 원이 될 것으로 전망했다.

소프트웨어정책연구소, 한국산업기술진흥원, 소프트웨어정책연구소에 따르면 2016년부터 2025년까지 가상현실 SW 부문 일자리 약 5만 6,000여 개 창출(연평균 28.6% 증가)되고, 10년 뒤 인력 수요가 가장 많이 늘어날 산업은 VR·AR(연평균 32.2%) 분야다.

2018~2022년의 기간 동안 VR/AR 분야 SW 인력 수급 격차는 총 1만 8,727명이 부족할 것으로 예상하고 있다.

VR과 AR 콘텐츠의 영역은 게임뿐 아니라 테마파크, 스포츠, 미디어 영상, 교육, 건설, 부동산, e-커머스, 헬스케어 등으로 다양한 영역에서 활용될 수 있다. 하지만 국내 가상현실 영상 콘텐츠 제작 업체는 약 200여 곳으로 추산되며 아직 초기 시장 상황과 전문 인력도 부족한 상황이다. 특히 4차 산업혁명을 이끌 기반 기술인 '가상/증강현실(VR/AR)' 기술은 고용량 콘텐츠 송수신이 가능한 5G 네트워크 기술 도입으로 향후 스마트폰에 버금가는 파급력을 보일 것으로 예상된다.

5. 가상/증강(VR/AR)현실의 적용과 응용

1) 다양한 가상/증강현실의 적용 사례

가상현실의 기술과 응용력은 게임과 미디어 콘텐츠 산업에 활용되고 있으나 점차 의료, 쇼핑, 부동산, 여행 등 다양한 산업에 VR과의 융합으로 차별화된 시장 개척과 서비스가 가능해지고 있다. 기술의 발전과 더불어 창의적이고 완성도 높은 콘텐츠가 가상현실의 적용과 확산에 중요한 역할을 할 것으로 기대되고 있다.

게임은 4차 산업혁명의 핵심으로 선도적 역량 갖춘 유일한 장르로 평가되고 있다. 5G 통신을 기반으로 스마트폰 등의 AI 기술이 고도화되고 증강현실(AR) 도입 역시 가속화되고 있다.

2019년도 슈퍼데이터에 따르면 2018년도 VR/AR/MR 소프트웨어의 매출의 68%가 게임에서 나왔으며, 43%가 VR 소프트웨어로 VR 시장의 핵심이라고 할 수 있다.

예를 들어 포켓몬 고가 보여준 사례는 새로운 기술을 게임에 적절히 접목하였을 때 하룻밤 사이에 화제가 될 수 있다는 것을 입증하고 있다. 이용자의 경험 측면에서는 실제 장소와 연계된 경험, 다른 이용자들과 물리적 공간에서 공유하는 경험, 그리고 콘텐츠 자체가 제공하는 경험의 측면에서 특수성을 갖고 있다. 이것이 해당 게임이 인기를 얻게 된 주요한 요소 중 하나이다.

가상현실 기기를 통해 놀이기구의 몰입감을 높이거나 혹은 가상현실을 기반으로 한 새로운 형태의 테마파크 서비스도 가능하다. 호주에서는 가상현실 게임을 즐길 수 있는 가상현실 센터 'Zero Latency'가 개관했다. 영국 알톤 타워 리조트(Alton Tower Resort)에서는 2016년 3월 VR 롤러코스터 'Galactia'를 개장했고 독일 놀이공원 유로 파크는 기존의 열차형 놀이기구 'L'Express des Alps'에 가상현실 콘텐트를 결합해 승객들에게 용을 타고 날아다니는 가상현실 서비스를 제공한다. 미국 텍사스에 있는 테마파크 'Six Flags'는 VR 롤러코스터 'The New Revolution'을 통해 360도 영상을 제공한다. 유타주 솔트그레이트 시티의 VR 테마파크 'Virtual Entertainment Center(VEC)'는 18×18m의 공간에 실제 벽과 장애물, 바람과 물방울 분사 장치 등을 갖추고 가상현실 게임을 즐길 수 있는 아케이드 게임장이 있다.

국내에서도 롯데월드 어드벤처에서 2016년 8월 HMD 기술을 접목한 'VR 롤러코스터'를 선보였다. 같은 해 에버랜드에서도 'VR 어드벤처'를 통해 롤러코스터 'T 익스프레스'와 공포 영상 '호러메이즈'를 체험할 수 있게 되었다. 이밖에도 크고 작은 체험형 가상현실 테마파크 서비스가 진행 중이다.

서비스 분야에서는 브랜드와 상품에 대해 가상현실을 직접 체험하듯이 영상을 360도로 조종하며 감상할 수 있도록 제작되고 있다. 현대자동차 '아이오닉'의 360도 VR 동영상이 초기 대표적인 사례로 실제 차량을 보는 듯한 느낌을 받아 광고 효과를 극대화했다. 가상현실을 통해 쇼핑 경험이 소비자에게 맞춰지고, 자신의 몸을 스캔하면 옷을 직접 입은 것처럼 미리 보기가 가능한 가상현실 체험으로 소비자에게 제공되는 인터랙션을 통해 고객 만족도와 구매 증가 효과를 얻을 수 있다. 기업들은 가상현실을 새로운 마케팅 수단으로 고객의 쇼핑 경험을 극대화시켜 주고 편의성을 증대시키는데 사용하고 있다. 가구업체 이케아도 2016년 5월 가상현실 쇼핑 앱 'IKEA VR Experience'를 공개했으며 현대백화점도 같은 해 온라인몰 '더현대닷컴' 내에 'VR 스토어'를 개설해 백화점을 방문하지 않고도 오프라인 매장에 있는 듯한 현실감을 느낄 수 있게 했다.

여행 분야에서도 가상현실은 전 세계 어디든지 가이드와 함께 여행할 수 있게 해준다. 전 세계 여행 명소의 실제적 프레젠테이션을 제공하는 토마스쿡(Thomas Cook)은 삼성 '기어 VR'과의 협업으로 파트너십 체결 3개월 만에 12,000파운드를 벌어 40%의 투자수익률을 기록하기도 하였다. 가상의 우주 공간을 여행하는 '타이탄즈 오브 스페이스(Titans of Space)', 뉴욕 내 1,000여 개 대학 캠퍼스를 둘러볼 수 있는 '유비짓(YouVisit) 오브 뉴욕' 등 가상 공간을 활용한 여행 앱들이 출시되었다.

의료 분야에서도 위험도가 높은 수술을 3D로 구현된 시뮬레이션을 통해 외과 수술의 교육과 훈련에 활용되고 있다. 실제로 365mc 병원은 국내 최초로 VR을 이용한 수술 교육 및 연구개발 시스템을 도입하고 시범 운영에 들어갔다. 메디컬 리얼리스트 (Medical Realities)는 VR 영상을 이용해 수술 장면을 360도 VR로 중계하기도 하였다. 미국에서는 알코올 중독 환자에게 가상현실 시스템을 치료에 활용해 의료 VR 비디오 게임을 활용한 주의 분산 치료(Distraction Therapy)의 효과가 입증되었으며 항암제 치료 전 VR을 통해 항암 치료의 경험, 뇌졸중 환자의 VR 기반 로봇의 재활 치료, 알츠하이머병과 주의력 결핍 과잉 행동장애(ADHD) 관리에도 활용하고 있다.

교육 분야에서도 공간의 한계를 뛰어넘는 교육이 가능하며, 역사 문화 탐방이나 지리 교육에서 가상현실 기술이 활용될 수 있다. 구글 익스피디션스(Google Expeditions)는 2015년 9월 시작됐는데 학교들과 계약을 통해 Closed Veta 방식으로 50만 명 정도의 미국 내 학생들이 구글의 VR 교육 콘텐츠를 이용하고 있다. 최근에는 국내외적으로 VR을 이용한 교육 프로그램은 매우 빠른 속도로 발전하고 있다.

군사 부분에서도 훈련용 시뮬레이터 개발에 활용되어 왔으며 군사 시뮬레이션은 현실과 유사한 훈련이 가능해 다양한 교육 및 훈련 용도로 VR 기술의 적용이 증가하고 있다. 현재는 파일 럿 육성 및 특수한 분야에서만 주로 사용되나, VR 기술의 발달로 현재 활성화되어 있는 분야에서 보다 고도화된 시뮬레이션이 가능해지고 있다.

미디어와 언론 분야에서도 스토리를 전달할 수 있는 새로운 도구로 VR을 콘텐츠로 활용하고 있다. 프랑스 일간지 르몽드(Le Monde)는 파리 테러 묵념 현장을 360도로 촬영해 VR 전용 영상으로 배포하였으며, BBC에서는 가상의 동물을 만나는 경험을 인터랙티브 VR 애니매이션으로 제작한 바 있다. 또 아프리카 난민 캠프의 모습을 VR로 간접 체험할 수 있게 하였다. 2016년 6월 비엔나에서 개최된 'Global Editors Network'에서는 여러 단체가 제작한 VR 콘텐츠들이 소개되었다. Smart News Agency 통신사가 제작한 'Nobel's Nightmare'는 HMD를 통해 시리아 인명 구조단 'Syrian Helmets'의 활동을 담았다. 이후에도 다양한 시도가 있었으며 최근에는 스포츠 중계에도 360 VR을 이용한 다양한 시도가 진행 중이다.

산업 측면에서의 가상현실 이용은 디자인, 안전, 구매의 프로세스를 바꿨다. 디자이너들과 엔지니어들은 VR을 통해 자동차의 디자인과 성능에 테스트에 소요되는 시간과 노력을 줄이는 게 가능해졌다. 포드, 볼보, 현대자동차 등 업체들은 프로세스 구축뿐 아니라 판매에도 VR을 활용하고 있다. 자동차 전 제품군이 다양한 기능 시험부터 테스트 드라이브까지 VR을 적용할 수 있게 되었다. 렉서스는 2014년 10월 신형 Lexus RC F에 오큘러스리프트를 이용해 이용자 체험이 가능한 운전 시뮬레이터를 공개했다.

제조업에서도 VR 기술을 활용해 공정, 조립 과정 등을 계획하고 시험하여 효율적인 공정을 설계할 수 있다. 가상 공정 계획은 여러 관계자들에게 미리 조립 과정을 살펴보면 여러 분야의 관계자들이 모여 생산성, 스케줄링 등의 요소들을 분석하고 부적절한 부분에 대해 수정을 할 수 있다. 또한, 복잡한 제조 공정에 바로 투입하기 전에 새로운 업무에 익숙해질 수 있도록 가상 환경에서 업무를 시뮬레이션할 수 있다. 삼성전자 생활가전사업부는 2016년 3월부터 VR 기기를 이용한 신입사원 조립 공정 실습을 진행하고 있다.

부동산 분야는 건물이 완성되기 전에 가상 공간으로 들여다보거나 부동산 중개업소에서 건물을 전부 360도 카메라로 찍어 좋은 시설과 구조를 광고할 수 있다. 프랑스 부동산 기업 Explorimmo는 오큘러스 리프트나 카드보드를 통해 건축 중인 주택의 가상 방문을 구현하는 프로그램을 시연했다. 일본의 부동산/주택 정보 사업자 '홈즈는 오큘러스 리프트를 이용해 부동산 확인이 가능한 애플리케이션 '룸 VR'을 출시하였다. 건축가들은 조명, 재질, 배치 같은 건물 측면 모두를 시험해볼 수 있고, 고객들은 가상 투어를 통해 시간과 비용을 절약하고 다양한 선택이 가능해지고 있다.

V-스포츠는 VR과 AR까지 포함된 보다 넓은 의미의 비디오 기술을 기반으로 하는 새로운 스포츠라는 의미를 포함하며 최근 드론을 이용한 레이싱 경기가 활발히 진행되고 있다.

영화 분야에서도 영화와 VR의 결합 사례가 다수 발표되고 있으며 기술과 영화 스토리, 그리고 내러티브의 구성에 대한 실험적 다양한 실험이 전개되고 있다. 이미 애니메이션을 비롯하여 360도 영화나 다큐멘터리, 인터랙티브형 콘텐츠까지 적용 범위가 점차 확장되는 분위기다. 세계 최초의 VR 360 영화인 7 Miracles은 신약성서 중 요한복음에 기록된 예수의 7가지 기적을 다룬 영화로 2018년 10월 유럽의 독립영화 축제 'Rain dance Film Festival'에 출품되어 VR 영화 부문의 'Spirit of Rain dance' 상을 수상하였다. 캐나다 벤쿠버에서 개최된 컴퓨터 그래픽 컨퍼런스 'SIGGRAPH 2018'을 통해 Disney가 최초의 VR 단편 애니메이션 〈Cycles〉을 처음 공개했다. 이밖에도 블랙홀의 중심을 여행하며 우주를 체험하는 경험을 다룬 〈Spheres: Songs of Spacetime〉은 VR 영화로 높은 판매가 화제가 되었다.

VR 영화 시장은 HMD의 기술 발전으로 인해 고품질 콘텐츠의 등장과 영화적 상상력을 VR을 통해 색다르게 모색해 볼 수 있다는 점이 큰 매력으로 다가가고 있다.

[그림 6] VR 영화 사례

Vive Studios의 <7 Miracles>의 한 장편	Disney <Cycles>의 주요 장면
<Spheres: Songs of Spacetime>의 주요 장면	<Crow: The Legend>의 주요 장면

　VR/AR이 가지는 기술을 응용한 산업의 장르를 보면 게임, 교육, 의료, 영상, 방송·광고, 제조·산업 등 산업 전반에 걸쳐 분포하고 있다. 이를 분류하여 요약하면 다음 표와 같이 구분할 수 있다.

[표 3] AR/VR 적용 산업 분야

산업	활용 예시
게임	- 게임: PC/콘솔, 컴퓨터 게임, 모바일 게임 등 - 테마파크: 롤러코스터, 4D 시뮬레이터 등
교육	- 이러닝: 팝업북 등 교육 콘텐츠 - 훈련: 군사작전 훈련, 직업훈련 트레이닝 등
의료	- 외과학 분야: 수술 교육용, 고난이도 수술 훈련용 등 - 정신신경과학 분야: 가상 시뮬레이션 정신행동 치료 - 영상진단학 분야: 3D 가상 대장내시경 등 CG 활용 - 재활의학 분야: 재활치료용 시뮬레이션 훈련 - 헬스케어 분야: 원격의료, 원격 피트니스 등 - 기타 분야: MRI, CT 등 센서를 통한 환자정보 3D 구현
영상	- 영화: 기술영화(Tech-Film) - 내비게이션: 3차원 가상 경로, 실사 영상기반 실감 내비게이션 - 드론: 1인칭 시점(FPV) 영상, e-스포츠 등 - 부동산: 가상 모델하우스, 부동산 영상 등
방송 · 광고	- 방송: 가상 스튜디오, 드라마 등 VR 콘텐츠 제작, 스포츠 중계, 콘서트 실황 공연 등 - 광고: 가상 광고 시스템, 전시관 가상 체험 등
제조 · 산업	- 자동차: 가상 테스트, 디자인 및 설계, 자율주행 체험 등 - 항공: 배선 조립 및 도색 공정 가상 훈련, 기내 서비스 제공 등 - 기타: 복잡한 기계 조립, 유지보수(A/S) 정도 획득

<출처> 중소기업 기술로드맵 2018-2020 – AR/VR, 2017.

2) 방송 콘텐츠와 VR/AR의 적용

최근의 기술 주도형 미디어 환경 변화에 에서 이용자의 경험 과 서비스를 향상시킬 수 있는 몰입 경험(Immersive Experience) 서비스를 VR과 AR을 이용한 스포츠 중계에 많이 접목하고 있다.

BBC는 2018년 러시아월드컵 기간 33개 경기를 VR 앱으로 중계했다. VR로 구현된 가상 공간에서 실제 경기를 시청한다는 콘셉트로, 경기 시청과 함께 관련 데이터를 확인할 수 있는 기능을 제공했다. 반면 Fox Sports는 Livelike라는 스타트업에서 제작한 'Fox Sports VR'을 통해 가상 공간에서 아바타를 통해 '친구들과 함께 응원'할 수 있는 소통이 가능한 시스템을 서비스하였다. Fox Sports VR은 일방향적인 중계 화면과 달리, 카메라 앵글을 바꿔가며 시청자가 원하는 구도로 볼 수 있게 만든 점도 장점으로 구현하였다.

미국 프로농구팀인 LA 클리퍼스(LA Clippers)는 AI 스타트업인 세컨드 스펙트럼(Second Spectrum)과 제휴해 '코트 비전(CourtVision)' 앱을 통해 선수나 공의 움직임 등을 식별해 마치 만화 같은 애니메이션 특수 효과를 AR로 구현해 낸 것이 특징이다. 앱에서 제공하는 3개 모드를 통해 선수 이름은 물론 실시간 통계(패스, 리바운드, 슛 성공률), 이동 경로를 다양하게 살펴볼 수 있다.

국내에서도 스포츠 중계에 AR 기술을 접목시킨 사례로 LG U+가 시범 서비스했던 'AR 입체 중계 서비스로 프로야구 생중계를 시청할 때 투구·타루·수비·궤적 등의 데이터 그래픽을 AR로 함께 제공하였다. 스마트폰은 물론 U+ TV 앱을 통하면 TV로도 시청할 수 있는 서비스를 구현하였다.

국내에서는 평창올림픽 당시 VR·AR 서비스는 각종 경기장을 단순히 360도 카메라로 이미 촬영해 둔 영상을 VR 기기를 통해 시청하거나, 의자나 기구를 이용해 4D 체험과 같은 간접 체험 형식에 그쳤다. 해외 방송사에서 완전한 가상 공간을 구현하고(VR), 경기 중에 움직이는 객체를 인지해 실시간으로 효과를 덧씌운다는 AR과는 많은 차이가 있다. 현재 상황에서는 VR보다는 실제 중계 화면에 다양한 데이터·효과를 증강시키는 AR 기술 기반의 스포츠 중계 서비스가 유리하다는 의견들이 무게감을 가지고 있다. VR에 비해 기술 장벽이 낮고 구글과 페이스북이 AR에 집중하는 것도 비슷한 이유로 설명된다.

방송사의 가상현실 서비스 내용을 살펴보면 KBS 한국방송의 경우, 2002년 생로병사의 비밀을 필두로 과학카페, TV 유치원 '파니파니', 날씨, 각종 선거 방송 등에 활용하였다. 초기 파일럿 형태의 단순한 프로그램으로 출발하였지만, 최근에는 VR/AR 적용하는 카메라 대수의 증가와 다양한 실험적 프로그램을 선보이고 있다.

MBC 문화방송의 경우, 광복 70주년 신바람 페스티벌 불꽃축제, 잠실 롯데 월드타워 VR 영상 제작, 예능 프로그램 무한도전, 골프대회 등 사내 프로그램을 활용한 VR 영상 제작과 스튜디오 프로그램에서의 VR/AR 기법 활용한 복면가왕, 쇼 음악중심, 날씨, 선거방송 등에서 활용하였다.

SBS 서울방송의 경우, 제15대 국회의원 선거에서 VR 장비 국내 방송사 최초 도입 운용하였고, 이후 날씨, 금요터치, 접속 무비월드, 뉴스인 뉴스, 선거 방송 등에 활용 중이다.

[그림 7] AR을 이용한 국내외 방송 제작 사례

KBS 선거 개표방송의 AR 적용 사례	CourtVision 실행 화면
Fox Sports VR 실행 화면	LG U+ 시범 프로야구 생중계

6. 가상현실(VR)과 증강현실(AR) 서비스의 과제와 비전

플랫폼이 성공하기 위해서는 다양한 콘텐츠의 지속적 유통과 킬러 콘텐츠의 다양함이 반드시 필요하다. 콘텐츠의 다양화와 킬러 콘텐츠의 확대가 가장 절실한 과제이기도 하다. VR 생태계 (CPND: Contents Platform Network Device) 중 디바이스 대비 콘텐츠의 다양성의 부족은 이미 여러 분야에서 지적된 사항이다. 콘텐츠 개발을 게임에 치중하기보다는 가상, 증강현실 응용 시장을 온라인 쇼핑과 여행, 온라인 교육, 훈련용 가상환경, 원격 의료로 확대해 나가 발전할 필요도 있다. 또한, 포켓몬 고(Pokemon Go)의 열풍에서 보듯 대중화의 필수 조건은 킬러 콘텐츠의 개발이다. 단기간 성과에 집중하지 않고 중장기적인 발전 전략 수립이 필요하다. 정부에서 VR/AR/MR 콘텐츠 산업에 많은 관심을 가지고 다양한 방법으로 지원하고 있으나 현재는 대부분 단기적이고 개별적인 콘텐츠나 플랫폼 제작에만 집중되어 있다. 특히 게임이나 영상 산업에 집중하기보다는 산업계와 연계된 지속 가능한 장르를 개발하는 것도 필요하다. 콘텐츠 제작 업체의 다수가 중소 업체로 자금력이 부족하기 때문에 이에 대한 투자 지원을 할 수 있는 방안도 필요하다. 여기에는 제작 인력에 대한 문제도 부분도 고려해야 한다. 단기적 투자로는 고품질의 콘텐츠 양산을 기대하기 힘들다. 단기간의 성과를 위한 투자는 결국 콘텐츠의 품질 저하로 이어지게 된다. 이밖에도 휴먼팩터 문제나 정보 보안 지적재산권 등의 문제도 고려해야 할 중요한 사항이다.

가상현실은 3차원 그래픽과 3D 영상에 의존하여 이용자와 그래픽을 구성하고 있는 요소들과의 상호작용을 전제로 인간의 오감을 통해 감각적이고 비언어적인 경험으로 소통하고 있다. 미래에는 VR 프로그램이 인터넷이나 디지털 방송과 같이 가상 공간에서도 이용자들 간 상호작용의 공간으로 활용될 것으로 전망되고 있다. 가상현실에 대한 기존 연구에 따르면 VR 체험의 특징은 몰입(Immersion), 감정 이입(Empathy), 행위 주체성(Agency) 변형

(Transformation)이라고 할 수 있다. 몰입은 가상현실의 체험이 다른 콘텐츠의 체험과 구분되는 가장 강력한 핵심적인 특징이라고 할 수 있다. 안정적인 플랫폼의 정착과 킬러 콘텐츠를 통한 가상현실이 대중화되기 위한 과제로 관련 전문가들이 지적하는 내용을 분류하면 크게 기술적인 문제와 정책적인 문제 그리고 산업적 측면으로 구분할 수 있다.

기술적 측면에서는 HMD를 착용함으로 인한 멀미감의 해소와 VR 관련 기기의 저렴화, 소형화를 들 수 있다. 특히 멀미감의 해소나 최소화 문제의 해결책으로 제시되고 있는 기술로는 HMD 속에 별도로 눈의 위치를 추적하는 눈동자 추적 센서 등을 통해 사이버 멀미감을 줄이는 방법이나 망막에 직접 영상을 투사하는 방법 그리고 홀로그램을 이용한 방법 등 영상 시야각을 동적으로 제어하는 방법 등을 예로 들 수 있다.

정책적 측면에서 우리나라의 전통적인 게임 콘텐츠 강국이라는 경쟁력을 이용한 방법으로 3D 게임의 강점을 이용해 가상현실 콘텐츠의 기술적 기반을 활용하는 방법이다. 기존의 게임 기술에 가상현실 요소를 접목함으로써 새로운 형태의 콘텐츠를 통해 부가가치를 창출하고 이를 다양한 타 분야에 접목하는 것이 새로운 블루오션을 창출하는 기회일 수 있다. 게임을 포함한 다양한 가상현실 콘텐츠를 기획하고 제작하기 위해서는 이용자의 기본적인 니즈(Needs)를 이해하고 이를 바탕으로 기술적 해결책을 통한 전문 인력의 양성이 필요하다.

Digi-capital의 보고서에 언급되고 있는 VR/AR 확산을 위한 7

가지 Key Driver를 보면 향후 어떻게 기술 발전과 이용자 편의성 등, VR, AR, MR이 진화해 나가야 할 방향을 제시하고 있다.

이동성(Mobility)으로 AR의 경우 기존의 모바일기기와 경쟁을 위해 더욱 확실한 이동성 기능의 확보와 이를 위해서 디바이스 배터리 수명의 연장과 음성이나 데이터 서비스의 지속적인 사용의 필요성을 말하고 있다.

다음으로 고해상 디스플레이(Vision) 부분이다. AR과 VR의 고해상도 디스플레이의 필요성과 이러한 부분을 해결하기 위한 기술적인 노력이 필요하다. 몰입감(Immersive) 있는 영상을 통해 이용자를 에워싸는 듯한 경험을 위해 Position Tracking(Spatial & Rotational), Jitter, Object Stability, Audio Quality, Audio Tracking 기술 등의 중요 변수를 고려해야 한다. 또한, 편리성(Usability)을 들 수 있다. AR의 경우 스마트폰이나 타블렛 수준의 애플리케이션 성능과 Mixed Reality의 경우 AR에서 VR 모드로 스위칭하는 사용성 등의 유연성(Flexibility) 등이 요구된다. 미관을 해치지 않으면서도 착용감, 무게 측면을 고려한 제품의 착용감(Wearability) 있는 제품 개발의 필요성이 대두된다.

결국, 가장 중요한 것은 가격으로 Immersive VR의 경우 PC나 게임 콘솔과 같은 가격대에 돌입해야만 시장에 들어갈 수 있다. 차세대 수익원을 확보하는 차원에서 반드시 고려되어야 할 부분으로 경제성(Affordability) 부분이 지적되고 있다.

산업적 측면으로도 몇 년 전부터 가전사에서부터 중국의 신흥 가전사, 심지어 스타트업에서도 창의적이며 혁신적인 제품이 나오고 있다. 전문가들은 가상현실에 대한 관점이 제작자와 공급자 위주의 관점에서 탈피해 이용자의 의도와 수용 의지를 흡수해야 한다고 지적하고 있으며 국내 전문가들 또한 과거 3D 산업에 대한 경험을 타산지석으로 삼아야 한다고 지적하고 있다.

가상현실, 증강현실, 혼합현실 플랫폼의 대중화가 이제 본격적으로 태동기를 지나고 있다. 다양한 콘텐츠로 새로운 미래의 미디어로 거듭날 수 있는 필요충분조건을 모두 갖추고 있기 때문이다. 하드웨어의 발전과 더불어 콘텐츠의 질적 향상과 이를 뒷받침해 주는 생태계의 조화가 새로운 플랫폼으로의 안착에 성공적인 역할을 하는 것은 너무나도 당연한 일이다.

온라인 동영상 서비스(OTT)와 방송

박창묵 (KBS미디어 센터장)

CHAPTER 05 온라인 동영상 서비스(OTT)와 방송

1. 온라인 동영상 서비스(OTT)의 개념과 현황

1) OTT 서비스의 개념과 특징

OTT란 'Over The Top'의 줄임말이며, 여기서 'Top'이란 TV에 연결되는 셋톱박스(Set top box)를 의미한다. 초기에는 TV 셋톱박스와 같은 단말기를 통한 인터넷 기반의 동영상 서비스를 의미하였으나, 최근에는 셋톱박스의 유무를 떠나 PC, 스마트폰 등의 단말기뿐만 아니라 기존의 통신사나 방송사가 추가적으로 제공하는 인터넷 기반의 동영상 서비스를 모두 OTT의 범주에 포함한다. 단지 인터넷이라는 전달 수단을 이용한다는 것이 기존의 방송과 다를 뿐이다.

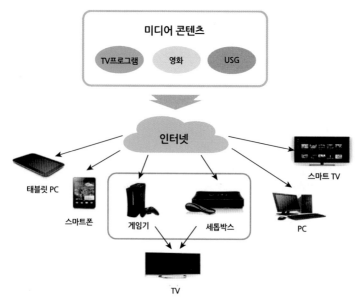

[그림 1] OTT 서비스 구현 과정 (출처: 한국인터넷진흥원)

위 그림과 같이 OTT 서비스의 가장 큰 특징은 인터넷(IP)망을 통해 동영상이 전송된다는 것이다. 시청기기가 주로 TV로 고정되어 있는 기존의 방송망과 달리, OTT는 인터넷 접속이 가능한 다양한 기기들을 서비스 이용에 활용할 수 있다. PC에서는 웹브라우저를 통해 서비스의 이용이 가능하고, 스마트TV, 스마트폰, 태블릿 등의 기기에서는 앱(App)을 다운받아 이용하게 된다. 지상파 방송의 경우 전송 수단으로 지상 전파, 즉 RF(Radio Frequency)를 이용하며 텔레비전이라는 고정된 기기로만 방송 시청이 가능하다. 케이블 방송은 동축 케이블, IPTV는 전용의 IP망을 전송 수단으로 사용하여 사업자가 제공하는 셋톱박스를 통해 TV로 콘텐츠 서비스를 제공하였다. 사용자 인터페이스, 즉 UI(User

Interface) 측면에서 TV는 프로그램 선택을 위한 채널 간 이동 등 단순 조작만 가능하고 반응 속도가 느린 반면, OTT는 서비스 구동이 가능한 다양한 기기에서 애플리케이션(App) 실행을 통해 간편하고 빠르게 조작이 가능하다. 또한, OTT는 이용자의 시청 형태에 따라 개인 맞춤형 서비스의 제공이 가능하다.

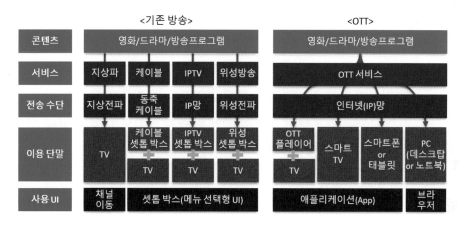

[그림 2] 기존 방송과 OTT의 특성 비교 (출처: 삼정 KMPG 경제연구원)

2) OTT 서비스의 등장 배경

OTT 서비스가 등장하게 된 배경을 수요와 공급의 측면으로 살펴보면, 먼저 수요적 측면에서 시청자들의 다양한 콘텐츠 이용 욕구의 증가와 다양한 디바이스 이용 능력, 그리고 온라인 콘텐츠 이용에 대한 거부감 저하가 OTT 서비스를 발전시킨 계기가 되었다는 것을 알 수 있다. 기존의 방송은 프로그램 시청을 위한 공간적, 시간적 제약이 많았다. TV가 위치한 거실 또는 안방의 제한된 공간에서만 시청이 가능하였고, 편성표에 특정된 시간대에 선택 가능한 채널을 실시간으로 보는 것 외에 콘텐츠 선택권이 크게 제약되어 시청자의 다양한 콘텐츠 욕구를 충족할 수 없었다. 또한, 기존의 TV는 제한된 채널로 인해 시청자들의 다양한 콘텐츠 수요를 모두 만족시킬 수 없다는 한계가 있었다. 기술의 발전으로 과거 PC를 통해서만 가능했던 동영상 서비스가 스마트폰, 태블릿 PC, 게임기, TV 등과 같은 다양한 단말기로 OTT 서비스 제공 범위가 확대되면서 방송사들은 TV 방영 프로그램의 인터넷 유통을 시작할 수밖에 없었고, 시청자들은 온라인 서비스 플랫폼을 통해서 시간의 제약을 받지 않고도 다양한 동영상 서비스의 시청이 가능해진 것이다.

다음으로 공급적 측면에서 OTT의 등장과 확산의 배경을 규제적, 기술적, 경제적 관점으로 살펴보면 흥미로운 시사점이 발견된다. 전통적으로 방송 사업권을 가지기 위해서는 정부나 규제 기관의 허가를 반드시 얻어야 한다. OTT도 일종의 방송 서비스로 볼 수 있지만, 단지 인터넷이라는 전달 수단을 이용한다는 차이로 인해 방송법, 전자통신법, IPTV법 등 방송 또는 플랫폼으로서의 규제를 받지 않고 있다. 방송 콘텐츠로 이루어진 데이터를 인터넷이라는 네트워크를 이용해서 소비자에게 전달하는 방식이기 때문에 본질적으로는 방송의 형태라 볼 수 있으나 아무런 허가 없이 국내뿐 아니라 전 세계를 대상으로 서비스가 가능하다. 여기에 기술의 발전은 OTT의 확산을 더욱 가속하였다. 5G 기술의 등장으로 대용량의 동영상 데이터를 초고속으로 안정적으로 전송하는 것이 가능해졌다. 고용량의 방송 영상을 불특정 다수에게 실시간으로 안정적으로 제공할 수 있는 기존의 방송 네트워크의 장점을 기술의 발전으로 대체 가능한 것이 공급 요인의 증가로 이어졌다. 한편 경제적인 관점에서 보면 OTT 서비스를 위한 투자 비용이 기존의 방송 서비스 개국보다 현저히 낮다는 점이 OTT 서비스가 폭발적으로 확대된 계기로 볼 수 있다. OTT 서비스는 기존의 망 사업자가 구축한 인터넷망을 이용함으로써 동영상 서비스를 전달하기 위한 막대한 네트워크 투자 비용을 절감할 수 있다. 여기서 절약한 비용을 콘텐츠 제작에 투입하거나 양질의 콘텐츠를 수급하는데 투자하면서 경쟁력을 더욱 강화할 수 있다.

3) OTT 서비스의 유형

OTT 서비스의 유형은 서비스의 방식 또는 형태에 따라 개념적으로 분류하거나 과금 방식 등 이용 형태에 따라 세분화하여 분류하기도 한다.

먼저 서비스의 방식 또는 형태에 따라 폐쇄형 서비스와 개방형 서비스로 나누어 볼 수 있다. 폐쇄형 서비스는 현재 대부분의 OTT 서비스가 운영하는 방식이다. 서비스 제공 업체가 직접 선별한 콘텐츠를 제공하는 서비스로서 광고를 통해 수익을 얻기보다는 소비자들에게서 월 구독료를 받는 것으로 수익을 얻는다. 구독자 확보를 통한 경제적 성과를 통해 양질의 콘텐츠를 확보하는 선순환 구조가 바람직한 비즈니스 모델이다. 대표적인 서비스가 넷플릭스이고 또 다른 폐쇄형 OTT 서비스로는 훌루(Hulu), 아마존(Amazon prime video)과 한국의 웨이브(wavve) 등이 있다. 콘텐츠 대기업 월트 디즈니의 디즈니플러스(Disney+)도 이 범주에 포함된다.

개방형 OTT 서비스는 개인이 직접 영상을 제작하고 배포하는 서비스이다. 유튜브가 대표적인 개방형 OTT 서비스 플랫폼이다. 유튜브는 광고 영업 중개를 통해 수익을 얻기 때문에 다양한 분야의 콘텐츠 생태계를 만들어 낸다. 문제가 되는 콘텐츠의 경우, 사전 검열을 하는 대신에 소비자의 신고를 받은 영상만 삭제하거나 수익 창출을 막아 버리는 전략을 취한다.

OTT 서비스의 형태를 분류하는 기준은 아직 명확하게 제시되고 있지 않은 상태이다. 국내의 경우, 방송통신위원회는 '2018년 방송시장 경쟁 상황 평가'에서 과금 방식에 따라 주요 유료 OTT 서비스를 실시간 채널형과 주문형으로 구분하고, 무료 OTT 서비스에 대해서는 별도로 유튜브와 기타 무료 OTT 서비스로 나누어 총 4개 그룹으로 유형을 분류하였다(표 1 참조).

[표 1] OTT 동영상 서비스 유형별 분류

구분	OTT 서비스	제공 사업자	주요 서비스
그룹1 (실시간 채널형)	1. 티빙(tving)	CJ헬로	실시간 채널, 영화 등 VOD 제공
	2. 푹(pooq)	지상파 3사 및 EBS	실시간 채널, 영화 등 VOD 제공
	3. 에브리온TV	HCN	실시간 채널, 영화 등 VOD 제공
	4. 옥수수	SKB	실시간 채널, 영화 등 VOD 제공
	5. 올레TV 모바일	모바일 KT	실시간 채널, 영화 등 VOD 제공
	6. 비디오포털	LGU+	실시간 채널, 영화 등 VOD 제공
	7. 텔레비(Telebee)	스카이라이프	실시간 채널, 영화 등 VOD 제공
그룹2 (주문형)	8. 넷플릭스	넷플릭스	영화, 드라마 등 VOD 제공
	9. 왓챠플레이	왓챠	영화, 드라마 등 VOD 제공
	10. 네이버N스토어	네이버	영화, 드라마 등 VOD 제공
	11. 곰TV	CJ	영화, 드라마 등 VOD 제공
그룹3	12. 유튜브(Youtube)	구글	UCC나 기존 방송 콘텐츠
그룹4 (기타형)	13. 아프리카TV	아프리카TV	UCC나 기존 방송 콘텐츠
	14. 판도라TV	판도라	UCC나 기존 방송 콘텐츠
	15. 네이버TV	네이버	방송 및 웹 전용 콘텐츠
	16. 네이버VLIVE	네이버	V는 유명인의 라이브 개인방송
	12. 카카오TV	다음	방송 및 웹 전용 콘텐츠

(출처: 2018년 방송시장 경쟁 상황 평가, 방통위)

※ 주: 서비스별로 사업 모델, 제공 콘텐츠, 서비스 방식 등이 고정적이지 않고 계속 변화, 발전하고 있으며, 아직 엄밀한 학술적 기준도 부재한 상황이므로 표에서 채택한 유형화는 절대적인 기준에 따른 것은 아님.

4) OTT 서비스의 수익 모델

OTT 서비스의 수익 모델은 크게 구독, 판매 및 대여, 광고 등으로 나뉜다. 구독형(SVOD)은 가입자가 월간, 연간 단위로 정해진 일정 금액의 서비스 요금을 지급하고 무제한으로 동영상을 이용하는 수익 모델이다. 주로 월 정액제 유료 가입형 과금 방식으로 콘텐츠 길이가 길고, 제작비 규모도 큰 경우가 다수이며, 주로 프리미엄 비디오 중심으로 제공하는 형태를 띠고 있다. 극장 상영 영화, TV 드라마 등이 구독형(SVOD) 이용에 적합한 포맷이다. 넷플릭스, 훌루, 웨이브(기존의 푹), 티빙 등 다수의 국내외 OTT 서비스는 월간 단위 구독을 기본 요금제로 채택하고 있다. 국내 OTT 서비스들은 넷플릭스와 훌루 등 해외 서비스와 달리 구독형(SVOD)과 단건형(PPV) 요금제를 동시에 제공하는 경우가 많다.

단건형(PPV) 판매는 영화나 드라마 등의 방송 프로그램을 건별로 판매하는 방식을 말한다. 넷플릭스와 훌루는 단건형 VOD 요금제를 갖추지 않고 있으며, 웨이브와 티빙 등 국내 OTT 서비스들은 구독형과 단건형 요금제를 동시에 제공하는 경우가 많다.

광고는 유료 구독형 OTT에서는 일반적인 수익 모델이 아니지만, 훌루와 같은 서비스는 광고를 통해 수익을 충당하며 이를 통해 낮은 구독 요금을 책정하는 모델을 취하고 있다. 유튜브나 트위치와 같은 유저 크리에이터 기반의 동영상 플랫폼은 광고를 주 수익원으로 삼고 있다. 광고의 가장 일반적인 형태는 동영상 시청 전, 후, 중간에 다양한 길이의 광고 영상을 삽입하는 것이며, 영상 하단에 광고 배너나 링크를 표시해 유저의 클릭을 유도하기도 한다. 광고 기반은 PC/모바일 동영상 광고 서비스로 주로 짧은 길이의 웹 전용 혹은 실시간 라이브 영상이 메인 포맷을 이루고 있다. 국내는 광고 기반의 서비스가 주류를 이루고, 해외는 프리미엄 콘텐츠 중심의 서비스가 주도하고 있다. 대표적인 광고 기반의 OTT 서비스가 바로 유튜브이다. 유튜브는 콘텐츠 이용률뿐만 아니라 광고 매출에 있어서도 국내 시장의 대부분을 차지하고 있고, 높은 점유율은 콘텐츠 분야를 넘어 검색과 온라인 결제 시장에도 크게 영향을 미치고 있다. 하지만 글로벌 OTT를 규제할 국내의 법체계가 마련되지 않아 국내 사업자와의 역차별 문제가 생겨나고 있기 때문에 이를 해소할 종합적인 대책 마련이 필요하다. 최근에는 광고 수입 비중의 증가세가 둔화되고 있고 유료 가입자의 비중이 증가하는 방향으로 추세가 전환되는 경향이어서 향후 유료 가입자의 매출이 광고 매출만큼 중요한 수익 모델이 될 것으로 전망된다.

5) OTT 서비스의 가치사슬

OTT 서비스의 가치사슬은 다수 시장 참여자들의 가치가 상호작용하는 양면시장(Two – sided Market)[1]의 특징을 갖고 있다. 양면시장(Two – sided Market)이란 두 종류의 이용자(또는 사업자)가 특정한

---

1) 양면시장(two-sided market) 이론에 따른 방송통신 서비스 정책 이슈 연구, KISDI(2008년)

플랫폼을 통해 상호작용함으로써 가치가 창출되는 시장이다. 플랫폼을 제공하는 사업자는 양측의 거래 또는 상호작용이 발생할 수 있는 환경을 제공하고 그 이용료를 양측 또는 어느 한쪽으로부터 받음으로써 수익을 얻는다. 이러한 예는 우리 주변에서 많이 찾아볼 수 있겠으나, 특히 신용카드, PC 운영체제, 미디어(방송, 신문, 인터넷 포털), 인터넷, 전화 착신 접속 등 정보기술과 밀접한 시장들이 그러한 특성을 갖고 있다.

OTT 사업자는 콘텐츠 수급 비용, CDN 서비스 이용료, 인터넷 망 사용 비용을 지급하며, 광고주로부터 광고 수익을 거둬들이고 소비자로부터는 월정액 가입 수익과 단건 판매 수익을 얻는 양면시장의 특성을 가진다. OTT 서비스는 이러한 비용과 수익의 적절한 전략적 배분을 통해 플랫폼 영향력을 증가시킨다. 일례로 가입자가 많아질수록 가입자당 유통 비용(CDN+망사용 비용)이 낮아지고 광고 수익이 증가하기 때문에 월정액 이용료를 낮게 유지함으로써 더 많은 유저를 끌어들이며, 광고를 원하지 않는 유저에게는 더 많은 이용 요금을 받고 광고 없는 서비스를 제공할 수 있다.

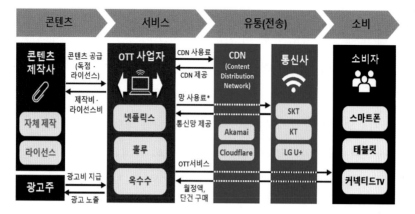

[그림 3] OTT 시장의 가치사슬 (출처: 삼정 KMPG 경제연구원)

6) OTT 서비스의 현황

대표적인 글로벌 OTT 사업자로는 유튜브(Youtube), 넷플릭스(Netflix), 아마존(Amazon prime video), 훌루(Hulu), 페이스북(Facebook), 디즈니플러스(Disney+) 등이 있고, 국내 토종 OTT 사업자로는 영화 중심의 서비스인 왓챠플레이(Whatcha Play), SK브로드밴드의 옥수수와 지상파 3사의 푹(pooq)이 통합하여 출시한 웨이브(wavve), CJ 그룹의 티빙(tving), KT의 시즌(seezn), 그리고 통신 3사의 IPTV 등이 있다.

OTT 서비스의 시장 현황을 살펴보면, 글로벌 OTT 시장의 연평균 성장률은 약 31%로 가파르게 성장 중이다. 2019년 기준으로 매출 300억 달러 돌파가 예상되며, 코드커팅[2]의 현상으로

---

2) 코드커팅(Cord-cutting): TV 유료 방송 시청자가 가입을 해지하고 인터넷 TV나 OTT 서비스 등 새로운 동영상 플랫폼으로 이동하는 현상

OTT 서비스의 시장 지배력이 더욱 확대될 전망이다. OTT 이용자 수에 있어서도 유럽 시장조사 기관인 디지털 TV 리서치(Digital TV Research)에 따르면 전 세계 구독형(SVOD) OTT 가입자 수는 2017년 3억 6,600만 명에 이르는 것으로 나타났으며, 2019년에는 약 5억 6,900만 명, 2023년에는 약 7억 7,700만 명에 이를 것으로 예측된다. 국내의 OTT 시장 규모도 꾸준히 확대되고 있으며 가입자의 증가세도 지속되고 있다. 국내 OTT 시장은 지상파와 유료 방송 사업자, 이동통신사 등이 구독형 OTT 서비스를 제공하는 형태로 후발 진입하면서 가입자 경쟁이 치열해지는 양상이다. 넷플릭스를 시작으로 애플, 월트디즈니 등 글로벌 OTT 사업자들이 국내 시장 진출을 서두르고 있고, 국내 사업자들도 사업자 간 합병 추진으로 몸집을 불리고 5G, AI 첨단기술 등 다양한 차별적 요소들을 적용하면서 국경 없는 전쟁으로 확대되고 있는 OTT 시장에 대응하기 위해 준비 중이다.

넷플릭스는 세계 최대 유료 인터넷 비디오 스트리밍 서비스 기업이다. 1997년 미국에서 DVD 대여 사업으로 출발한 뒤 2007년 온라인 동영상 스트리밍 서비스를 시작했고, 2010년부터는 영화사, 배급사, 방송사, 방송 채널 등의 콘텐츠 제공자로부터 콘텐츠를 구매하여 월정액(SVOD) 기반 스트리밍 서비스를 제공하기 시작했다. 한국에는 2016년 1월에 진출했다. 이후 'House of Cards' 등 오리지널 콘텐츠 제작 및 투자를 통해 폭발적인 성장을 이루고 있다. 넷플릭스가 밝힌 바에 따르면 2019년 기준 전 세계 사용자는 1억 5천만 명에 달하고, 국내 이용자도 200만 명

(2019년 기준)을 넘어섰다. 넷플릭스의 강점 중 하나는 가입자 데이터에 대한 철저한 분석이라고 알려져 있다. AI 기술을 이용하여 TV 시리즈의 시청을 시작해서 완주하는 비율, 즉 특정 에피소드를 끝까지 보는지 여부, 가입해서 처음으로 보는 콘텐츠가 무엇인지 등 시청 기록 중심의 다양한 지표를 개발하고 이에 기반한 전략을 수립한다.

넷플릭스의 성공으로 전통적인 엔터테인먼트 회사들도 시장에 뛰어들 전망이다. 그중 가장 주목을 받고 있는 서비스는 디즈니플러스(Disney+)이다. 디즈니플러스는 픽사, 마블, 내셔널지오그래픽 등 선호도 높은 콘텐츠를 보유하고 있는 월트디즈니의 OTT 서비스다. 디즈니플러스는 세계적으로 인정받은 자사의 콘텐츠를 기반으로 서비스를 운영할 예정이다. 또한, 기존 OTT 플랫폼에 배포되었던 자사 콘텐츠들의 철수 계획을 발표함으로써 향후 OTT 시장에 큰 파장을 불러올 전망이다. "디즈니는 2019년 11월 디즈니플러스 런칭 첫날, 가입자 1,000만 명을 돌파하였다. 이후 2,500~3,000만 명의 정식 가입자를 확보할 것으로 예상되며 이들 가입자의 최대 1/3은 브라이즌(Verizon)과의 제휴로 인해 확보될 것으로 보인다. 디즈니는 브라이즌(Verizon)의 무제한 무선 요금제 가입자에게 디즈니플러스를 1년 무료로 제공하는 계약을 브라이즌(Verizon)과 체결한 바 있다."[3]

또 다른 거대 엔터테인먼트 회사인 워너미디어에서도 자사의

---

3) http://www.digitaltoday.co.kr

OTT 서비스를 선보일 예정이다. 2020년에 HBO 맥스라는 이름으로 출시할 예정이다. 이와 같이 앞으로 막강한 콘텐츠들로 무장한 서비스들이 대거 출현함에 따라 동영상 스트리밍 서비스의 경쟁이 더욱 치열해질 것으로 예상된다.

애플TV플러스는 전 세계 애플 플랫폼 가입자 약 2,700만 명을 대상으로 OTT 스트리밍 서비스를 새롭게 시작하였다. 오리지널 콘텐츠 제작을 위해 10억 달러 투자를 계획하고 있고 글로벌 출시 및 국내 진출을 준비 중이다. "애플은 애플TV플러스 서비스 제공을 위해 HBO, 쇼타임(Showtime), 스타즈(Starz) 등 주요 프리미엄 채널과 삼성, LG, 소니(Sony) 등 스마트TV 제조사 및 로쿠 TV(Roku TV), 아마존 파이어TV(Amazon Fire TV) 등 경쟁사 플랫폼과도 전략적 제휴를 맺었다. 애플TV플러스는 다양한 유료 방송 채널을 제공하는 구독형 TV 플랫폼(subscription – TV aggregation)으로 판단되며, 프리미엄 케이블 채널과 자체 제작 오리지널 콘텐츠를 주로 제공하면서 광고 없이 구독 수수료를 비즈니스 모델을 지향한다."[4]

"훌루(Hulu)는 넷플릭스, 아마존에 이은 글로벌 3위 인터넷 영화 서비스(OTT) 전문 기업이다. 훌루의 지분은 디즈니와 21세기 폭스, 컴캐스트가 각각 30%씩 가지고 있었는데, AT&T, 컴캐스트가 훌루의 보유 지분을 디즈니에 넘기면서 디즈니의 자회사가 되었다."[5] 훌루는 주로 TV 콘텐츠와 콘텐츠 파트너 사들의 시리

---

4) http://www.digitaltoday.co.kr
5) http://it.chosun.com/site/data/html_dir/2019/02/28/2019022801286.html

즈물들을 제공한다. 디즈니는 지분 확대를 통해 실질적인 훌루의 주인 역할을 할 것으로 보인다. 향후 디즈니플러스가 유아용이나 가족용 콘텐츠를 제공한다면 훌루는 TV쇼 등 성인 대상 콘텐츠에 집중할 것으로 알려졌다.

구글은 전 세계 최대 동영상 공유 플랫폼 유튜브(YouTube)를 2006년 인수하고, 2017년 라이브TV 서비스인 유튜브TV, 2018년 유튜브 프리미엄 스트리밍 서비스를 새롭게 출시하는 등 동영상 플랫폼 사업에 지속적인 투자를 이어가고 있다. 유튜브는 기본적으로 무료 기반의 서비스를 유지하고 있으며, 동영상 시청 전/중/후 중간에 삽입된 광고를 통해 수익을 창출하고 있다. 최근 유튜브 크리에이터[6]가 하나의 수익 창출 구조로 자리매김하면서 광고 매출로 인한 수익이 점차 증대되는 모양새다. 최근에는 경쟁 플랫폼의 성장에 대응하기 위해 광고 기반의 수익 모델에서 나아가 정액제 기반의 유료 서비스를 도입하여 수익 모델을 다각화하고 있다. "구글은 2019년 4분기 광고 매출이 50억 달러에 달하여 2019년 한해 기준 총 150억 달러의 매출을 기록하였다고 발표했다. 광고가 없는 정액제 기반의 프리미엄 서비스 및 뮤직 프리미엄 서비스[7]의 가입자가 2,000만 명을 넘었고, 유

---

6) 유튜브 크리에이터는 동영상을 직접 제작하여 유튜브에 업로드하는 사람으로 사용자, 광고주와 함께 유튜브 생태계를 구성하는 핵심이다. 유튜브 크리에이터는 자신만의 채널을 만들어 스트리밍을 통한 라이브 방송을 진행하거나, 직접 제작한 동영상을 VOD 형태로 업로드 한다. 최근에는 유명 크리에이터의 등장으로 높은 조회 수를 기록하면서 큰 수익을 올리는 사례들이 등장하기 시작했다(KB금융지주 경영연구소, 2017).
7) 국내에서 뮤직 프리미엄 서비스는 아직 지원되지 않는다.

료 동영상 서비스에는 2백만 명 이상의 가입자를 보유 중이라고 밝혔다."[8]

아마존의 동영상 플랫폼 사업은 2011년 아마존 프라임 비디오(Amazone Prime Video) 런칭을 통해 본격적으로 시작되었고, 2014년 게임 방송 플랫폼 트위치(Twich)를 인수하는 등 동영상 플랫폼 사업 영역을 확장하면서, 현재는 글로벌 OTT 서비스 점유율에서 넷플릭스의 다음 자리를 차지하고 있다. 아마존은 자사의 웹서비스 영향력과 IT 인프라를 활용하여 그 영향력을 키워 왔다. 이커머스(e-Commerce) 분야의 압도적 이용자 수를 활용해 아마존닷컴의 프리미엄 서비스 프라임 가입자에게 쇼핑 혜택과 아마존 프라임 비디오와 트위치 간의 연계 서비스를 제공하며 이용자를 확보해 가고 있다.

한편 디즈니플러스, HBO 맥스와 같은 신규 서비스의 출시로 OTT 서비스의 대표인 넷플릭스의 입지가 줄어들 수 있다는 전망이다. 이들이 서비스를 시작하게 되면, 넷플릭스에서 방영되었던 타사의 콘텐츠를 다시 되돌려줘야 하기 때문이다. 디즈니와 HBO 같은 기존의 콘텐츠 공룡 기업들은 사회 전반으로 인증된 그들만의 콘텐츠가 있다. 소비자들은 플랫폼 이동에 대한 제약이 없기 때문에 좋아하는 콘텐츠를 찾아 쉽게 이탈할 수 있다. 따라서 OTT 서비스 기업들은 자사가 판권을 가지는 오리지널 콘텐츠를 제작하는 데 힘을 써야할 것으로 보인다. 이제 플랫폼

---

8) https://www.theverge.com/2020/2/3/21121207/youtube-google-alphabetearnings-reve-nue-first-time- reveal-q4-2019

의 기능 자체는 중요하지 않은 요소가 되었기 때문이다. OTT 서비스의 등장으로 방송 콘텐츠 유통 구조는 매체 중심에서 개별 콘텐츠 중심으로 변화했지만, 이러한 패러다임의 변화 속에서도 시장 경쟁의 핵심은 결국 콘텐츠 자체의 질적 수준과 경쟁력에 의해 결정된다는 것이 다시금 확인된 것이다.[9]

7) 국내의 토종 OTT 서비스

글로벌 OTT 사업자들의 국내 진출로 인해 국내 OTT 시장 역시 변화되고 있다. 국내 OTT 시장은 플랫폼 사업자의 영향력이 높은 미국 시장과 달리 SKT, KT, LGU+를 비롯한 통신사의 비중이 높다. 넷플릭스가 압도적인 존재감을 보이고 있는 글로벌 시장과 달리 국내 OTT 시장에서는 지배적 사업자가 존재하지 않는다. 이는 국내 OTT 시장은 주도적인 사업자가 없이 소규모의 사업자들이 난립하는 파편화된 시장으로 앞으로 성장 여력이 크다는 것의 반증이기도 하다.

넷플릭스의 국내 진출 이후 급속한 가입자 증가세에 대응하기 위해 국내 최대 가입자를 보유하고 있는 옥수수와 지상파 방송 사업자 연합 플랫폼인 푹을 통합한 OTT 서비스인 웨이브가 출범하였다. 옥수수는 JTBC, TV조선, YTN 등의 종편 채널과 tvN, OCN, 엠넷 등의 케이블 채널을 실시간으로 제공하며 지상파, 종

---

9) http://www.pdjournal.com/news/articleView.html?idxno=55748

편, 케이블 방송 프로그램을 유료로 서비스하고 있다. 푹은 지상파 3사가 공동으로 투자해 설립한 콘텐츠 연합 플랫폼이 운영하는 OTT 서비스이다. KBS, MBC, SBS, EBS 등 전 지상파 채널과 JTBC, YTN, 채널A, TV조선 등 종편 채널의 실시간 방송과 함께 VOD 서비스를 제공한다. 웨이브는 두 서비스의 통합을 통해 1,300만 명의 가입자 확보와 500만 명 규모의 활성 이용자 규모를 갖추게 되면서 국내 최대의 OTT가 되었다. 웨이브는 5년 내 5천억 원의 매출을 목표로 제시했다. 콘텐츠 측면에서도 푹이 보유한 지상파, 종편, 해외 드라마에 옥수수가 제작한 오리지널 콘텐츠가 합쳐져 국내 최대의 콘텐츠 커버리지를 확보할 수 있게 되었다. 향후 국내에서 만들어지는 영화, 드라마 등을 주력으로 한류의 영향이 강하게 미치는 아시아권으로 사업의 범위를 확장할 계획이다.

CJ ENM과 JTBC도 합작회사를 만들어 대대적인 콘텐츠 확장과 사용자 환경(UI/UX) 구축 등 기존 티빙을 전면 개편한 새로운 서비스를 2020년 출시한다. 티빙은 방송 중심의 서비스에서 영화, 키즈, 커머스를 시작으로 음악과 뷰티, 패션 등 스타일 콘텐츠까지 순차적으로 장르를 확장하고, 기존 CJ ENM이 보유한 콘텐츠 영향력을 기반으로 JTBC와 통합 OTT로 확대하여 독보적인 서비스 경쟁력을 이어간다는 계획이다. KT는 기존 올레TV 모바일에 지상파 3사의 콘텐츠를 포함시켜 개편한 서비스인 시즌(seezn)을 출시하였다. 시즌은 PC나 스마트TV에서는 지원되지 않고 앱(App)에서만 지원된다. 다만 올레TV로 연동하게 될 경우

올레 TV와 시즌(seezn) 간의 호환이 가능하다. CJ ENM 산하 채널을 포함한 다양한 실시간 채널을 제공하며, VOD의 경우 지상파 3사의 다시보기 콘텐츠를 시청할 수 있다.

왓챠플레이는 넷플릭스와 서비스 형태가 유사한 영화 콘텐츠 중심의 국내의 대표 OTT 서비스다. 왓챠는 이전에 영화, 드라마, 책 등 각종 콘텐츠 관련 커뮤니티로 운영되었던 앱(APP)이었다. 사용자는 콘텐츠마다 별점과 코멘트를 달 수 있고 데이터가 모이면 취향 분석도 받을 수 있다. 2016년부터는 취향 분석과 동시에 사용자가 좋아할만한 콘텐츠를 추천하고 VOD를 제공하는 서비스를 시작했다. 이것이 왓챠플레이의 시작이다. 앱 출시 6개월 만에 구글과 애플 앱스토어에서 각각 올해의 앱으로 선정되었다. 넷플릭스는 주로 영미권의 콘텐츠를 주력하고 있다면 왓챠는 아시아쪽 콘텐츠를 주력하고 있다. 동시 접속은 지원하고 있지 않기 때문에 넷플릭스에 비해 가격 경쟁력이 뒤쳐진다.

2. 온라인 동영상 서비스(OTT)의 쟁점과 과제

1) 글로벌 OTT의 국내 시장 진입에 따른 영향

글로벌 OTT 서비스의 국내 시장 진입과 폭발적인 성장은 국내 방송산업을 자극하거나 위협하는 요인이다. 글로벌 OTT의 국내 진입은 국내 콘텐츠 제공 사업자에게 글로벌 유통망을 제공하여 한류 확산 및 해외 시장 확보의 기회를 제공하고, 오리지널 콘텐츠를 국내에서 제작함으로써 제작 수요 시장 확대의 효과가 기대된다. 반면 글로벌 OTT와의 제휴 여부가 플랫폼 사업자의 경쟁력을 결정하게 되면서 유의미한 경쟁을 통한 국내 플랫폼 시장의 성장을 저해할 수 있다. 해외 시장 판매에 있어서도 넷플릭스 등에 대한 의존도가 높아질 경우, 해외 유통망의 독점화로 국내 콘텐츠 제공 사업자의 협상력을 약화시키는 등의 부정적 요인이 존재한다.

넷플릭스의 경우, 국내 유료 방송 사업자와의 제휴, 콘텐츠 구매 및 제작 등 방송산업에 직접적인 영향을 미치고 있다. 넷플릭스가 국내 콘텐츠를 직접 구매하거나 제작을 확대함에 따라 창작자, 제작자, 콘텐츠 제공 사업자 등에게는 글로벌 유통망 확보와 협상력 증대, 그리고 제작 환경 개선이라는 긍정적인 효과가 기대되는 반면, 넷플릭스의 유통망 독점화 가능성에 대한 우려가 있다.

OTT가 야기하고 있는 콘텐츠산업 분야의 변화를 살펴보면, OTT 확산은 국내 CP(Content Providers)의 해외 진출 경로의 다양화와 활성화에 기여할 수 있다. 특히 글로벌 OTT의 국내 콘텐츠 수급 및 국내 OTT의 글로벌 진출은 중국 한한령 이후로 새로운 콘텐츠 유통망을 찾는 국내 CP들에게 글로벌 진출의 새로운 돌파구가 될 수도 있다. 예로 넷플릭스는 국내 진출 이후, 국내 오리지널 콘텐츠의 수급 확대를 통해 콘텐츠의 제작과 공급에 관여하게 되면서 콘텐츠 거래 시장에 직접적인 영향력을 행사하게 되었다.[10] 국내 CP들에게는 해외 시장 유통망의 역할을 제공하면서 한류 확산의 기회를 제공하고 한국 내에서 오리지널 콘텐츠를 제작함으로써 제작 수요를 증가시켜 제작사들의 매출 확대에 기여하는 측면도 있다.

이와 같이 OTT 확산과 플랫폼 경쟁 심화는 국내 콘텐츠 시장의 자금 유입을 촉진하여 콘텐츠 유형의 다양화에도 영향을 미칠 전망이다. 콘텐츠 유형의 다양화는 지상파, 케이블 등 전통적인 방송 채널 이외에도 OTT를 통해서 유통이 가능해짐에 따라, 드라마/예능 등 대중적인 장르의 콘텐츠 제작이 롱폼에서 숏폼[11]까지 다양화되고 있다. 또한, 온라인 동영상 플랫폼 산업의 양적 성장으로 인해 기존 방송 및 영화 영역에서 소외된 콘텐츠의 제작 및 개발이 촉진되는 산업 연관 효과 발생이 가능하다. 이전에는 불가능했던 새로운 장르의 콘텐츠 제작이 가능해지고 다양한 취향의 시청자를 대상으로 하는 틈새 콘텐츠의 유통이 촉진될 수 있다. 이와 같이 글로벌 OTT의 국내 시장 진입은 국내의 콘텐츠 수요를 증가시킴으로써 제작 환경의 개선이라는 긍정적 효과를 기대하게 하는 측면도 있다.

하지만 대규모 자본력을 보유한 글로벌 OTT의 국내 시장 잠식은 국내 콘텐츠의 해외 유통망 다변화와 국내 플랫폼의 글로벌 진출 등의 노력을 저해하는 요인이 될 수 있다. 현재 국내 CP(Content Providers)의 해외 진출은 넷플릭스에 의존하는 경향이

---

10) 넷플릭스의 한국 콘텐츠 확보는 한국에서의 가입자 확보보다는 글로벌 시장, 특히 아시아 시장에서의 한국 콘텐츠의 가능성을 고려한 전략이라는 분석도 있다. 한편 스튜디오드래곤의 매출액 해외 비중은 58.7%(2016)에서 76.9%(1Q2019)로 증가했다.
11) 숏폼: 약 10분 내외의 짧은 콘텐츠

상당히 높기 때문에 해외 시장 판매에 있어 넷플릭스에 대한 의존도가 높아질수록, 넷플릭스의 해외 유통망 독점화에 따른 국내 콘텐츠 제공 사업자의 협상력이 약화될 가능성이 높아질 것이다.

또한, OTT는 TV방송 프로그램의 제작 및 유통에 있어서도 양극화 현상을 심화시킬 우려가 있다. 향후 OTT를 통한 동영상 콘텐츠 소비 확산과 SNS 이용 시간 증가 등의 시장 환경 변화에 대응하지 못할 경우, 지상파 및 종편 등 방송 사업자들의 국내 시장에 특화된 콘텐츠 제작과 투자는 점차 감소할 수밖에 없다. 2019년 국내 지상파 방송 3사는 TV 드라마의 수익성 악화에 따라 월화(또는 수목) 드라마의 편성을 잠정 중단한 바가 있다. 이러한 상황이 지속될 경우, 국내 방송 콘텐츠 시장은 TV 시청 시간 및 시청률 감소에 따라 방송 광고 수익이 자연 감소하고, 수익성 악화에 따른 방송 프로그램 제작에 소요되는 재원이 감소하면 콘텐츠의 품질이 낮아지고 제작 물량의 감소로 이어지는 악순환이 지속될 수 있다.

글로벌 OTT의 등장이 국내 플랫폼 시장에 미치는 영향을 살펴보면, 국내의 케이블 SO나 IPTV 사업자와 같은 플랫폼 사업자들은 넷플릭스와의 제휴를 통해 경쟁 사업자들과의 차별화 효과를 부각하는 노력을 해왔다. 넷플릭스와의 제휴 효과가 기대되면서 딜라이브, CJ헬로, LGU+ 등 다수의 플랫폼 사업자들이 제휴를 추진하게 된다. 하지만 넷플릭스와 복수 사업자 간들의 활발한 제휴 추진은 넷플릭스의 국내 가입자 규모를 확대하는 데는 효과를 미쳤지만 사업자들이 기대한 차별화 효과는 제한적일 수밖에 없다.

웨이브, 티빙, 왓챠플레이 등 국내 OTT 서비스에 넷플릭스의 국내 진입은 가장 직접적으로 영향을 미친다. 국내 주요 OTT의 경우, 실시간 채널 및 한국 콘텐츠 위주로 상품을 구성하였기 때문에 상품 특성 차이로 인해 대체 효과가 단기적으로는 제한적일 것이라는 분석이 있고, 실제로도 국내 OTT 서비스 이용률이 감소했다는 증거는 나타나지 않고 있다. 유료 방송 서비스와 넷플릭스 간의 경쟁 관계와 마찬가지로 OTT 서비스 시장에서의 경쟁 또한 넷플릭스의 한국 콘텐츠 수급 정도가 중요한 변수가 될 것으로 보인다. 하지만 국내 OTT 서비스 시장, 특히 유료 OTT 서비스 시장은 사업자 간 대체성보다 시장 규모의 성장 여부가 더 중요하다. 지상파와 통신 3사 등 국내 주요 OTT 사업자들은 그동안 유료 방송 플랫폼을 중심으로 전략을 수립해왔기 때문에 대체로 OTT 서비스를 기존 서비스에 대한 보완적 성격으로 고민하는 경향 높다. 국내 유료 OTT 서비스 시장의 성장이 쉽게 이루어지고 있지 않는 상황에서 넷플릭스의 국내 진입은 국내 OTT 시장에 어떤 역할을 할지는 더 지켜볼 필요가 있다.

2) 공영방송 존립의 이유

미디어 이용자들의 TV 시청 시간은 지속적으로 감소하고 있고 OTT 서비스를 이용한 동영상 시청 시간이 증가하고 있다. 페이스북, 유튜브, 디즈니, 아마존 등 대형 미디어 플랫폼의 급성장으로 전통적 방송사들이 차지했던 미디어 시장은 급속도로 잠식되고 있다. 젊은 시청자들은 지상파가 제작한 프로그램을 지상파 플랫폼이 아닌 온라인 동영상 플랫폼을 통해서 보는 것을 당연시한다. 이들의 지속적인 TV 시청 외면은 공영방송사의 수신료 수익 기반을 약화시킬 수 있다. 이는 공영방송의 미래에 대한 심각한 위협이다. TV보다 온라인 동영상 서비스에 익숙한 젊은 세대가 기성세대로 편입될 경우, 비록 수신료 징수액의 부담이 커지지 않더라도 시청자가 느끼는 수신료의 가치는 반감하게 되고 이에 따라 수신료 지급 의사는 약화될 수밖에 없을 것이다.

변화하는 미디어 시장 환경 속에서 미래에도 공영방송은 중요한 가치를 가질 것인가에 대한 의문은 늘 제기되고 있다.

"보편적 서비스로서의 공영방송의 가치는 미래에도 여전히 중요할 것인가?"

2020년 1월에 발표된 영국의 공영방송의 미래 보고서의 내용에서 보면 공영방송은 보편성(Universality)이라는 가치를 통해 미래에도 공영방송의 가치가 인정될 것으로 전망하고 있다. 공영방송의 보편성은 '모든 시청자를 위해 제공되며 이용이 무료인 방송'으로 정의된다. 공영방송은 특정 시청 계층이 아니라 지역, 종교, 성별, 연령 등과 관계없이 수신료를 지급하는 모든 계층에 대해 혜택을 제공하여야 한다. 이러한 이유로 영국의 BBC는 시청자들에게 정보를 제공하고, 교육을 제공하고, 즐거움을 주는 (inform, educate and entertain) 것을 목표로 하며, 드라마 같은 특정 장르만을 집중적으로 제공하기보다 시청자들의 보편적 이익을 위해 교육, 시사, 뉴스 등 다양한 장르의 콘텐츠를 제공할 수 있는 기반이 되고 있다.

유튜브, 넷플릭스와 같은 상업 서비스들은 이익 추구가 목표이지만 공영방송은 시청자의 보편적 이익을 추구해야 한다. 월드컵이나 올림픽 등 전 국민의 관심을 받는 사회적인 이벤트를 무료로 대중에게 전달하는 공영방송의 역할과 기능은 매우 중요하다. 사회적으로 공유된 경험(Shared experience)을 제공하는 매체로서 공영방송의 역할 또한 중요하게 평가되어야 한다. 만약 한일 축구 대항전을 유료 채널이나 유료 온라인 플랫폼에서 수주하여 경기를 중계할 경우, 해당 채널이나 서비스에 가입한 시청자들만 시청이 가능하다. 하지만 무료 보편적 시청이 가능한 공영방송 채널을 통해 방송된다면 전 국민이 다 함께 국가적인 이벤트를 시청할 수 있게 된다. 따라서 중요 국가적 이벤트에 대한 국민의 보편적 시청권은 보장되어야 한다.

콘텐츠 제작 시장의 존립과 부흥을 위해서도 공영방송을 수호하는 노력은 필요하다. 콘텐츠 제작 시장의 미래를 위해서 TV 프로그램 제작의 수요를 만들어내는 공영방송의 역할과 기능은 지속적으로 유지되어야 한다. 넷플릭스와 같은 글로벌 플랫폼의 경우, 국내 오리지널 콘텐츠에 대한 제작 수요를 확대하고 있지만 가입자 확대를 통한 이윤 추구가 최상의 목표일 뿐 국내 방송

산업이나 콘텐츠 시장을 부흥시켜야 할 의무는 당연히 없다.

넷플릭스는 아시아태평양 지역이 글로벌 OTT 시장의 경쟁 강도가 미주, 유럽 시장에 비해 낮다고 판단하고, 아태 시장 선점의 요충지로 한국을 주목하고 있다. 한류의 영향으로 자체 제작 콘텐츠의 선호도가 아태 지역 대부분 국가에서 높을 것으로 예상되는 동시에 전 세계 최대 내수시장을 보유한 중국 진출의 교두보로서 한국을 콘텐츠 제작의 허브로 활용한다는 계획이다. 웨스트민스터대학의 '마리아 미칼리스(Maria Michalis)' 교수는 "넷플릭스 같은 SVOD 업체들은 글로벌 시장을 타깃으로 하고 있기 때문에 특정 국가의 색채(National Specificities)가 없는 콘텐츠들을 선호한다"고 지적한다.[12] 국내의 경우도 지상파 방송사를 비롯한 콘텐츠 제작사들은 위축된 제작 시장의 수요와 공급을 늘리기 위해 넷플릭스와 같은 글로벌 OTT의 제작 투자 및 지원에 의존하는 경향이 강해지고 있다. 이러한 현상이 심화되면 문화적 정체성이 담긴 오리지널 콘텐츠를 보기 어려운 상황이 도래할 수 있고, 한 국가의 미디어 소유권이나 구조, 보급 및 내용 등이 타 국가의 미디어에 의해 종속될 수 있다는 것을 의미한다. 미래 세대를 위해 국가 고유의 문화적 정체성을 보존하기 위해서는 공영방송사로 하여금 오리지널 콘텐츠 제작을 확대할 수 있도록 투자를 늘리고 기능을 강화할 필요가 있는 것이다. 규제 기관도 공영방송이 상업 서비스와의 경쟁에 있어서 불필요한 규제 이

---

12) https://publications.parliament.uk/pa/ld201919/ldselect/ldcomuni/16/16.pdf

슈로 인해 수익성이 악화되거나 신규 서비스 진출에 차질을 초래하는 등의 불공정한 환경이 개선될 수 있도록 지원 방안을 마련해 주어야 한다. 미래에도 공영방송의 역할은 여전히 중요할 것이 때문에 글로벌 OTT에 의해 잠식당하는 국내의 미디어 시장의 부흥을 위해 공영방송의 존립에 대한 정부 차원의 노력이 절실하다.

3) 망 중립성 이슈

망 중립성(Network Neutrality)이란 모든 망 사업자는 모든 콘텐츠를 동등하게 취급하고 어떠한 차별도 하지 않아야 한다는 뜻이다. 비차별, 상호 접속, 접근성 등 3가지 원칙이 동일하게 적용돼야 하는 것이 조건이다. 즉 네트워크의 중립적인 운용을 통해 서비스 이용자와 서비스 사업자 등 인터넷 이용자의 자유로운 인터넷 이용을 보장하기 위한 개념이다. 인터넷의 개방형 망 구조와 통신망 간 비차별 접속을 통해 기본적인 망 중립성이 실현되고 있으나, 최근 들어 동영상 서비스 이용 폭증과 5G 서비스의 등장으로 트래픽이 급증하면서 망에 대한 동등 접근의 쟁점이 재점화될 가능성이 있다.

망 중립성 논쟁의 배경은 가입자 포화에 따라 통신 시장의 성장이 정체되고 있는 상황에서 인터넷을 통해 제공되는 경쟁 서비스의 등장, 트래픽 증가에 따른 네트워크 투자 부담 증가에 따라 통신 사업자와 콘텐츠 사업자 간의 이해 다툼이 발생하였다.

국내의 경우도 넷플릭스의 이용자가 증가하면서 망 투자 비용을 두고 논란이 가중되고 있다. OTT 서비스가 확대되면서 온라인 동영상 시청률의 증가 때문에 통신망에 과부하가 걸리면 통신망의 확장이 필요한데 여기에 필요한 투자 비용을 두고 이해관계자의 입장이 첨예하게 대립되고 있다.

망 투자를 둘러싼 이해관계자들의 입장을 정리해 보면, 우선 사용자들은 망 관리의 책임은 통신사에 있다고 주장한다. 매달 인터넷 사용료를 내고 있는데, 업체로부터 망 사용료를 또 받으면 이중 지급의 문제가 발생한다는 지적이다. 사용자 입장에서는 매달 비용을 지급하는데 넷플릭스든 유튜브든 모든 서비스를 빠르고 쾌적하게 이용할 수 있어야 한다는 것이다. 반면 통신사들은 누구나 쾌적하게 통신망을 이용하려면 트래픽 과부하를 일으키는 업체에 대한 별도의 관리가 불가피하다는 입장이다. 예를 들어 4차로 도로가 있는데 특정 업체의 트럭이 도로를 꽉 채워 다른 차들의 통행이 어렵다면 대책이 필요하다는 것이다. 이 경우 통행하는 트럭 수를 줄이거나, 도로를 확장해 트럭만 별도로 다니는 길을 만드는 게 해법이 될 수 있다.

망 중립성을 표방하는 국가들의 정책은 공통적으로 트래픽의 차단/차별금지, 정보 투명성 확보, 합리적 트래픽 관리 허용 등을 포함하고 있다. 하지만 국가별 시장 상황 등을 반영하여 망 중립성 정책의 구현 방식이나 강도는 다양하다.

유럽연합(EU)는 회원국 모두가 의무적으로 도입해야 하는 망 중립성 규제를 2015년 도입하였고, 우리나라는 망 중립성 및 인터넷 트래픽 관리에 대한 가이드라인과 통신망의 합리적인 트래픽 관리/이용과 트래픽 관리의 투명성에 관한 기준을 도입하였다.

　미국의 망 중립성 접근 방식은 인터넷망을 공공재로 인식하는 것이다. 2015년 미국의 버락 오바마 정부는 인터넷망을 공공재로 간주하며 망 중립성 정책을 세웠다. 망 중립성 원칙은 통신망을 보유한 사업자가 네트워크를 통해 서비스하는 사업자들을 차별하지 못하도록 하는 내용을 담고 있다. 하지만 도널드 트럼프 정부는 최근 이 원칙을 폐기하기로 결정했다. 미국 연방통신위원회(FCC)는 표결을 거쳐 2017년 12월 망 중립성 원칙을 폐지했다. 이에 따라 통신망 사업자는 포털, 동영상 등 플랫폼 사업자의 네트워크 속도를 차별할 수 있는 근거를 갖게 됐다. 요금 납부 여력이 있는 대기업과 그렇지 못한 스타트업 간 격차가 더 벌어질 수 있다는 우려가 나오는 이유다. 망 중립성 원칙이 폐기되면 망 사업자들은 서비스 속도 제어라는 무기를 쥔다. 결국 ISP와 인터넷 서비스 업체 간 수수료 협상은 소비자에게도 영향을 미치게 된다.[13]

　또한, FCC의 망 중립성 원칙의 폐지 결정은 인터넷을 통한 표현의 자유와 평등권 등 기본적인 인권 가치를 훼손할 우려가 있다. 망 중립성 원칙은 혁신과 경쟁, 개방성과 다양성의 발현을 통해, 치열한 경쟁이 예상되는 4차 산업혁명 시대 신생 벤처기

---

13) https://news.joins.com/article/22147890

업의 탄생과 성장을 이끌 기반이다. 망 중립성 원칙 폐기는 그간 이뤄온 인터넷 기업들의 혁신과 향후 산업을 주도할 스타트업의 의지를 꺾어 인터넷 생태계 전반을 위협할 수 있다.

국내의 경우, 2017년 이후 잠잠하던 망 중립성 이슈가 최근 들어 재점화되는 분위기다. 코로나19 사태로 '사회적 거리두기' 실천에 의한 야외 활동 제약으로 집에 머무는 시간이 많아지면서 넷플릭스의 이용률이 2배 이상 급등하였다는 보고가 있다.[14] 사용량 폭증에 따른 국내 통신사의 부담이 가중될 수밖에 없다. 그럼에도 넷플릭스의 무임승차는 계속되고 있어 서비스 품질 유지를 위한 통신망의 운영 및 증설의 부담을 안고 있는 통신사와의 갈등이 예상된다. 이에 대해 방송통신위원회는 망 사용료에 대한 중재안을 내놓을 계획이지만 넷플릭스가 중재안을 거부할 경우, 규제할 방안이 없는 상황이다. 방통위는 '망 이용료 협상 가이드라인'을 조기에 마련하여 국내/해외 기업에 동일한 정책적 잣대를 적용한다는 방침을 밝혔지만, 망 중립성 원칙을 앞세우고 있는 넷플릭스 등 외국계 OTT들이 협조에 나서지 않는 이상 현 상황에서는 이를 강제할 마땅한 수단이 없다. 망 사용료 협상을 거부하는 넷플릭스에 대한 통제 수단이 없음으로써 통신망 사용료를 내고 있는 국내 사업자와의 역차별 문제를 야기할 수밖에 없다. 네이버는 2016년 기준 연간 약 700억 원, 카카오는 약 300억 원의 망 사용료를 지급하고 있다. 따라서 국내에서 트래

---

14) http://news.heraldcorp.com/view.php?ud=20200410000359

픽 폭증의 주요 당사자인 넷플릭스, 유튜브 등 해외 OTT 사업자들이 국내 통신사들과의 통신망 운영과 증설 비용에 대한 협상에 적극적으로 응할 수 있도록 가능한 압박 수단을 포함하여 정부 차원의 실효성 있는 방안 마련이 절실한 상황이다.[15]

3. 미디어 시장의 균형 발전을 위한 OTT 규제의 방향

1) OTT 서비스 규제에 관한 논의

OTT는 영상 서비스의 제공이라는 방송과의 유사성 때문에 OTT 서비스를 포괄하는 새로운 규제 체제에 대한 논의가 필요해졌다. 서비스 형태, 콘텐츠 형식, 도달률, 사회적 영향력 등 다양한 측면에서 OTT가 방송을 대체하고 있으므로 양자에 동일한 규제 틀을 적용해야 한다는 것이다. 법률적으로 OTT가 방송의 개념에 해당한다면 헌법상 방송의 자유의 기본권적 효력이 미치게 되며, 방송과 특성이 유사한 OTT 서비스는 개인과 공공의 자유로운 의사 형성에 기여하는 경우 방송의 자유의 보호 범위에 포함된다고 볼 수 있다. OTT는 인터넷 특성 때문에 그간 유지되어 온 국가별 고유의 규제 및 제도가 통용되기가 쉽지 않은 구조이다. OTT 플랫폼에서 유통되는 동영상 콘텐츠의 특성을 구분하지 않고 기존의 방송과 동일한 규제를 가하는 것은 신중할 필

---

15) 과거 페이스북도 무임승차 논란이 있었지만, 오랜 진통 끝에 통신사와의 협상을 마무리하고 현재 망 사용료를 지급하고 있다.

요가 있으나, 새로운 미디어가 가지는 특성을 고려한 규제 제도의 마련은 필요해 보인다.

따라서 OTT 서비스를 전송 방식이 인터넷이라고 해서 전통적인 방송과 구분하는 차별적인 국내의 규제 현실은 개선되어야 한다. 전통적 방송과 구분되는 다양한 서비스에 대한 새로운 규제 원칙과 규제 체계 개편을 논의하는 것은 미디어산업의 지속적 성장과 미디어 시장의 균형과 형평의 확보를 위해 의미하는 바가 크다.

2) 주요국의 OTT 서비스 규제 현황

미국은 방송 시장을 지상파 방송국, MVPD, OVD(Online Video Distributor)로 구분하고 있다. 주파수 기반의 지상파 방송에 대해서는 면허, 재심사, 프로그램 내용 규제 등의 높은 수준의 규제를 하고 있으며, 다채널 방송 사업자인 MVPD에 대해서는 보다 완화된 규제를 적용하고 있다. OTT 서비스 사업자에 대해서는 별다른 법적 지위를 부여하지 않아 방송 규제를 적용하지 않고, 정보 서비스로 분류하여 서비스 진입 시에 신고 의무 외에 별다른 규제를 가하지 않았다. 하지만 최근 OTT 서비스의 활성화로 인해 미국 연방통신위원회(FCC)는 MVPD와 동일한 수준의 규제를 시도하고 있다.

미국의 연방통신법은 MVPD를 케이블, 위성 등 다양한 방송 채널을 묶어서 소비자에게 방송 신호를 전달하는 유료 방송 네트워크 및 플랫폼 사업자를 지칭하는 개념으로 보고, 미국 연방 통신위원회(FCC)는 OTT를 인터넷을 통해 소비자에게 영상 콘텐츠를 제공하는 영상 유통 사업자로 보면서, OTT를 IP 기반으로 제공되는 영상 콘텐츠를 포괄적으로 OVD(Online Video Distributor)로 정의한다. 미국에서의 OTT에 대한 법적 지위 부여 논의는 현재의 경쟁 구조를 보호하거나 내용을 규제한다는 차원의 규제 도입과 맥락이 다른 사례이며, 오히려 OTT가 기존의 MVPD와 동일한 조건에서 경쟁할 수 있도록 경쟁 환경을 마련한다는 데 목적이 있다.

한편 OTT 규제 논의의 참고 사례로 자주 활용되는 유럽연합의 시청각 미디어 서비스 지침(Audiovisual Media Services Directive, AVMSD) 사례는 방송 규제 완화라는 다른 한 축의 규제 개혁 움직임을 고려하여 해석할 필요가 있다. 유럽연합은 2010년 제정된 AVMSD를 통해 인터넷 기반 시청각 미디어 서비스를 규정하고 회원국들의 규제 수준 조율을 권장하고 있다. 유럽연합은 2016년 방송 광고 일일 총량제, 간접 광고 규제 네거티브 방식 전환, 자율 규제 및 공동 규제 체계 구축 등 방송에 대한 규제를 낮췄다. 시청각 미디어 정의와 규율의 목적이 단지 규제의 강화가 아니라 방송과 비방송의 경쟁 활성화에 있다는 점에서 기존 방송 규제를 완화하는 조치는 합리적 대안일 수 있다.

영국에서 OTT 서비스는 TV 방송 서비스 규제 시스템과는 별도로 '주문형 프로그램 서비스'(On-demand Programming Services: ODPS)로 규정하여 텔레비전 방송보다 약한 규제를 적용한다. 영국은 TV 방송에 대한 규제가 광범위하고 엄격하기 때문에 OTT를 비롯한 신규 미디어 서비스에 대해 수평적 규제 원칙을 적용하고 있다. 방송 통신을 별도로 구분하지 않고 전송과 콘텐츠에 따라 '동일 서비스, 동일 규제'라는 수평적 규제 원칙을 준수한다.

영국에서 OTT는 TV와의 유사성(TV-likeness)을 토대로 주문형 프로그램 서비스(on-demand programme service, ODPS)로 규정된다. 실시간 방송 콘텐츠를 제공하는 OTT는 면허가 필요한 텔레비전 콘텐츠 서비스(TLCS)로 규정하고, 비실시간 동영상 서비스 중 기존 방송 사업자가 제공하는 프로그램과 유사성이 높은 동영상을 ODPS로 규정하고 있는 것이다. 그러나 ODPS는 여전히 법적 정의상 방송과는 구별되는 개념이며, 제한적인 규제 의무를 진다.

프랑스는 TV 방송 개념을 확장하여 시청각 미디어 서비스를 기본적으로는 TV 방송 서비스로 간주하여 규제의 대상으로 보고 있다. 커넥티드 TV 서비스 등 새로운 형태의 플랫폼에서 소수자 보호, 인격 보전, 문화적 다양성에 대해서는 방송 사업자와 유사한 규제를 해야 한다고 보고 있으며, 실시간/비실시간 동영상을 크게 구분하지 않는 것이 특징이다.

독일에서는 500명 이상의 이용자가 동일 시간대에 서비스를 제공받거나 그 이하의 경우라도 광고를 할 경우에는 텔레미디어 등록을 하여야 한다(방송텔레미디어국가협약 제2조 제3항). 독일 방송법 제도는 OTT 사업자에 대해 서비스 기술의 한계 때문에 단일 법률 체계를 갖고 있지 않다. 공영방송의 경우, 3단계 심사를 거쳐

OTT 서비스(인터넷 미디어텍)을 운영할 수 있고, 상업방송은 텔레미디어로 신고만 하면 운영이 가능하다.

일본에서는 다른 주요국들과 달리 방송에 대한 급진적 규제 완화가 논란이 된 바 있다. 일본 정부는 2018년 초 '방송 제도 개혁 방침안'을 통해 방송과 통신의 규제 격차를 줄이겠다는 의지를 내비쳤다. 방송 부흥의 대안으로 통신에 대한 규제 강화보다는 기존 방송 규제의 완화를 선택한 것인데, 이는 방송에 대한 강한 규제가 현재의 경쟁 환경에서 방송산업 발전을 저해한다는 인식에서 비롯되었다고 볼 수 있다. 다만 이러한 급진적 규제 철폐 부작용에 대한 우려에 따라 해당 개혁안이 일본 시민사회와 기존 방송사들로부터 큰 반발을 사고 있으므로 개혁안이 실현될지는 미지수이다.

위와 같이 해외 주요국들은 OTT에 대해 텔레비전 방송과 동등한 규제를 실시하거나, 통신으로 규정하고 완화된 규제를 적용하는 등 다양하다. 주목할 만한 것은 점차적으로 OTT 서비스를 규제의 대상으로 보고 방송과 동등한 규제를 적용해 나가고 있다는 것이기에 이는 국내의 규제 논의에서 참고할 부분이다.

3) 국내 미디어법 제도 현황

우리나라의 경우도 정부가 해법을 찾기 위해 노력하고 있지만 넷플릭스, 유튜브와 같은 해외 사업자에게 우리나라의 규제를 바로 적용할 수 없기 때문에 국내 사업자와의 형평성, 즉 역차별의 문제가 생기게 되었다. 국내 OTT 규제 방향에 대한 논의를 통한 미디어 시장의 공정 경쟁을 위하여 해외 주요국의 OTT 관련 규제 동향에 대한 분석 자료를 참고하여 관련 제도를 국내 미디어 문화적 특성을 고려하여 개선할 필요가 있다.

국내에서 방송 사업자에게 적용되는 미디어 법령 체계는 모법으로 분류되는 방송법을 중심으로 변화하는 시장 환경을 반영해 사업자 및 방송 서비스의 형태와 특징을 법적 테두리 안에 포괄할 수 있도록 지속적으로 확장되어 왔다. 통신과 융합 서비스 사업자를 규율하는 법령들은 이 같은 흐름을 보여주는 대표적인 사례가 될 수 있다. 기존 방송 시장을 특징짓는 규제 틀의 한계를 극복하되, 시장과 사업자를 다른 각도에서 인식하고 규정하는 방식을 모색해 온 결과다. 그러나 지난 2000년 '방송법', '종합유선방송법', '유선관리법', '한국방송공사법'으로 흩어져 있던 방송 관련 법들을 통합하여 현재의 모양새를 갖추었지만, 현행법을 20여 년을 유지하는 동안 방송통신위원회의 설립, IPTV와 종합편성채널 · 보도채널 사용 사업자(PP) 도입 등의 변화하는 방송 환경에 현재의 법 체계가 맞지 않다는 지적이 제기돼 왔다.

IPTV의 경우, 방송 사업자로 분류되지만 기존의 방송 사업자와는 다르게 광대역정보통신망을 이용하여 이용자에게 양방향적인 콘텐츠를 제공하기 때문에 2008년 별도로 제정된 '인터넷 멀티미디어법'의 적용을 받게 되었다. 그 후, 2010년에 제정된 '방송통신발전기본법'은 방송과 통신이 융합되는 새로운 커뮤니케이션 환경에 대응하기 위한 법률로서 방송통신 규제의 원칙, 방송통신의 진흥, 방송통신 발전 기금, 방송통신 재난 관리 등에 대하여 규정한다. 2014년에는 다양한 방송 채널의 등장과 경쟁 심화 등으로 경영 위기를 맞은 지역 방송의 발전 지원과 지역성 및 다양성 구현을 위해 '지역방송발전지원 특별법'이 제정되었다.

지금도 방송법과 그 연관 법령들이 꾸준히 시장과 상호작용하며 의미를 교환하고, 서로를 보완하기 위한 법령 개정 논의가 이어지는 이유가 여기에 있다.

법안에 대한 개정 논의가 이어질 때마다 등장했던 사회적 가치는 역시 공익 그리고 시청자의 편익을 증진한다는 점이었다. 경제적 측면에서는 새로운 기술과 서비스로 인해 촉발된 경쟁과 시장의 가치가 더 반영되는 모양새를 취한 것 또한 사실이다. 2000년 이후 20년 가까운 시간에 걸쳐 이뤄져 온 법 개정 논의는 어느 정도 급변하는 시장과 사회를 담으려는 노력의 결과로 그 성과를 인정받고 있다.

방송 (텔레비전방송,라디오방송,데이터방송,이동멀티미디어방송)							인터넷멀티미디어방송 (IPTV)	
지상파 방송사 업자	종합유 선방송	위성방 송사업	방송 채널 사용 사업			공동체 라디오 방송 사업자	IPTV 제공 사업	IPTV 콘텐 츠사 업자
지상파 방송사 업자	SO	위성 방송 사업자	방송 채널 사용 사업자				IPTV 제공 사업자	IPTV 콘텐 츠사 업자
			종편 및 보도전 문PP	홍쇼핑 PP	전문편 성 PP			

[표 2] 기존의 방송 사업자 분류 체계

4) 국내 OTT 서비스 규제 방향

최근 IPTV와 케이블TV, 위성방송 간 차별성이 희석되고, 전통적인 방송 개념으로 포괄하기 어려운 OTT 서비스 확산에 따른 사업자 간 갈등이 심화되고 있어 현행 인허가 및 규제 체계의 실효성 논란이 확산되고 있다. 이에 따라 2017년 국회 언론공정성실현모임은 개선 법안의 마련을 위해 연구반을 구성하였고, 2018년 8월 공청회를 통해 각계 전문가와 이해 당사자의 의견을 수렴해 개정안을 발의했다.

새로운 방송법 개정안은 방송 사업을 '지상파 방송, 유료 방송, 방송 콘텐츠 제공 사업(CP)' 세 가지로 구분하고, 방송 전송망 사업은 별도의 사업으로 규정했다. 이 가운데 유료 방송과 방송 콘텐츠 제공 사업은 '동일 서비스-동일 규제' 원칙을 적용하고, 기

술 진보에 따른 신규 서비스 진입과 규율이 가능하도록 설계했다.[16]

또한, 개정안에는 공영방송의 정의 및 책임 부여에 관한 내용도 포함되어 있다. 공영방송사는 '한국방송공사법'에 따른 한국방송공사와 '한국교육방송공사법'에 따른 한국교육방송공사, 그리고 '방송문화진흥법'에 따른 방송문화진흥회의 최다 출자 사업자(MBC)로 정의된다. 개정안에는 공영방송사의 공적 책임 조항을 신설하고 방송통신위원회로 하여금 공영방송사의 책무를 정하도록 하며, 공영방송사는 매년 공적 가치 이행 계획을 마련하여 국회에 보고하고 시청자에게 공표하도록 하였다.

개정안에서의 큰 변화는 그동안 방송 서비스 분야에서 영향력을 키워온 인터넷 동영상 서비스, 즉 OTT 서비스를 방송법의 테두리 안으로 포섭하기 위한 시도를 본격화한 것이다. 이러한 신규 서비스의 경우, 과학기술정보통신부 장관 또는 방송통신위원회의 승인을 받도록 하였다.

세부적으로 유료 방송은 다채널 유료 방송 사업자에는 종합유선방송, 위성, 인터넷(IP) TV를 포함시키고, 부가 유료 방송 사업자에는 온라인 동영상 서비스(OTT)와 중계유선으로 나눴다. 방송 콘텐츠 제공 사업자는 채널 사용 사업자와 인터넷방송 콘텐츠(CP) 제공 사업자로 분류하고, 채널 사업자에는 종편과 보도 전문 PP, 홈쇼핑 PP, 전문 편성 PP 등을 포함한다(아래 표 참조).

---

16) https://news.joins.com/article/23287609

OTT 서비스는 중계유선 사업과 함께 부가 유료 방송 사업자로 분류한다. OTT는 '온라인 동영상 제공 사업을 위하여 방송 사업자와 외주 제작사 또는 이용자 등으로부터 대가 등 경제적 이익을 조건으로 실시간 방송 프로그램 또는 영상·음성·음향·데이터 등의 콘텐츠를 공급받거나 수집·중개하여 이용자에게 제공하는 사업자'로 정의하였다. 김성수 더불어민주당 의원은 2019년 1월, 일명 '통합방송법'인 '방송법 전부 개정 법률안'을 발의했다. 본 방송법 개정안은 '인터넷 멀티미디어 방송사업법'과 '지역방송발전지원 특별법'으로 분산된 방송 관련법을 통합해 법체계를 정비한다. 또한, 방송 현실을 반영해 방송의 정의 등을 새롭게 규정하고, 방송 사업자 분류 및 인허가 체계를 개편하는 내용이 포함되어 있다.

[표 3] 개정 발의된 방송 사업자 분류 체계(출처: 권은정, 2019년)

방송 사업							
지상파 방송 사업자	유료 방송 사업자		방송 콘텐츠 제공 사업자				
			채널 사용 사업자			인터넷 방송 콘텐츠 제공 사업자	방송 전송망 제공 사업자
	다채널 유료 방송사업자 (SO, 위성, IPTV 등)	부가유료 방송 사업자 (OTT, 중계 유선 등)	종편 및 보도 전문 PP	홈쇼핑 PP	전문 편성 PP		

한편 방송통신위원회는 방송의 개념을 서비스 중심으로 바꾸

고 방송 통신 인터넷 융합 환경에 맞도록 미디어적인 성격을 고려해 새로운 개념의 가칭 '시청각 미디어 서비스'를 신설하기로 방향을 정하였다.[17] 인터넷 동영상 서비스가 확산하는 상황과 기술 진화 등을 고려해 방송법상 방송 개념[18]의 확장보다는 방송의 범위를 재설정하기로 한 것이다. 이는 미국 연방통신위원회(FCC)가 가상다채널유료 방송(vMVPD)이라는 카테고리를 만들어 인터넷스트리밍방송(OTT)을 포함한 것과 비슷하다. 이와 함께 OTT 서비스는 최소 규제 원칙하에 시장 모니터링 자료 제출을 의무화하고, 금지 행위 및 분쟁 조정 등에서 이용자 보호 근거도 마련키로 하였다. 국내외 역차별 문제가 발생하지 않도록 해외 사업자 규제 실효성 확보 방안도 마련한다.

방송의 개념과 범위가 확대 해석되고, 또한 방송과 통신의 경계를 구분하기 어려운 상황에서 OTT 서비스를 '방송법'으로 적용하기 위해서 방송법의 개념과 범위를 확대해야 하는가가 쟁점이다. 여전히 OTT 서비스 규제에 대한 다양한 시각차가 존재한다.[19] 그 때문에 OTT를 방송의 개념으로 포괄하는 것이 아니라 시청각 미디어 서비스로 포괄하자는 것이다. 다만 여기서 실시

---

17) 동영상 서비스 여부를 기준으로 동영상이 있으면 시청각 미디어 서비스, 동영상이 없으면 정보 사회 서비스로 구분한다. (참고: http://www.mediatoday.co.kr/news/articleView.html?idx-no=205903)

18) 방송의 법적 정의: 방송프로그램을 기획 편성 제작하고 이를 공중에게 전기통신설비에 의해 송신하는 것이다. (2000년 방송법)

19) OTT 서비스를 기존의 방송과 동일하거나 유사하다고 보고 방송의 공공성과 책임을 강조하는 측과, 인터넷 방송으로 통신의 영역으로 보는 측은 새로운 미디어 서비스의 산업 활성화를 이야기 한다. OTT를 바라보는 중도적 시각은 일단 OTT 서비스를 '방송법' 체제 내에서 사업자의 지위를 부여하되, 최소한의 규제를 통해 시장 내에서의 공정한 경쟁을 통해 산업 활성화가 이뤄지게 한다는 것이다.

간인지 주문형인지를 구분하여 실시간일 경우에는 편성 기능이 있는 만큼 규제를 가할 수 있다는 것이다. 우리나라 미디어 법제를 방송통신 인터넷 융합에 맞게 효율적인 개선을 위하여 기술이나 편성 등에 있어 시행령이나 고시 개정으로 가능한 일은 단기로 규제를 완화하고, 중장기적인 과제는 21대 국회가 개원되면 법적 과제로 정해 지상파를 포함한 모든 이해관계자들의 합의를 통한 법 개정 논의를 진행한다는 계획이다.

지금 이 순간에도 방송법 관련 논의는 계속 진행되고 있다. 미디어 환경의 변화를 더 이상 방치할 수 없기 때문이다. 국회에 상정된 법안의 완결성을 위한 논의 속에서 EU의 미디어 서비스 지침 개정안[20]이 주는 함의는 크다. 임시방편식 처방에 따른 입법화 과정이 갖는 한계를 극복하기 위하여 기존 방송 개념에 집착하기보다 미래 지향적 관점에서 미디어 시장과 산업을 새롭게 판단하고, 그리고 무엇보다도 미디어 이용자들의 권익 확보를 위한 방향으로 미디어법 개정 논의가 진행되어야 할 것이다.

---

20) EU의 '시청각 미디어 서비스 지침'은 동영상 공유 플랫폼을 전기통신망을 통해 공중에게 전달되는 상업적 동영상 서비스로 정의하면서 규제의 틀 안으로 포섭하였고, 폭력 및 혐오 콘텐츠와 같은 유해 콘텐츠로부터 이용자를 보호할 의무를 부여하고 있다.

1) 지상파 방송의 위기

국내외를 막론하고 방송 정책의 가장 중요한 이념은 공익성이다. 공익성은 약 100년간의 방송의 역사에서 방송 제도와 정책을 이끄는 이념적 역할을 하였다. 최근에는 방송과 통신이 융합되고 디지털 전환이 진행되면서 기존의 공익성 이념에서 중요한 가치로 여겨 왔던 정치적 독립성과 사회적 다양성이 배제되고 통신의 보편적 서비스 위주로 바뀌고 있다. 또한, 방송 이념을 둘러싸고 공익주의와 시장주의 논쟁이 심화되면서(Curran, 2002) 공익주의에 기반한 공공 서비스 방송은 디지털기술의 발전에 힘입은 시장주의 패러다임에 둘러싸여 무한경쟁에 내몰린 상황이다.

통신 사업자의 방송/통신 융합 서비스 개시, 신문의 종합편성채널 진입, 인터넷 포털의 매체화, 가전사의 방송 시장 진입 등 이종 산업들의 미디어 시장 진입으로 인한 경쟁이 점차 심화되었으며, 소위 지상파만 방송이던 시대에서 플랫폼 범람의 시대로 미디어 시장은 빠르게 진화하였다. 여기에 더해 최근에는 인터넷을 기반으로 하는 새로운 형태의 미디어 서비스인 OTT의 폭발적인 성장으로 시청자들, 특히 젊은 미디어 소비자들이 기존의 지상파 방송을 외면하고 OTT 서비스로 이동하고 있다. 시청자의 외면은 곧 지상파 방송의 위기로 이어진다. 미디어 소비자들은 왜 지상파 방송을 떠나 OTT로 이동하는지 지상파 방송이 집중하여 살펴야 할 이유이다. 인터넷 기반의 OTT 서비스는 이용자의 콘텐츠 욕구를 충족시킬 수 있는 다양하고 방대한 양의 콘텐츠를 보유하고 있다. 편리한 사용자 인터페이스(UI)와 AI 기능을 탑재하여 개인 맞춤형 콘텐츠를 N스크린[21]으로 이용할 수 있는 편의성을 제공한다. 이와 같은 풍부한 콘텐츠와 이용 편의성은 기존의 방송이 갖지 못한 핵심 요소들이다.

위기를 맞은 지상파 방송이 미래에도 방송 서비스로의 가치를 인정받고 시장 변화에 대처하기 위해서는 결국 미디어 소비자와의 접촉면을 확대하는 것이다. 언제 어디서나 원하는 콘텐츠를 접속하고 소비할 수 있도록 기존의 TV 환경을 벗어나 유무선 인터넷 기반의 다양한 플랫폼과 다양한 디바이스를 활용하여 콘텐츠의 도달률을 올릴 수 있어야 한다. 또한, 수동적인 TV 시청의 개념에서 벗어나 능동적이며 적극적으로 참여하는 미디어 이용자들의 성향에 맞게 방송 콘텐츠뿐만 아니라 다양화되고 개인화된 정보들을 다양한 플랫폼을 통해 전달할 수 있어야 한다.

뉴스 보도 부분에서도 지상파의 영향력은 감소하고 있다. 뉴스는 지상파 방송의 핵심 기능이다. 최근에는 유튜브를 통해 거의 모든 분야의 뉴스 콘텐츠가 생산되고 전달되고 있다. 유튜브는 빠른 전파력을 통해 여론 형성에 있어 방송 못지않은 큰 역할을 하기에 이르렀다. 이들의 역할과 영향력은 신문, 방송 등 기존 주류 언론이 커버하지 못하는 사건을 다루거나, 또는 동일한

---

21) N스크린: TV, PC, 모바일 등 다양한 단말을 통해 콘텐츠 서비스 이용이 가능하다.

사안을 취재하여 보도함으로써 보조 매체로서의 지위를 넘어 새로운 저널리즘으로 인정된다. 하지만 규제를 벗어난 의제 설정 기능은 무서운 사회적 흉기가 될 수 있다. 소셜미디어상의 의견은 사전에 충분히 검증되지 않은 내용임에도 불구하고 강력한 사회적 파급력을 가지고 있으며, 이를 통해 특정 사안을 이슈화하거나 특정인을 권력화하기도 하며 나아가 미디어 그 자체가 권력화되기도 한다. 물론 새로운 플랫폼의 등장으로 다양한 콘텐츠를 다양한 방식으로 이용자에게 전달하는 것은 바람직하다. 하지만 특정 플랫폼 편중과 유사 콘텐츠의 범람으로 미디어 환경이 왜곡되어서는 안 된다. 점점 상업화되고 있는 미디어 환경에 대한 적절한 견제와 균형을 위해서라도 공공 미디어로서의 지상파 방송의 영향력 회복은 절실하다.

2) 공정한 경쟁이 가능한 환경

미디어 환경의 급변과 글로벌 자본력 앞에서 지상파 방송은 위기의 상황을 맞고 있다. 국내에서 지상파 방송은 종합편성 채널과 상업 미디어에 비해 차별적 규제를 받고 있는 가운데, 막강한 자본력을 앞세운 글로벌 OTT의 국내 시장 잠식으로 사면초가의 상황이다. 유튜브가 국내 방송 시장에서 급속히 확장할 수 있었던 것에는 규제의 역차별이 컸다는 분석이 있다. 유튜브는 별다른 제재 없이 국내에 동영상을 올릴 수 있지만, 국내 사업자는 등급분류 심의에 이은 사후 모니터링 등의 행정 조치를 감수해야 한다. 서로 불가피하게 경쟁해야 할 상황이라면 공정하게 경쟁이 이뤄질 수 있도록 해주어야 한다. 전체 미디어산업의 동반 성장과 방송과 온라인 동영상 서비스 양자 간의 균형과 형평이 확보된 시장 환경 조성을 위해서도, 또한 급변하는 미디어 시장에 대응하기 위해서도 적합한 규제 체계의 마련은 필요하다.

해외의 사례에서도 OTT 등 인터넷 기반의 동영상 서비스를 TV 방송과 동등한 규제를 실시하거나, 통신 서비스로 규정하고 동일한 규제가 아닌 보다 완화된 규제를 적용하는 국가 등 다양하다. 하지만 최근 들어 OTT 서비스를 방송의 개념에 포함하여 방송과 동등한 규제를 적용하는 것으로 정책의 방향을 전환하는 추세이다.

방송통신위원회도 OTT와 방송의 규제 불균형에 대해 방송 규제를 완화해 불균형 해소가 가능한지에 대해 구체적으로 검토하겠다는 견해를 밝힌 바 있다. 현재 OTT 서비스는 전기통신사업법상 부가통신에 해당하지만, 그 범위가 지나치게 넓어 OTT 서비스의 성격을 제대로 고려하지 못하기 때문에 새로운 역무나 사업 범주가 필요하다는 의견과 또 한편으로는 OTT를 통한 메시지의 표현 행위가 본질적으로는 방송과 동일하기 때문에 방송법에 편입하여 규제하여야 한다는 의견이 제기되어 왔다. 하지만 OTT와 인터넷 서비스에 규제를 가하기보다는 기존의 방송에 주어진 역차별 규제를 대폭 완화하여 불균형을 해소하는 방식의 빠른 접근이 더 바람직하다. 방송과 온라인 동영상 서비스 양자 간의 균형과 형평이 확보된 규제 체계 도입은 새로운 서비스의 등장에 시름하는 지상파 방송에 활력이 되고, 지상파의 영향력은 미디어산업의 전반의 성장을 견인하는 방향으로 작용할 것이기 때문이다.

3) 지상파 방송사의 OTT 대응

미디어 환경이 급변하면서 이용자들의 모바일 플랫폼 선호 비중이 높아지고 있다. 이는 데이터 요금제의 변화에 기인한 것으로 모바일이 동영상 소비 매체로 급부상하고 있다. 이용자들의 모바일 서비스 이용의 만족도는 디바이스와 콘텐츠 측면 모두에서 높은 것으로 나타났다.[22] 모바일 시청의 편리성과 이용 편의성은 TV 시청의 목적을 기능적으로 대체하고 있고, 모바일의 이동성은 시간과 공간의 제약을 없애 언제 어디서나 서비스의 이용이 가능하게 만들었다. 또한, 모바일을 통해 시청 가능한 실시간/비실시간의 다양한 형태의 콘텐츠는 TV의 시청 목적을 모바일로 더욱 확장시키고 있다. 그 때문에 이 같은 플랫폼 다변화와 글로벌 OTT의 공격 등 급격한 미디어 환경 변화에 위기를 맞은 지상파 방송의 대응이 주목될 수밖에 없다.

영국의 경우, 넷플릭스와 아마존 등 OTT 서비스의 영국 시장 진출이 본격화되면서 이전까지 영국민들에게 큰 호응을 받았던 BBC의 iPlayer에 대한 인기가 감소세에 접어들고 있다. 상황이

---

22) Nielsen Korea Attitudinal Data(2018, 12)

이렇게 되자, BBC는 최근 iPlayer에 대한 경쟁력을 강화하겠다는 의지를 적극 표명하였다. 영국의 오프콤(Ofcom)도 BBC의 iPlayer가 공공의 방송 콘텐츠 선택 및 이용 가능성을 높이고 시청 행태 변화에 대응하는 방향으로의 변화할 필요성을 언급하였다. 이에 따라 BBC는 iPlayer를 'totalTV'의 개념으로 바꾸고 BBC 산하 모든 채널의 콘텐츠를 iPlayer에서 제공하고, '인간적인 플랫폼'[23] 으로서 넷플릭스 등 글로벌 OTT 서비스와 차별화하겠다는 방침을 정했다.

넷플릭스, 유튜브 등 글로벌 OTT는 국내에서도 콘텐츠에 대한 투자 확대 및 전통적인 방송산업 구조 파괴 등 방송 콘텐츠 공급과 유통 구조의 변화를 불러왔다. '제작 → 편성 → 송출'에 이르는 전통적인 방송산업의 가치사슬이 약화되었고, 지상파 방송의 위상도 콘텐츠 유통을 위한 수많은 선택지 중 하나로 전락했다. 그러다 보니 보편적 시청자층을 통해 플랫폼 헤게모니를 장악해왔던 지상파의 시대는 지나버렸다. 이제 지상파 방송은 시대의 변화를 인정하고, 시청자들이 왜 지상파 방송을 떠나는지 먼저 헤아려야 한다.

먼저, 시청률 지상주의에 매몰되어 광고 유치만을 위해 움직이던 지상파의 콘텐츠 제작 시스템을 개선하여 지상파의 최대 장점인 콘텐츠의 본질에 보다 집중하면서 플랫폼 다변화에 대응하여 시청자들과의 접촉면을 확대해야 한다. 앞으로는 시청률

---

23) '인간적인 플랫폼'은 iPlayer의 콘텐츠 큐레이션을 AI가 아닌 사람이 직접 수행한다는 의미다.

개념에서 벗어나 조회 수와 구독자 수도 같이 살피는 미디어 기업으로 거듭나야 한다.

이를 위해 지상파 방송사는 연합전선을 구축하여 기존의 유통 시장을 회복하고 나아가 이용자가 많이 머무는 곳으로 공급을 지속적으로 확대해야 한다. 현재 지상파는 글로벌 OTT의 국내 영향력 확대로 위기를 맞고 있지만, 동시에 당면한 위기를 극복하기 위해서 글로벌 OTT를 활용하지 않을 수 없는 딜레마에 처해있다. 국내 지상파 3사가 플랫폼 위기를 극복하기 위해 선택한 안은 지상파 3사의 OTT인 푹(POOQ)과 SK텔레콤의 OTT 옥수수를 합작 결합한 콘텐츠 연합 플랫폼(CAP)의 웨이브(WAVVE)다. 기존의 지상파 방송과 통합 OTT 간의 콘텐츠 선순환 구조를 만들어 콘텐츠의 가치를 제고하고 수익을 극대화해야 한다. 롱폼 콘텐츠 제작에 특화된 전통적 제작 체계를 개선하여 다양한 플랫폼에서 통용될 수 있는 숏폼 등 다양한 형태의 콘텐츠 제작에 관심을 가져야 한다. 과거에 방영된 구작 콘텐츠를 리사이클링하는 단순 재제작 수준을 넘어 해당 플랫폼에 특화된 클립형 콘텐츠 제작에 비용을 투자하는 용기가 필요하다. 예로 유튜브와 같은 플랫폼에서는 TV 본방 경쟁력 및 유료 판매를 저해할 수 있는 롱폼 콘텐츠 유통 정책보다는 숏폼 콘텐츠를 저비용, 고효율 구조로 재편집, 재창작, 재가공하여 이용자 접점을 최대한으로 늘리는 정책이 유효하다.

다음으로, 지상파 방송은 4차 산업혁명 시대를 맞아 기술의 혁신과 변화에 대응해야 한다. 인공지능과 빅데이터 등 첨단 미디

어 기술을 콘텐츠 제작과 서비스에 적용할 수 있어야 하고, 가상
현실과 증강현실(AR/VR) 등 AI 기반 콘텐츠 제작기술을 이용하여
시청자들에게 새로운 재미를 선사해야 한다.

그리고 또, 지상파 방송사는 모바일 방송을 실시해야 한다. 콘
텐츠 수신 환경은 모바일 서비스가 가장 유리하다. 기존의 지상
파 UHD 방송 네트워크와 5G 통신기술을 결합한 모바일 방송
체계를 구축하면 다양한 융합 서비스의 개발이 가능하다. 방송
망과 통신망을 활용하여 TV와 다양한 디바이스에서 시간과 공
간의 제약 없이 인공지능과 빅데이터를 연계한 개인 맞춤형 서
비스 등 다양한 서비스를 제공할 수 있고, 그리고 눈앞에 다가온
자율주행 시대에 맞춰 운전에서 해방될 이용자들에게 AI 스피커
를 매개로 하는 지도 서비스, 오디오/동영상 서비스 등 차량 내
다양한 미디어 서비스를 제공할 수 있어야 한다.

5. 경쟁과 공존을 위한 과제

본 저술에서는 최근 위기에 봉착한 지상파 방송사의 영향력
회복과 약화된 방송산업의 생태계 복원을 위한 방안을 모색하고
자, 온라인 동영상 서비스(OTT)의 개념과 현황, 글로벌 OTT의 급
격한 국내 진입이 국내 방송산업에 미치는 영향, OTT 서비스의
등장 배경과 서비스의 유형, 수익 모델과 가치사슬 등을 알아보
았다. 또한, 주요국의 OTT 서비스 규제 현황 및 국내의 법제도
현황을 살펴보면서 바람직한 국내 OTT 서비스에 대한 규제의

방향을 모색해 보고자 하였다.

조사 내용을 통해, 지상파 방송사의 존립 문제는 국내 미디어 산업의 발전을 위해 중요한 문제이며, 미래 지상파 방송 서비스의 가치를 제고하고 공정한 경쟁이 가능한 서비스 환경을 구축하는 것은 우선되어야 할 과제임을 알 수 있다. 우리나라는 지상파 방송의 디지털 전환을 이루기는 했지만, 다채널 지상파 플랫폼을 도입하지 못함으로써 수신료를 지급하는 시민들에게 무료의 고품질 방송을 제공하는 데 실패하였다. 이후 통신사의 유료 방송 시장 진출과 종합편성 채널의 출범, 그리고 인터넷 기반의 글로벌 OTT 서비스들이 국내로 진출하면서 플랫폼의 전쟁은 시작되었다. 지상파 플랫폼의 위기는 해를 거듭하면서 지상파 수익 급감으로 나타났고, 이는 곧 지상파 방송의 콘텐츠 공급 체계를 위축시키고 품질의 저하라는 악순환으로 이어졌다. 위기에 빠진 지상파가 회생하기 위해서는 자구적인 노력과 함께 규제기관의 적극적인 개입이 필요한 상황이 되었다. 인터넷 기반의 국내외 신규 사업자에 대한 법적인 지위를 새롭게 정의하고 이에 따른 형평에 맞는 규제의 틀이 적용돼야 한다. 더불어 지상파에 촘촘하게 적용되어 있는 차별적인 규제의 해소가 우선되어야 한다.

플랫폼 측면에서 지상파 방송의 활성화를 위해서는 고품질 무료 디지털 방송을 제공할 수 있도록 다채널 방송과 모바일 방송을 할 수 있어야 한다. 일단 지상파 직접 수신율을 높여야 공공의 디지털 방송 역무의 기초를 다질 수 있기 때문이다. 또한, 이동통신 환경이 5G로 고도화됨에 따라, 통신 환경에 걸맞은 미디어 및 킬러 콘텐츠를 확보하기 위해 국내 통신 사업자와 지상파 방송의 협업은 중요한 문제가 되었다. 방송과 통신이 결합된 하이브리드형 디지털 미디어 서비스는 지상파 방송사에게도 새로운 수익 모델을 제공할 것이다.

글로벌 OTT와 대응하면서 경쟁과 공존이라는 딜레마에 빠진 지상파 방송은 어쩔 수 없이 OTT 서비스에 콘텐츠를 제공하게 되었고, 이는 곧 급격한 디지털 플랫폼 종속이라는 우려를 낳게 된다. 유튜브 등 글로벌 사업자들이 디지털 시장의 대부분을 장악하고 있는 현실을 무시할 수도 없지만, 그럼에도 디지털 플랫폼 종속을 방지하기 위해서는 지상파 방송사들의 공동 대응은 반드시 필요하다. 그래서 2019년 출범한 '웨이브(wavve)'와 같은 방송 3사가 연합한 토종 OTT 전략은 매우 유용할 수 있다. '웨이브'는 글로벌 OTT의 국내 진출에 대응하는 방송 3사 중심의 미디어 연합이다. 토종의 지위를 넘어 글로벌 OTT 플랫폼으로서 해외 시장에서의 수익 창출도 사업 범위에 포함되어 있다. OTT 서비스는 IP망으로 제공되기 때문에 스마트폰, 태블릿, PC, 스마트TV 등 인터넷 연결이 가능한 다양한 디바이스를 통한 유통 채널의 확보가 가능하다. 지상파방송사는 '웨이브'가 국내 디지털 유통 플랫폼으로서 확고한 자리를 잡을 때까지 유튜브와 같은 상용 OTT와의 협력으로 TV의 공간적 제약을 극복하고 실시간 방송의 한계를 보완하면서 시청자와의 접점을 확대할 필요가 있다. TV의 보완재로서 글로벌 OTT 서비스를 활용하여 TV 콘텐츠의 소비 선순환 구조를 만들고, 과거 방영 프로그램의 리사이클 링으로 부가수익 등을 창출하여 디지털 시장에서의 지분을 점차 확대해 나가야 한다.

국내의 미디어산업이 글로벌 미디어 사업자와의 경쟁에서 우위를 점할 수 있는 분야는 고도로 발전된 통신 환경과 ICT 기술이다. 차세대 방송 시스템인 ATSC3.0과 5G 통신 시스템의 융합으로 이동방송·미디어 플랫폼 역량을 강화하고, 실감 미디어 서비스를 비롯해 미래 자동차산업에 이르는 디지털 서비스 영역에서 다양한 신규 솔루션 및 사업 모델을 발굴할 수 있다. 5G 기술을 활용한 생방송 중계 시스템을 개발하여 보도, 스포츠 및 대형 이벤트 중계 등 다양한 분야에 적용하고, 디지털 광고 사업을 비롯한 증강현실(AR)과 혼합현실(MR) 등 혁신적인 콘텐츠를 생산하여 지상파 플랫폼 및 외부 플랫폼을 활용한 유통 경로를 다각화하면서 사업 영역을 확대해 나갈 수 있다. 4차 산업혁명의 핵심기술인 인공지능(AI)과 클라우드, 빅데이터 등의 차세대기술을 방송에 적용하여 지상파 방송 플랫폼의 지위를 빠르게 회복할 수 있을 것이다.

또한, OTT 시대, 젊은 세대의 시청자들은 전체 미디어 소비에서 OTT 사용 비중이 높기 때문에 젊은 시청자들을 중심축으로 하는 변화를 시도해야 한다. 물론 지상파 방송, 그중에서도 수신료를 징수하여 운영되는 공영방송사인 KBS의 경우에는 특정 연령대만을 위한 사업을 전개하기는 어렵지만, 젊은 층을 중심으로 하되 전 연령대가 다 같이 이용할 수 있는 플랫폼 전략을 펴야 한다. 디지털 기술의 유연성을 활용하여 지상파 채널에 더해 다양한 시청각 서비스들을 얹어서 기본적으로는 무료로 다양한 방송 및 뉴미디어 서비스를 이용할 수 있게 하여 수신료의 가치를 제고하고, 부가적으로 지급능력 및 기호에 따라 선택적으로 무료/유료 서비스에 연결될 수 있는 경로를 제공하면 다양한 시청자들의 미디어 이용 욕구를 충족할 수 있을 것이다.

　온라인 동영상 서비스 규제 문제에 있어서도 방송과 동등한 규제를 실시하거나, OTT를 통신 서비스로 규정하고 동일 규제가 아닌 보다 완화된 규제를 적용하는 국가 등 다양한 것으로 조사되었다. 하지만 최근 들어 OTT 서비스를 방송의 개념에 포함하여 방송과 유사한 지위를 부여하고 동등한 규제를 적용하는 것으로 정책의 방향을 전환하는 추세이기도 하다. 이미 이용자들에게 유튜브와 같은 OTT 서비스는 없어서는 안 될 필수 미디어이지만, 서로 불가피하게 경쟁하면서 공존해야 할 상황이라면 공정하게 경쟁이 이뤄질 수 있도록 해주어야 한다. 전체 미디어 산업의 동반 성장과 방송과 OTT 서비스 양자 간의 균형과 형평이 확보된 시장 환경 조성을 위해서도 또한 급변하는 미디어 시장에 대응하기 위해서도 적합한 규제 체계의 마련은 필요하다.

UHD 방송과 5G 서비스

박성규 (동아방송예술대학교 방송기술계열 교수)

김상철 (MBC 제작기술국 기술감독)

CHAPTER
06
UHD 방송과 5G 서비스

1. 디지털 무선 환경의 융합

대한민국은 2017년 5월 31일 세계 최초로 지상파 UHD 방송을 시작하였다. 또한, 2019년 4월 3일 세계 최초로 5G 상용화 서비스도 시작하였다. 국내 지상파 방송은 ATSC 3.0[1] 전송기술을 기반으로 4K-UHD 방송을 전국에 서비스하고 있다. ATSC 3.0 기술은 OFDM 변조기술을 사용하고 있으며 IP 데이터 전송이 가능하므로 지금의 LTE, LTE-A, Wi-Fi, DMB 변조기술과 동일한 기술이며 최근 주목을 받고 있는 5G 이동통신기술과도 융합과 협력이 가능한 무선 전송기술이다. 이용자들은 노트북과 태블릿 PC 및 스마트폰 사용으로 인해 이미 깊숙이 무선 기반 서비스에 익숙해진 상태이다. 개인 미디어 소비가 인터넷뿐만 아니라 4G, 5G 무선망의 스마트폰 이용이 증가하고 있다. 방송도 애초에 무선을 기반으로 시작된 무선 서비스이다. 그러나 지금은 케이블

---

1) ATSC(Advanced Television System Committee)는 1996년 미연방통신위원회(FCC)가 미국디지털방송표준위원회에서 제안한 기술을 디지털 HDTV 방송표준으로 채택해 미국의 디지털 TV 전송 방송을 통칭하는 용어가 됐다. ATSC 3.0은 UHD 방식으로 OFDM 방식과 HEVC를 적용하여 주파수를 효율적으로 운영할 수 있다.

TV 및 IPTV의 유선에 의존한 시청이 대부분이다. 지상파 TV마저 옥내 안테나 배선과 실내 단자에 종속되어 있거나 유료 방송에서 서비스를 대신하는 재송신에 의존하는 상황이다. 지금부터라도 지상파 방송이 거실의 TV뿐만 아니라 스마트폰, 노트북 및 태블릿 PC를 비롯하여 자동차와 기차 등 이동형 디바이스 모두를 수용할 수 있는 무선 서비스에 집중해야 원래의 무선형 서비스로 돌아갈 수 있다고 본다. 더불어 5G 통신기술과 협력을 통해서 더 나은 서비스, 더 새로운 서비스를 통해 시청자가 즐겁고 편리한 수신 환경을 구축해야 한다.

5G 이동통신기술은 20Gbps 정도의 초고속 전송이 가능하고, 1/1000 초의 초저지연 특성과 100만 개의 디바이스를 수용하고 식별할 수 있는 초연결 기능으로 지금까지 우리가 경험하지 못한 새로운 통신 환경 제공과 산업 유발 및 미디어 서비스를 탄생시킬 것으로 기대하고 있다. 5G 통신을 바탕으로 진화될 수 있는 방송 서비스는 대용량 데이터 전송을 필요로 하는 4K/8K UHD 방송 및 VR(가상현실), AR(증강현실) 서비스를 비롯하여 다양한 멀티 카메라 콘텐츠, e-Sports, 게임, 웹툰 및 교육용 쌍방향 멀티미디어 서비스 등 다양한 콘텐츠를 서비스할 수 있을 것이다.

국내에서 5G 서비스는 3.5GHz와 28GHz 대역의 주파수를 사용한다. 주파수 특성을 분석해 보면 28GHz는 높은 전송 속도와 많은 가입자와 대용량 서비스가 가능하지만, 직진성이 강하여 전파 음영 지역이 많이 발생하고, 서비스 범위도 넓지 못하므로 인구 밀집 지역 서비스에 유리하다. 3.5GHz 대역 서비스는 대용량 초고속 서비스는 아니지만 4G LTE 서비스와 비슷한 대역이 므로 검증되고 안정된 서비스를 할 수 있어 전국망 구성에 이용 된다. 4차 산업 시대에 5G는 다양한 장점을 가지고 있지만 당분 간 상당히 많은 음영 지역 발생과 대용량 서비스 수신 불가 지역 이 발생할 수 있다. 그리고 유료 서비스를 기반으로 하므로 통신 의 한계가 있을 수 있다. 반면에 방송이 가지고 있는 높은 고지 점령과 대출력 서비스 및 무료 일방향 서비스 등이 장점일 수 있 음으로 서로 상생할 수 있는 융합과 협력을 찾는 것이 중요하다 고 본다.

방송과 통신은 계속되는 기술의 발전으로 인하여 새로운 서비 스를 지속적으로 소비자에게 제공하지만 막대한 투자비가 필요 하다. 지상파 방송사는 수신료를 올리지 못하는 상황에서 새로 운 뉴미디어의 출현으로 기업의 광고가 급감하면서 큰 폭의 적 자가 이어지고 있다. 방송통신위원회는 지상파 방송의 열악해진 방송 환경과 변화하는 기술 여건 등을 반영하여 UHD 방송이 시 작되었지만 아직도 저조한 지상파 UHD 방송 활성화를 위한 방 안 마련을 추진하고 있다. 통신사들도 5G 상용 서비스를 시작했 지만 4G에서 5G로 전환하여 원활한 서비스를 위해서는 막대한 투자가 필요하다. 2020년 지상파 방송사와 통신사가 합작해서 wavve 플랫폼을 만들어 OTT 서비스를 시작했다. 지상파 디지 털 방송과 5G 통신 서비스가 융합하여 다양한 서비스 확대를 실 현해 가는 모습을 보여주고 있다.

5G 서비스는 방송에 있어서도 콘텐츠 활성화에 많은 영향을

가져올 것이다. 본 연구에서는 UHD 방송과 5G 서비스에 대한 현황을 알아보고 상호 간에 어떠한 영향이 있는지를 살펴보고 발전 방향을 찾아보고자 한다.

2. UHD 방송과 5G 서비스 개요

1) UHD(ATSC 3.0) 개요

ATSC(Advanced Television Systems Committee)는 미국 텔레비전 방송표준을 만드는 위원회다. 아날로그 방송 규격인 NTSC에 이어 HD 방송표준인 ATSC 1.0 표준을 제정하였다. ATSC 2.0은 기존의 ATSC 1.0과 호환성을 가지면서 셋톱박스 방식으로 인터넷 기반 양방향 서비스 연동이 가능하도록 한 기술표준이다. 2011년 9월 ATSC는 프로젝트를 ATSC 3.0이라 명하고 기술 분과에서 표준 제정을 시작하였다. 방송 주파수의 효율적이고 유연한 사용, 시스템 안정성, UHD 서비스, 모바일 방송 서비스, 통신망과 방송망을 활용하여 제공하는 서비스, 개인화 및 양방향 서비스, 재난방송 등 13개의 필요한 사항을 충족하도록 2013년 9월부터 기술표준 연구를 시작하였다. 2017년 11월 16일 미국 연방통신위원회는 ATSC를 사용할 수 있도록 공식 승인하였다. 현재 ATSC 3.0을 표준으로 지상파 방송을 하고 있는 국가는 대한민국이다. 미국은 Covid-19로 ATSC 3.0 배포 속도가 느려졌지만 2020년 5월 라스베이거스를 포함한 피츠버그, 내슈빌 및 솔트레이크 시티를 시작으로 ATSC 3.0 차세대 서비스를 확대해 나가고 있다. 영상에서 중요한 요소는 화소 수, 색 영역의 크기, 프레임 레이트, 컬러 샘플링 등이다. UHD 방송은 HD 방송보다 단순히 비디오의 해상도만을 증가시키는 것이 아니라 [표 1]과 같이 화면 주사율, 화소당 비트 수, 컬러 샘플링, 오디오 채널, 시야각 및 데이터양에 대해서도 높은 품질 특성을 가지고 있다. 화소 수의 증가는 우리 눈으로 현장에서 보는 것과 같은 사실적인 영상 표현이 가능해졌다. 해상도는 화질에서 매우 중요한 부분이다. 해상도가 높아질수록 선명한 이미지가 만들어져서 더욱 세밀한 영상을 표현해 준다. 화소 수 변화 과정을 보면 아날로그 비디오는 307,000픽셀, HD는 921,600픽셀, Full HD는 약 200만 화소 이상이다. 4K UHD는 약 800만 화소로 HD에 비해서 4배가량 화소 수가 많다. 8K UHD는 화소 수가 33,177,600개로 HD의 16배 화소로 구성된다. 최근 4K, 8K 장비들이 지속적으로 생산되고 콘텐츠가 제작되면서 OLED 및 QLED 등 대형 모니터를 통해 고화질에 대한 관심이 높아지고 있다.

[표 1] HD와 UHD 주요 특성 비교

구분	HD	UHD		비고
		4K	8K	
해상도	1920×1080	3840×2160	7680×4320	4K: 4배 8K: 16배
화면 주사율	30Hz	60Hz		2배
화소당 비트 수	24bits	24~36bits		1~1.5배
컬러 샘플링	4:2:0	4:4:4, 4:2:2, 4:2:0		1~2배
화면비	16:9(가로:세로)			동일

오디오 채널	5.1	10.1~22.2		2~4.4배
수평 시야각	30도	55도	100도	3.3배
표준 시청거리	3H	1.5H	0.75H	H: 화면높이
데이터양	746Mbps	3~18Gbps	12~72Gbps	4~16배

출처: ITU-R Recommendation BT 2020, 한국전자통신연구원, 2019. 7.

(1) HDTV 방송과 MMS 서비스

국내 지상파 방송은 2001년부터 추진해 오던 디지털 전환 일정을 2012년 12월 31일 종료함으로써 아날로그 방송은 중단하고 HDTV 방송만 서비스하게 되었다. 국내 지상파 HDTV 방송은 미국 방식인 ATSC 1.0 전송 방식으로 전송하며, UHF 대역에서 6MHz 주파수 폭을 가진 TV 1개 채널로 HD 서비스 1개만 방송하도록 제한하고 있다. 그러나 디지털 방송의 가장 큰 특징은 주어진 채널 폭을 이용하여 여러 개의 프로그램과 다양한 서비스를 동시에 전송할 수 있는 장점이라고 말할 수 있다. 지상파 방송은 이미 2006년 독일월드컵 기간 중 TV 1개 채널에서 HD 방송과 SD 방송을 동시에 송출하는 MMS(Multi Mode Service)를 시험 방송하였다. 그 뒤에도 지상파 방송은 HD+SD, HD(MPEG-2 압축)+HD(H.264압축) 등 다양한 형태의 동시 방송을 실험해 왔으나 상용화는 허가되지 않았다. 현재 지상파 방송 MMS 서비스는 2015년부터 EBS에게만 허가되었다. EBS는 채널 하나로 두 개의 HD(MPEG-2압축) 서비스(EBS1, EBS2)를 동시에 송출하고 있다. 3DTV는 전송 규격 변경과 안경 착용의 불편함으로 3DTV 생산이 중단되었다. 그러나 초고화질 UHDTV에서의 3D 영상은 현실보다 더 리얼하게 인간의 감성을 자극할 수 있다고 본다. 그러므로 초고화질 UHD 방송 시대에 3D 영상 콘텐츠는 더 감동적일 것으로 기대하고 있다.

(2) DVB-T2와 ATSC 3.0 전송 방식

UHD 방송을 위한 지상파 방송 전송 방식으로는 DVB-T2가 2009년 유럽에서 HD 다채널 방송용으로 개발되어 영국의 HD-Freeview 서비스에 처음 사용되었다. ATSC 3.0 전송 방식은 우리나라와 미국이 공동 개발하여 2017년 국내 지상파 UHD 방송을 통해 상용화되었다. 일본은 4K-UHD 기술을 넘어 8K-UHD 방송용 카메라, 녹화기 및 스위처 등 방송 장비와 8K-UHDTV 디스플레이까지 개발과 연구의 선두에 있다. 2009년 유럽의 DVB-T2 새로운 전송 방식 탄생과 2013년 ITU의 HEVC 영상 압축기술의 상용화 계획이 추진되었다. 차세대 방송으로 UHDTV 방송에 관심을 갖게 된 국내 지상파 방송사들은 2011년부터 DVB-T2 전송 방식을 이용하여 다양한 실험을 시행하였다. 관악산 송신소와 제주도 테크노파크를 중심으로 UHD 방송 실험이 이루어지는 동안 우리나라와 미국이 공동으로 개발하고 있던 ATSC 3.0 전송 방식이 2017년 완성되었다. ATSC 3.0은 기존의 HDTV 전송 방식에서 사용하던 ATSC 1.0의 8-VSB 변조 방식을 버리고 COFDM[2]을 채택함으로써 DVB-T, DVB-T2, ISDB-T,

---

2) COFDM(Coded Orthogonal Frequency Division Multiplexing)은 이동 수신에서 유리하고, SFN 구성이 쉬운 장점을 갖고 있다.

DMB, DAB, DAB+, DRM, DRM+ 방송 방식과 LTE, LTE-A, Wi-Fi, Wi-MAX, 5G 등 통신기술이 모두 동일한 변조기술을 사용하며, IP 방식 디지털 영상 데이터를 수용할 수 있는 특징을 가지게 되었다.

(3) ATSC 전송 방식 비교

ATSC 2.0 기술은 8-VSB 변조기술로도 이동 수신이 가능하다고 주장하는 국내 기술진에 의해 개발된 ATSC-M/H(Mobile/Hand Held) 기술을 미국이 ATSC 2.0 규정으로 받아들인 전송 방식이다. ATSC-M/H 기술은 대출력으로 송출된 전파가 수백 Km씩 날아가는 광활한 미국 지역에서는 동일한 전파가 수신되므로 어느 정도 이동 수신이 가능할지 몰라도, 국내와 같이 산이 많고 고층 건물과 아파트가 밀집된 환경에서는 중소형 중계기를 SFN 방식으로 설치하지 않는 한 이동 수신이 어려운 방식이다. ATSC 1.0과 ATSC 3.0 규격의 주요 차이점은 아래 [표 2]와 같다.

[표 2] ATSC 1.0과 ATSC 3.0 비교

구분	ATSC 1.0(현 HDTV)	ATSC 3.0(UHD)
변조 방식	8-VSB	OFDM
제공 서비스	고정HD	고정UHD 및 이동HD 방통융합서비스, 부가서비스
영상 압축	MPEG-2	HEVC, SHVC
음성 압축	AC-3	AC-4, MPEG-H
전송 용량	19.39 Mbps	1.3~52.2 Mbps
프로토콜	MPEG2-TS	IP

출처: ATSC.ORG 홈페이지

ATSC 3.0은 다른 방식보다 뛰어난 압축률로 HEVC[3]를 채택하였다. 4G에는 없는 HDR, WCG, HFR, 실감 음향 기능이 추가되었다. HEVC는 동영상 압축 표준이다. HDR는 밝기의 범위를 확장시키는 기술을 말한다. HFR는 화질 향상을 위한 초당 프레임 수를 증가시키는 기술을 말한다. WCG는 실제의 색과 비슷하게 재현하기 위해 증가된 색 재현율을 말한다.

(4) OFDM 변조기술 기반으로 방송과 통신의 융합 기대

국내 UHD 전송 방식이 ATSC 3.0 변조기술을 활용하게 됨으로써 방송과 통신 그리고 가정의 Wi-Fi 등 모두가 OFDM 기술로 통일되었다. 이동통신기술은 아날로그(1세대) 시대를 지나 CDMA(2세대) 디지털 통신 시대를 열고 WCDMA(3세대) 데이터 전송 시대를 맞이하였다. 그 후 LTE[4], LTE-A(4세대)에 OFDM 변조기술을 도입하여 새로운 스마트폰 세상을 만들면서 SNS를 통해 인간과 인간이 국경을 초월하여 자유롭게 소통할 수 있게 되었다. 지금의 5G(5세대)에 접어들면서 AI와 빅데이터 활용을 통해 자율주행 자동차와 로봇 및 사물인터넷 시대를 열어나가고 있다. 방송은 이미 1997년 DVB-T가 만들어질 때부터 OFDM 변조기술이 사용되어 왔으나 국내에서는 2005년 DMB 개발을 통해 OFDM 기술 환경을 구축하면서 실제 SFN 전송망 구성과 이동 수신의

---

3) HEVC(High Efficiency Video Coding): 차세대 동영상 부호화 압축 표준의 하나로 H.264/MPEG-4 AVC의 후속 형식
4) LTE(Long Term Evolution): 4세대 이동통신 직전의 3.9세대 이동통신

가능성을 확인하였다. 아울러 국내 TV 방송도 초고화질 UHDTV 방송을 도입하면서 OFDM 변조기술을 TV 방송에까지 활용하게 되었다. 방송의 OFDM 기술 활용은 초고화질 UHD 영상을 위한 대용량 데이터 전송과 IP 기반 데이터 송출 수용 및 SFN 기술에 의한 단일 주파수 송수신망 구성과 이동 수신 환경을 만들 수 있다. 그리고 효율적인 주파수 이용으로 소출력 중계기 기술에 의한 편리한 이용자 수신 환경 개선과 다양한 서비스를 동시에 제공할 수 있는 MMS 다채널 방송이 가능해졌다. OFDM 기술의 응용과 수신 환경 개선 범위 및 그 기대 효과가 광범위하다고 볼 수 있다.

2) 5G 서비스 개요

(1) 국내 이동통신기술의 역사

① 1세대

1세대 이동통신은 1984년 아날로그 방식의 핸드폰 통신기술이 도입되면서 실질적인 이동통신 시대가 열렸다. 사용된 기술은 AMPS(Advanced Mobile Phone Service) 아날로그 FM 변조기술이다. 서로 다른 주파수를 사용하는 기지국을 벌집 모양의 셀 형태로 배치하고, 사용된 주파수는 주파수의 중첩이나 혼신이 없는 셀 영역에 다시 재활용하는 방식이므로 당시의 핸드폰을 셀룰러폰이라고도 불렀다. 음성 전송만 가능했고 음성 전송 속도는 10Kbps 정도였다.

② 2세대

2세대 이동통신은 디지털 이동통신기술이 도입되었으며, 국내에서는 미국의 퀄컴기술을 한국으로 가져왔다. 1995년 한국전자통신연구원은 퀄컴과 함께 공동으로 CDMA(Code Division Multiple Access) 기술을 완성하였다. 1997년 10월에 PCS 디지털 이동통신 세계를 열었다.

③ 3세대

3세대 이동통신은 2000년을 넘어서면서 새로운 밀레니엄 시대에 걸맞은 새로운 기술(IMT - 2000)에 의한 이동통신을 말한다. 유럽 GSM 진영에서는 비동기식 WCDMA(Wideband CDMA) 기술을 선보였고, CDMA 진영 역시 CDMA 기술을 더욱 발전시킨 동기식 CDMA-2000 기술을 발표하였다. WCDMA는 HSDPA 기술을 개발하여 하향 데이터를 5MHz에서 최대 14.4Mbps까지 전송할 수 있도록 했다. 한국은 기존 WCDMA 방법보다 최대 7배 빨라진 데이터 하향 속도가 가능한 환경을 구축하였다. 그 후에도 WCDMA는 진화를 계속하여 상향 속도도 기존 384Kbps보다 10배 이상 향상된 5.8Mbps 환경을 선보였다. CDMA 기술에서 진화된 CDMA-2000 이동통신기술은 2G 이동통신 기지국을 그대로 업그레이드하여 3G 기지국으로 사용할 수 있게 개발됨으로써 새로운 주파수 확보가 필요 없는 경제적인 세대 전환을 할 수 있는 장점을 가지고 있었다. 데이터 전송도 가능하도록 기술을 진화시켜 CDMA2000.1 EVDO 기술에서는 Download

1.4Mbps, Upload 144Kbps의 데이터 전송이 가능하게 되었다. 그 후 CDMA-2000기술은 음성과 데이터를 하나의 장비로 전송이 가능한 EV-DV(Evolution Data Video) 기술과 음성과 데이터를 각각 다른 장비로 전송하는 EV-DO(Evolution Data Only) 기술로 구분되었다.

④ 4세대

4세대 이동통신은 국내 기술로 탄생한 Wibro와 진화된 WiMAX 기술과 HSPA+ 기술보다 우수한 성능을 보이는 LTE 기술에 의한 3.9세대를 거쳐 만들어진 LTE-A(LTE-Advance) 이동통신기술을 의미한다. LTE 기술은 20MHz의 대역폭에서 다운링크 100Mbps와 업링크 50Mbps의 데이터 전송을 지원하는 IP 기반 기술이다. 반면에 4G LTE-A 기술은 최대 100MHz 대역폭에서 다운링크 1Gbps, 업링크 500Mbps의 데이터 전송을 목표로 하는 글로벌 컨버전스형 무선 이동통신기술을 의미한다.

LTE-A 기술은 진정한 4G 시대를 열어 스마트폰의 기능을 극대화시키는데 큰 역할을 하였다. 2015년 1월 한국전자통신연구원은 제4세대 이동 수신 표준화 기구인 3Gpp[5]가 요구하는 국제표준규격을 만족하며 당시 세계 최고 수준의 LTE-A 시제품을 개발 완료하고 시범 서비스를 시연하였다. ETRI가 시연한 LTE-A 기술의 데이터 하향 속도는 40MHz 대역폭 기준

---

5) 3GPP(3rd Generation Partnership Project): 무선통신 관련 국제표준을 제정하기 위해 1998년 창설된 이동통신 표준화 기술협력 기구

으로 600Mbps의 전송 용량을 가졌으며, 서비스 유효 속도는 440Mbps를 보였다. 이러한 전송 속도는 그 당시 서비스 중인 제 3세대 이동통신기술의 HSPA+보다 40배 이상 빠르고, LTE보다 는 최대 6배 이상 빠른 속도이다. 이동 중에 측정한 하향 전송 속 도 역시 120Mbps로 측정되어 고속 이동 중에도 끊김 없이 초고 속 멀티미디어 서비스 가능성을 보여주었다.

스마트폰이 발매되고 태블릿 PC의 등장으로 제4세대 이동통 신기술은 더욱 역할이 커졌고, 대용량 동영상 및 음악 파일 다운 로드와 유튜브를 통한 동영상 수신과 SNS 접근, 멀티미디어 접 속과 인터넷 사용 등으로 스마트폰을 이용한 모바일 트래픽의 급증을 가져왔다. 모바일 데이터 사용의 급증 문제를 해결하기 위해 통신사들은 새로운 주파수 확보와 기지국 구축을 위해 더 많은 투자를 하게 되고 이러한 부담은 결국 이용자에게 다시 부 가되는 모순이 반복되고 있다. 결국, OFDM 변조기술 도입으로 시작된 LTE 기술은 한정된 주파수의 효율적 사용과 대용량 데이 터의 손쉬운 전송 방식으로 통신사의 부담을 덜고 새로운 서비 스를 제공하는데 각광을 받으며 제4세대 이동통신의 주력기술 로 자리를 잡았다.

⑤ 5세대

제5세대(5G) 이동통신의 시작은 2019년 4월 3일 우리나라에서 최초로 시작하였다. 5G 통신이 가지고 있는 특징은 크게 3가지 로 압축할 수 있다. 5G 기술은 기존의 통신 한계를 뛰어넘어 이용자에게 혁신적인 서비스를 제공할 수 있는 초고속, 초저지연, 초연결기술 특징이 있다.

(2) 5G 국내외 서비스 현황

대한민국은 2019년 4월 3일 3.5GHz 대역을 사용하는 5G 서비스를 상용화하였다. 28GHz에 대한 상용화 서비스는 2020년 하반기에 시작한다. 해외의 경우 28GHz 밀리미터파 스마트폰을 출시해서 상용화 서비스를 하고 있는 국가는 미국이다. 일본도 2020년 5G 밀리미터파 서비스를 상용화한다. 한국과 마찬가지로 중국, 유럽 등 대부분의 국가는 Sub-6GHz 대역의 5G 서비스를 하고 있다. 5G 시대에는 데이터 용량이 폭발적으로 늘어나기 때문에 빠른 시간 안에 대역이 넓은 5G 서비스를 28GHz 대역에서 시작해야 한다. 이 대역의 주파수는 전파 도달 거리가 짧기 때문에 안테나 기지국 수량을 대폭으로 증가시켜야 한다. 기지국 수의 증가는 막대한 비용이 발생하게 된다. 이동통신 사업자들은 가입자의 지속적인 불만이 높아가기 때문에 다양한 결합 서비스를 통해서 가입자 사용료도 올리면서 기지국 설치도 확대해 나가는 전략을 구사하고 있다.

① 미국

버라이즌이 2019년 4월 서비스를 시작하였다. AT&T, 스프린트, T-모바일 등 주요 이동통신사들도 순차적으로 상용화를 시작하였다. 미국은 세계 최초로 28GHz 대역에서 5G 서비스를 상용화하였다. 5G 선점과 활성화를 위하여 2021년 말까지 5G 투자와 관련된 사업에 대해서 과감한 세금 공제 및 초기 5G 구축에 대한 인센티브 정책을 추진하고 있다. 지방에서는 5G 시스템 구축에 소요되는 높은 투자 비용으로 인해서 투자를 기피하는 경향이 발생하면서 서비스 확대에 많은 기간이 소요되기 때문이다.

② EU(유럽)

영국과 스위스는 2019년 5월 5G 서비스를 시작하였다. 스페인과 이탈리아는 2019년 6월, 독일, 모나코, 핀란드는 2019년 7월 시작하였다. 오스트리아는 2019년 9월, 헝가리는 2019년 10월, 노르웨이는 2020년 3월에 상용화 서비스를 시작하였다. 독일 정부는 2019년 6월 5G 주파수 경매를 통해 주파수를 배분하면서 5G 서비스 통신사에게 2024년까지 주택의 98%에서 최소 전송 속도가 100Mbps가 나오도록 의무를 부과하였다. 철도, 고속도로, 지하철을 포함함 주요 도로에서 최소 50Mbps의 전송 속도를 보장하도록 의무화하였다. 시골 지역에는 안테나 기지국 1,000개를 시설하도록 의무화하고, 이동통신 사업자 간 로밍 의무를 강제하였다.

③ 중국, 일본

중국은 5G 장비와 관련하여 미국 트럼프 정부와 대립각을 가지고 있다. 중국은 5G 장비 분야에서 가장 앞서가고 있는 국가이다. 중국은 2019년 11월 1일 5G 서비스를 시작하였다. 일본은 2020년 3월 SoftBank, NTT docomo, KDDI, Rakuten사가 5G 서비스를 시작하였다.

④ 대한민국

2018년 12월 1일 이동통신 3사(SK, KT, LGU+)는 서울, 6대 광역시, 수도권에서 5G 전파를 송출하였다. 일반 사용자를 위한 송출은 아니고 기업 중심으로 5G 서비스를 시행하였다. 2019년 4월 3일 3.5GHz 주파수 대역만으로 5G 상용화 서비스를 시작하였다. 서비스 시작 1년 만에 가입자가 600만 명을 넘어섰다. 그러나 28GHz 대역에서 서비스를 하고 있지 않기 때문에 5G 서비스에 대한 가입자들의 불만이 높은 상황이다. Covid-19로 5G 설비 투자가 지연되었다. 2020년 5월 기준 5G 기지국은 11만 5,386곳으로 4세대 LTE 기지국 87만 개의 13%에 불과하다. 28GHz 대역에서의 실질적인 5G 서비스를 2020년 하반기에 시작한다.

3) 5G 서비스 기술의 특성

5G 서비스를 위한 주파수 대역은 기존 4G 서비스에서 사용했던 주파수와는 [표 3]에서와 같이 많은 차이를 보인다. 5G는 대역폭이 넓어서 전송 속도가 최대 20Gbps에 이르고 4세대보다 지연 속도가 훨씬 줄어든다.

[표 3] 4G, 5G, 6G 기술 특성

구분	4G	5G	6G(예상)
최대 전송 속도	1Gbps	20Gbps	1Tbps
이용자 체감 속도	10Mbps	100Mbps	1Gbps
주파수 대역		100GHz 대역이하	100GHz 대역이상
고속 이동성	350km/h	500km/h	1000km/h 이하
전송 지연	10ms	1ms	1ms이하
주파수 효율성	1	3	
최대 기기 연결 수(1k㎡당)	10만 개	100만 개	

출처: 미래창조과학부, 국제전기통신연합 재구성

(1) 5G 서비스 기술의 특성

① 초고속

5G 시대에는 초고속 데이터 전송 속도를 서비스받게 되며 기존 4G 통신 목표 1Gbps보다 약 20배 정도 더 증가한 20Gbps의 데이터를 보내는데 5G 최대 전송 속도를 목표로 잡고 있다. 실제로 이용자들이 느끼는 체감 속도 역시 현재 4G에서 사용자당 10Mbps 정도의 체감 속도를 5G에서는 100Mbps 이상의 초고속 (eMBB: enhanced Mobile Broadband) 시대를 의미한다. 15GB의 고화질 영화 1편을 다운로드할 때 4G에서 약 6분이 걸렸다면 20Gbps 속도의 5G 통신에서는 약 6초면 가능하다. 그러므로 VR/AR 및 8K UHD 영상과 홀로그램 영상 등 대용량 동영상 서비스까지 서비스 확대가 가능해진다. 5G에 대한 다운로드 전송 속도를 측정하였는데 LA에서 AT&T사의 5G가 최고 속도 1.8Gbps로 측정되

었다. 서울에서 5G 속도는 618Mbps로 측정되었다. 미국에서 전송 속도가 빠른 이유는 28GHz인 밀리미터파 주파수에서 5G 서비스를 하고 있기 때문이다.

② 초저지연

지연 시간은 통신선로나 무선 시스템을 통하여 데이터를 전송할 때 일어나는 시간 지연을 의미한다. 초저지연통신(URLLC: Ultra-Reliable and Low Latency Communication)이 요구되는 자율주행 자동차 혹은 로봇에 의한 자동화 공장 및 IoT 기술에 의한 원격 체크와 응답 환경에서는 빠른 반응 속도가 중요하다. 기존 4G 통신에서 장비 간의 연결 지연이 1/10초 정도에서 5G 통신에서는 1/100초에서 1/1,000초 정도로 줄어든다. 생방송 뉴스나 스포츠 중계를 시청할 때 앵커가 기자에게 질문하면 한참 있다가 대답을 하게 된다. 이런 장면은 4G 시대에는 당연하게 생각했으나 5G 시대에는 지연 시간이 거의 없기 때문에 방송사고로 기록될 것이다.

③ 초연결

수많은 IoT 원격 센서를 활용하거나 동시에 더 많은 통신기기를 서비스하고자 하는 다수 기기 접속 통신의 초연결 환경에서는 기존 4G에서 ㎢당 최대 10만 개를 수용할 수 있었다면 5G 통신에서는 최대 100만 개까지 식별하고 운용할 수 있는 환경 구축이 가능해진다. 냉장고, 에어컨, CCTV, 공기청정기, 도어록, 난방 시스템 및 조명기기까지 대부분의 가정에서 사용하는 전자

제품들이 인터넷망과 연결되고 있다. 유선망이나 무선망과 연결되면서 가정이 아닌 외부에서 사전 점검이나 원격 조정 등이 가능하고 수시로 상태를 모니터할 수 있다. 스마트시티 구축을 위해서 다양한 장비들의 연결을 기존 4G보다 1,000배 정도 많은 기기로 확장할 수 있다고 한다. 초연결성은 편의성과 비용 측면에서는 장점이 많지만 개인정보와 같은 보안 문제에 취약하게 된다.

(2) 5G 주파수 할당

5G에서는 3.5GHz 대역과 28GHz의 두 가지 대역의 주파수를 사용한다. 국내 이동통신사들은 통신사당 3.5GHz 대역의 주파수에서 80MHz 혹은 100MHz 대역폭을 사용하며, 28GHz 대역의 주파수에서는 각각 800MHz 대역의 주파수 폭을 이용하게 된다. 주파수 특성상 3.5GHz 주파수는 4G 대역의 통신망과 비슷하므로 성능도 4G 시대와 비슷한 효과를 보이고 있다. 28GHz 대역의 주파수는 직진성이 강하고 회절성이 약하며 장애물 통과에 어려움이 있다. 그러므로 매우 촘촘한 기지국 배치가 필요하여 광범위한 기지국 투자와 시간이 요구된다. 한국의 이동통신 사업자들은 [표 4]과 같이 주파수를 확보하여 서비스를 하고 있다.

[표 4] 한국의 이동통신 주파수 할당

구분		SKT(MHz)	KT(MHz)	LGU+(MHz)	합계(MHz)
2G	800MHz	10			30
	1.8GHz			20	
3G	2.1GHz	20	20		40
4G	800MHz	20	10	20	340 (SK 135, KT 105, LGU+100)
	900MHz		20		
	1.8GHz	35	55		
	2.1GHz	20	20	40	
	2.6GHz	60		40	
5G	3.5GHz	100	100	80	280
	28GHz	800	800	800	2,400
합계		1,065	1,025	1,000	3,090

출처: 전자통신 동향 분석 34권 제6호, 2019. 12.

국내 이동통신사들은 3.5GHz에서만 5G 서비스를 하고 있기 때문에 28GHz 모바일 밀리미터파 스마트폰은 판매하고 있지 않다. 현재 5G 서비스를 위하여 3.5GHz 대역의 1개 채널만 사용하는 통신사 5G 트래픽에는 용량에 한계가 예상된다. 정부는 5G 주파수 경매 시 전송 속도에 대한 특별한 조건 없이 연차별로 기지국 설치 의무만을 규정하였다. 3.5GHz 대역은 150,000개의 기지국을 기준으로 3차 연도에 22,500 기지국(15%), 5차 연도까지 45,000(30%) 기지국을 설치해야 한다. 28GHz 대역에서는 기지국 설치 장비 100,000대를 기준으로 3차 연도까지 15,000(15%) 기지국을 설치해야 하는 의무를 부과하였다. 28GHz 대역에서 서비스가 시작되면 현재 5G의 2배 이상, 4G의 8~10배 이상으로 빨라진다. 4G에서 사용했던 LTE 통신망을 사용하지 않고 5G만 단독으로 통신만을 사용하기 때문에 실질적인 5G 서비스가 시작된다.

(3) 5G 통신기술과 방송 · 미디어의 융합 기대

5G 통신기술은 기존의 4G 통신에서 업로드와 다운로드 주파수를 분리하여 사용하는 FDD(Frequency Division Duplex) 방식의 비효율적 방식에서 벗어나, 주파수를 매우 작은 타임 슬롯(Time Slot)으로 나누고 UP 신호와 Down 신호를 트래픽에 따라 가변적으로 사용하는 시간 분할 TDD(Time Division Duplex) 방식으로 주파수 효율을 높이고 동일한 대역폭에서 더 많은 데이터 전송에 유리하도록 사용하고 있다.

5G 통신에서 사용하는 변조 방식은 LTE와 LTE-A를 비롯하여 Wi-Fi 등에서 사용하는 OFDM 변조기술을 사용하고 있다. 디지털 방송에서 사용하는 DVB-T, DVB-T2, ISDB-T, DAB, DAB+, DMB, DRM, DRM+, ATSC 3.0 UHD 전송 방식 등 수많은 방송용 전송 방식과 동일한 변조 방식이다. 오랜 세월이 지나 이제야 디지털 방송과 이동통신이 모두 하나의 변조 방식으로 만났다고 볼 수 있다. 그리고 할당된 주파수도 서로 700MHz 대역 주파수를 포함하고 있음으로 방송기술과 통신기술이 융합된 새로운 디바이스 개발로 시장을 선점할 수도 있다. 그 외에도 향후 4K/8K UHDTV 방송 및 VR/AR 방송 혹은 홀로그램 방송 등 대용량 데이터 전송과 Multi Camera에 의한 자유 시점 방송, 22.2

Ch 및 10.2 Ch 등 몰입형 입체 음향 서비스, 대용량 게임 등 디지털 콘텐츠 전송에서 서로 협력함으로써 이용자 확보와 서비스 환경 개선 및 수익형 인프라 활용에서 윈·윈할 수 있는 환경 구축에 적기를 만났다고 볼 수 있다.

모바일 데이터 소비의 대부분이 동영상 이용에 활용되고 있다. 결국, 모바일 서비스의 킬러 콘텐츠도 동영상 서비스를 통해 나타날 것으로 예상할 수 있다. 그러므로 5G 통신의 발전과 세계 시장 선점을 위해서는 방송 사업자와 통신 사업자 간 협력과 도움이 절실히 필요하다.

4) UHD 방송 주파수 특징과 주파수 할당

(1) 700MHz 대역의 UHD 방송용 주파수 할당과 모순

국내 UHD 방송용 주파수는 700MHz 대역에서 5개 채널을 할당받았지만 재난통신과 이동통신 주파수가 할당되어 두 개의 UHD 방송 대역으로 분리되었다. 방송용 주파수 한가운데에 들어온 재난통신 주파수와 이동통신 주파수 때문에 UHD 방송용 주파수가 KBS1(Ch.52), SBS(Ch.53) 영역 및 EBS(Ch.54), MBC(Ch.55), KBS2(Ch.56) 영역으로 구분되는 두 개의 주파수 대역으로 나누어지게 되었다. 아파트와 공동 주택 및 가정에서 안테나를 통해 들어온 미약한 신호를 증폭해야 한다면, 신호 증폭기의 내부에 두 개의 대역 필터가 존재하게 되고, 두 개의 증폭기가 각각 동작해야 하는 고비용 장비의 구성이 필요하게 된다. [그림 1]은

700MHz 대역에서의 주파수 배치도이다.

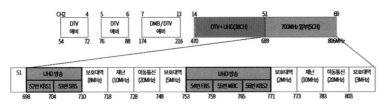

출처: 미래창조과학부, 2017.

[그림 1] 700MHz 대역 수도권 UHD 방송 주파수 배치도

통신용 주파수의 특징은 지금 통화하고 있는 이용자의 핸드폰 출력 크기를 기지국에서 끊임없이 내리라고 하거나 올리라고 명령함으로써 기지국으로 들어오는 모든 핸드폰 출력을 일정하게 맞추는 작업을 하고 있다. 만약 UHD 방송용 주파수 신호를 증폭하려고 넓은 대역의 신호를 한 개의 증폭기로 한꺼번에 증폭한다면 그 가운데에 끼어 있는 통신용 주파수도 함께 증폭되므로 이동통신 기지국의 명령에 따를 수가 없게 되어 기지국을 이용하는 재난통신이나 이동통신 기기에 큰 혼란을 일으키게 된다.

(2) 혼신 방지용 가드밴드 주파수 할당과 주파수 낭비

방송용 주파수와 이동통신용 주파수 서로 간의 간섭과 혼신 피해를 막기 위해 설정된 보호 주파수(Guard Band)의 주파수가 18MHz나 된다. TV 채널 3개 정도 주파수 낭비를 초래하고 있다. 디지털 방송이 이루어지면서 또 하나의 큰 장점은 방송용 채널을 터브 채널(채널 사이를 한 칸씩 띄워야 하는 아날로그 방송 시대의 채널 배정 방법)

없이 서로 붙여서 할당할 수 있는 주파수의 효율적 사용 방법이 특징이다. 그러므로 방송과 통신을 700MHz 대역에 공존시키는 것은 디지털 방송기술의 큰 장점과 효과를 무시하는 정책이라고 말할 수 있다. 아울러 혼신 보호용으로 책정된 보호 대역 주파수의 크기가 일정하지 않고 들쑥날쑥하여 방송과 통신 사이에 진정으로 어느 정도의 보호 대역이 필요한 것인지 정의를 찾기 어렵고 각각의 역할과 효과도 의심스럽다고 볼 수 있다. 700MHz 대역에서 통신용으로 할당된 이동통신 주파수는 5G 통신 활용에도 제외되었고, 벌써 오랫동안 통신사들도 이 주파수의 활용을 요구하지도 않음으로써 방송의 발전을 경계하고 제약하기 위한 통신 주파수 할당이라고 보여 진다.

(3) UHDTV 방송의 SFN 송·중계기망 구성과 효과

KBS1, KBS2, MBC, SBS, EBS 5개 방송사의 UHD 방송을 운영하자면 각각의 방송 채널에 대해 권역별로 2개 이상의 주파수로 구성되어야 바람직한 SFN(Single Frequency Network)망을 구축할 수 있다. 그런데도 현재 각각의 방송사는 배당받은 1개의 주파수만으로 권역별 SFN방식의 송신기와 중계기들을 운영해야 하므로 제대로 된 출력 송신과 중·소형 중계기 배치에 어려움을 겪고 있다.

중계기가 아무리 SFN 중계기라고 할지라도 수신 주파수와 송신 주파수가 동일한 주파수일 때 송신된 전파가 다시 자기 안테나로 수신되는 피드백(Feed Back) 현상으로 인해 출력을 제대로 못

내거나 하울링 현상으로 아예 송신 기능을 발휘하지 못할 수가 있다. 그럼에도 불구하고 현재 UHD 방송을 위해 1개의 주파수로 권역 내 송신기·중계기를 SFN망으로 운영하고 있다는 것은 방송국에서 보내는 방송용 프로그램 공급 신호를 O/F(광케이블) 혹은 M/W(Micro Wave) 수신 장치에 의해 수신한 신호를 송신기·중계기가 모두 동일한 주파수로 송신하고 있음을 의미한다. 즉 프로그램 신호를 공급하는 백본망을 O/F나 M/W에 의한 End-to-End 방식으로 연결하고 있다는 의미이다. 이렇게 유선이나 M/W에 의해 백본망을 구성한다면 희망하는 임의의 장소에 마음대로 중계기를 설치할 수 없다는 단점과 함께 대용량 UHD 영상 데이터의 경우 높은 비용의 유료 통신 회선 사용으로 인해 고비용 구조가 된다. 대신에 [그림 2]와 같이 2개의 주파수를 이용하여 무선형 백본망 구성과 SFN 송·중계망을 구성한다면 F1 주파수가 수신되는 곳 어디에든 쉽게 F2 주파수를 송신하는 SFN 중계기를 피드백 현상 발생 걱정 없이 쉽게 설치가 가능하게 됨을 알 수 있다.

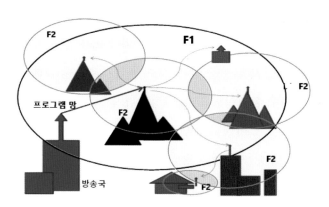

[그림 2] 2개의 주파수에 의한 SFN 송신기·중계기망 구성도

특히 방송용 주파수를 백본망으로 사용하므로 주파수 사용 비용과 중계기 장소 선택에 대한 제약이 덜하므로 아파트용 저가의 극소 출력 중계기와 가정용 갭필러(Gap Filler) 등을 쉽게 설치할 수 있는 장점을 갖게 된다. 현재 700MHz 대역에 방송용 주파수와 이동통신용 주파수를 동시에 배정하고 있으나, 아직도 이동통신사들은 사용 용도를 내놓지 못하고 있고, 주파수 배치에도 낭비와 혼란을 야기하고 있음으로 차라리 UHD 방송 송·중계기의 SFN 망 구축 백본망을 위한 방송용 주파수로 사용하는 방법을 고려하거나 5G 통신의 미디어 융합용 주파수로 공동 활용 방안을 구상해 보는 것은 어떨지 정책적 제안을 하고자 한다.

(4) 주파수 폭 확장에 의한 수신 환경 개선 기술

UHD 방송을 위한 전송 방식 선정에서 ATSC 3.0 기술은 ATSC 1.0에서 사용하던 8-VSB 변조기술을 버리고 OFDM 변조기술을 채택함으로써 SFN 중계망 구성 및 이동형 수신이 가능한 방식을 택한 것은 주파수의 효율적 이용면에서 매우 적절한 선택이 분명하다. 아울러 MPEG-TS 신호 외에도 IP 신호도 함께 수용할 수 있는 전송 방식을 만든 것도 통신기술과 융합하고 미래를 위한 탁월한 선택이었으며, 고정형 방송 신호와 더불어 이동형 방송 신호를 동시에 전송할 수 있는 방법을 추가한 것 역시 매우 완성도가 높은 차세대 방송 전송 방식임이 분명하다. 하지만 방송 채널을 6MHz/Ch 주파수 폭으로 한정한 것은 이용자 환경 개선을 위한 다양한 방법 중 채널 폭 확장에 의한 효과 기술 하나를 제한한 사례라고 말할 수 있다. 꼭 미국과 한국 등 6MHz 채널을 사용하는 몇몇 나라에만 적용할 기술이라면 어느 정도 이해를 하고 넘어갈 수 있는 사안이다. 그러나 만약 이 전송 방식을 아직도 디지털 전환을 하지 못한 저개발 국가나 차세대 UHD 방송으로 업그레이드하려는 국가 및 IP 전송을 통한 방송과 통신의 융합을 기대하는 국가로 수출하려면 좀 더 다양한 채널 주파수 폭 선택에 대한 고려도 함께 했어야 한다고 본다. 이동통신의 경우 LTE-A 기술은 여러 대역의 주파수 폭을 서로 연결하여 대역폭 확장에 의한 수신 능력과 서비스 능력을 확대하는 기술이 특징이다. 주파수 폭 확장은 늘어나는 이용자와 트래픽 증가에 대응하기 위해 주파수 폭을 넓히려는 의도도 있지만, 수신 환경 개선을 위한 방법 중 하나가 주파수 폭을 확장함으로써 중계기 출력을 높이는 효과를 얻고자 하는 목적도 있다. 즉 수신 환경을 개선하는 방법 중 하나가 송신기의 출력을 높이는 방법이 있으며, 또 하나의 방법이 더 많은 중계기를 배치하는 방법이 있다. 그 외에도 가용 주파수 폭을 확장함으로써 송신기 출력을 높이는 효과를 얻는 방법이 디지털 특성을 가장 잘 활용하는 이용자 환경 개선 방법임을 이동통신기술인들은 매우 잘 알고 있기 때문이다. 그렇다면 ATSC 3.0에서 방송 채널 폭을 아날로그 방송, HD 방송, UHD 방송에 여전히 6MHz/Ch의 채널 폭을 그대로 유지한다는 것은 주파수 폭 확장에 의한 수신 환경 개선 방법이 디지털 UHD 방송에는 적용할 수 없는 것은 아닌지 의문이 갈

수 있다. 그렇지 않다. OFDM 방식을 사용한다면 디지털 통신
이나 디지털 방송 모두 주파수 폭 확장에 의한 수신 환경 개선에
효과를 거둘 수 있다. [표 5]은 UHD 4K/60p 영상을 DVB-T2 방
식에 전송하기 위해 36Mbps로 압축하여 보내려고 할 때 6MHz
혹은 10MHz 주파수 폭 채널의 경우 전송 모드와 일반적인 잡음
이 있는 환경에서의 C/N값을 보여주고 있다.

[표 5] 4K-UHDTV/60프레임, 36Mbps 전송을 위한 채널 주파수 폭에 따른 전송 모
드와 C/N값 환산

Channel Freq. Width	QAM Mode	Code Rate	Spectral Efficiency	Bit Rate (Mbps)	AWGN C/N(dB)	Max. Bit Rate @256QAM, 5/6
6 MHz	256QAM	3/4	5.98	35.9	20.0	39.9 Mbps
8 MHz	64QAM	3/4	4.48	35.8	15.1	53.2 Mbps
10 MHz	64QAM	3/5	3.58	35.8	12.0	66.5 Mbps

출처: 방송공학회논문지, 2013. 7.

6MHz 채널에서 36Mbps 데이터를 전송하려면 256QAM 전송
이 필요하며 최소 수신 C/N값은 20dB의 신호가 필요하다. 반
면에 10MHz 채널일 경우에는 36Mbps의 동일한 데이터를 전
송하려면 64QAM의 낮은 차수의 심벌 전송으로도 가능하며
12dB 정도의 낮은 세기의 신호에서도 가능함을 보여준다. 약
8dB의 신호 세기의 차이를 보여주므로 10MHz 채널 폭의 경우
6MHz 채널 폭 방송보다 약 7.9배 정도 낮은 세기의 신호에서
도 수신됨을 보여주고 있다. 아울러 10MHz 채널의 경우 최대

Max Data Rate가 약 66.5Mbps 용량의 데이터 전송도 가능해져 향후 HEVC 압축 8K UHD 영상 전송도 가능할 것으로 예상할 수 있다.

[그림 3]은 LTE 환경에서 이동통신 수신 환경을 개선하기 위한 방법을 찾는데 수신단에서 요구되는 최소 Eo/No비 값을 보여준다. 비트레이트를 늘려갈 때 어느 정도의 값(1bit/1Hz)까지는 송신기 출력을 높이는 방법이 효과를 얻을 수 있지만, 그 값 이상의 비트레이트 증가에 대한 수신 환경 개선에는 차라리 주파수 폭을 넓히는 것이 더 효과적임을 그래프로 보여주고 있다.

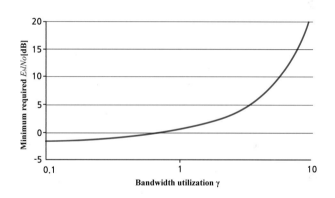

출처: 4G LTE/LTE-A, 2013. 홍릉과학출판사

[그림 3] 대역폭 활용의 수신단 요구 최소 Eo/No 값

LTE/LTE-A 통신기술이 UHD 방송을 하고 있는 DVB-T2와 ATSC 3.0에 적용하고 있는 OFDM을 기반으로 하고 있음으로 6MHz, 8MHz, 10MHz의 채널 주파수 폭에 대한 규정을 갖고 있는 DVB-T2 전송 방식은 오로지 6MHz 단일 채널 폭의 규정

만 가지고 있는 ATSC 3.0보다 이미 디지털 신호의 특징과 장점을 이용자 수신 환경에 적용할 때의 효과를 훨씬 더 넓게 잘 알고 만들어져 응용성과 개방성이 풍족한 방식이다. UHD 방송의 목적이 오로지 영상 품질을 높이는 데에만 있고, 수신 환경 개선이 획기적으로 개선되지 않은 채 아날로그 때나 HD시대에서나 UHD 시대에도 모두 동일하다면 직접 수신자 확보 비율은 HD 디지털 전환보다 더 최악의 결과를 얻을 것으로 쉽게 예상할 수 있다.

5) 5G 통신 주파수 특징과 주파수 할당

(1) 28GHz 대역 주파수 활용 무선 Wi-Fi 시대 예고

미국은 5G를 상용화하면서 버라이즌 통신사에게 28GHz 전파 활용을 허가함으로써 이용자 서비스에서 유선 환경보다 무선 환경 구축을 통해 가입자당 100Mbps 정도의 무선 Wi-Fi 환경을 이루어 보려는 정책을 구사하고 있다. 최대 20Gbps의 전송 용량과 가입자당 100Mbps 용량의 서비스 목표를 이루려면 3.5GHz 대역의 주파수에 의한 서비스 외에도 28GHz의 높은 주파수 대역의 도움이 절실히 필요하다. 미국의 경우 지역과 지역 간의 거리와 가정집 역시 거리가 먼 곳이 많아서 유선에 의한 통신망 구축보다는 무선에 의한 통신망의 발전과 이용 가격 하락이 큰 숙제이기 때문에 28GHz 대역 주파수의 활성화를 기대하고 있다.

(2) 5G 통신 주파수 할당 경매 결과와 응용

2018년 6월 국내 5세대 주파수 경매에서 SK, KT, LGU+가 3.5GHz 대역에서 각각 100MHz, 100MHz, 80MHz 폭의 총 280MHz를 확보했다. 28GHz 대역에서는 3사가 800MHz 폭씩 총 2,400MHz를 할당받았다. 5G 통신은 각국의 주파수 사정에 따라 조금씩 다르지만, 미국과 국내 이통사는 3.5GHz 대역의 주파수를 가지고 먼저 전국망을 구성하고, 28GHz 대역의 높은 주파수를 활용하여 인구 밀집 지역, IoT, 로봇 공장 및 스마트시티 등 산업화에 필요한 지역과 대도시에 보조망으로 활용하게 된다. 5G 통신은 AI(인공지능) 및 클라우드 기술과 접목된 네트워크 구성을 통해 초고속, 초연결, 초저지연 및 고품질의 고신뢰도 서비스를 제공함으로써 이용자의 새로운 생활과 사회적 안정을 이루는 데 이바지하게 될 것으로 기대하고 있다. 무선형 통신 세계 FWA(Fixed Wireless Access) 환경 구축으로 인해 무선을 통한 4K/8K 동영상 초고속 수신이 가능하고, 자율주행 자동차 운행과 원격 진료 등 초저지연 첨단 서비스 구현이 가능해진다. 그 외에도 초연결 기술을 이용하여 스마트홈, 스마트시티 등 거대한 IoT 기술의 활용이 이루어진다. 그러므로 5G 시대에는 이전 시대와는 다르게 전혀 색다른 서비스가 제공될 수 있다. 5G 단말기의 개발과 통신 환경 구축을 위해 세계 각국이 단일 표준을 가지고 규모의 경제를 단시간에 달성할 것으로 보이므로 저렴한 수준의 단말기 보급과 서비스 환경이 빠르게 조성될 것으로 예상된다. 특히 2020년 Covid-19의 세계적 확산으로 인해 세계 각국이 새로운 통신 환경 구축과 새로운 세계를 연결하는 초연결 사회 구성 및 대용량 콘텐츠 전송과 소비 경향 그리고 게임 이용자 급증과 비대면 교육 활성화 등 수많은 서비스가 단시간에 요구되고 이용자가 폭증함으로써 각국의 5G 통신 환경 투자가 빨라질 것으로 예상된다.

3. UHD 방송 서비스 현황

1) UHD 방송 추진 과정

지상파 UHD 방송은 고품질 비디오 및 오디오, 효율성이 높은 압축, 주파수 이용, 고정 및 이동 기기에서의 수신을 위한 전송을 통해 고화질 콘텐츠를 시청자에게 제공하도록 설계된 지상파 방송 플랫폼이다. 지상파 UHD 방송은 HD 방송보다 대형 화면에 한층 선명한 화면과 음향을 서비스하는 초고화질 실감 방송이다. 2017년 5월 31일 대한민국은 세계 최초로 지상파 UHD 방송을 시작했다. 지상파 UHD 방송은 정부의 주파수 할당이 늦어지면서 많은 어려움을 겪었다. UHD 콘텐츠 투자가 거의 없는 케이블 TV를 통해서 대역폭 확보가 용이한 측면을 고려하여 2014년 4월 UHD 방송을 시작하였다. 2014년 9월 IPTV 사업자도 몇 개 채널로 UHD 방송을 시작하였다. 위성 사업자인 스카이라이프는 2015년 6월에 UHD 방송을 시작하였다. 2012년 10

월부터 KBS, MBC, SBS 지상파 방송은 유럽 방식의 DVB-T2 방식으로 UHD 실험 방송을 시작하였다. 실험 방송 중 2014년 6월 브라질월드컵, 2014년 9월 인천아시안게임을 실시간 UHD로 방송하였다. 2014년 12월 지상파 방송사는 미국 방식인 ATSC 3.0 방식으로 실험 방송을 시행했으며, 2015년 4월 차세대방송표준포럼 산하 UHDTV 분과에서 지상파 UHD 표준을 연구하기 시작하였다.

2015년 7월 미래창조과학부와 방송통신위원회로부터 700MHz 대역의 일부를 UHD 방송으로 할당받아 주파수를 확보하였다. 지상파 방송사는 700MHz 대역에서 5개의 채널을 배정받아 수도권과 광역시는 해당 채널에서 본방송을 시작하였다. 시·도는 기존 HD 채널에 혼신을 주지 않는 DTV 채널을 사용하다가 2027년 HD 방송 종료 시 주파수 재배치를 하는 쪽으로 계획되었다. 정보통신 관련 표준을 제정하는 한국정보통신기술협회는 2016년 7월 지상파 UHD 방송표준으로 ATSC 3.0을 채택하였다. ATSC 3.0은 인터넷 연결을 통해서 다양한 서비스가 가능하다. 또한, 단일 주파수망을 사용하여 주파수 효율성이 좋으며, 모바일 방송에서도 많은 장점을 가지고 있다. 한 번의 본방송 연기가 발생한 이후인 2017년 5월 지상파 UHD 본방송이 수도권에서 시작되었다.

2) UHD 방송 송출 일정

수도권에서 2017년 5월 세계 최초로 지상파 UHD 본방송을 시작하였다. 2017년 12월 평창동계올림픽 개최지 및 광역시에서 UHD 방송을 시작하였다. 2020년부터 2021년까지 전국 시·군 지역까지 순차적으로 3단계로 지상파 UHD 방송을 완성하기로 계획하였다. UHD 방송이 활성화되는 시점과 HD 방송이 시작되고 10년이 되는 2027년에 HD 방송 송출은 종료할 예정이다. 전파가 도달하지 않는 음영 지역은 방송사와 협의하여 음영 지역을 최소화하도록 하였다. 서울을 포함한 수도권 지역의 주파수는 700MHz에서 방송사별 6MHz 채널을 할당하였다.

부산, 광주, 대전, 대구의 광역시권 및 강릉의 강원권 주파수 할당은 수도권에서 사용했던 채널과 동일한 700MHz 대역에서 5개의 채널을 할당했다. 울산 및 강원의 MBC, KBS1, 민방은 DTV 채널로 사용했던 채널의 재배치를 통해서 채널을 공급하기로 결정되었다. KBS2, EBS는 수도권과 동일한 주파수를 전국 채널로 배정받았다. 3단계로 전국의 시·군 지역 주파수 할당은 KBS1, MBC, 민방은 채널 재배치를 통해서 기존 사용했던 DTV 대역에서 3개 채널을 지역별로 배정하고, KBS2와 EBS는 수도권과 동일한 주파수를 사용하여 지상파 UHD 방송을 추진한다.

3) 국내 서비스 현황

방송통신위원회는 지상파 방송사 UHD 프로그램 제작 확대를 위한 연도별 UHD 편성 비율은 [표 6]과 같다.

[표 6] 방송통신위원회 권고 UHD 의무 편성 비율

구분	2017	2018	2019	2020	2023	2027
비율	5%	10%	15%	25%	50%	100%

출처: 지상파 UHD 방송 도입을 위한 정책 방안, 2015. 12.

방송통신위원회는 2019년 지상파 방송사 재허가 시 새로운 방송정책 방안 수립 전까지는 2020년 UHD 콘텐츠를 20% 이상 편성하도록 하였다. 지상파 방송사들은 UHD 장비가 출시되면서 2013년부터 드라마, 다큐멘터리 프로그램을 UHD로 제작했다. UHD 지상파 방송을 할 수 없기 때문에 영화나 VOD 서비스를 통해서 시청자들에게 제공하였다. 제작은 UHD를 제작해서 방송은 HD로 다운해서 방송하였다. 최근에는 드라마, 애니메이션, 뉴스, 스포츠, 아침 교양 프로그램도 UHD로 방송하고 있다. 예능은 사전 제작 프로그램이 증가하고 있지만 시청률이 좋은 대부분의 예능 프로그램은 당일 HD로 제작을 해서 방송을 하고 있다. UHD 제작은 파일 용량이 크고, 실시간으로 편집할 수 있는 편집 장비들이 거의 생산되지 않기 때문에 UHD로 편집을 하지 않고 HD로 제작해서 방송하고 있다. UHD 제작은 HD 제작에 비해서 작업 시간이 증가하고 자막을 포함해서 음악 등을 수정하는데 용이하지 않다. 방송사들은 지속적으로 프로그램 확대뿐만이 아니라 시설 투자를 하고 있다(중계차, 스튜디오, 종합편집실, 주조정실,

송신소). UHD에 적합한 다큐멘터리와 드라마는 사전 제작이 가능하고 고화질을 시청자들에게 제공하고자 대부분 UHD로 제작하고 있다. 방송사 제작자들은 UHD로 제작한다고 해서 시청률이 높아지지 않기 때문에 HD로 편집해서 방송하기를 바라고 있다. 파일 기반의 UHD 편집은 편집하는데 여러 가지 어려움이 있기 때문에 당일 방송인 경우에는 적합하지 않다. 최근에는 사전 제작 시스템으로 제작 워크플로우가 변하면서 UHD 제작이 확대대고 있다.

(1) 지상파

지상파 방송사는 UHD 편성 비율을 맞추기 위해서 드라마를 포함하여 뉴스, 스포츠, 다큐멘터리를 포함하여 최근에는 아침 생방송으로 진행되는 생활정보 프로그램까지 UHD 편성 비율을 확대하고 있다. 방송사들은 HD 방송과 UHD 방송을 동시에 병행함으로써 많은 어려움을 가지고 있다.

(2) 케이블 TV

케이블 TV는 지상파 UHD 전송 방식에 대해서 많은 불만을 가지고 있다. 지상파 방송은 콘텐츠 저작권 보호를 위해서 케이블 TV가 UHD 재전송 시 암호 기능이 있는 수신 제한 장치를 설치하도록 강력하게 주장하고 있다. 실질적으로 케이블 TV에서 UHD 프로그램 제작은 비용의 증가로 하기 어렵다. 케이블 TV

에서 UHD 프로그램은 SBS Plus, UXN 및 UMAX를 통해서 방송하고 있다. 케이블 TV는 UHD 방송을 위해서 UHD 수신이 가능한 셋톱박스를 설치하고 유료로 서비스를 하고 있다. 케이블 TV는 UHD 방송으로 인해서 수익이 거의 발생하고 있지 않기 때문에 UHD를 방송하고 있는 곳도 있고 방송을 하지 않는 사업자도 있다. 케이블 TV는 셋톱박스에 OTT를 포함해서 4K UHD가 가능한 셋톱박스를 개발해서 멀티 서비스를 추진하고 있다. 지상파 UHD 재전송 협상이 끝나면 케이블을 통한 UHD 방송이 가능하고 유료 가입자도 증가할 것이다.

(3) IPTV와 위성

IPTV를 통해서 UHD 방송을 시청하기 위해서는 IPTV용 UHD 셋톱박스를 설치해야 한다. Btv는 5개의 UHD 채널을 서비스하고 있으며, 자체 제작한 UHD 프로그램도 VOD를 통해서 제공하고 있다. KT는 6개의 UHD 채널을 제공하고 있으며, 웹드라마, 예능 콘텐츠 제작사에 투자해서 지속적으로 콘텐츠 투자를 늘려 나가고 있다. LGU+는 1개의 UHD 전용 채널을 서비스 중이며 자체 제작한 UHD 콘텐츠도 서비스 중이다.

위성 사업자인 스카이라이프는 가장 많은 UHD 전용 채널을 서비스 중에 있다. SkyUHD, SBS Plus UHD, UHD Dream TV, Asia UHD, UXN을 방송하고 있다. SkyUHD는 다큐멘터리와 교양 프로그램 위주로 편성하고 있다. UHD Dream TV는 요리, 여행, 음악 등의 예능 프로그램 중심이며, AsiaUHD 채널은 아시아 국가의 인기 드라마 중심으로 프로그램을 방송하고 있다.

4) 해외 서비스 현황

(1) 미국

미국은 2020년 40개 도시에서 ATSC 3.0 서비스를 추진하고 있다. Covid-19로 인하여 ATSC 3.0 배포 속도가 느려졌지만, 방송사들은 2020년까지 새로운 서비스를 공동으로 시작하고 있다. 추가적으로 Phoenix에서 방송 중이며 곧 작동할 상용 단일 주파수 네트워크 시설도 계획하고 있다. 하반기에는 전국 차세대 TV 소매 및 방송 TV 소비자 캠페인 등을 진행하고 있다. SBG[6]의 움직임이 가장 활발하다. 미국에서 가장 많은 송신소를 보유하고 있는 시설을 바탕으로 2020년에 단일 주파수망을 통한 ATSC 3.0 본방송을 적극 추진하고 있다. SBG는 보유한 방송국 1,000여 개를 10년 안에 ATSC 3.0 전환을 완료할 계획이다.

(2) 일본

초고화질 방송에 대해서 가장 먼저 시작했고, 많은 노력을 기울인 국가는 일본이다. 2000년대 초반부터 NHK가 기술 개발

---

6) SBG(Sinclair Broadcasting Group): 미국 191개의 방송국에 소유 운용 및 서비스 제공, 차세대 방송인 ATSC 3.0을 가장 적극적으로 추진

을 추진하면서 4K보다는 8K에 중점을 두었다. NHK는 2014년 5월 8K 영상을 전송하는 실험을 케이블 TV를 통해서 추진하였다. IPTV 4K 상용 서비스는 2014년 10월 시작하였다. 2015년 3월에는 위성방송을 통해서 4K 본방송이 세계 최초로 시작되었다. 2016년 8월 위성을 이용해서 8K 시험 방송을 실시하였다. 브라질리우올림픽을 8K로 중계하였다. 2018년 2월 위성을 이용한 8K 본방송을 시작하였다. 평창동계올림픽(2018년 2월)을 4K와 8K로 제작하면서 오디오 채널은 22.2 채널로 제작하기도 했다. 일본은 2020년 도쿄올림픽을 8K로 중계 예정이었으나 Covid-19로 인하여 올림픽이 2021년으로 연기되었다. NHK와 민영 TV 방송사들은 위성 채널을 통해서 UHD 초고화질 프로그램을 방송하고 있다. 17개 채널에서 4K 콘텐츠를 방송 중에 있다. NHK는 8K 프로그램을 방송하는 유일한 방송사다. 일본의 지상파는 HD 방송을 송출하는 것으로 결정되었으며 아직까지 UHD 도입 계획은 미정이다. 일본은 아날로그 TV 주파수를 이동통신용으로 할당하였다. 일부 주파수를 이용해 도쿄, 나고야 등에서 지상파 UHD 실험 방송을 실시하였다.

(3) 유럽

유럽의 UHD 방송은 스포츠 중계를 위하여 위성을 이용해서 UHD 서비스 방송을 시작하였다. 영국 BBC는 런던올림픽(2012년) 경기를 일본 NHK 방송사와 8K로 제작하여 시험 방송하였다. BBC는 2012년 10월 위성방송인 BSkyB와 UEFA 축구 경기를 UHD로 실험 방송하였다. DVB(유럽 방송표준화단체)는 2014년 7월에 UHD 1단계 표준을 DVB-T2 HEVC로 결정하였다. 유럽의 경우는 한국이나 미국에 비해서 고화질 UHD 방송에 적극적이지 않지만 여러 형태의 UHD 방송을 실험하고 있다. 유럽 국가에서는 고화질 UHD 방송보다는 다채널 서비스가 보편화되어 있다.

5) UHD 투자 현황

방송통신위원회는 지상파 방송 사업자 재허가를 의결하면서 (2019년 12월) 지상파에 대하여 UHD 활성화를 위해서 UHD로의 인프라 전환 계획 등 UHD 제작 시설에 대한 연도별 투자 계획을 수립하도록 재허가 조건을 부가하였다. 지상파 방송사들은 광고의 축소로 큰 폭의 적자가 이어지면서 UHD 투자가 축소되거나 지연되고 있다. 통신 사업자 기반인 IPTV는 가입자가 지속적으로 증가하고 있다. 케이블 TV는 지속적으로 가입자가 IPTV 사업자로 이탈하면서 UHD 콘텐츠 투자가 어려운 상황이다. IPTV 사업자는 통신 사업자의 막강한 자본과 TV와 스마트폰의 다양한 결합 서비스를 통해서 서비스 경쟁력이 가장 높다. 최근에는 통신사와 방송사가 콘텐츠를 공동으로 제작하고 있으며 지상파 및 케이블과도 협력을 높여가고 있다. 특히 UHD 콘텐츠 제작 비용의 증가로 인하여 어려움 속에서도 지상파 방송사들이 대부분의 국내 UHD 콘텐츠 제작을 감당하고 있다. 2027년까지의 UHD

시설, 장비 및 콘텐츠 투자 계획은 [표 7]과 같다.

[표 7] 연차별 UHD 투자 계획

(단위: 억 원)

구분	17	18	19	20	21	22	23	24	25	26	27	합계
시설	1066	585	902	1417	1384	551	589	786	1410	206	199	9,095
콘텐츠	715	1497	1833	2577	3119	4423	5651	7002	8371	10299	12812	58,299

출처: 지상파 UHD 방송 도입을 위한 정책 방안, 2015. 12.

4. UHD 방송과 5G 서비스 이후 주요 이슈

1) VR/AR 가상현실 콘텐츠 서비스 동향

Covid-19 확산 이후 세계는 자국민의 안전을 위해 공항을 폐쇄하고 이동의 자유를 통제했다. 하지만 통신에 의한 교류와 콘텐츠 소비는 막을 수가 없다. 비대면 강의와 화상 회의가 단 몇 개월 만에 급속한 확산을 비롯하여 게임과 영화 소비가 증가하였다. 5G 시대에는 VR과 AR 콘텐츠가 킬러 콘텐츠로 성장할 가능성이 높다. 관중 없는 스포츠 중계와 비대면 언택트(Untact) 공연 및 온라인을 통한 공연과 학습 콘텐츠인 온택트(Ontact) 콘텐츠 등 새로운 용어가 자연스럽게 들린다. 만약 스포츠 현장에서 이용자가 스마트폰으로 TV를 보게 된다면 트래픽과 데이터 소모의 걱정을 하지 않아도 된다. 반면에 통신사에서 제공하는 좀 더 자세한 선수 데이터 및 프로필을 TV 중계와 함께 보려면 통신 채널을 통해 제공되는 동일한 중계를 수신하면 된다. 특별한 광고와 좋아하는 선수의 사진도 따로 볼 수 있고 필요한 쿠폰도 모을 수 있다면 이용자는 스포츠 중계를 현장에서 스마트폰으로 TV 방송을 볼지, 아니면 통신 링크를 통해서 중계 TV를 볼지 고민을 하면서도 편리한 세상을 만끽하게 될 것이다. 이렇듯 동일한 콘텐츠를 방송과 통신이 서로 역할을 나누어 제공할 수도 있고, 서로에게 도움이 되는 서비스를 개발하여 공유할 수도 있다고 본다.

2) 쌍방향 방송 콘텐츠 개발과 서비스 동향

노트북에도 Wi-Fi 안테나와 블루투스 통신 기능이 탑재되어 있는데 TV에는 안테나 탑재가 빠져 있는 이유는 무엇일까? 노트북과 태블릿 PC에 카메라와 마이크가 기본으로 탑재되는데, TV에는 안테나는 물론이고 라디오 기능조차 없다. TV는 이미 무선형 기기가 아니라 유선형 서비스 기기로 변해가고 있다. TV, 노트북, 태블릿 및 스마트폰에 디지털 TV 튜너와 안테나를 탑재하고, TV에서 5G 신호를 수신하고 실내에 송출을 대행하는 5G Wi-Fi AP 기능, 즉 FWA(Fixed Wireless Access) 역할을 부여한다면 이용자는 언제 어디서든 본인의 편리한 디바이스로 콘텐츠를 소비하고 필요한 정보와 데이터를 수집할 것이므로 통신과 방송 모두의 혜택으로 돌아가고 세계 시장에서도 국내 장비의 경쟁력을 키울 수 있을 것으로 예상한다. 방송의 가장 큰 단점은 일방향 서비스라는 것이다. 통신은 콘텐츠 확보가 새로운 수익으로 이어질 수 있음으로 콘텐츠 제작과 방송을 전문으로 하는 방송사와 협력이 필요할 것으로 보인다. 그러므로 통신은 방송에 쌍방향 통로를 열어주고 방송은 통신을 통해 다양한 콘텐츠와 전문화된 데이터를 제공하면서 이용자로부터 호응을 얻을 수 있는 방송과 통신의 융합과 새로운 디바이스에 대한 연구가 필요하다.

3) 자율주행 자동차 등장과 미디어 소비 시대

아무리 5G 통신 시대라고 해도 시골에 가는데 굽이굽이 산골 길 차 안에서 스마트폰으로 유튜브나 SNS와 연결하여 동영상을 보려면 어려움이 예상된다. 이때 TV 수신 환경이 개선되어 있고, 스마트폰이나 노트북과 태블릿 PC에서도 디지털 TV를 볼 수 있는 환경이 구축되어 있다면 산골길을 이동 중에도 스마트폰을 통해 디지털 방송을 보거나 들을 수 있을 것이다. 방송은 높은 고지에서 대출력으로 회절과 전달력이 높은 특징을 가진 낮은 대역의 주파수로 콘텐츠를 공급하는 장점을 가지고 있다. 이동통신은 이용자 가까이에 기지국을 배치하고 저출력 높은 주파수로 대용량 정보와 데이터를 양방향으로 전달하는 특징과 장점을 가지고 있다. 이제는 서로의 강점과 특징을 파악하여 세계 시장을 선점하고 이용자가 편리하게 이용할 수 있는 환경 구축을 위해 공동으로 노력해야 할 때라고 본다.

4) HDR과 WCG 서비스 현황

4K 화질의 특징인 색 영역과 밝기 영역과 관련된 HDR(HIGH Dynamic Range)과 WCG(Wide Color Gamut)가 있다. HDR은 밝고 어두운 현장을 보다 정확하게 표현해 주고, WCG는 색 영역을 보다 넓게 확대시켜 색 농도에 따른 현실감을 증가시켜 준다. HDR와 WCG 기술은 영화와 같은 개별 제작 프로그램에는 적절하게 사용할 수 있지만 방송 제작 전 분야에 적용하기에는 어려움이 있다. HDR을 적용해서 송출할 때 PQ 방식과 HLG 방식 전환 시 송출기를 포함해서 모니터 등에서 여러 가지 문제가 발생하였다. 스튜디오 생방송에는 HLG 방식의 HDR 적용이 적합하다. 화질 측면에서 우수한 PQ 방식은 사전 제작과 같이 충분한 제작 시간을 갖는 드라마나 다큐멘터리 프로그램에 적합하다. 지상파 방송사 편성을 보면 SDR 프로그램, HLG 방식의 프로그램, PQ 방식의 HDR 규격의 드라마가 방송된다. 이와 같이 여러 방식의 프로그램이 방송되기 때문에 전환 시 인코더가 에러 없이 영상이 전환되어야 한다. HDR은 일반 카메라에서 지원하고 있는 영역보다 더 넓은 범위를 지원하는 기술이다. HDR 기술이 적용된 콘텐츠는 바닷가 모래 사변과 같이 강렬한 태양 빛에서도 파란 하늘과 하얀 구름이 선명하게 재현되는 것과 어두운 밤하늘의 구름도 세밀하게 표현할 수 있다. 흰색은 더욱더 희게, 검은색은 더욱더 검게 표시하며 이 두 색상 사이에 존재하는 다양한 색상을 모두 사용해 생생한 이미지를 표현하는 기술이다. 즉 휘도 범

위를 HD보다 넓게 표현할 수 있는 원리이다. 상의 밝고 어두운 부분에서 더욱 정밀하게 영상을 재현할 수 있다. HDR 영상에서는 밝은 부분과 어두운 부분을 보정해서 실제와 같이 영상을 재현하는 것으로 UHD의 가장 중요한 특징 중의 하나다. HDR은 2016년 7월 UHDTV를 위한 표준으로 ITU-R BT2100-0로 확정되었다. HDR은 HDTV에서 재현하지 못했던 더 어둡고 밝은 부분을 시청자에게 보여줌으로써 실제 실물과 같은 느낌을 같게 한다.

WCG는 모니터에서 영상을 실제의 색과 비슷하게 재현하기 위해 색 재현율(Color Gamut)을 높인 것으로 HDTV보다 색 재현이 증가된다. 색 재현율은 Display에서 색을 재현할 수 있는 부분을 숫자로 표현한 것을 말한다. TV와 같은 특정 기기에서 나타낼 수 있는 색상의 범위를 표현하며, 영역이 넓고 클수록 더욱 채도가 풍부한 색상으로 보인다. 색 영역은 RGB 색상을 표현할 때 색 재현이 HDTV의 50%라는 것은 색 영역 삼각형 안에서 50%를 재현한다는 뜻이다. HDTV 색 재현성 기준은 ITU-4 BT709이고, UHDTV 색 재현성 기준은 ITU-4 BT2020이다. 국제전기통신연합이 2012년 정한 BT2020은 UHDTV 색상 표준으로 HDTV에서 쓰이는 BT709보다 색 영역이 2배가량 넓다. WCG 기술 등장으로 한층 넓어진 범위의 색을 나타내기 위해서 UHD에서는 ITU-R[7]에서 권고한 BT2020을 국제표준으로 한다. 색 비트 심

---

7) ITU-R(International Telecommunication Union Radiocommunication Sector): 국제전기통신연합으로 전기통신 관련 세계 최고 국제기구로 리디오 주파수 대역의 통신규약

도를 HDTV에서 사용했던 8비트에서 10비트와 12비트로 변경되었다. HDTV의 색 비트 심도가 8비트인 경우 최대 1,680만 색 표현이 가능하다. UHDTV인 BT2020이 경우에는 10비트 심도는 1억, 12비트 심도인 경우 687억의 색 재현이 가능하다.

5) 5G 네트워크 기반의 UHD 생방송

뉴스나 스포츠 프로그램은 대부분 생방송으로 진행하게 된다. 일부 프로그램은 사전에 제작해서 일정한 시간이 경과한 후에 방송을 내보낸다. 방송국 내부 스튜디오가 아닌 야외에서 생방송을 하는 경우에는 중계차를 가지고 생방송을 하게 된다. 4G 서비스 이후에 4G 서비스를 이용한 LTE 장비를 이용해서 쉽게 전송이 되면서 생방송 중계가 용이해졌다. 전송 지연이 거의 없는 5G 네트워크를 사용하면 실시간 Live로 같은 장소에서 방송을 하는 것과 같은 사실감을 느낄 수 있을 것이다. 방송사들은 중계차가 진입하기 어려운 지역에서 쉽게 LTE 전송 장비를 통해서 현장 상황을 시청자들이 볼 수 있게 된다. 현장 화면은 여러 통신사의 LTE 전송 장비를 통해 분할 전송되기도 하며, 네트워크가 가장 원활한 통신사의 망이 자동으로 선택되어 전송되기도 한다. 4G로 전송 시에 속도 지연은 물론 화질 저하 등의 기술적 문제가 있었다. 그러나 5G 시대에는 기업 전용의 5G 서비스 네트워크를 통한 전송으로 안정적인 5G 초고화질 영상을 전송할 수 있다. 5G를 이용한 UHD 생방송 중계 시스템은 방송과 통신이 결합된 새로운 서비스다. 방송사의 UHD 콘텐츠와 통신사의 5G 서비스를 통해서 최소의 비용으로 가장 빠른 현장 영상을 지연 시간 없이 시청자에게 전달할 수 있다. 기존에는 중계차를 설치해서 지연 시간이 있는 복잡한 전송 시스템으로 방송을 했으나 5G 시대에는 핸드폰만 있으면 방송이 가능해졌다.

6) 5G 시대의 킬러 콘텐츠 개발 동향

지난 4월 국내 유명 아이돌 슈퍼엠 그룹이 세계 최초로 NAVER와 SM이 공동 주관하는 '언택트 유료 콘서트' 슈퍼엠–비욘드 더 퓨처를 열었다. 평소 국내 아이돌 공연에서 1만 명의 관객이 모이기 힘들지만, 비대면으로 유료 콘서트임에도 불구하고 109개 국가에서 약 7만 5천 명의 유료 관람자가 비대면 관객으로 공연을 보았다. 2020년 6월에는 약 107개국에서 75만 명의 유료 관중이 BTS의 온라인 Live 전용 공연인 방방콘을 시청했다. 스포츠도 무관중 경기 중계가 이제는 자연스러운 방송으로 받아들여지고 있다. 한국의 프로야구와 골프가 해외에 중계되기도 한다. 분명히 지금까지 우리가 겪어 보지 못한 비정상적인 공연과 스포츠 중계 등 새로운 형태의 방송이 정상적인 방송으로 여겨지고 있다. 더구나 유료 공연과 영상으로 활성화되고 있는 실정이므로 방송과 통신이 서로 협력한다면 방송 권역과 상관없이 세계를 대상으로 콘텐츠 제공 영역이 넓어지고 있다. 이제는 무엇을 어떻게 보급하느냐의 문제만 남아 있다. 즉 통신을 통해 방송이 세계로 확산해 나가는 협력을 하루빨리 일찍 이루는 쪽이 이용자를 더 많이 확보할 것으로 예상된다. 그 외에도 쇼핑과 전시, 홍보, 교육, 의료, 음식, 배달 등 다양한 분야에서 고품질 동영상 제공과 쌍방향 통신을 통해 서로 협력하고 있다.

5G 시대에는 더 화려하고 더 멋진 방송과 통신 융합 서비스가 이루어질 것이고 기술적으로도 더욱 발전한 콘텐츠와 1인 미디어들이 여전히 킬러 콘텐츠로 작용하게 될 것으로 전망된다.

7) 6GHz 대역의 Wi-Fi 허가와 기대

최근 2020년 6월 25일 과학기술정보통신부가 6GHz 대역 1.2GHz 폭을 비면허 주파수로 공급하기로 발표하였다. 차세대 초고속 와이파이와 산업용 5G 기술을 자유롭게 적용하도록 기술 중립적 주파수로 개방하고, 초연결 인프라 모세혈관을 확장한다는 데 목적이 있다. 개정(안)은 실내 이용의 경우 1,200MHz 폭 전체를 공급하며, 기기 간 연결은 기존 이용자 보호를 위해 하위 500MHz 폭만 출력 조건을 제한해 우선 공급과 2022년 주파수 공동 사용 시스템 도입 이후 이용 범위 실외 확대 등 조건을 부과했다.

새로운 Wi-Fi 대역의 허가로 인해 앞으로 제조업체 등이 별도 주파수 비용을 지급하지 않고 저비용·고효용의 5G급 스마트 공장망을 구축할 수 있게 되므로 5G 기반 융합산업 발전을 촉진할 것으로 전망된다. 특히 차세대 와이파이의 경우 넓어진 대역

폭을 바탕으로 혁신기술을 접목하면 속도가 5배 이상 향상된다. 이렇듯 용도와 용량이 늘어남으로 인해 가상현실(VR), 증강현실 (AR) 등 대용량 5G 콘텐츠를 저렴한 비용으로 소비할 기반이 마련됨으로써 방송과 통신의 융합이 기대된다.

5. UHD 방송과 5G 서비스 발전 방향

1) UHD 방송 서비스의 활성화 방안

비대면 수업, 자율주행 자동차, 드론과 로봇을 이용한 스마트 공장, UHD 방송과 첨단 디스플레이 산업 등 다양한 분야에서 디지털 뉴딜 정책이 추진되고 있다. 방송과 통신이 OFDM이라는 공통의 기술로 700MHz 주파수 대역을 공동으로 사용하고 있는 시대에 서로가 융합하고 연결될 수 있는 기회를 놓치지 말고 이용자와 사회의 발전으로 이어질 수 있는 제도 개혁과 전략적 융합이 필요한 시점이다. UHD 전환을 위해서 방송사들은 많은 비용을 투자하고 있지만, 그만큼의 수익을 만들어 내지 못하고 있다. 방송사, 정부, 가전사를 포함하여 많은 기업이 초고화질 콘텐츠에 투자할 수 있는 생태계 구축이 필요하다. UHD 방송 활성화를 위해서는 첫째, 국내 사업자 간 적극적인 협력 체제가 필요하다. 추가로 글로벌 기업들과의 협력 체제도 필요할 것으로 판단된다. 둘째, 방송 사업자마다 각기 다른 콘텐츠 정책과 접근 방법이 다르기 때문에 시청자 입장에서는 비용도 증가하고 접근하는데 어려움이 있다. 각 미디어 사업자들의 콘텐츠를 통합한 OTT 플랫폼이 필요한 시점이다. 셋째, 정부의 적극적인 추진 정책이 필요하다. UHD 콘텐츠 지원을 포함하여 스마트폰에서 ATSC 3.0 콘텐츠를 직접 수신할 수 있는 안테나 장착을 의무화해야 한다.

2) 방송과 5G 서비스 발전 방향

지상파 UHD 방송의 가장 중요한 특징은 IP 기반의 양방향 서비스라고 할 수 있다. 초고화질 UHD 방송과 전송 속도가 빠른 5G 통신 서비스가 결합되어 시청자에게 많은 변화를 가져올 것이다. 최근 방송에서 시청자와 진행자가 상호 쌍방향으로 참여하는 프로그램이 증가하고 있다. SBS '트롯신이 떴다' 랜선 버스킹 프로그램과 MBC 백종원의 '백파더 요리를 멈추지 마' 프로그램은 5G 시대의 방송과 통신의 융합 프로그램이다. 방송사와 통신사 무선망과 유선망을 이용한 프로그램이다. 멀티 캐스트 기반 네트워크 트래픽 관리기술로 고화질 화면 전송이 가능하기 때문에 전 세계 시청자들과 실시간 쌍방향으로 정보를 주고 받으면서 현장감과 사실감이 넘치는 방송이라고 할 수 있다. Covid-19 여파로 공연들이 취소되면서 무한도전 김태호 PD가 연출한 '놀면 뭐하니 방구석 콘서트'를 벤치마킹한 형태의 음악과 예능 프로그램이 증가하고 있다. ATSC 3.0 UHD 방송이 IP망과 연결되어 부가 서비스가 가능하고 5G의 초고속과 초저지연으로 인한 딜레이가 없는 초연결을 통해서 많은 시청자와 쌍방향 연결이 가능해질 것이다. 시청자들은 스마트폰 앱을 통해서 방송에 참여할 수 있다. 방송은 방송 자체의 무선망과 5G 통신망을 이용해서 쌍방향으로 시청자와 의견을 주고받으면서 높은 품질의 프로그램 제작이 증가하고 있다.

3) 방송 미디어에서 본 5G 발전 방향

NAB2019(방송장비전시회) 컨퍼런스에서 5G 관련 키워드는 다음과 같다. 첫째, 게임과 스포츠는 많은 사람이 스마트폰을 통해서 접하고 있다. 방송에서 어떻게 게임과 스포츠를 재미있고 실감 있는 프로그램으로 연결시킬 것인가. 둘째, 어떻게 개인별 관심 있는 콘텐츠를 보내주고 광고를 붙일 수 있는지의 문제이다. 지상파는 계속해서 광고가 축소되고 특화된 콘텐츠에 시청자의 관심이 높은 프로그램만 광고가 붙고 있다. 셋째, 스마트폰의 속도가 빨라지고 안정화되면서 유튜브와 같이 일반 시청자들도 쉽게 고품질의 프로그램 제작이 가능해지고 있다. 방송 제작 시스템이 스마트폰을 활용한 방향으로 변화되고 있다. 넷째, 앞으로 5G 시대 4차 산업혁명으로 자율주행차가 등장하면 많은 시간을 차량 안에서 보낼 것이고, 차량 안에 있는 디스플레이의 크기는 커질 것이다. 자율주행 차량에 방송 사업자는 방송망과 통신망을 이용해서 쉽게 콘텐츠를 제공해야만 수익 창출이 가능할 것이다. 다섯째, 쉽게 무선망과의 연결이 필요하다. 방송 제작 시스템이 대부분 무선으로 변화되고 있다. 현재의 방송 시스템을 이동통신기술과의 융합으로 바꾸어야만 시청자와 쉽게 접할 수 있을 것이다. 5G 서비스의 성장은 지상파 방송 사업자에게는 위기로 생각할 수도 있다. 현실적으로 고품질의 UHD 콘텐츠를 제작할 수 있는 곳은 지상파 방송사뿐이다. 시청자들의 콘텐츠 소비는 영화와 같이 드라마나 예능을 만들기를 원하고 있다. 역설적으로 지상파 방송사는 고품질 UHD 프로그램을 계속해서 제작해서 진입 장벽을 높임으로써 5G로 변해가는 미디어 시장을 발전시켜야 할 것이다.

4) 시청자 미디어 이용 행태 변화 대응 방안

2019년 방송 매체 이용 행태 조사에 의하면 TV 시청량은 1일 평균 2시간 42분으로 전년도보다 5분 감소하였다. 스마트폰 이용 시간은 1시간 39분으로 전년보다 3분 이상 지속적으로 증가하고 있다. TV를 시청하면서 다른 매체를 이용하는 비율은 스마트폰 사용률이 55%로 가장 높은 것으로 나타났다. OTT 서비스 이용률은 전년의 42.7%에 비해서 52%로 큰 폭으로 증가하였다. 유튜브 콘텐츠를 이용하면서 많은 시간을 유튜브 플랫폼에서 소비하고 있다. 시청자들은 유튜브를 이제 중요한 미디어로 생각하게 되었다. 유튜브는 상상할 수 없을 정도의 많은 콘텐츠가 매일 만들어지며 이용자들에게 다양한 정보를 채워주면서 주류 미디어 플랫폼이 되었다. 시청자들은 직접 자신의 콘텐츠를 올리고 참여해서 수익도 창출하고 있다. 유튜브는 제작자와 시청자의 경계가 없고 영상 제작, 소비, 공유, 확산이 빠르게 이루어진다.

유튜브에서 보고 싶은 영상은 무엇이고, 텔레비전에서 보고 싶은 영상은 무엇일까? 나아가 지상파 방송은 곧 텔레비전이라는 인식을 '지상파 방송은 공영 미디어'라는 인식으로 변화시켜가야 할 것이다. 유튜브 대세에 합류하기 위해 방송의 본질을 변화 혹은 훼손시키는 것이 아니라, 유튜브 대세를 전략적으로 활용해서 상생해 가길 기대해 본다.

시청자들은 스마트폰을 포함하여 모든 기기에서 쉽게 무료로 양질의 영상 콘텐츠를 소비하기를 원한다. UHDTV에 2개 혹은 4개의 안테나로 구성된 다이버시티 안테나가 탑재되어야 하며, 스마트폰에도 UHD와 동일한 콘텐츠를 볼 수 있도록 송신소에서 송출하는 전파를 수신할 수 있는 안테나를 의무적으로 내장해야 한다. 다이버시티 안테나의 경우 수신 확률을 2~4배 이상 높여주고, 이동 수신 한계 속도도 높여주는 역할을 한다. 스마트폰에도 디지털 TV 안테나와 향후 디지털 라디오 안테나까지 수용한다면 그야말로 진정한 방송과 통신 융합이 이뤄지고 이용자에게는 편리한 미디어 소비 환경을 서비스하게 된다. 아울러 원활한 SFN망 구성과 아파트와 가정집용 극소 출력 중계기 및 Gap Filler 사용을 위해 방송사 권역별 2개의 주파수 할당이 요구된다. TV와 스마트폰 등 다양한 디바이스로 언제 어디서든 4K 혹은 8K UHD 이용이 가능하게 되면 선명하고 몰입감을 느낄 수 있기 때문에 UHD 콘텐츠 수요는 증가할 것으로 예상된다.

6. UHD 방송과 5G 서비스 활성화를 위한 과제

국내에서 UHD 방송과 5G 서비스를 세계 최초로 시행하였다. 방송은 통신망을 이용해서 많은 시청자와 가정의 TV뿐만이 아니라 스마트폰을 통해서 어느 곳에서도 쉽게 다양한 콘텐츠에 접근이 가능해졌다. 전 세계 시청자들이 초고화질 UHD 방송으로 인한 변화도 느끼겠지만 5G 서비스가 가져올 변화에 더욱 많은 관심을 가지고 있다. 지금의 방송 환경은 올드 미디어인 지상파 방송에 대한 광고 축소가 지속되면서 생존을 걱정해야 할 상황에 놓였다고 할 수 있다. 드라마 제작에 따른 제작비는 증가하고 있으나 광고는 대부분 붙지 않기 때문에 드라마 제작에 막대한 적자가 발생하고 있다. 지상파, 케이블, 위성, IPTV 등 방송 사업자 간 경쟁이 심한 상황에서 5G 서비스에서의 다양한 방송 서비스 간 경쟁이 더욱 심화되고 있다. 이러한 어려운 상황에서 지상파 핵심 킬러 콘텐츠라 할 수 있는 UHD 방송 활성화가 지연되고 있다. 지상파 방송사 직접 수신율이 낮아지면서 5G 서비스와 함께 다가올 시장이 어떻게 변할지 예측하기 어려운 상황이다. 최근 지상파 방송 사업자와 SK가 합작해서 OTT 플랫폼을 만들어서 서비스를 진행하고 있다. 그러나 유튜브나 넷플릭스와 경쟁이 어려울 것으로 예측하고 있다. 국내 모든 미디어들이 참여해서 통합 OTT 플랫폼을 만들어야 경쟁력이 있다고 본다. 5G는 방송 콘텐츠에도 많은 영향을 가져올 것이다. 미디어의 소비와 광고가 빠르게 모바일로 이동하게 되고 방송통신 시장의 인

수 합병과 글로벌 사업자와의 경쟁이 치열해질 것이다. UHD 방송과 같은 고품질의 콘텐츠를 지속적으로 생산하기 위해서는 정부의 제작 지원을 포함해서 다양한 공적 역할이 필요하다. 모든 국민이 UHD 콘텐츠에 무료로 쉽게 접근할 수 있도록 미국 ATSC 3.0 방송처럼 UHD와 HD 모바일 동시 방송이 가능하도록 정책적 전환이 필요하다. 지상파 방송의 주 수익원인 광고 매출이 빠르게 감소하고 있는 추세를 고려할 때, 지상파 방송에 대한 특단의 대책이나 활성화 정책이 수립되지 못하면 경영 환경이 개선되기 어렵다는 것이 지배적 전망이다. 결국, 모두가 윈·윈하려면 정부, 방송사 및 통신사 모두가 UHD 방송이나 5G 서비스를 단지 보여주기 위하여 세계 최초로 시행할 것이 아니라 디지털 무선기술이 수신 환경 개선에 더욱 유리하다는 장점과 특징을 살려 획기적인 이용자 수신 환경 개선에 더욱 힘써야 이용자의 호응을 받을 수 있을 것이다.

CHAPTER 7

블록체인 시대 지상파 방송의 역할과 생존 전략

안동수 (前 KBS 부사장/ 現 한국블록체인기업진흥협회 수석부회장)

CHAPTER
07

블록체인 시대 지상파 방송의 역할과 생존 전략

1. 청정 방송 지상파의 중요성

2019년 12월경부터 중국 우한에서 발발한 '코로나19(COVID19)'가 국내 주요 산업 전반에 걸쳐 심대한 영향을 미치며 지구촌을 팬데믹으로 몰아넣었다. 이로 인해 국민의 사회적 활동이 여러모로 제한되고 국민들의 정보 채널을 SNS와 재난방송에 집중하게 하였다는 것은 새로운 세상으로의 전이다. 이 바이러스와의 전쟁에서 우리는 인간의 가치와 정신문화가 어떻게 야만스럽게 나타나는지 세계 각국의 적나라한 대응 자세를 확인하였다. 이 다루기 힘든 사태를 국가 권력을 강화하는 방법으로 쓰는가 하면, 자기 계파의 돈벌이 수단으로 이용한 상위 통치자들로부터 휴지 한 뭉치를 잡고 싸우는 서민들의 민낯은 안타깝고 민망한 오늘의 실상이다.

지상파 방송은 장구한 세월 동안 사회 주류 미디어로서 국민과 사회의 가치관과 생활 방식을 형성하는데 지대한 영향을 미쳐왔다. 그러나 기술과 사회적 환경 변화로 경영 재정이 어려워지면서 정신문화 조성의 역할을 위협받고 있다. 이제 지상파 방송은 청정 미디어로 생존해야 하고 또 제도적으로 그렇게 만들어가야 할 당위성을 다시 한번 확인하고 미래 경영 전략을 점검해야 한다. 이를 위해 필자는 블록체인 문명의 도래를 지상파가 적극적으로 수용하고 활용해야 한다고 본다. 그동안 잘못된 정치권과 금융 기득권의 인식과 같은 인식으로 방송을 해왔던 것을 과감히 탈피해야 할 때가 되었다. 왜냐하면, 2020년 3월 5일 특금법의 통과로 우리나라도 이제 블록체인과 코인경제가 제도권으로 진입하였기 때문이다. 블록체인의 기초부터 이해하여 향후 수입 구조 전략으로 응용할 수 있는 능력을 갖출 수 있도록 하여야 할 것이다. 그래서 다가오는 미래 글로벌 사회의 리더 국가로 가는데 선도적 역할을 해야 하고, 국가와 국민의 경제력을 창출할 수 있도록 적극적인 변신이 필요하다.

2. 문명 도구 이야기

문명 발전의 배경은 다양하나, 기본적으로 '인간은 뭔가를 만들기를 원한다,'Humans want to build things, create stuff'라는 것을 기본으로 꼽을 수 있다. 그리고 인류 역사를 기술과 도구의 발전이라는 측면에서 보면 전쟁의 역사는 기술 발전의 역사라고 할 수 있다. 당대 최고의 기술은 군사기술이기 때문이다. 이것은 경쟁심과 질투심, 인간의 이기심이 기술과 도구 발명의 원동력이라 할 수도 있다. 그래서 결국 도구의 선택과 활용이 삶과 죽음을 좌지우지하는 것이니 무엇보다 중요하다고 할 수 있다.

그래서 개인은 창의적 도구를 만들든지 기존의 도구들을 적극 활용해야 한다. 지금 시대적인 도구는 블록체인과 암호자산 시스템의 장착이다.

[그림 1] 군인은 신무기로 무장

[그림 2] 민간인은 도구로 무장

마치 전쟁터의 군인이 신무기로 무장하듯 민간인도 산업혁명과 사회 혁신의 관계를 파악해 새로운 병기와 도구로 무장하지 않으면 삶에서 견디기 힘들다.

3. 네 차례의 혁명이 가져온 교훈

새로운 도구는 산업을 교체하고, 문화를 교체하며, 결국은 사회 주역들을 교체하여 권력 이동으로 이어진다. 이러한 문명이 출현하게 된 것은 인간 심연의 가치와 사회적 배경 등이 원인인

데, 결국 한마디로 표현하면 돈이 제일 직접적인 영향력이 크다.

1차 산업혁명은 영국의 증기기관 발명으로 인간 근육의 힘씀을 대체하여 몸으로 하던 일들을 증기기관 같은 기계로 대체하며 자본가의 생산성을 대폭 향상시키고 노동자에게는 노동에서의 편리함을 가져왔다. 2차 산업혁명은 미국의 전기 발명으로 기계를 전동화하여 효율을 급상승시켜 기계 중심 사회에서 전기 중심 사회로 전이시켰다. 전기의 발명으로 인간 생활에 에너지 혁명을 가져온 대변혁이라 할 수 있다. 그리고 3차 산업혁명은 미국의 컴퓨터 발명으로 인간 두뇌 역할을 담당하는 생각하는 기계를 활용하게 되어 인간의 기억 능력과 인지 능력의 한계에서 해방된 대사건이다. 이 컴퓨터 관리 시스템은 인간 능력으로만 해오던 사회 관리 체계를 획기적으로 개선해 주었다. 그러나 인간의 이기적이고 비양심적인 속성을 막아내지는 못했다. 오히려 첨단기술을 이용해서 악한 DNA의 언행은 더 심화되었다.

그러면 4차 산업혁명 시대를 통해 인간은 무엇을 얻게 되었나? AI, Big Data, Block Chain, IoT 등을 통해 로봇이 인간에게 가르침을 받는 시대가 도래하고 있다. 4차 산업혁명 시대는 기하급수적으로 효과가 발생하는 시대로 불확실성의 시대라고도 할 수 있다. 또 초연결, 초지능, 인공지능 시대 블록체인으로 대표되는 4차 산업혁명은 '인간 신뢰 제로 시대'를 마감할 수 있게 되었다고 볼 수 있다. 우리 시대의 경제 전쟁 도구로 삼아야 할 것이다.

반면에 이러한 발명은 정보의 격차 발생 심화시키게 된다. 정보와 지식의 불평등 사회 도래하므로 부의 불평등이 심화되어

유산자와 무산자, 부자와 빈자, 있는 자와 없는 자(the haves and the have-nots)로 구분하는 부작용이 발생하게 되므로 면밀한 정책이 필요하다.

4. 블록체인 도입에 대한 지상파 방송의 혹세무민

2017년을 중심으로 금융 권력과 정치 권력은 암호자산의 출연과 블록체인 출연에 대해 무지하고 무책임한 정책을 남발했고, 지상파 방송사들은 이런 정책 방향에 순응하여 방송함으로써 국민들을 혹세무민한 결과를 가져왔다. 법무부를 필두로 블록체인과 코인은 사기꾼이 하는 아주 나쁜 것이고 다단계를 통해 확산되므로 이 다단계를 초토화해야 한다고 내용으로 방송했다.

이러한 과정을 통해 국민들은 물론 방송사 종사자들도 대부분이 신문명에 대한 이해나 수용보다는 배척의 대상으로 생각하게 되었고, 이러한 생각은 방송 종사자들의 선민의식과 결합하여 더욱 자기 보호 메커니즘으로 자리 잡았다. 결국, 국가와 사회적 차원의 신문명 블록체인에 대한 무지와 배척으로 3년여를 허송세월을 하고 말았다. 우리나라가 이렇게 잠자고 있는 동안 중국을 비롯한 일본과 유럽의 여러 나라들은 이 분야의 개인 영역과 공공 영역의 블록체인 사업 개발로 많은 발전을 가져왔다.

다행이 특급법의 통과와 시행령을 마련하고 있는 제도권화의 노력은 다시 새로운 시작을 알리고 있다. 이제 블록체인 문명을 수용하는 문화 형성에 지상파가 앞장서야 할 차례다.

5. 지상파 방송의 인식 전환

지상파 미디어는 블록체인 기술에 따라오게 될 탈중앙 문화를 이해하고 미래 전략을 짜야 생존 가능하다. 왜냐하면, 중앙 권력 붕괴의 개념 시대가 도래했는데, 정작 중앙 권력의 한 부분인 지상파는 정작 인식이 미흡하기 때문이다. 앞으로도 공공 방송 수행의 자긍심 주기는 사치에 불과하다고 할 만큼 약화되기 때문이다.

그리고 이 어려운 시대를 극복해 가기 위해서는 공공 언론의 문제아 미피아(Mefia)를 감독할 필요성이 더 커졌다. 항상 보수적이고 느리고 무책임한 이들은 이제 청정 미디어 방송계의 우군이 아니다. 왜냐하면, 대부분 자기들의 이익을 위해 복무하기 때문이다.

한국의 경우 정부에서 4차 산업혁명을 기술적 변화로만 인지하므로 이에 파급되는 여파도 기술적 관점에서 해결해야 한다고 생각하는 측면이 강하다. 그러나 이러한 자세로 정책 입안을 한다면 문제가 커진다.

제4차 산업혁명 시대를 살아가야 하는 사람들은 현 기득권 세력이 아니라 우리의 청소년, 우리의 아이들이라는 점이다. 이 문제를 한국에만 국한시킨다면 어느 정도 불편함은 감수해야 한다는 사람들도 있는 것은 사실이다. 그러나 우리의 미래 아이들이 활동할 지구의 거대한 지역, 즉 미국, 유럽, 중국 등은 이미 신문명의 중심 국가로 부상하고 있음에도 우리 아이들이 살아야 할

이 땅의 기득권 어른들은 오래된 구 문명의 방패만이 유일한 보호막이라고 주장하고 있는데 이것은 잘못된 것이다.

우리 후대가 제대로 살아가야 할 뉴노멀 시대를 맞으면서 과거와 같은 권위주의적 콘텐츠 투입 중심의 경영, 중앙 권력과 기득권 중심의 성장 전략은 이미 힘을 잃기 시작했다. 그동안 몇 차례 기회를 잡지 못했는데, 이제 블록체인 경영 혁신을 기회로 만들어야 한다. 지금은 그간 누적된 우리 지상파 방송의 문제점을 개선하고, 지속 가능한 성장의 바탕이 될 혁신 생태계를 조성할 최적의 시기가 될 수 있다고 보기 때문이다.

다시 말하면 과거 1990년대 방송인들이 정치 권력과 자본으로부터 구속받지 않는 공영방송 만들기였다면, 2020년대 이 시대에는 새로 나타나는 플랫폼 미디어와 혼탁한 1인 미디어 방송 시장에서 청정 미디어를 견지하고 발전시켜나가는 일이라 할 수 있다. 이를 위해서는 지상파 방송 종사자들의 권위 의식과 선민의식을 내려놓고, 새로운 블록체인을 알아보는 과제가 우선이다.

6. 한국의 3차 금 모으기 운동 필요

1) 한국의 1차 황금 캐기 사회적 광풍

블록체인 문명과 미래 문화를 다양한 방향에서 검토할 수 있겠지만, 여기서는 암호화폐라고 불려왔던 암호자산을 중심으로 금 모으기 운동을 중심으로 살펴보고자 한다. 왜냐하면, 지금 제3 금 모으기 운동이 절실하기 때문이다.

우리나라에서 금 모으기에 대한 사회적 격동 현상을 보면 먼저 1930년경 일제강점기에 있었던 1차 황금 캐기 사회적 광풍이 있었고, 1989년 IMF 경제 위기 때 2차 금 모으기 운동이 있었다.

1차 황금 캐기 사회적 돌풍은 1930년 일제강점기에 어떤 원인으로 해서 황금 캐기의 광풍으로 바람이 불어 한반도 전체가 황금 캐기 열병을 앓았다고 한다. 투기꾼들은 팔도강산을 뒤지고, 일반 사람들은 자기 집에 황금이 묻혀 있을지도 모른다며 마당과 집안을 다 파헤쳤다고 한다.

자세한 내막이야 알 수 없지만, 아마도 일본의 식민지 착취 수단의 한 방법으로 전개되지 않았을까 하는 의구심이 들기도 한다. 왜냐하면, 전쟁 물자를 조달해야 하는 일본이 한국인들에게 은밀히 황금만능의 바람을 넣어 지하자원 발굴을 유도했을 것이기 때문이다.

2) 한국의 2차 금 모으기 운동

[그림 3] 조선 땅의 황금 캐기 광풍 이미지(자료: YTN science)

　1998년 경제 위기 때 KBS의 '금 모으기 캠페인' 방송으로 금 모으기 운동이 시작되었다. 필자는 본관 공개홀 현장에서 일어나는 많은 현상을 체험하며 놀라움을 금치 못했었다.

[그림 4] 금 모으기 캠페인 모금 현장

1998년 1월 5일에 시작된 금 모으기에는 약 349만 명이 참여하여 약 225톤의 금을 모았는데, 이것은 21억 7천만 달러(2조 5천억 원)에 해당한다. 이 모아진 금은 당시 한국은행의 금 보유량 10여 톤의 20배가 넘는 규모였다고 한다. 이 운동은 우리나라가 외환위기를 조기 졸업할 수 있는 원동력이 되었고, 국민을 단합시키는 정신운동의 효과를 얻었다. 참으로 대단한 국민들의 정신력이었다는 피상적 결과로 마무리되었다.

그러나 이제 와서 보면 국가는 경제 위기를 극복할 수 있어 다행이었지만 국민의 재산을 공출하는 것이나 다름없어 아쉬움이 남는다. 국민의 부를 창출해 내는 것도 부족한데 말이다. '국민들의 신용카드 빚으로 경제 위기가 발생했다며 기업 부채로 일어난 금융 위기를 국민더러 갚으라고 등을 떠밀었기에 긍정적으로 바라보기 어려운 상황이다. 정상적인 국가였다면 하다못해 '채권을 발행하여 금을 매입'하는 식으로 해결했어야 했는데, 금을 덥석덥석 기부해 버린 당시 국민들의 행동은 지금 기준으로는 호구에 가깝다고 평할 수 있다'는 비판인 것이다.

3) 3차 금 모으기 운동 필요

블록체인의 시작이라 할 수 있는 비트코인의 가격은 2010년에 0.39달러로 1달러도 넘지 못했다. 그 후 10년이 지난 지금 기술적, 경제적 및 정치적 문제에 대한 해결책으로 관심을 끄는 동인으로 1천만 원대를 넘는 귀한 몸이 되었다. 그동안 산업과 시장이 눈부시게 발전하면서 신시장을 억제하던 정부와 관련 산업의 내부 폭발적 시장이 혼란을 겪으면서 격동의 10여 년을 보내왔다. 이제 한국도 2021년 3월 특금법 시행령의 발효로 제도권 진입을 눈앞에 두고 있다.

이제 암호자산 비트코인 경제는 2020년 암호자산의 미래 금융 핀테크 시대를 맞으며 우리 국민의 부를 창출할 수 있는 절호의 기회를 맞고 있는 것이다. 과거에 1차 황금 캐기 광풍과 2차 금 모으기와는 전혀 다르게 제대로 된 글로벌 차원의 금 모우기의 기회가 온 것이다. 외환위기를 슬기롭게 극복한 방송사의 지혜를 다시 펼쳐야 하는 기회가 다시 왔다. 이제 지상파 미디어가 복지부동하고 양반 8자 걸음걸이를 하는 공직자들과 맞장구를 치면 안 되는 이유다. 우리 국민의 미래의 부를 축적할 수 있는 기회를 사기꾼들과 다단계꾼들이나 하는 암호자산 놀이쯤으로 치부해서는 역사의 소명을 다 할 수 없다.

암호자산을 중심으로 하는 토큰경제(Tokenomics)는 참여하면 좋고, 참여하지 않아도 좋은 게 아니다. 이제 모두의 생존을 위한 전쟁이다. 우리의 과제는 제도 개선에 관심을 갖고 참여해야 하는 것이다. 한국 코인 정책의 지체와 후진 문제는 공직자들의 사명 의식보다 기득권은 유지하되 책임은 회피, 방관하는 태도와 금전 우선주의가 배경이다. 우리가 해야 할 일은 담당 공직자 중에 복지부동하며 방관하는 공직자를 과감하게 솎아내고, 열심히 하다 실패하는 공직자는 보호해야 한다.

이제 이를 위한 글로벌 환경이 열렸으니 세계 시장으로 국민을 선도해 가야 한다. 이 운동은 우리나라가 '2050년 한국이 G2 국가된다'라는 골드만삭스의 배부 보고서를 현실화하는데 가장 효과적인 길이 될 수 있다. 국민과 함께 우리 방송사들이 중심 잡고 암호자산 산업 생태계 조성이 절실하다. 블록체인은 이제 본격적인 시작 단계에 들어서고 있다. 이것은 우리나라가 천연 자원의 부족과 좁은 국토라는 태생적 한계를 극복할 수 있는 자본주의 100년만의 기회가 될 수 있다.

[그림 5] 태생적 한계를 극복할 수 있는 자본주의 100년만의 기회!

이를 가능케 하는 세계의 디지털 지수도 우리를 도와줄 수 있는 환경이다.[1] 첫째, 세계 국가들의 디지털 4분면 위치에서 먼저 눈에 띄는 국가(Stand Out countries)는 싱가폴, 뉴질랜드, 아랍에미리

---

1) GLOBAL STRATEGY, 60 Countries' Digital Competitiveness, Indexed, by Bhaskar Chakravorti Ajay Bhalla Ravi Shankar Chaturvedi, July 12, 2017

트, 에스토니아, 이스라엘, 일본, 미국 등으로 디지털 방식이 고도로 발전했으며 운동량이 높은 나라들이다.

둘째, 도약 대기 국가(Stall Out countries)로는 한국, 노르웨이, 스웨덴, 스위스, 덴마크, 핀란드 등인데 높은 수준의 디지털 발전 기반을 갖고 있다. 이러한 국가들은 혁신에 대한 방해를 제거하기 위한 의식적인 노력이 필요하다. 효과적인 방법으로 기존의 장점을 바탕으로 혁신을 리더가 되어 앞으로 혁신 엔진을 최상 상태로 유지하고 신수요를 창출해야 한다. 성숙도, 규모 및 네트워크 효과를 사용하여 스스로를 재창조하고 성장시키는 것이 과제라고 할 수 있다.

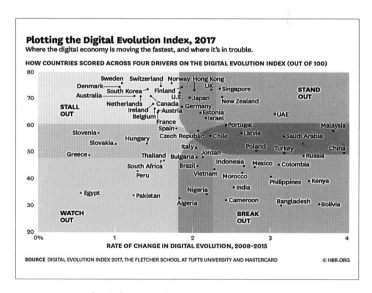

[그림 6] 2017년 기준, 주요국의 디지털 혁신 지수

세 번째, 세계 국가들의 디지털 4분면 위치로 깨어나는 국가

(Break Out countries)들로 포르투갈, 중국, 말레이시아, 칠레, 볼리비아, 케냐, 러시아 등이다. 이들은 현재 디지털화 상태에서 점수가 낮지만 빠르게 발전하고 있다. 한편 높은 추진력과 성장으로 투자자들에게 매우 매력적이다. 이들 국가는 혁신을 육성하고 유지하는 것보다 제도 육성이 더 효과적이다.

네 번째, 요주의 국가(Watch Out countries)로는 이집트, 파키스탄, 태국 등으로 이들은 낮은 디지털화와 낮은 모멘텀으로 심각한 도전에 직면해 있다. 일부 국가는 심각한 인프라 격차, 제도적 제약 및 낮은 소비자 수요의 정교함에도 불구하고 놀라운 창의성을 보여준다. 이들 국가가 추진력을 발휘할 수 있는 가장 확실한 방법은 모바일 인터넷 격차를 줄여 인터넷 액세스를 개선하여 스스로를 재창조하고 성장하는 것이다.

이제 중국과 미국, 일본 등 블록체인 강대국 틈바구니에서 한국이 갈 길은 무엇인가? 중국은 일찍이 시진핑 주석의 블록체인 굴기, 국가 총력전으로 미국을 앞서가고 있다. 미국은 기존 금융권의 강력한 규제와 활발한 시장이 공존하며, 중국을 엄청나게 견제하고 있으나, 기득권의 완고한 고집으로 발전 속도는 기대만큼 빠르지 않고 혁신의 기로에서 진퇴양난의 모습을 보이는 경우도 많다. 일본은 제도화를 통해 가느라 느리지만 조금씩 견실한 발전을 이루고 있다. 제일 먼저 세계적인 거래소 마운트콕스를 만든 것도 일본의 저력이지만, 신산업에 대한 도전력에 있어서는 한국의 적수가 못 된다.

그런데 우리나라는 처음에는 앞서가는 얼리어답터들을 중심으로 시장이 발전하며 선점해 가다가 정부가 2017년 말 자금세탁방지 가이드라인 발표 및 가상화폐에 대한 전면 금지 발표로 활황 장세에 찬물을 부어 불을 꺼버렸다. 이후 급속도로 냉각되어 결국 주류 흐름을 중국에 내주었다. 2017년 말에 달아오른 시장의 불을 끄지 말고 제도화를 시작했어야 했다.

지나간 것은 이제 그만두고, 지금부터 시장과 산업 현장 종사자들이 적극적으로 참여해 만들어 가야 한다.

7. 21세기의 문맹자, 혹시 내가 아닌가?

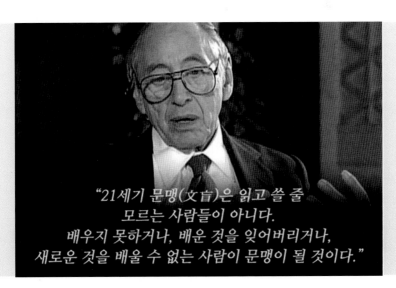

"21세기 문맹(文盲)은 읽고 쓸 줄 모르는 사람들이 아니다. 배우지 못하거나, 배운 것을 잊어버리거나, 새로운 것을 배울 수 없는 사람이 문맹이 될 것이다."

[그림 7] 미래학자가 보는 21세기 문맹자

미래학자 엘빈 토플러는 배움의 중요성을 다음과 같이 강조하였다.

위 내용을 확대해서 해석하면 '21세기의 문맹자는 읽고 쓸 줄 모르는 사람이 아니라, 배울 수 있는데도 배우지 않거나, 한번 배웠다고 다시 배우지 않는 사람을 말한다'라고 할 수 있다.

인간이 로봇의 가르침을 받는 경우가 50년 후, 100년 후가 아니라 이미 확대되고 있다. 특히 4차 산업혁명의 결과로 이후에 나타나는 현상들은 정보와 지식의 불평등과 부의 불평등이 심화되는 사회가 오게 될 것을 대비해야 한다. 유산자와 무산자, 있는 자와 없는 자(the haves and have－nots)로 표현되는 불평등 현상을 해소하는 방안을 강구해야 한다. 그 대안은 교육의 기회를 부여하여 정보와 지식, 교육과 훈련에 참여하게 하여 불평등을 해소시켜야 한다. 이것은 국가, 사회, 가정, 개인에게 모두 해당된다. 선진화된 교육 환경과 제도, 실시 기관이 필요하다. 그리고 무엇보다 지상파 방송사에 몸담고 있는 자신이 블록체인을 알기 위해 암호자산에 대한 실질 체험을 해야 한다. 그러면 차츰 블록체인 비즈니스의 길이 보일 것이다. 기초 체험을 위해 다음 모델을 살펴보자.

8. 암호자산 실전 모델

1) 파이코인(PI Coin) 무료 채굴로 미래 준비

(1) 왜 휴대폰 채굴이 유효한가?

개인이나 회사가 비트코인으로 돈을 벌려면 비트코인을 더 많이 얻기 위해 컴퓨터로 암호로 된 계산 퍼즐을 풀기 위해 엄청난 컴퓨팅 파워, 즉 전기 에너지가 소모된다. 결국, 대규모 채굴 사업자들로 인해 전기 소비가 많아지고 환경 문제가 생기게 된다. 비트코인의 가치가 계속 상승함에 따라 채굴회사들은 특수 반도체 칩 ASIC을 개발하고 이 칩을 사용하여 비트코인을 채굴하는 거대한 서버 팜을 구축했다. 비트코인 골드러시(Bitcoin Gold Rush)는 이 거대한 코인 채굴 회사의 출현으로 인해 일반인들이 네트워크에 기여하고 보상을 받는 것을 매우 어렵게 만들었다. 그들의 사업이 번창하면서 점점 더 많은 양의 컴퓨팅 에너지를 소비하기 시작하여 전 세계 환경 문제를 야기했다. 아울러 비트코인 채굴의 용이성과 비트코인 채굴 공장의 증가로 대량의 생산력과 부를 중앙 집중화시켰다. 모든 비트코인의 87%를 1%의 네트워크가 소유하고 있는데, 예를 들면 비트코인의 가장 큰 채굴 사업자 중 하나인 비트메인은 큰 수익을 얻고 있다.

(2) 파이의 출현 배경과 현황

파이 플랫폼을 개발한 기술 책임자 니콜라스 코 칼리스 박사는 스탠퍼드대학교에서 컴퓨터 과학부의 박사 학위를 마친 후 이 학교의 교수가 되었다. 그는 블록체인의 기술 발전을 일상적인 사람들에게 제공하는데 어려움을 겪었다. 그는 스탠퍼드 박사들과 스탠퍼드 최초의 분산 응용 프로그램으로 일상적인 생활을 하는 사람들에게 암호화폐를 확보할 수 있도록 했다. 파이의 사명과 일상적인 사람들에 의해 보안되고 운영되는 암호화폐 및 스마트 계약 플랫폼을 구축하는 것이다.

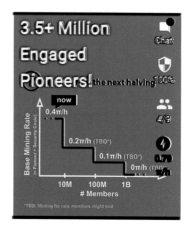

[그림 8] 파이 이미지 화면 및 채굴 반감기 화면

이를 통해 세계에서 가장 널리 사용되는 암호화폐 Pi의 생태계를 구축한 다음 세계에서 가장 포괄적인 P2P 시장을 구축하는 것을 최종 목표로 하고 있다. 그들은 "모든 사람을 위한 가치를 구축함으로써 더 많은 사람에게 블록체인의 힘을 불어넣기 위해 노력하고 있다"고 백서에서 설명하고 있다.

(3) 무료 채굴 참여 방법

먼저 투자금 들어가는 것도 없고, 또 당장 돈이 되는 건 아니지만, 암호화폐의 앞날은 어떤 코인이나 메인넷이 시장 생태계에 안착할 수 있을지 아무도 알 수 없는 상황이다. 준비하는 자만이 얻을 수 있는 미래라고 한다면 우리는 준비를 해야 한다.

시간이 지나면서 클릭만 해주면 자동으로 휴대폰에서 채굴되니 거대한 채굴 시스템이 필요 없다. 파이는 24시간에 한 번, 리브라는 한 시간에 한 번씩 클릭을 해야 채굴 자격이 주어진다. Pi와 Libra는 획기적인 기술을 통해 배터리를 소모하지 않고도 휴대전화에서 채굴할 수 있도록 되어 있다. 지금은 공부를 위한 실습이지만, 2~3년 후 큰 효자가 된다면 좋겠다는 생각으로 추천한다. 주위에 많이 전파하여 우리 일반 사람들이 미래의 금이라는 코인 자원을 미리 확보하도록 하면 좋겠다.

Pi는 일상적인 사람들을 위한 최초의 디지털 통화로, 전 세계적으로 암호화폐의 판도를 바꾸게 될 것으로 기대된다. Pi는 2020년 2월 현재 150개 이상의 국가에서 32개 언어로 350만 명이 네트워크로 참가하고 있는데, 시간당 채굴 속도의 반감기는 다음과 같다.

- 회원 350만 명이 참가하여 0.4파이 π
- 회원 1천만 명이 되면 0.2파이 π
- 회원 1억 명이 되면 0.1파이 π
- 회원 10억 명이 되면 종료

파이의 가치는 현재 거래가 되지 않기 때문에 0원이다. 그러나 시스템에 다양한 서비스가 연결되면 그 가치는 상승할 것으로 기대되는데, 아마도 비트코인의 초창기라고 생각하면 될 것이다. 2020년 3월 14일을 파이데이로 정하고 기념일 행사를 했다. 이 채굴을 시작하려면 먼저 아래의 링크를 클릭한다.

https://minepi.com/ads7773

그러면 다운로드 버튼이 나오는데 이것을 눌러 홈 화면에서 회원 가입하면 된다. 하루 24시간에 한 번씩 채굴 희망 버튼을 클릭해 주어야 자동 채굴이 돌아가게 되니, 잊지 말고 관리해야 한다.

자기의 추천 링크 Referral link to share가 생기면 타인에게 전달해 함께 그룹을 형성하면 더 많은 해시값이 주어지게 되는데, 기본적이고 좋은 비즈니스 방법이라고 생각된다. 또 파이 홈페이지에는 다양한 커뮤니티가 운영되는데, 이 활동에 참여하면 다양한 정보를 파악할 수 있다.

(4) 향후 전망

파이에서 제시하는 일정은 다음과 같다. 파이는 커뮤니티가 든든하게 구성되고 테스트 넷에서 검증을 마치면 Pi 네트워크의 공식 메인넷이 시작될 것이다. 이 시점이 되면 시스템은 계속 자체적으로 작동하게 된다. 이 시스템의 업데이트는 위원회에서 제안되어 Pi 개발자 커뮤니티와 Pi의 핵심 팀에 의해 제공될 것이다.

시스템의 운영은 마이닝 소프트웨어를 업데이트하는 노드에 달려 있어서 중앙 권한이 통화를 통제하지 않으며 완전히 분산된다. 이렇게 되면 Pi가 거래소에 연결되어 다른 통화로 교환될 수 있는 단계가 된다. 2020년 5월 초순 사용자들에게 분산 노드 역할을 원하는 사람들을 신청받고 노드가 될 수 있는 기술적 기술 기준을 설정하는 단계에 있다.

이 계획대로 진행된다면 지금까지 탄생한 여러 코인 중에 생태계가 가장 선진적이고 분산 경제에 가장 적합한 메인넷이 될 것이라고 필자는 생각한다. 이용자를 많이 모아 권력을 장악한 거대 중앙 방식의 SNS나 큰 자본 투하를 하는 기업과 다르기 때문이다.

2) 글로벌 DeFi Wallet 액스트림(XTRM) 사업의 실전

(1) 서민을 위한 금융 도구의 실현

지급 금융 시스템의 혁신은 모든 글로벌 기업에 중요하지만, 핀테크 금융 서비스 산업은 오랫동안 발전을 위한 고통과 혼란에 빠졌었다. 2020년에 들어서면서 다양한 탈중앙화된 금융인 다파이(DeFi) 비즈니스 모델이 등장하고 있다. 디파이는 Decentralized Finance의 약자로서, 탈중앙화된 분산 금융 또는 분산 재정을 의미한다. 이 서비스의 파괴적인 효과는 금융기관 (FI)의 인식 부족이나 혁신에 대한 투자 부족으로 인해 제대로 그동안 이루어지지 않았던 요인이 가장 크고 시장의 보수적인 통제도 큰 이유 중의 하나라고 볼 수 있다. 그 이유는 금융 비즈니스는 엄격한 규제로 통제되는 환경에서 운영되고, 글로벌 및 현지 규정 준수와 표준을 모두 충족해야 하기 때문이다.

그래서 지난 10여 년간 많은 곳에서 모바일 지갑, 모바일 뱅킹 및 P2P 지급과 같은 더 많은 소비자 중심 솔루션을 배포하려고 시도했지만 거의 성공하지 못했거나 비즈니스 생태계 구성 완성 단계에 이르지 못하고 있었다. 그러다 거듭된 연구와 기술 발전에 따라 이러한 파괴적인 기능은 여러 비즈니스에 실질적이고 즉각적인 기능을 제공하게 되었다. 2016년 이후 cryptocurrency와 blockchain이 미래 금융의 틀을 만들고 전 세계 서민들의 재정 및 경제적 자유를 가져올 그 미래를 예상하며 암호화폐 시장의 거대한 생태계를 구축해온 그룹이 있어 여기 소개하고자 한다.

액스트림(XTRM) 전자지갑은 은행과 같은 기능으로 암호화폐의 입금 및 출금이 자유롭다. 즉 현재의 중앙은행의 문턱이 높은 금융 서비스에 진입하는 고통이 없이도 금융 거래가 자유롭다는 것이다. 블록체인의 정신을 실생활에 구현하는 금융 체계이기에 금융 투기 자본주의하에서 신음하는 서민들에게 큰 희망이 될 것이므로 그 의미는 크다. 이것을 홈페이지에서 다음과 같이 설명하고 있다.

"XTRM은 모든 규모의 소비자와 회사가 모든 유형의 B2B, B2C, C2C 및 C2B 글로벌 결제를 수신, 관리 및 결제할 수 있도록 하는 지능형 디지털 지갑 아키텍처로 구동되는 강력한 글로벌 결제 플랫폼입니다. XTRM은 다수의 대량 결제, 관리 및 송금 옵션을 제공하며 Bank EFT, Bank Checks, VISA Debit Cards,

Virtual Visa 및 100개 이상의 다국적 디지털 기프트 카드와 같은 다양한 현금 및 비현금 글로벌 지급 옵션을 선택할 수 있습니다.

XTRM은 140개가 넘는 전 세계 통화를 지원하여 전 세계 어디에서나 개인 및 회사에 대한 모든 종류의 통화 결제 및 환전을 허용하며, 국내 및 국제 세금 및 보안 규정을 완벽하게 준수하고 SOX, KYC 및 AML 준수합니다."

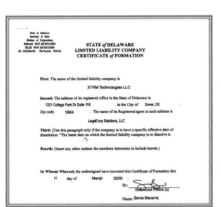

[그림 9] XTRM 회사 등록증 및 ISO 등록증

(2) 사업 참여 기본 자세와 참여 방법

이 사업은 한국에서 xtrm.world 주관으로 진행할 것으로 알려졌다. 지금까지 여러 해 동안 필자는 직·간접 경험을 했다. 한국과 관계가 좋은 인도가 좋은 기술과 플랫폼을 만들었다면, 한국은 이 기반을 활용해 세계 시장에 진출해 한·인 양국이 세계 신경제 질서 개편을 리드하고 서민경제를 활성화하는 자본주의를 만들어 갈 수 있을 것이다. 세계의 많은 소비자가 실전에 참여하면 한국과 인도를 기점으로 아시아 여러 나라와 크립토 경제의 활성화를 이끌어 갈 수 있다. 이런 결속은 세계 글로벌 서민경제에 큰 개선을 가져올 수 있다고 생각된다.

이 액스트림 사업에 참여하기 위해서는 다음 링크로 회원 가입, 즉 CREATE AN ACCOUNT에서 가입하면 된다. 회원 가입하고 나서 시스템을 점검하고 확신이 서면 지갑으로 위 코인 종류를 전송하면 된다.

https://xtrm.world/signup.php?referral=WIS

입력할 사항은 Name:/ Email: / Mobile No.: /Country Name: / Password: / Repeat Password: / agree to terms & Policy: 확인 체크

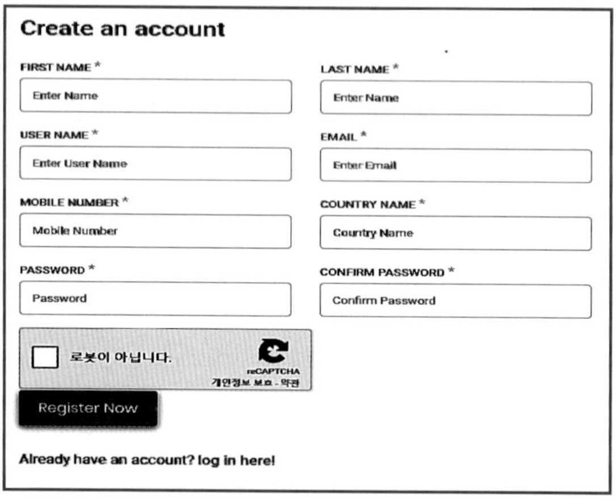

[그림 10] 등록 양식

(3) 암호자산의 투자 원칙

이제 글을 마무리하는 결론 부분에서 한 가지 확실히 해야 할 다짐이 있다. 모든 사업 투자라는 것이 다 그러하듯이 위에서 소개한 몇 가지 비즈 모델들을 포함한 모든 사업의 판단과 투자는 당사자의 책임하에 이뤄져야 한다. 본인의 투자는 본인의 자발적 투자를 전제로 하기 때문이다. 만일에 있을 수도 있는 암호화폐 시장의 급격한 하락이나 해당 기업의 파산과 같은 리스크는 본인이 감수하여야 한다. 또한, 반품이나 환불이 불가하기 때문에 투자 원금은 보장받을 수 없다. 결론적으로 수익과 손실은 본인 몫임을 인정하고, 이에 어떠한 민·형사상의 책임을 누구에게도 돌리지 않는 각오가 되어 있어야 한다. 이러한 각오와 다짐 없이 요행을 바라는 기회주의자적 자세로 이익을 앞에 두고는 배신하여 함께하는 동지 사업자들에게 책임을 떠넘기거나 법정에 걸어 멱살잡이를 하는 것은 반 블록체인적 정신이며, 원래의 신뢰 제로의 인간상으로 되돌아가는 것이다. 항상 블록체인적 가치관 위에 신뢰 인간 사회를 회복하도록 노력해야 한다.

AI 시대에 공공 서비스 미디어 정책과 전략[1)]

박종원 (KBS 제작기술센터장)

1) 본 저술은 2018년 박사학위 논문인 "공영방송 제도 개선에 관한 전문가 인식 연구"와 2017년 공동 저술한 "4차 산업 시대 미디어의 미래"에 수록된 "공영방송 플랫폼 전략"을 참고하여 저술하였습니다.

AI 시대에 공공 서비스 미디어 정책과 전략

1. 공영방송의 개념과 특수성

공영방송은 신뢰도, 시청률의 저하와 함께 미디어 환경 변화에 대응하지 못하면서 시청자로부터 멀어져 가고 있다. 아날로그 방송 시대 지상파 방송만이 존재할 때 공영방송은 독점 체제이면서 압도적 시청률을 바탕으로 국민의 생활에 절대적 영향을 미치는 매체였다. 이후 케이블 방송과 위성방송 등 상업 유료 매체가 발달하고 종합편성 채널이 신설되면서 방송은 본격적인 경쟁 체제가 되었다. 유튜브, 넷플릭스, 인터넷 신문 등 인터넷 미디어가 일상화되면서 무한경쟁 시대로 접어들었다. 전파에 의존해 온 공영방송은 인터넷 미디어 환경에서는 보편적 서비스 제공자로서 공영방송의 정당성을 증명해야만 한다. KBS는 지난 십여 년 동안 7명의 사장이 교체되는 혼란기를 겪었다. 보수에서 진보로, 진보에서 보수로 정권이 교체될 때마다 공영방송 사장의 임기는 보장되지 못했다. 지난 십여 년 동안 세 명의 사장이 해임되면서 공영방송 지배 구조는 정치 환경에 매우 취약하다는 것이 증명되었다. 정치에 약한 공영방송 거버넌스는 빈번한 사장의 교체와 함께 신뢰의 문제에 봉착하게 된다. 그리고 신뢰의 문제는 수신료 인상 등 재원 확보가 어렵게 되고 품질과 공적 책무 제공에 영향을 미친다. KBS는 2007년부터 세 번의 수신료 인상을 추진했지만, 국회에서 제대로 된 논의는 이루어지지 못했고 국회 회기가 끝남과 동시에 수신료 인상안이 자동으로 폐기되었다. 정치에 약한 지배 구조를 가진 공영방송은 디지털 시대가 도래하면서 심각한 정체성 혼란을 겪고 있다.

공영방송 KBS는 공공에 의한 지배 구조[2]와 수신료와 같은 공적 재원[3]을 바탕으로 시청자에게 공적 책임[4]을 전달하는 책무를 갖는다. 그러나 공영방송이라는 용어는 일반적으로 많이 이용되고 있는 용어임에도 불구하고 실제 관련 법률에서는 그에 대한 정확한 정의가 규정되고 있지 않아서 그 의미와 범위에 대한 규범적 정리가 필요하다는 지적이 많았다. 정부·국회·시민사회와 공영방송 자신이 공영방송에 대한 정의와 이해 정도가 다르고, 공영방송의 공적 책무와 역할에 대한 사회적 합의가 부재하기 때문에 공영방송 정책과 규제는 항상 어려움을 겪는다. 공영방송의 사회적 합의가 어려운 점은 공영방송을 한마디로 정의하기가 어려운 독특한 개념이기 때문이다. 공영방송은 다소 공허

---

2) 제43조(설치등) ① 공정하고 건전한 방송문화를 정착시키고 국내외 방송을 효율적으로 실시하기 위하여 국가기간방송으로서 한국방송공사(이하 이 章에서 "公社"라 한다)를 설립한다.
3) 제56조(재원) 공사의 경비는 제64조의 규정에 의한 텔레비전 방송 수신료로 충당하되, 목적업무의 적정한 수행을 위하여 필요한 경우에는 방송광고수입등 대통령령이 정하는 수입으로 충당할 수 있다.
4) 제44조(공사의 공적 책임) ① 공사는 방송의 목적과 공적 책임, 방송의 공정성과 공익성을 실현하여야 한다.

한 개념이며 이데올로기적 성향을 지니고 있어 성향에 따라 논쟁적인 면이 있다. 공영, 공공에 해당하는 영어의 'public'의 단어와 완전히 일치하는 개념을 갖고 있지 않고, 가장 밀접한 의미는 국가(state)/정부(government)/공식적(official)으로 번역되곤 한다. 여기에 나라마다 자국 방송의 전통적인 특성이 있으며, 언어적 장벽은 공영방송의 진정한 특성을 명확히 이해하기에는 처음부터 장애가 있다. 그리고 개인과 집단의 이데올로기적 성향에 따라 국가 주도 또는 정부가 주도(국영)하는 개념과 공공이 운영(공영)하는 공영방송의 정의가 달리 해석될 수 있다. 그렇다 보니 공영방송과 국영방송의 역할에 대한 혼란이 있으며 공영방송의 사회적 역할과 필요성에 대한 인식의 차이가 다양하게 존재한다.

또한, 공적 서비스는 이데올로기이며 정치적 선택이기 때문에 공영방송의 개념을 정의하기 어려운 측면이 있다. 그 이유는 공공의 이익을 구현해야 하는 '공공 서비스(public service)'로서 방송을 인식하면서도, 그 사회가 공공 서비스를 가장 잘 구현하는 방식을 어떻게 보느냐에 따라 다른 운영 모델을 채택해 왔기 때문이다. 유네스코에 의해 제안된 간단한 공공 서비스 방송의 정의는 "공익을 위한, 공중에 의해 만들어지고 공적 재원이 투여되고 통제되는 방송"으로 규정한다. 그리고 상업적 또는 국가 소유가 아니며, 정치적 상업적 세력의 압력으로부터 자유로운 것을 말한다. 공영방송은 공공 서비스 방송으로 불리며, 공공 서비스를 제공하는 방송, 방송사 또는 사회적 합의 제도를 일컫기도 한다. 즉 공영방송이란 공공 서비스라는 기능을 구현하기 위하여 형성된 특수한 구조적 보장, 즉 제도적 산물로 이해되어야 한다. 이는 공영방송 설립의 법적 근거가 된다. 한국 공영방송의 정당성을 확립하는 것은 난제인데, 이러한 난제는 문제를 명확하게 정의하기 어려워, 가능한 여러 설명이 동시에 존재할 수 있고, 각자 문제를 서로 다르게 인식한다. 설명에 따라 해법은 다른 형태를 취하고 있다.

쉬베르트센은 공영방송에 대한 하나의 단일한 이해는 없다고 단정한다. 심지어는 공영방송을 정의하는데 모순된 현상을 시도할 뿐만 아니라 나라와 시대에 따라 상당한 변화가 있다는 것이다. 공영방송 연구에서 공영방송 개념에 대한 동의가 부족해, 어떤 학자들은 현존하는 공영방송 조직을 묘사하거나 공영방송을 위해 제안된 어떤 특징과 원칙을 제시함으로써 공영방송을 설명한다. 결국, 공영방송이 지니는 모호한 개념 정의는 공영방송에 부여되는 특권과 그에 따른 의무가 추상성의 수준에 차이가 나기 때문에 발생한다. 많은 국가에서 공영방송은 법률에 근거하여 설립되고 수신료와 같은 공공기금에 의해서 재정 유지가 되며, 편집과 운영에 대부분 독립성이 보장되는 방송 시스템을 가지고 있다. 공영방송은 정치 권력이나 사적 자본이 아닌 공적 소유 및 지배 구조를 갖추어야 하고, 정치적 독립성과 시장으로부터의 자유를 확보하기 위해 수신료와 같은 공적 재원을 토대로 하며, 이를 기반으로 양질의 공공적 서비스를 제공하는 공적 책임을 수행해야 한다. 따라서 공영방송의 요체는 국민 개개인이 직접적으로 지급하는 수신료에 의한 재원으로 운영되며, 국가 혹은 특정 사익 집단에 의한 영향력이 행사되지 못하도록 하는 공적 규제 시스템을 갖추고 있으며, 시민의 권리를 위임받아 이를 대신하거나 공공 서비스를 제공하는 방송 제도라고 해석할 수 있다. 공영방송은 공공 서비스 이념을 적절히 구현할 수 있도록 조직의 형성과 운영을 구조적으로 보장받는 제도적 형태라고 할 수 있다. 여기서 구조적 보장이란 공영방송이 민영방송과 구별되는 특수한 법·제도적 조건을 말한다.

디지털기술이 발달함에 따라 공영방송의 전송 수단이 전파에 의존하지 않고 인터넷 등 새로운 미디어를 활용한 미디어 개념으로 확장하는 것이 구체화 되고 있다. 이른바 공공 서비스 미디어(Public Service Media) 개념인데, 방송 통신 융합 시대에 방송의 개념이 미디어로 확장되면서 공영방송의 역할과 정의가 더욱 어려워진다. 방송법상 공영방송의 개념 정립, 나아가 디지털 시대에 유럽에서 사용하고 있는 공공 서비스 미디어 개념의 정의와 이에 따른 규제를 명확히 할 필요가 있다. 디지털 시대에 사회적으로 가치 있는 콘텐츠를 전달하고 공익을 보호하고 증진하기 위한 공영방송의 정당성은 여전히 존재하기 때문에 공영방송, 나아가 공공 서비스 미디어에 대한 재정의와 함께 공영방송의 역할과 미션에 대한 사회적 합의가 필요하다.

1) 공영방송 지배 구조 유형

정권이 교체될 때마다 공영방송의 사장 선임은 쟁점이 되어왔고, 자연스럽게 공영방송 지배 구조 논쟁은 가열되었다. 공영방송이 사영방송과 차별성은 공공에 의한 지배 구조, 즉 공적 지배 구조에 있다. 공영방송의 감독위원회와 이사회를 누가 임명하는가? 하는 이슈는 공영방송 지배 구조와 관련되어 있다. 공영방송 지배 구조는 정치 제도의 다양성과 이들 제도에 의한 임명은 정치적 특성과 재정, 방송사 규제의 결과를 가져오기 때문에 매우 중요하다. 각 나라의 정치, 사회, 문화적 특수성으로 인해 공영방송의 운영 형태는 다양하게 나타난다. 한레티는 민주사회의 공영방송사를 정의하고 분류하기 위해 일반적인 세금 또는 수신료와 같은 특별 분담금에 의해 재정이 지원되고, 공영방송사의 최고위직은 국가 조직에 의해 임명되며, 같은 나라의 자국민들에게 주로 방송하고, 그리고 광범위한 범위의 사회적으로 가치 있는 콘텐츠 제공을 목표로 한다고 규정했다. 이를 바탕으로 공영방송의 차이와 다양성을 알기 위해 지배 구조를 중심으로 공영방송의 유형화를 시도했다. 한레티는 공영방송의 지배 구조를 구성하는 '위원회'가 하나인지(단일 체제), 둘(이중 체제)인지에 따라, 그리고 누가 임명하는지, 즉 독립 규제기구, 시민사회, 의회, 정부 등의 임명하는 주체에 따라 공영방송을 네 가지 유형으로 분류했다. 이러한 네 가지 유형 중 감독위원회와 사장이 포함된 집행위원회의 이중 체제를 가진 세 유형은 즉 북방형, 의회형, 시민조합주의형, 그리고 단일 체제는 프랑스형으로 공영방송의 지배 구조를 네 가지 유형으로 분류하고 있다. 북방형은 영국 BBC, 일본의 NHK가 있고, 의회형은 이탈리아의 RAI가 대표적이며, 시민조합주의형은 ZDF가 있다. 사르코지 대통령 이전의 프랑스는 예외적으로 단일 체제로 정부가 사장을 직접 임명하는 체제이다. 북방형은 자기 규제가 엄격하고 방송이 정치로부터 자율성을 확보하고 있다. 그리고 경영진의 재임 기간이 길어 지배 구조의 독립성이 보장된다. 의회형은 다원화된 정치 구조에서 자기 규제가 부족하고 정치의 영향을 받는다. 경영진의 임명은 정부 또는 의회가 주도하기 때문에 경영진의 재임 기간이 다른 지배 구조 유형에 비해 짧다. 시민조합주의 형태는 다원주의를 반영하여 자기 규제가 엄격하며 30~40명 정도로 위원회 인원이 많은 특징을 가지고 있다. 대체로 재원은 수신료로 운영된다. 독일은 독특하게 지배 구조의 임명권자와 수신료 재정을 결정하는 기구는 국회와 정부가 아닌 방송재정수요산정위원회(KEF)가 결정한다. 정치적 완충을 위한 이중 체제로 공영방송을 감독하는 위원회와 공적 재원 형태에 따른 공영방송 지배 구조 유형과 특징은 [표 1]과 같이 요약된다.

[표 1] 공영방송 지배 구조 유형과 특징-1

구분	이중 체제(이사회 - 집행부) - 정치적 완충		
유형	북방형	의회형	시민조합주의형
임명권자	정부	정부 또는 의회	시민사회 등 다양함
방송사	영국(BBC), 일본 (NHK)	이탈리아(RAI), 핀란드(YLE)	독일(ZDF, ARD)
재원	수신료	수신료 또는 국고	수신료+광고
재임기간	길다	짧다	길다
지역	영국, 스칸디나비아	영어권	독일어권
기타	방송-정치 자율성 자기 규제 엄격	다원화된 정치 구조 자기 규제 부족	위원회 수 많음. 다원주의, 자기 규제 엄격

*출처: 한레티(2007)의 자료를 바탕으로 지배 구조 유형을 재구성

한편 핼린과 만시니는 공영방송과 정치 체계의 상관관계를 통해 공영방송 지배 구조를 네 가지로 분류했다. 첫째, 공영방송이 의회 다수당 또는 정부에 의해 직접적으로 통제되는 정부 모델(the government model)이다. 공영방송 감독기구는 정부 부처의 형태로 운영되거나, 독립된 감독기구가 존재하더라도 그 구성과 운영은 정부가 행사하는 임명에 좌우되는 지배 구조를 갖는다. 둘째, 공영방송은 정치적 통제로부터 절연되어야 한다는 전통이 강력하게 발전해 있고 방송사의 구성원들에 의해 운영되는 전문모델(the professional model)이다. 감독기구의 그 구성과 임명에 정부가 권한을 행사하나 전문성을 고려하여 임명하며 감독기구 및 방송사의 운영과 감독에 대해 자율성을 보장하는 유형이다. 셋째, 의회의 의석 비율에 따라 정당에 의해 공영방송이 통제되는

의회 모델(the parliamentary model)이다. 의회에 의해 감독기구가 구성되고 임명되기 때문에 다수당에 의해 공영방송이 통제되는 경향이 있으나 정부 모델처럼 정부에 의한 직접적인 감독이나 규제는 작동하지 않는다. 마지막으로, 시민 모델(civic model)이다. 의회 모델과 유사하나 정치 세력뿐만 아니라 다양한 사회 집단이 공영방송의 통제 과정에 참여하는 모델이다. 험프리는 정치와 공영방송 지배 구조의 유형을 정리했는데, 정부 모델을 방송위의 정치, 전문 모델은 자치 시스템, 의회 모델과 시민 모델은 방송안의 정치로 표현한다. 정부 모델은 정치가 방송을 좌우하고, 전문 모델은 공영방송의 전문직이 자율적 규제로 운영하며, 시민 모델은 사회의 다양한 정치 세력을 방송에 구현하는 개념이다. 전문 모델은 영국의 BBC와 캐나다의 CBC가 있는데 정부가 경영진 임명을 주도하지만, 문화적 역사적 특수성으로 독립적 경영을 보장한다. [표 2]는 공영방송 지배 구조의 유형과 특징을 표시하고 있다.

[표 2] 공영방송 지배 구조 유형과 특징-2

구분	정부 모델	전문 모델	의회 모델	시민 모델
지명권자	정부(다수당)	정부	다수당	다양한 세력 참여
국가	프랑스, 유럽 일부 국가	영국, 캐나다	이탈리아, 스페인	독일, 북유럽
정치 병행성	매우 높다	매우 낮다	높다	낮다
험프리 유형	방송위의 정치	자치 시스템	방송 안에 정치, 의회 모델과 유사	
특징	독립성 취약	전문가 집단에 운영	권력 분점, 합의제	

* 출처: Hallin and Mancini(2004), Humphreys(1996) 자료를 재구성

공영방송 지배 구조는 그 나라의 정치 환경과 미디어 규제 시스템을 반영한다. 그리고 '정치 환경은 다수제 민주주의인가? 합의제 민주주의인가?'에 따라 공영방송 지배 구조는 다르게 나타난다. 그리고 '미디어 규제 시스템은 자율적인가? 공공 서비스를 중요하게 생각하는가? 미디어의 다원성을 반영하는가?'에 따라 다르게 나타난다. 공영방송 지배 구조의 정치 병행성은 민주주의 전통, 즉 다수제 민주주의와 합의제 민주주의에서 극명하게 차이가 난다. 다수제 민주주의는 양당제를 기반으로 하고 이기는 정당에 권력이 집중되는 반면, 합의제 민주주의는 다당제로 권력을 분산하는 특징이 있다. 다수제 민주주의는 정부(다수당)가 공영방송 지배 구조를 구성하는 반면 합의제 민주주의 국가는 의회형, 전문 모델, 시민사회형 지배 구조 형태가 일반적이다. 하나의 예외는 영국의 BBC와 캐나다의 CBC로 두 공영방송은 정부가 임명하지만, 정치와 절연이 강한 전문직 모델이라 할 수 있다. 험프리는 BBC를 전문직 모델로 분류하기도 하는데 정부가 집행기관을 임명하지만, 절차나 과정이 정부가 영향력을 쉽게 발휘할 수 없다는 자율성을 가지고 있다는 것이다.

우리나라는 1945년 해방이 되면서 미국 군정이 당시 방송을 국가 기구로 편입시켰다. 이후 1948년 독립과 함께 방송은 자연스럽게 민간이 아닌 국영화로 시작하게 된다. 그리고 1973년 한국방송공사법을 통해 공사로 전환되었지만, 공적으로 선임된 자율적 의사 기관이 부재했고 이외에도 출자, 운영, 예산 등 재원 및 경영 활동의 모든 측면에서 정부의 감독과 규제를 받게 되었다. 1987년 6월 항쟁 이후 방송공사법은 공영방송의 사장 선임권이 문공부에서 방송위원회가 추천한 이사회로 넘어오게 된다. 우리나라는 독립과 유신, 민주화 과정을 거치면서 공영방송 제도가 변화해 왔다. 그러나 유럽의 경우처럼 공영방송이 태동되고 전통이 확립된 나라와 같이 정치의 영향으로부터 떨어진 지배 구조가 확립되지 못했고, 공영방송의 이념이 되는 보편성, 독립성, 다양성의 프로그램을 통한 구현이 제대로 이루어지지 않는 시기도 있었다.

공영방송을 이해하기 위해서는 그 나라의 정치 구조를 이해하는 것이 선행되어야 한다. 나라마다 정치 상황과 민주주의 작동 방식이 달라 그 특수성에 의해 공영방송 지배 구조가 정해지고 특징지어진다고 할 수 있다. KBS는 정부 교체기마다 사장 선임 등 정부 주도의 지배 구조 개선에 대한 논쟁으로 몸살을 앓아왔다. 취약한 지배 구조는 자율성을 바탕으로 한 공적 책무 수행에 한계가 있으며, 안정적으로 수신료 재원을 확보하기가 어려워진다. 이준웅은 지난 10년간 한국 공영방송은 '공적 자율성'(public autonomy)을 확보하지 못했고, '공익'(public interest)의 수행에서 실패로 규정하면서 공영방송의 실패를 극복하기 위해 지배 구조 개편 방안을 제시했다. 정권 교체기마다 KBS 지배 구조 개선은 정치권, 학계, 시민사회의 중요한 정치 사회적 화두가 되었다. 동시대의 한국 공영방송에 대한 논쟁은 공정성의 논란으로부터 시작된 지배 구조 개선이라 할 수 있다. 지배 구조 개선이 공영방송의 많은 난맥상을 모두 해결할 수 없지만, 지배 구조 개선 없이 공영방송이 독립적이고 차별적인 서비스를 제공하는 것은 기대하기가 어려운 현실이다.

– 정치 종속적 지배 구조

미디어학자 노왁은 공영방송 규제 프레임을 정치, 공공 영역(시민사회), 시장의 삼각 구도 거버넌스 측면에서 각국의 사례를 비교 분석하였다. 영국 BBC는 정부로부터 독립을 강조하는 왕실 칙허장에 의해 설립되었다. 그리고 BBC는 탈규제된 사영 미디어 시장의 상대자 역할을 하며, 높은 콘텐츠 품질을 유지하고 디지털 발전을 위한 동기를 제공하는 역할을 한다. 그러나 BBC는 공적 소관 업무(remit)를 더 정확히 규정하라는 지속적인 시장의 압력에 자유롭지 못하다. 독일 공영방송은 높은 수준의 자치를 확보하고 있으며, 전문가 그룹과 평의회에 의해 운영된다. 그리고 의회는 방송의 규제에 관여하지 않는다. 공영방송은 평의회에 의해 규제되며, 평의회는 사회의 중요한 그룹들이 참여하는 시민조합형 모델이다. 스웨덴에서 제4부의 역할자로 문화와 정치적 다양성의 제공자인 공영방송은 공공 비영리 재단의 소유로 유한 책임회사의 역할을 한다. 감독기구는 의회에 의해 임명되지만, 공영방송의 자치는 높은 정치적 합의가 바탕이 된다. 그리고 프랑스의 공영방송은 정보 제공을 위한 특별한 의무를 갖는 국가 회사로, 경영에 공공의 참여가 없으며 정치로부터 자치가 낮은 수준으로 분석했다. 지난 한국의 방송 역사는 거버넌스는 정치 독점에 좌우되었으며, 민주화된 이후에는 기술 혁신에 의해 조장된 상업적 대중주의가 권력 논리와 결합하는 방향으로 전개되고 있다. 이 과정에서 시청자 운동을 주축으로 하는 시민 사회도 위축되었다. KBS는 철저하게 국가에 의해 주도되어 온 거버넌스와 결합한 시장 메커니즘에 영향을 받고 있다. KBS 규제와 지배 구조는 정치에 의해 좌우되는 정부 모델이면서 공공 서비스는 시장의 영향력에 자유롭지 못하다. 노왁의 규제 프레임을 기초로 영국·독일·스웨덴·프랑스의 지배 구조 좌표를 바탕으로, 정치에 강한 영향을 받고 상업적 메커니즘의 영향을 받으며, 시민사회의 참여가 부족한 KBS의 지배 구조 좌표를 도식화하면 [그림 1]과 같다.

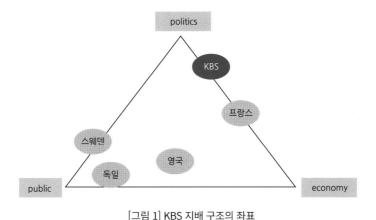

[그림 1] KBS 지배 구조의 좌표
* Eva Nowak(2014)의 해외 공영방송 좌표를 기초로 공영방송 KBS의 현재 좌표를 재구성

우리나라는 규제기관인 방송통신위원회가 KBS 이사회를 선임하고 대통령이 임명하는 이중의 지배 구조 형태다. KBS 이사

회는 방송법 46조에 따라 각 분야의 대표성을 고려하여 방송통신위원회에서 추천하고 대통령이 임명한다. 또한, 이사장은 이사회에서 호선한다. 그러나 KBS 이사회의 추천 과정은 관례상 방송통신위원회가 정당의 추천을 받아 시행하며 11명 중 여당과 야당의 비율은 7:4로 되어 있다. 대통령 중심제로 이사 선임과 사장은 대통령이 임명하며, KBS 이사회는 철저하게 정부 여당 주도의 지배 구조를 형성한다. 그리고 이사회를 구성하는 비율이 명문화되어 있지 않으며 투명한 절차에 따라 선임되지 않고 있다. KBS는 이사회-집행기관의 이중 체제이면서 정부에 의해 사장이 임명되어 수신료를 주재원으로 하고 독립성이 있는 북방형의 공영방송 지배 구조와 유사하다. 그러나 KBS의 지배 구조는 방송과 정치가 밀접하게 연관되어 있어 정권 교체 그리고 중도 퇴진으로 인해 사장의 교체 주기가 짧고, 자기 규제가 엄격하지 않은 측면에서 한레티의 북방형과 정확하게 맞지 않는다. KBS의 지배 구조 유형은 제도는 북방형의 기본적인 형태를 지향하고 있으나 실제 운영은 정부와 집권당이 좌우하는 핼린과 만시니의 '정부 모델(the government model)'과 가깝다고 할 수 있다.

2) 미디어 거버넌스, 공영방송의 이해 세력들

공영방송 제도는 사회 내에서 다양한 이해 세력 간 합의의 산물이다. 미디어 기업의 지배 구조가 복잡한 것은 미디어에 시민 사회가 자리를 잡고 있으며 또한 시장에서 작동하며 그리고 국가 제도와 연결되어 있기 때문이다. 자렌에 의하면 정치, 경제, 시민사회 등 공영방송 이해 세력들이 미디어 거버넌스를 형성하며 공영방송 제도에 영향을 준다는 것이다. [그림 2]는 공영방송에 영향을 주는 미디어 거버넌스를 나타낸다.

Public Service Media as a relationship network

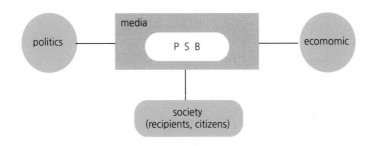

Source: (Jarren & Donges, 2005, p. 183)

[그림 2] 미디어 거버넌스(정치, 경제, 사회)

사회 시스템으로서 미디어는 정치, 경제, 문화 영역에서 동시에 작용한다. 공영방송은 규제 역할을 하는 국가, 시장 세력의 성장에 따른 영향과 시민사회의 발전과 공영방송 전문직주의에 의해 공영방송 제도가 변화한다. 공영방송의 정체성은 법과 제도를 운영하는 국가의 영향력이 절대적이고, 새로운 미디어의 등장으로 경쟁이 치열해지면서 시장의 변화에 영향을 받는다. 그리고 국가와 시장을 견제하는 시민사회의 성숙도에 따라 좌우되었다. 공영방송 초기는 주파수의 부족으로 국가의 영향력이 절대적이었다면, 다매체 시대의 경쟁 시대로 접어들면서 시장의 세력이 형성되고 소비자의 영향력이 증가하게 된다. 그리고 인터넷과 디지털 미디어 시대에는 소비자의 영향력이 더욱 확대되고 국가의 영향력은 감소하게 된다. 신자유주의의 영향력으로 공영방송이 위축될 때 국가와 시장의 영향력을 견제하기 위한 시민사회의 공론장 역할이 대두하게 된다. 공영방송의 정체성은 국가–시장–시민사회의 삼각 축 세력 간의 합의의 결과물이다.

- 공영방송과 국가(정치)

정부는 공영방송을 어떻게 규제하고 개입해야 하는 핵심적인 주체다. 방송에 국가 개입이 정당화된 것은 물리적인 주파수의 부족으로 방송 허가를 제한할 수밖에 없었다. 공영방송에 대한 정부의 규제는 주파수 할당, 이사회와 같은 지배 구조 형성 그리고 프로그램 규제, 수신료 재원 등 다양한 방면에서 작동한다. 새로운 상업방송의 허가를 통해 경쟁 체제를 형성하는 규제와 탈규제는 국가의 고유한 역할이다. 공영방송이 정치와 국가에 독립적이어야 한다고 주장하지만, 그 나라마다 국가의 절대적 영향력 아래 있다. 국가는 공영방송 경영진에 대한 지배 구조를 형성하고, 수신료 재원을 승인하며, 공영방송의 공적 서비스에 대한 책무를 규정하는 법 제도를 규정한다. 공영방송 제도가 발달한 영국과 독일 등 북유럽 국가들은 공영방송에 대한 국가의 개입 정책이 강력하다. 공영방송 지배 구조는 상업 세력으로부터 어느 정도 떨어져 보호되는 특권을 가진다. 공영방송은 특권에 대한 의무를 수행하는데, 소비자의 요구를 넘어 더 심오한 사회문화적 목적을 달성하도록 한다. 미디어는 정치적 독립성이 보장되어야 하고 사회적 통합이라는 가치를 우선한다. 따라서 미디어 규제의 목적들은 경제, 정치, 사회 혹은 문화적 목표, 혹은 이들의 결합으로 작동된다. 새로운 미디어나 채널의 도입, 관련 제도 법령의 개폐, 방송 유관 기구의 변화 등 한국 방송이 크게 변화하게 되는 시점은 대체로 정치 권력 구조의 변화, 곧 정권의 변동과 매우 밀접하게 연관되어 있다. 그러나 디지털 시대가 도래하면서 주파수의 효율적 이용이 가능해지면서 공공 수탁자로서 방송의 역할은 감소하게 된다. 주된 변화는 일반적인 사회적 문화적 이데올로기적 변화로서, 시장 세력의 확장을 위해서 공공 부분, 즉 공영방송의 국가 개입과 영향력을 줄여야 한다는 것이다. 공영방송이 발달한 서구에서 국가는 시장에서 다원성을 지원하거나 직접적으로 규제를 통해 미디어에 영향을 미치는 하나의 요소이지만, 다른 나라에서 국가는 다양한 방식에서 더 많은 영향력을 행사하는 특징이 있다.

- 공영방송과 시장(경제)

1980~1990년대 유럽은 상업방송과의 경쟁으로 인해 독점이 무너지고, 사적 소유와 광고 재원을 포함하는 상업방송도 사회적 문화적 의무 서약과 함께 공영방송의 울타리로 포함되었다.

신자유주의 기조에 의해 정부는 공영방송에 대해 불가피하게 상업방송과의 경쟁 체제를 도입하였다. 위성과 케이블 방송을 통해 제공되는 다채널 방송이 공영방송 변화의 모멘텀을 제공했다. 경쟁 미디어 기업들은 공영방송과 같은 공적 규제 회사들이 시장 지위를 유지하기 위해 공영방송의 특권을 남용하고 있는 것에 대해 불만을 제기한다. 방송에서 시장은 한정된 재원과 대중의 시간을 놓고 벌어지는 시청률 경쟁을 비롯한 '화폐의 논리'로, 소유 규제, 허가, M&A, 광고 등에 대한 각종 정책에 영향을 받으며 경기 동향에 민감하게 반응한다. 텔레비전을 많은 다른 전송 채널을 통해서 받을 수 있는 상황에서 수신료와 어떤 특정 지역에 전송할 수 있는 배타적 권한이 더 이상 생존할 수 있는 특권으로 존재하지 않게 되었다. 특권의 해체는 공영방송 사업자들이 사회에 대한 의무 수행은 물론 공영방송 규제 정당성에 대한 문제가 생기기 시작했다. 종합편성과 같은 상업적 경쟁 채널의 증가는 지상파 방송과 공영방송의 시청률 저하로 이어졌다. 케이블TV, IPTV 등 유료 다채널 플랫폼의 성장은 보편적 서비스 제공자로서 공영방송의 정당성을 위협하고 있다. 그리고 최근 인터넷 미디어 기업의 성장은 공영방송에 더욱 위협적인 존재로 등장했다. 잠재적으로 공영방송이 새로운 인터넷과 같은 플랫폼을 통해 공적 서비스 가치를 확장할 경우 뉴미디어 시장의 견제 세력은 걸림돌이 되곤 한다. 디지털 융합 환경으로 전통적인 공영방송 사업자는 인터넷 서비스를 기반으로 하는 국제적 미디어 기업과 시장 경쟁이 불가피하게 되었다. 영국의 BBC

도 새로운 서비스를 도입할 때 공적 가치 테스트를 거치게 되는데, 새로운 서비스가 시장에 어떤 영향을 주는지를 평가하는 시장 영향 평가 절차를 거쳐야 한다. 공영방송의 새로운 서비스는 사업자의 시장 질서에 영향을 최소화하는 방향으로 추진하고 있다. 신자유주의 이후 공공 서비스 부분에서 시장의 영향력은 더욱 확대되고 있어 융합 미디어 환경에서 시장은 공영방송의 거버넌스에서 매우 중요한 변인으로 작용한다.

– 공영방송과 시민사회(시민, 소비자)

미디어는 사회와 깊은 관련이 있는데 국가, 정부 제도와 연관되어 있다. 미디어는 자유롭고 이성에 근거한 여론 형성에 필수적인 공적 담론의 맥락을 제공함으로써 이성적 과정의 논증을 쉽게 해야 한다. 방송 정책에서 시민사회는 공익주의의 '국가 실패'와 시장주의의 '시장 실패'를 극복할 수 있는 대안으로 상정된다. 공익주의는 국가 통제와 엘리트주의의 개연성이 있으며, 시장주의도 시장 독과점과 상업적 프로그램으로 귀결되었던 것이 일반적이다. 그러므로 국가와 시장 권력에 대한 시민사회의 적극적인 비판과 견제가 민주적인 미디어 제도 정착에 필수적이라는 것이다. 대부분의 공영방송은 가구당 납부하는 수신료에 의존하는데 시민사회는 수신료 인상 시 정치권에 의견을 표시한다. 시청자 개인이 하기 어려운 일들은 조직화된 시민사회가 대표성을 가지고 공영방송 정체성의 한 축을 담당한다. 라보이는 미디어 정책 과정에서 시민사회의 참여를 강조하며, 시민사회의 참여가 미디어 민주주의와 미디어를 위한 민주적 역할이라 강조한다. 그리고 미디어 거버넌스는 규제를 통한 공익의 달성을 주장하고 국가나 산업의 손에 두지 말아야 한다고 강조한다. 시민사회가 공영방송의 지배 구조에 참여하고 있는 나라일수록 공영방송은 정치의 절대적인 영향에 비교적 자유롭다. 특히 디지털 미디어 시대에 시청의 개인화, 파편화로 인해 미디어에서 시민은 소비자로 치환되고 있다. 디지털 시대 개인은 방송이 제공하는 수동적인 미디어 소비자에서 미디어를 생산하고 공유하며 능동적 참여자로 변화한다. 디지털 미디어는 미디어를 소비하는 이용자가 소셜미디어 프로그램, 양방향과 같이 콘텐츠 생산에 직접 참여하고, 콘텐츠를 유통하면서 공영방송과 생산물을 공동으로 제작하는 공동 생산의 기본적인 속성을 가지고 있다. 따라서 디지털 시대에 미디어 분야에서 소비자의 영향력은 방송 조건에 큰 변화를 제공한다. 확대되고 있는 소비자의 영향력은 공영방송 수신료 납부의 정당성을 제기하고 공영방송 정책에 깊이 관여한다. 공영방송이 수신료 제도를 유지하고 보장받기 위해서는 디지털 환경에서 시청자의 미디어에 대한 이해가 더욱 중요해진다. 디지털 미디어로 촉발된 개인 미디어 소비의 취향은 공영방송의 법제도 전반에 큰 영향을 미친다. 스칸디나비아 미디어 사회학자 쉬베르트센과 쇤더가르드는 공영방송을 사회와의 관계로서 그리고 시청자의 서비스로서 규정하여 공공과 시민사회와의 역할을 강조한다. 공영방송 독점의 와해는 시장과의 경쟁을 촉발했고, 디지털 융합 미디어 환경은 더 많은 콘텐츠와 플랫폼의 양산으로 인해 개인과 사회는 파편화되었다. 파편화된 사회에서 공영방송은 시청자, 시민을 대표하는 시민사회와의 관계 설정이 무엇보다 중요해지고 있다.

2. 미디어 환경 변화와 공영방송

아날로그 시대 지상파 방송만이 존재할 때 공영방송은 독점 체제로 압도적 시청률을 바탕으로 국민의 생활에 절대적 영향을 미치는 매체였다. 이후 케이블방송과 위성방송 등 상업 유료매체가 등장하고 종합편성 채널이 허용되면서 본격적인 경쟁 체제가 되었다. 디지털화는 채널의 증폭을 가져왔다. 무한대의 채널 증가는 지상파 방송의 공적 채널이 상대적 축소됨을 의미한다. 다채널 환경에서 지상파 방송사들은 조각난 시청률을 모으기 위해 동분서주한다. 공영방송은 세 번의 위기를 맞는데 첫 번째는 사영방송의 등장이고, 두 번째는 다채널 서비스의 등장으로 공영방송의 존재는 더욱 어렵게 되었다. 그러나 본격적인 세 번째 위기는 디지털 융·복합형 미디어의 발전이다. 이는 과거와 달리 채널 제공 경쟁자가 늘어나는 것이 아니라 수용자의 미디어 소비 패턴 자체를 바꾸는 변화이기 때문에 훨씬 위협적이다. 공영방송 사업자들은 사회에 의무를 수행하는 것이 보장되었는데, 기술의 발달은 보편적 접근이 더 이상 보장되지 않는다는 것을 의미한다. 공영방송은 다원성을 보장하고 양질의 오락을 제공하는 역할을 담당하기 때문에 인구의 다수가 지리적, 재정적 장벽이 없이 접근 가능해야 하는 공적 책무는 디지털 시대에 더욱 중요해졌다.

무한대의 채널과 비선형 시청의 등장으로 미디어 이용 행태가 다변화되면서 공영방송은 시청자를 텔레비전 수상기에 머무르게 하는 어려움을 겪고 있다. 텔레비전 방송은 신호가 동시에 모든 사람에게 전송되는 일대다의 개념으로 프로그램이 전송되기 때문에 저장 매체가 없으면 다시 시청할 수 없다. 시청자는 텔레비전 시청을 위해 정해진 시간에 정해진 장소에서 시청해야 한다. 이에 반해 인터넷 프로토콜(IP) 기반의 프로그램은 언제든지 어디에서나 시청 가능한 스트림(stream)의 개념으로 변화되었다. 즉 이용자들이 개인이 필요할 때 미디어를 원하는 대로 소비하는 시대가 되면서 방송사와 이용자의 관계가 역전된다. 기술의 발달과 상업방송의 성장은 시청자의 파편화를 불러온다. 시청자의 파편화와 콘텐츠의 풍부함은 원래 국가의 단결을 위해 많은 시청자에 도달하기 위해 고품질 프로그램과 뉴스를 제공하기 위해 만들어진 공영방송의 설립 정신과 상반된다. 디지털 시대는 파편화와 대규모 시청자의 종말로 이어져, 공영방송사들은 역사적으로 가장 심각한 도전에 직면하고 있다. 단방향과 탑-다운 방식의 공영방송 커뮤니케이션의 전통적 역할은 유지될 수 없다. 지상파 방송의 약화는 설혹 공영방송이 공공성으로 무장한 양질의 프로그램을 만들어내고, 보도의 공정성으로 국민 다수가 인정하는 모범적인 공영방송의 모습을 보인다고 해도 지상파 위주의 공영방송이 사회에 미치는 영향력은 감소할 수밖에 없다는 것을 의미한다. 공영방송이 지닌 사회적 책무를 충실히 수행하는 것이 어려워져 정당성 논란이 제기된다.

1) 방송의 디지털화, 새로운 미디어 탄생

니센은 전자 매체 변화의 네 가지 결정적 요인으로 새로운 기술, 시장의 변화, 의회와 정부의 영향과 이용자 행동을 제시하고 있다. 디지털 혁신으로 테크놀로지가 가장 우선적인 요인이 되었고 다음으로 시장 변화가 초래된다. 이것은 다시 이용자 행동의 변화를 유도한다. 이러한 변화들이 결합하여 매체 부분을 규제하는 의회와 정부의 권한을 점차 감소시키며, 정치적 영향력을 약화시킨다. 기술의 발달과 혁신은 미디어 환경 변화를 동반하고 정책과 제도를 바꾸는 원동력으로 작용한다. 디지털화는 쉽게 복사하고 쉽게 공유할 수 있는 미디어 텍스트를 가질 뿐만 아니라 단순하고 빠른 디지털 네트워크를 넘어 콘텐츠 유통을 쉽게 한다. 디지털화는 모바일 플랫폼으로 누구나 쉽게 미디어를 소비할 수 있으며, 다양한 유무선 통신과 케이블, 위성방송 등 네트워크를 통해 무한대의 채널을 생산한다. 디지털 융합 서비스는 속성상 개인화를 가속화하여 공영방송이 추구해야 하는 높은 도달률에 의문을 제기하고 시민의 유대와 사회적 응집력을 약하게 한다. 그 같은 변화는 디지털 시대가 단지 뉴미디어와 새로운 커뮤니케이션 채널들을 제공하는 데 그치지 않고, 매개 커뮤니케이션이 근본적으로 변하고 있기 때문에 발생하는 현상이다. 디지털 미디어는 커뮤니케이션 통제권을 수용자 개인으로 이동시키고 있다. 이는 시청자들에게 언제, 어디서, 어떻게 커뮤니케이션을 수신할지 결정하는 과정에서 정보를 거르고 개인화할 수 있는 능력을 부여한다. 디지털 시대의 주요 특성은 대중을 시민사회에 더 연결하는 것이 아니라 집합적 사회를 파편화하여 더 고립되고 자기중심적인 개인주의를 촉진하는 것이다. 이용자들이 개인이 필요할 때 미디어를 원하는 대로 소비하는 시대가 되면서 방송사와 이용자의 관계가 역전된다. 젊은 세대의 공영방송 이탈은 사회적 응집 역할을 중요한 가치로 삼는 공영방송의 기능에 의문을 제기한다. 그리고 시청자들은 미디어 이용에 있어 수동적이지 않으며 능동적이며 새로움을 추구하고 있다. 21세기에 공영방송사들은 경제적 활동을 정당화하기 위해서 효율적으로 자원을 사용하고 있다는 증거를 대라는 요구에 점점 더 직면하게 되었다. 재원의 축소는 지상파 방송사들이 디지털 환경에서 창의적이고 혁신적인 도전을 망설이게 한다. 과거와 같이 익숙한 방법으로 시청자들의 요구를 충족하려 하지만 디지털 환경의 시청자들은 단방향의 지상파 방송에 매력을 느끼지 못한다. '디지털화'라는 것은 단순히 아날로그 생산과 배급기술을 디지털로 대체하는 것 이상이라고 강조하는 것만으로 충분하지 않다. 디지털화는 프로그램 제작의 흐름을 바꾸고 새로운 제작 역량을 요구한다. 디지털화는 공중에게 모든 범주의 뉴미디어 서비스를 개방하며, 디지털 테크놀로지는 개별적인 수용자

구성원들에게 새로운 선택의 자유를 주는 가능성을 갖고 있다. 우리나라는 지상파 방송 디지털 전환 과정에서 디지털 미디어가 초래하는 광범위한 사회적 변화를 도외시했다. 디지털 전환 정책은 단순히 텔레비전의 화질과 디스플레이의 크기에 치중하여, 디지털 융합 시대에 공공 플랫폼으로 기능과 매스미디어 기능의 약화를 초래하였다. 대부분의 가구가 유료 방송 플랫폼을 통해서 지상파 방송을 시청하고 있어 공공 자산인 주파수를 비효율적으로 사용하고 있다. 국가 정책적 측면에서는 전파 자산을 지상파 방송사에게 제공하여 무료 보편적 서비스를 확장하는 것이 최고의 목표가 되어야 하는데, 지나치게 높은 유료 방송 가입률은 국가 차원에서 주파수의 비효율적 사용은 물론 시청자 편익 측면에서 미디어 정책의 실패를 의미한다.

지난 십여 년 동안 수많은 혁명적인 변화를 목격해 왔다. 모바일, 양방향 미디어 서비스는 기존의 방송이 푸시 레짐(push regime, 방송 전파의 특성)에서 풀의 레짐(pull regime, 인터넷 스트리밍의 특성)으로 전환되어 선택권은 방송사의 편성에서 시청자의 선호로 이양되었다. 방송을 시청하는 권력의 균형추가 방송사에서 시청자로 이동하면서, 이용자에게 더 많은 선택의 자유가 주어지면서 수용자는 점점 분화하고 개인화된다. 공영방송은 시장에서 채널 경쟁이 격화되고 시청의 파편화로 인해 수신료라는 집합 재정에 문제가 발생하기 시작한다. 공영방송의 규제 정당성은 공익의 실현과 공공재 이론으로 발전해 왔지만, 디지털 미디어기술의 발달로 공영방송의 공익과 공공재의 전통적인 근거가 약해지고 있다. 수많은 플랫폼과 채널은 시청의 다양성을 확보하면서 공영방송에 대한 정부 개입의 근거가 갈수록 취약해지고 있다. 시청자는 파편화되고, 더 액티브하고 그들이 무엇을 볼 것을 원하고 언제 시청할 것인지를 결정함으로써 더 강력하게 되었다. 권력의 균형추가 방송사에서 이용자로 이동함으로써 수용자를 이해하는 방식에도 변화가 초래된다.

2) 신자유주의 기조

1980년대 이후 공영방송은 신자유주의 영향, 디지털기술 융합 그리고 사유화와 상업화에 의해 도전받고 있다. 신자유주의 개혁의 기조에 의해 정부는 공영방송에 대해 불가피하게 상업방송과의 경쟁 체제를 도입하였다. 국가보다 시장을 우선시하였고 사회생활의 문화 다양성을 고려하는 공동체보다 개인을 우선시하는 변화가 발생하였다. 이러한 변화 속에서 시장과 경쟁하면서 지상파 방송사들은 변화하기 시작했다. 1980년대 이후 전 세계의 거의 모든 국가에 심대한 영향을 미치고 있는 정책 아이디어가 바로 '신자유주의(neoliberalism)'이다. 신자유주의의 등장과 확산에 따라 국가와 경제의 관계, 국가와 사회의 관계뿐만 아니라 국가 그 자체의 범위, 구성 및 운영 방식에 있어서 '시장의 담론(Market discourse)'이 지배적인 위치를 차지하게 되었다. 공영방송의 주요한 논리는 특별한, 개인적 이익을 넘는 더 넓은 사회에 정보, 문화, 사회적 혜택을 주기 위해 공익에 봉사하는 것이다.

그러나 공영방송은 상업과 개인적 이익들에 의해 정당성과 명분이 약해지고 있다. 신자유주의는 공공 부분의 민영화, 효율성을 강조하며 시장이 공공 부분을 대체해야 한다는 이데올로기적 기조로, 공영방송도 시장 세력에 의해 대체될 수 있다는 주장이다. 즉 공공 부분, 공영방송의 경영에도 시장 원리를 적용하여 시장 친화적, 이용자 친화적 서비스를 제공하고, 공적 서비스 제공보다 효율성을 강조해 왔다. 공공 분야의 퇴조는 수신료 재원의 압력은 물론 변화하는 미디어 환경에서 공영방송의 새로운 서비스에 대한 투자와 진출의 방해로 작용했다. 1999년대 중반 신자유주의 이념을 공공 부분에 도입하려고 했던 이른바 신공공관리 패러다임이 공공 부분에도 풍미했던 시기다.

맥퀘일은 1980년대 이후에 서유럽에서 미디어 정책의 새로운 패러다임으로 사회 정치적 복지보다 경제적 목표에 더 중점을 둔 상업적 경쟁, 기술 혁신, 소유와 통제의 투명성, 공개성 그리고 소비자 선택과 같은 것에 집중하는 정책으로 변화했다고 설명한다. 미디어 도입에 있어서 기술 혁신을 바탕으로 시장의 경쟁, 효율을 강조하는 경제적 목표를 우선시함에 따라 상업적 동기와 사적 투자의 확대로 상업 채널이 증가하게 된다. 우리나라도 케이블방송, 위성방송, 지상파 DMB, IPTV, 종편채널 등 신규 매체를 도입할 때마다 정부는 경제적 관점의 성장 측면과 경쟁을 통한 소비자 효율을 강조해 왔다. 신자유주의 확대와 상업 미디어의 성장으로 비상업화, 공공성의 확대와 같은 정책 패러다임이 점차 사라지게 되었다. 유럽은 디지털 전환을 방송의 새로운 패러다임으로 설정하고 공공 서비스의 지위를 어떻게 자리매김해야 하는가의 관점에서 정책과 제도를 정비해 왔다. 물론 상업적 세력과의 치열한 경쟁이 있지만, 공영방송의 존속과 보장에 대한 유럽 사회의 인식이 어느 정도 공유하고 있는 측면이 있다. 종래의 방송 영상 서비스가 20세기의 사회문화적 삶의 조건 및 커뮤니케이션 채널 기술 수준을 반영했던 것과 마찬가지로 21세기에 있어서 방송이 새로운 사회문화적 삶의 조건과 채널 기술을 토대로 한 새로운 서비스로 변화해 가는 것은 자연스러운 추세가 아닐 수 없다. 방송이라는 매체적 특성과 기능 때문에 방송은 그에 상응하는 사회적 책임을 부담해야 하며, 헌법이 보장하는 방송의 자유가 요구하는 사회적 책임을 수행할 적실성이 요구된다. 공영방송은 다매체·다채널 시대에 급증하는 매체 간 경쟁에서 선정성과 상업성의 자본적 고민으로부터 상대적으로 자유로울 수 있도록 국민이 그 운영 재원을 확보해 주는 방송이다. 그리고 권력으로부터의 독립성을 바탕으로 국민들에게 양질의 정보를 제공하고 사회 통합의 건전성을 실현하기 위한 사회적 공론의 장을 균형감 있게 만들어 가야 하는 공익 추구 방송이라는 존재 목적 때문이다.

디지털 융합과 신자유주의 기조로 공영방송의 위상은 축소되었다. 사회의 개인화와 파편화 때문에 공영방송은 사회 통합과 집합적 경험을 넘어서 사회를 통합할 수 있는 서비스를 제공해야 한다. 디지털 시대는 테마 서비스와 온라인 서비스를 제공하여 그룹과 개인의 이익을 충족하는 공영방송의 공공 서비스를 재정의해야 한다. 단방향의 가부장적이고 다소 권위적이었던 아날로그 시대의 공영방송을 역할을 넘어서는 디지털 시대에 공영방송 역할을 새롭게 정립하는 것이 요구된다.

3. 공영방송의 규제 정당성

민주주의 국가에서 규제의 합법성은 정책과 제도가 어떻게, 얼마나 공익에 봉사하는가의 주장에 결정된다. 시장의 독점을 방지하고, 갑작스런 횡재에 세금을 부과하며, 생산자와 소비자 사이의 비대칭 세력을 극복하고, 기업들에 의한 반경쟁적 행동을 조정하기 위해서 정부는 다양한 경제적 이유로 규제를 행사한다. 그리고 규제를 통해 필수 서비스를 보호하고, 공공재의 공정한 분배를 보장하며, 소비자를 보호하기 위해서 정부 규제가 작동한다. 규제는 대개 어떤 공익적 목적을 위해서, 또는 경쟁을 지원하면서 시장의 수요를 맞추거나 기술표준을 만드는 기술적 효율성을 위해 진행하고 있는 모든 활동들의 잠재적인 개입이다. 정부가 자율적인 시장에 개입하려면 적어도 논리적으로는 개입의 혜택이 특정 집단의 사익이 아닌 사회 전체의 공익에 기여한다는 정당성이 있어야 한다.

국가가 민간의 상호작용 영역에 개입하게 되는 이유는 크게 두 가지가 있다. 첫 번째는 경제적 이유로서, 독점 등 자유 경쟁 시장의 원칙이 지켜지지 않는 시장의 실패 상황을 방지하여 경제적 효율성을 회복하려는 것을 말한다. 두 번째는 사회적 이유다. 사회적 가치의 보전, 경제적 형평성의 추구 등 개인의 이익 추구 측면보다는 사회 전체의 이익을 우선시하여 국가가 사적 활동에 개입하게 되는 것이 바로 그것이다. 방송의 초기에 텔레비전 시장의 부족과 주파수 부족 현상으로 인해 방송과 통신과 같은 영역은 정부 개입(Regulation)이 최적은 결과를 설명하는 자연독점으로 인정되었다. 방송은 국민의 일상에 직접적으로 지대한 영향을 미침으로 또한 국가의 사회적 응집력과 문화적 정체성을 보존하기 위해서 국가의 공적인 지배 구조에 두게 된다. 방송을 전적으로 시장에 일임하게 되면 선정적으로 될 수 있기 때문이다. 그리고 다양성을 확보하는 로컬 뉴스, 품질을 우선시하는 문화 콘텐츠 등 시장과 무관하게 제공되어야 하는 콘텐츠가 과소공급될 우려가 있다. 방송은 가치재로서 시장에서 공급이 어렵기 때문에 공익을 위해 가치 있는 상품을 제공하기 위해서, 공적 예산을 통해 충족하도록 해야 한다. 초기 미디어 제도의 공적 개입 정당성은 주로 정부 중심의, 의회와 연관된 미디어 정책 결정 그리고 정부 엘리트나 문화 엘리트의 규범적 가정에서 출발하고 있다. 그리고 시장은 적어도 보편성을 목적으로 하는 서비스를 효과적으로 제공할 수 없다는 근거에서 미디어 정책에 국가 개입을 정당화하고 있다.

민주주의 국가의 미디어 규제는 시장의 자유에 의존하는 미국식과 정부가 강력하게 개입하는 유럽식이 있다. 미디어에서 미국식 규제는 언론의 자유를 존중하며 시장 자율에 따라 운영하는 것이다. 유럽식은 정부가 공영방송과 지상파 방송을 통해 직접 시장에 개입하여 공급자로서 역할을 담당하는 것이다. 서구 미디어 시스템은 미국보다 더 개입주의적이다. 미국 방송 모델이 보편적 접근의 적절한 수단과 모든 소비자를 만족시키는 콘텐츠의 수단으로서 수요와 공급의 자유시장 원칙에 기초하고 있다면, 유럽 방송 모델은 소비자 선택과 개인적 자유보다 집합적인 사회의 활동하는 구성원으로서 시민의 의무와 필요를 더 강조한다. 미디어에 개입주의적 접근은 주로 유럽 모델로 정책 목표에 따라 미디어 구조와 산출물을 구성하는 것을 목표로 한다. 반면 시장 자유주의적 접근은 시장 실패에 작동한다. 시장 자유주의적 접근은 문화 사회적 기준이 경제적 복지보다 덜 중요하게 취급되는 반면, 개입주의적 정책은 정치, 사회, 문화, 경제적 가치를 규제의 기초로 한다. 우리나라 공영방송 제도는 공적 소유, 공적 지배 구조, 공적 재원과 의무를 기초로 하는 유럽의 개입주의적 모델을 기초로 하고 있다. 그러나 실상 이제까지 공영방송에 대한 규제의 일반적 형태는 공영방송이 시장과 같이 효율적으로 운영되기를 요구하거나, 공영방송이 공적 서비스를 확장하고자 할 때 시장 경쟁 플레이어들이 주장해 온 매체 간 균형이라는 목소리에 더 귀를 기울였다. 공영방송은 수신료를 재원으로 운영하면서 지나친 상업화를 추구하거나 상업 미디어 영역과 경쟁하게 되면 시장으로부터 견제를 받게 된다. 공영방송의 새로운 서비스에 대한 정부의 개입(규제)은 공익을 위해 공적 서비스를 보장해주는 정책 측면 이외에 다른 상업 미디어의 이윤 보장을 위해 공적 서비스를 제한하기도 한다. 공영방송 정책은 자유시장 원리에 맡겨두는 것이 아니라 규제를 통해 개입하고 보호해야 하는데, 보호받기보다는 특정 사업의 진출을 제한하는 규제에 큰 영향을 받아왔다. 공영방송 제도가 사회에서 자리 잡은 유럽은 오랜 기간을 거치면서 공영방송에 대한 역할을 사회적으로 합의하여 규제를 시행한다. 우리나라는 공영방송 제도가 법률에 명문화되지 않아 근거가 부족하고, 공영방송을 규제하기 위한 사회적 합의가 부재하다. 그렇다 보니 공영방송을 감독하는 국회에서 공영방송은 항상 정쟁의 장이 되고 정치적 논란에 휩싸이기도 한다. 미디어 규제를 총괄하는 방송통신위원회도 공영방송의 규제 수준을 어느 정도로 유지해야 하는가는 항상 어려운 과제였다. 규제 원리가 확립되어 있지 않아 공영방송의 규제는 정치권의 입김과 시장의 영향력에 민감하게 작용하게 된다.

공영방송의 공공 서비스 확장은 유료 방송 사업자의 사업적 이해와 맞닿아 있다. 공영방송의 다채널 서비스와 같은 지상파 방송 규제 정책은 유료 방송 사업 플랫폼에 영향을 줄 수 있어, 다채널 서비스는 초기부터 도입이 무산되기도 하였다. 또한, 지상파 방송의 중간 광고 정책은 유료 방송의 광고 재원에 영향을 줄 수 있다. 전통적인 방송 영역에서 공공 서비스와 시장의 충돌은 최근 인터넷 미디어의 확장에 따라 더 많은 미디어 기업들이 방송 서비스를 제공하면서 공공 서비스와 유료 미디어와의 경쟁은 더욱 확대되고 있다. 방송보다 상대적으로 규제에 자유로운 인터넷 미디어 기업의 성장은 공영방송의 규제를 더 어렵게 만

든다. 공영방송의 정의와 역할과 함께 미디어 발전에 따라 공영
방송이 공적 책무를 어떻게 규정하고 규제를 어떻게 할지 정책
적인 도전에 직면해 있다. 공영방송이 법률에 근거하고 수신료
와 같은 공적 재원의 특혜를 주고 공적 책무를 정당화해 온 이론
들을 아래와 같다.

1) 공익 이론

규제란 공공의 이익(public interest)을 촉진하기 위해 국가가 사적
활동을 제한하는 것을 말한다. 국가나 정부가 미디어를 규제하
는 정당성은 공익의 목표를 달성하기 위한 것이다. 초기 방송의
위치는 그 어떤 커뮤니케이션 양식보다도 많은 사회적 관심을
불러왔다. 주파수 대역의 희소성이라는 자연적 진입 장벽에 따
라 독과점적인 지위가 처음부터 전제되는 상황 속에서, 사회적
관심은 주로 여론 및 문화 매체로서 방송 사업자의 행위적 측면,
그중에서도 서비스 내용과 관련된 공공적 책임 실현에 치중되었
다. 이른바 공익(public interest)이라는 개념으로 요약된다. 공익성
은 방송의 공공적 소유로 인해 방송이 특정 이해 집단의 사적 이
익이 아니라 수용자 대중의 이익을 추구해야 한다는 점에서 방
송 활동의 기준을 제시하는 개념이라 할 수 있다. 그래서 방송의
행위는 공익성을 구현하기 위한 것이 되어야 한다. 국가가 민간
인의 상호작용 영역에 개입하는 이유는 사회적 가치의 보전, 경
제적 형평성의 추구 등 개인의 이익 추구 측면보다는 사회 전체

의 이익을 우선시하여 국가가 사적 활동에 개입하고 규제를 하는 것이다. 미디어는 정치적 독립성이 보장되어야 하고 사회적 통합이라는 가치를 우선한다. 따라서 미디어 규제의 목적들은 경제, 정치, 사회 혹은 문화적 목표, 혹은 이들의 결합에 의해 작동된다. 공영방송을 증진하는 정부 정책은 시청자와 청취자를 소비자라기보다 사회적 존재인 시민, 투표자로서 능력을 더 크게 강조한다. 이런 관점에서 방송 시장에서 국가의 개입은 경제적 기준의 근거가 아니라 교육, 평등, 국가 정체성과 사회적 응집력과 같은 사회적 목적을 달성하기 위한 것이다. 공영방송에 규제가 필요한 이유로 블럼러는 미디어의 자유, 사회, 정치, 문화 분야에서의 폭넓은 역할, 그리고 규제 명령을 따라야 하는 것을 정당화하는 데는 궁극적으로 미디어가 이바지해야 할 공익이라는 개념을 제시하고 있다. 서구에서 출판에서 라디오, TV로의 발전을 거치며 각국은 매스미디어(특히 TV)를 민주주의 유지와 시민사회 단합의 핵심 도구로 인식하게 되었다. 이러한 관점에서 방송은 시민의 이익을 도모하는 공공의 역할, 시장에 민감하게 반응하는 상품으로서의 측면을 갖고 사회 공공의 영향, 사회와 민주주의와의 연관성, 방송 프로그램 보급을 통한 자원의 희소성 차원에서 정책이 발전되어 왔다. 공영방송의 주요 목표는 보편적 서비스 제공, 폭넓은 의견과 신념을 반영할 수 있는 다양성, 갈등 사안에 대한 균형 있고 불편부당한 정보 제공, 국가의 문화 정체성에 대한 고려, 경제적 이익보다 공익이 우선되는 활동 등 공익에 봉사하는 것을 바탕으로 하고 있다. 공영방송의 일반적인 공통된 이론은 공익의 목표를 달성하는 것이며, 공영방송은 수익 창출을 담보하기 어려운 측면이 있어 공익을 위해서 방송 시스템은 특정한 구조적 조건을 마련해야 한다는 것이다. 공영방송의 정당성은 공익을 구현하는 것이기 때문에 공익을 구현할 조직, 공익에 필요한 재원과 공익적 서비스를 제공할 수 있는 지배 구조와 제도가 필요한 것이다. 전 세계적으로 시장 경쟁 체제로의 전환과 함께 통신·방송 융합 환경이 도래하면서 전통적인 방송 규제 방식에 대폭적인 변환이 요구되고 있다. 디지털 시대는 공영방송에 요구되어 온 전통적인 방송 공익성 개념과의 연속성을 가지면서도 시대의 변화에 맞는 보다 유연한 방송의 공익성 개념의 변화가 필요하다.

전통적인 공영방송의 규제 정당성은 공익 이론에서 유래한다. 1980년대 이후로 신자유주의 기조의 영향으로 규제가 완화되고 상업 미디어 시장이 활성화되고, 디지털 융합 미디어의 발달과 미디어를 소비하는 개인화, 파편화의 영향으로 정치 사회문화적 목적의 규제보다 경제적 목적의 규제가 더 큰 영향을 미치고 있다. 이처럼 미디어 환경 변화에 따라 방송에서 공익의 개념이 다양하게 해석되고 변화하면서 공익 이론이 퇴조하게 된다. 경제적 목적의 규제는 수신료라는 공적 재원이 투여된 서비스가 시장의 미디어 사업자와 경쟁해야 하는데 자유 경제 시장에서 공영방송은 공정한 경쟁의 걸림돌이 된다는 것이다. 공익의 경제적 관점에서 시장 실패 이론이 정당화된다.

2) 시장 실패(Market Failure) 이론

정치 문화적 목표 다음으로 경제적 요소가 공영방송의 규제 정당성으로 부각하는데 이는 최근 몇십 년 동안 시장 이데올로기의 현상을 반영하고 있다. 시장 실패는 공영방송에 대한 또 다른 핵심 정당성이 되었다. 경제학 이론에서 정부는 시장 개입이 불필요하다고 주장하며, 시장이 독자적인 보이지 않는 손의 기능을 상실할 때 일종의 시장 실패 현상이 일어나게 되므로 정부의 시장 개입 필요성을 주장한다. 이를 시장 실패 이론이라 한다. 방송에서 시장 실패에 해당하는 이론적 근거로 공공재, 외부 효과, 가치재 개념이 사용된다.

- 공공재 이론

우선 공공재 이론은 시장 경제 속에 정부가 개입해야 한다는 점을 이론적으로 보여주는 대표적인 예이다. 공공재 이론에서 텔레비전 방송은 소비에서 비배제성과 비경합성을 가진 재화로 설명된다. '공공재는 경제학에서 재화는 배제성이 있는가? 즉 사람들이 이 재화를 소비하는 것을 막을 수 있는가? 그리고 소비에 경합성이 있는가? 즉 한 사람의 소비가 다른 사람의 소비를 방해하는가?'로 분류된다. 소비에서 비배제성의 상품 조합에 근거해서 그러한 재화는 크게 4개의 유형으로 분류되는데 사적 재화, 공유 자원, 클럽재와 공공재이다. 공공재(public goods)는 배제성도 없고 소비에 있어서 경합성도 없는 재화를 말한다. 공공재는 사람들이 그 재화를 소비하는 것을 막을 수 없을 뿐 아니라, 한 사람의 공공재 소비가 다른 사람의 공공재 소비를 방해하지 않는다. 공영방송 프로그램을 시청하는 것은 추가적인 이용자의 효용성을 감소하지 않으며, 일단 프로그램이 방송되면 시청자들은 프로그램으로부터 배제되지 않는다. 피카드는 방송은 요금을 지급하지 않는 사람들이 방송을 받는 것으로부터 배제되지 않기 때문에 모든 사람이 다른 사람의 효용성을 감소하지 않으면서 방송을 받을 수 있어서 공공재로 설명한다. 데이비스는 일단 아날로그 신호가 단일 사용자에게 제공되면, 같은 지역에 있는 모든 사람에게 전달하기 위해 추가적인 비용이 들지 않아서 비경합적이라 설명한다. 더구나 일단 방송이 전파되면 그 신호를 어떤 가구에 제공하면 다른 모든 가구에 신호를 배제할 수 없으며 그래서 아날로그 신호는 비배제적이다. 모든 사람이 공공재에 의해 보호되기 때문에 국가 방위, 등대는 비경합성으로 설명된다. 상업방송(유료 방송)은 순수 공공재를 기꺼이 생산할 수 없어 공공재인 방송에 정부는 개입하게 된다. 이로써 방송에서 시장 실패가 발생하며 정부는 어떤 형태의 이용을 위해 공공재 생산을 강제할 수 있는(세금 성격의 수신료 재원과 같이) 정당성을 가진다.

– 외부 효과(externality)
공공재와 간접적으로 관계가 있으면서 정부 개입의 타당성을 설명하는 또 다른 예는 외부 효과(externality) 문제이다. 환경 공해는 부정적 외부 효과를 발생하는가 하면 교육과 연구개발 투자는 긍정적 외부 효과를 발생한다. 교육을 받은 근로자는 생산성이 더 높아지고 이에 따라 더 높은 임금을 통해 교육의 편익을 대부분 누린다. 교육은 이러한 사적 편익을 넘어 긍정적 외부 효과를 창출한다. 교육을 많이 받을수록 국민은 현명한 투표자가 되어, 모든 이에게 도움이 되는 더 좋은 정부를 갖는 것이다. 교육 수준이 높아지면 범죄율이 낮아진다. 나쁜 방송이 사회에 해가 되는 행동을 고취하는 반면 좋은 방송은 대체로 사회에 혜택이 되는 행동을 고무할 수 있다. 만약 나쁜 프로그램이 좋은 프로그램보다 더 수익이 된다면 사영 섹터는 나쁜 프로그램을 많이 생산하고 좋은 프로그램을 적게 생산할 것이다. 규제(개입)는 사회적으로 최적이 되도록 균형을 맞추는 생산을 정당화한다. 그래서 전송의 혁신에 따라 수신 제한과 같이 나쁜 프로그램을 제한하기 위한 규제와 좋은 프로그램의 생산을 증가하기 위해 공영방송의 필요성이 발생한다. 교육과 시민성의 함양과 같이 공영방송의 프로그램은 긍정적 외부 효과가 있다. 매스미디어는 사회적 외부성을 만들어내는 훌륭한 잠재성을 가지고 있다. 매스미디어 사용은 긍정적이든 부정적이든 전체 사회뿐만 아니라 개인에게도 영향을 미치며 심지어는 매스미디어를 이용하지 않는 사람에게도 영향을 미친다는 것을 의미한다.

- 가치재(merit goods)

공원은 상업적 부동산으로써 훨씬 시장의 가치가 있지만, 거주자의 쾌적한 생활을 위해 공원을 만드는 것은 공익을 위한 것이다. 공원 이용을 통해 정신, 육체적 건강을 개선할 수 있는데 이런 긍정적 효과는 측정이 어렵다. 가치재의 공급은 소비자의 욕망에 기초하지 않으며 공원이 대표적인 가치재이다. 가치재의 특징은 개인들이 지금 가치가 있다고 생각하는 것이 아니고 장기간에 혜택을 주는 재화라 할 수 있다. 다양성을 확보하는 로컬 뉴스, 품질을 우선시하는 문화 콘텐츠는 시장과 무관한 서비스를 제공해야 한다. 시민들은 사회적 통합, 사회적 응집력, 문화적 이해, 삶의 질의 개선, 문화의 보호와 증진, 정체성의 강화, 정치적 참여를 조성하고 건강한 민주주의를 보장하는 공론장의 창조와 같은 가치 있는 사회적 외부성을 잘 깨닫지 못한다. 시민은 미디어 소비의 선택이 전체 사회에 미치는 것을 인지하지 못하며 다양성, 다원성, 독립 설명 책임, 창조적이고 계몽적인 고품질 미디어 시스템을 고려하지 못한다. 결과적으로 소비자의 선택은 특정 기술을 이용하고 어떤 프로그램을 소비하는 것으로부터 얻을 수 있는 단기적인 사적/개인적 가치에 전적으로 의존하고 있어 미디어 콘텐츠와 서비스는 가치재이다. 가치재 프로그램들은 궁극적으로 경제적으로 시청자들에게 어느 정도 노출된 이후에 성공할 수 있다. 사회적 목적들을 추구하기 위해 정부 재정이 지원된 공영방송 프로그램들은 가치재들이다. 가치재는 시장에서 과소 공급이 되기 쉽다. 대부분의 유럽 나라들은 공공 서비스 미디어에 시장 실패를 도입하는데, 소비자들이 미디어 소비에 수신료나 세금을 지급해 공공재의 사회적 혜택을 극대화하고 있다. 공영방송 수신료는 공공재 특성이 명확해 경제적 합리성과 정치적 독립으로부터 중요한 합리성을 가진다. 공공재, 가치재, 경험재 특성을 가진 방송을 시장의 효율에 맡겨두면 뉴스, 로컬 및 어린이 프로그램과 같이 공익과 관련된 프로그램은 과소 공급되어 방송에서 시장이 실패할 수 있다. 따라서 공영방송 제도를 통해 정부가 개입하는 것이다. 공영방송의 정부 개입은 경제학 측면에서 시장 실패의 보완이면서 방송의 사회문화적 가치를 중요하게 생각하는 근거가 된다. 이로써 시장 실패는 정부가 공영방송 규제에 개입해야 하는 정당성을 가진다.

- 기술 진전과 시장 실패의 완화

디지털기술의 발달과 융합은 일대다의 개념인 무선 전파로 콘텐츠를 전달하는 푸시(push)의 개념에서 시청자가 원할 때 미디어를 시청하는 풀(pull)의 개념으로 변화했다. 기술 변화의 결과로 전통적 시장 실패의 특성과 정도가 변하고 있다. 다채널과 유료 텔레비전의 성장은 시장 실패의 문제를 완화했고 온라인 콘텐츠 시장의 성장은 또한 시장 실패의 문제들을 도전한다. 암호화와 유료 모델은 방송 사업자에게 소비자 선호에 기반해 그들의 콘텐츠 접근을 제한해서 비배제성에 의해 야기된 방송의 공공재 특성은 희박해진다. 감소된 미디어 소비량은 시청자가 수신료 지급에 있어 어떤 개인의 소비에서 상대적으로 중요한 것이 감소하거나, 공영방송의 프로그램이 덜 가치재이기 때문에 수신료 재원으로 운영되는 공영방송의 합법성이 상실되고 있다. 이런 미디어 환경 변화와 시청의 변화는 전통적인 공영방송의 이념 변화와 정당성을 요구하고 있다. 새로운 정당성이란 공영방송이 사회 통합 기능, 문화적 연대 가교 기능과 같은 사회문화적 목적과 시청각 시장의 발전에 기여하는 등 경제적 목적을 달성해야 한다고 강조한다. 그리고 시장 실패의 대안이 될 수 있는 기능은 바로 이 새로운 정당성의 요소가 된다. 콘텐츠는 여전히 비경합성으로 공공재이다. 콘텐츠 생산 측면에서 사회적 목적들을 추구하기 위해 정부 재정이 지원된 공영방송 프로그램들은 여전히 가치재들이다. 그런 재화의 생산을 시장에 맡기는 것은 부적절한 공급의 결과를 낳는다. 시장은 그런 재화에 대해서 과소 공급할 가능성이 있어 어린이 프로그램, 다큐멘터리와 같은 고품격 프로그램은 고객이 올바른 가치를 두지 않아 과소 공급될 수 있어 여전히 시장의 실패가 발생한다. 디지털 미디어 속성이 더욱 개인화되고 파편화되어 디지털 미디어 시대에 공영방송 존립의 정당성은 위태로워지게 된다. 가치재 콘텐츠의 생산과 외부 효과는 여전히 공영방송의 시장 실패를 보완해야 하는 이론적 근거로 남아 있지만, 수많은 플랫폼과 채널은 시청의 다양성을 확보하면서 공영방송에 대한 정부 개입의 근거가 갈수록 취약해지고 있다.

3) 공론장(Public Sphere) 이론

공영방송은 민주주의 국가에서 유지되는 사회적 합의 제도다. 한레티는 공영방송의 유형화를 민주주의 국가로 제한하는데 비민주적인 국가의 방송은 독립적이지 않아 공영방송이 존재하지 않는다고 본 것이다. 국가 소유의 방송과 공영방송을 구분하는데, 국영방송은 정부의 정책을 홍보하고 공영방송은 선거에 공정한 정보를 제공한다는 것이다. 이런 측면에서 공영방송에서 공론장 개념은 민주주의와 매우 밀접한 연관성을 가지고 있다. 공론장(public sphere) 개념은 독일의 사회학자 하버마스가 1962년 발표한 논문에서 유래한다. 하버마스가 제시한 공론장은 18세기와 19세기 유럽의 커피하우스나 살롱, 독서회, 신문, 출판 등을 중심으로 형성된 부르주아 공론장 또는 '독서 공중'(reading public)을 모델로 한 것으로, 국가와 시민사회 사이에 위치한다. 참여자 사이에 아무런 제한이나 강제 없이 이성에 기초한 숙고와 합리적 비판적 토의를 통해 집합적 의사를 모으는 공간이다. 초기 하버마스의 공론장 개념은 문예 공론장과 정치적 공론장으로 구성되는데 이는 공영방송이 헌신해야 하는 삼위일체, 즉 정보, 교육, 오락 등 공영방송을 설립한 영국 존 리스경의 고전적 공식과 맥을 같이 한다. 쉬베르트센은 공론장은 공중이 시민으로서 참여하고 공동선을 위해 집합적으로 결정하는 제도로 표현한다. 특히 공론장에서 미디어 서비스는 사회의 모든 구성원이 시민의 의무를 수행하기 위해 필요한 정보와 지식에 접근할 수 있어야 한다는 것이다. 공론장의 개념은 독점 시대에 공영방송의 개념과 잘 부합한다. 부르조아 공론장은 일반적으로 참여 원칙과 운명을 같이 한다. 특정한 집단이 명백히 배제되는 공론장은 불완전한 것으로 오히려 그것은 공론장이 아니다. 즉 비배제적이고 보편적인 접근의 허용을 골자로 한다. 공개적이며, 누구나 배제되지 않으며, 민주적 여론을 형성하고, 전달하는 방식이 공영방송 제도와 맥을 같이 하고 있다.

유럽의 공영방송 제도는 특히 민주화가 진전된 나라일수록 민주주의와 공영방송의 공론장 역할에 정당성을 부여해 왔다. 민주주의의 성장과 개인성, 시민성 등을 강조하는 디지털 문화의 확산과 맞물려 많은 미디어 연구자들은 하버마스의 공론장으로부터 공익의 규범적 모델을 추론해 왔다. 방송은 공론장으로서 현대 사회에서 가장 핵심적인 역할을 수행하기 때문에 특히 민주사회의 유지 발전에 필수적인 여론 형성 기능을 담당하는 역할과 관련된다. 공영방송에서 공론장 이론이 부각된 시기는 신자유주의 기조 정책의 확장으로 공영방송 정당성이 위기에 몰리게 되면서다. 신자유주의 정책 기조는 강력한 사적 이익의 확대로 공영방송의 시민성 고양이라는 정당성에 의문을 제기했고, 미디어의 사적 이익 확대는 공론장으로서 공영방송의 역할을 잠식하는 결과를 초래했다. 여기에 하버마스의 공론장의 구조적 변동이 영어로 번역되면서 공론장 이론은 공영방송 정당성을 유지하는 이론으로 부상하게 된다.

그러나 근세에 공론장의 구조가 공공 영역과 사적 영역이 힘에 의해 변동하듯이 미디어에서 공론장의 개념은 변화하고 있으며, 공영방송의 정당성과 연계하기에는 무리가 있는 비판이 제기된다. 공영방송 제도가 실제로 어떻게 작동하는지에 대한 설명이 없이 공영방송의 추상적 이념과 같은 공론장으로서 규범적 개념을 강제하고 있다는 것이다. 사실 공영방송은 나라마다 정치 사회 문화적인 환경에 따라 특이하게 작동하며 공영방송을 정의하는 개념도 시대와 환경에 따라 다르게 나타난다. 또한, 오늘날 국제적 멀티 문화 사회에서 하버마스의 이상적 공론장에 대한 비평들은 관점을 지나치게 일반화하고 차이를 명백하게 무시한다고 비평한다. 공론장 모델은 국제화된 미디어 환경보다는 단일화된 국가에 맞는 개념이라는 것이다. 마지막으로 공론장 이론은 부르조아 공중을 대상으로 여성, 사회적 약자를 배제하고 있어 많은 비판을 받아 왔다. 공론장 개념의 한계와 비판적 문제 제기에도 불구하고 공론장 이론은 방송이 시민들에게 열린 토론과 논쟁의 장을 제공하고, 식견을 갖춘 시민 양성에 기여하고 사회적 소통을 활성화하는 역할을 기대한다. 공영방송은 공론장의 중요한 제도로서 공동체에 인식되는데, 공영방송은 대중을 교육하고, 시청자를 계몽하고 공적 토론을 고양하는 불편부당한 정보를 제공하며 궁극적으로 공론장 조성에 도움을 준다는 것이다.

하버마스의 발표 이후 공영방송의 정당성과 공론장 이론을 새롭게 조명되고 부각된 곳이 영국의 BBC다. 영국은 대처 수상 시절 신자유주의 이데올로기에서 공공 부분의 개혁이 화두가 되고 소비자 주권이 확대되고 시민성 역할은 상대적으로 취약하게 되었다. 신자유주의 기조는 강력한 사적 이익에 봉사하는 자유시장 이데올로기로서 방송에서 공공 서비스 개혁과 공익의 재정의를 요구하고, 소비자가 시민을 대체하면서 BBC는 위기를 맞이하게 된다. 이런 위기에 대응해서 공론장 이론을 공영방송의 제도와 규제적 측면에서 이론화하고 주장한 사람은 영국의 간햄이다. 간햄은 공영방송이 경제보다는 정치적 관계 속에서 발달하였으며, 국가의 통제를 배제하고자 노력하였다는 것을 근거로 공론장의 가능성을 제시하였다. 간햄은 하버마스의 역사적 가정에 의문을 제기하면서도, 공영방송의 정당성으로서 공론장을 중심적 이론으로 채택하였다. 간햄은 공영방송이 민주적 의사소통과 숙의 민주주의의 잠재력이 있는 것으로 인식하였다. 이처럼 1990년대부터 본격적으로 원용되기 시작한 공론장 이론은 1970~80년대의 위기를 겪으면서 흔들리던 공영방송의 기반을 지탱시켜준 가장 큰 버팀목이었다. 여론을 조성하는 사회생활의 영역이면서 모든 시민에게 접근이 허용되는 장으로 사적 개인이 대화와 토론을 통해 형성하는 공적 집합체라는 공론장의 원리는, 책임 있는 공적 제도이지만 자유로운 사적 여론에도 관여해야 하는 공영방송에 적절하게 어울리는 이념이 되었다.

하버마스가 제시한 공론장은 시장과 국가로부터 떨어진 공론장으로 두 사이의 공간으로 정의되며, 처음부터 자유 언론의 실행 가능한 민주적 대안이면서 외견상으로는 공영방송을 정확히 묘사하는 것으로 받아들여졌다. 신자유주의 시장주의자에 대항하여 해방주의적, 자유주의적 공영방송 주창자들에게 공론장은 핵심적 근거가 되었다. 하버마스의 공론장 모델은 공영방송을 비판하는 시장 자유주의의 이론적 토대를 제공하였다고 평가한다. 공영방송은 경제보다는 정치적 민주화에 필수적이며, 경제보다는 정치적 관계 속에 발달된 제도다. 공영방송의 핵심적인 조직 원칙으로 상업적 시장 압력과 거리를 두고 편성과 창작에 관한 결정이 국가와 정부의 개입으로부터 분리되는 것을 제시하여 시장주의에 맞서는 공영방송의 정치적 공론장 역할을 강조하고 있다. 공론장 이론은 민주사회에서 언론의 독립과 공정한 보도, 공론을 형성하고 전달할 수 있는 장으로서 공적 제도인 공영방송에 잘 어울린다. 우리나라의 공영방송은 민주적 여론 형성과 국가 중심의 방송 관에서 탈피하여 공공의 지배, 공공의 이익 관점에서 민주주의를 고양하는 방편으로 공론장 이론이 부각되고 있다. 그러나 공론장 모델은 정치와 언론이 절연되고 언론의 자유가 보장되는 영국과 같은 북방형 공영방송 모델과 독일의 시민조합주의형 공영방송에서 규제 정당성의 역사성을 볼 수 있다. 한국 매체의 특성이 정치 병행성이 강하고 시민사회의 조직화가 낮으며, 전문직화가 발달하지 못한 민주화 이행기 모형을 감안할 때, 공영방송의 규제 정당성으로서 공론장 개념은 제도와 현실의 모순을 극명하게 보여주고 있는 우리나라 공영방송에서 더욱 가치를 발휘한다.

4) 공적 가치(Public Value) 이론

아날로그 환경에서 공익은 가부장적이고 식견 있는 시민의 양성에 목적이 있었다면 디지털 미디어 환경은 개인의 선호가 중요하며, 개인과 교감하며 생산하는 것이 무엇보다 중요한 환경이 되었다. 경제적으로 효율적인 생산물을 달성하는 것이 대체로 공공이 이익을 가장 잘 표현하는 것이 아닌 시대가 도래한 것이다. 통신과 미디어가 융합되면서 융합 환경의 공익은 시민에서 시민의 공익과 개별 소비자의 이익을 대변하는 시민-소비자의 이중적이고 절충적인 측면이 강조된다. 기술의 발전은 시장 실패의 유형을 변화시키는데 기본 공급재와 같이 초기의 자연독점이 폐지되었고 디지털기술 환경은 방송이 더 이상 비배제성이 아닌 환경이 되었다. 이로써 디지털 시대는 방송에서 규제를 정당화하는 새로운 패러다임을 요구하게 된다. 공적 가치 이론은 하버드 경영 이론가 마크 무어에 의해 공식화된 아이디어이다. 공기업들이 사기업과 같이 행동하라는 신공공경영의 가치와 달리 공공과 사영의 거부할 수 없는 차이를 주장한다. 공공 부분에서 경영의 목표는 사적 섹터에서 경영자가 사적 가치를 창출하는 것과 같이 공적 가치를 창출하는 것이라 주장했다. 이제까지의 방송의 공익은 고객보다는 시민의 의무를 강조하는 정치 사회문화적 가치와 이익을 대변했다면 공적 가치는 소비자 이익을 구체화하는 경제적 가치도 함께 포함하고 있다.

영국 BBC는 2007년 칙허장 개정을 앞두고 공적 가치 건설하기를 발표하면서 디지털 시대에 BBC의 정당성을 확보하기 시작한다. 상업방송들은 주주의 가치를 대변하는 반면, BBC는 공조직으로 영국의 방송 시스템에 기여하고 공공 가치를 창출하기 위해 존재한다고 선언한다. 영국의 민주주의, 문화, 생활의 품질을 향상하고 사회의 더 넓은 복리에 기여함을 목표로 한다고 천명했다. 그리고 공공 서비스의 공적 가치를 개인 차원의 가치, 사회 전체에 미치는 가치, 국가 시장 전반에 영향을 주는 경제적 가치로 개념의 합으로 정의했다. 이는 종래의 송신자와 수신자 사이에서 힘의 균형이 수신자 쪽으로 이동하는 방송 환경의 변화 속에서, 공영방송이 시청자와의 균형과 디지털 미디어의 속성을 반영한 것이다. 디지털 시대에 기존의 공익 개념을 넘어 BBC는 시민뿐만 아니라 개인에게도 봉사함으로써 공적 가치를 창출한다고 선언했다. 그리고 BBC는 공적 가치 이론을 수신료의 지급 가치와 연계하고 기업 브랜드에 활용했다. 공공 서비스 미디어 관점에서 공영방송이 추구해야 할 공적 가치에 개인의 미디어 소비 성향과 요구를 포함하고 있다. 기존의 방송이 가부장적이고 일방적인 속성이라면, 디지털 미디어는 이용자의 특성을 고려해야 하며, 공익과 절차를 중요시한다. 이렇게 볼 때 공적 가치 이론은 디지털 미디어 시대의 공익을 대변하는 이론이라 할 수 있다. 모에는 유럽 공영방송의 미션 규정을 분석한 결과, 미디어 시장의 규모가 큰 공영방송을 가진 영국, 아일랜드, 네덜란드, 핀란드, 독일, 오스트리아, 덴마크 등의 국가는 공적 가치 개념을 정립하고 새로운 미디어 도입에서 사전 평가를 사용하고 있다고 분석하였다. 디지털 융합 미디어가 본격화되는 시점에 영국 BBC를 선두로 한 유럽의 공영방송은 공영방송의 정당성 근거로 전통적인 아날로그 방송 시대의 공익 개념 대신 공적 가치 개념을 도입하고, 새로운 서비스 도입을 위해 공적 가치 테스트(Public Value Test)를 명문화하였다. 유럽에서는 공영방송이 미디어 환경 변화에 대응하고 규제 정당성을 확보하는 과정에서 공적 가치 개념이 유행어처럼 확산되었다. 공적 가치 이론은 디지털 시대에 공영방송의 가치와 존재를 인정받기 위해 새로운 이론이 되었고, BBC는 공영방송의 정당성을 확보하는 선구자 역할을 했다.

아날로그 방송과 디지털 방송의 특징을 중심으로 공영방송과 관련된 이론과 논의를 정리해보면 다음과 같다. 우선 아날로그 방송 시대에 공익 이론을 바탕으로 공영방송을 정당화했다면 디지털 시대에는 공적 가치 이론을 바탕으로 공공 서비스 미디어 개념의 변화를 시도했다. 아날로그 방송이 주파수의 희소성과 전파를 기반으로 하는 매스미디어 성격이었다면 디지털 방송은 기존의 방송과 웹 2.0과 모든 플랫폼에 콘텐츠를 제공하는 확장된 개념이다. 아날로그 방송은 단방향 푸시(push)의 성격이지만, 디지털 방송은 양방향 풀(pull)의 성격을 갖는다. 아날로그 방송이 일대다의 매스미디어 성격이라면 디지털 방송은 일대일의 개인화된 특성을 가진다. 매스미디어는 기존의 전파를 통해서, 니치(전문) 미디어는 인터넷과 양방향 플랫폼을 통해서 공영방송의 사회적 역할을 담당한다. 편성 측면에서 보면 아날로그 방송은 종합편성을 지향하고 디지털 방송은 기존의 종합편성에다 니치 채널과 전문 채널을 포함하고 있다. 공영방송이 독점 시대의 규제 방식이 통치(거번먼트)의 형태였다면, 디지털 시대는 미디어 자유가 중요해지면서 다원화된 사회의 공영방송에 대한 규제는 협치(거버넌스) 방식이 더 어울리게 된다. 아날로그 방송이 식견 있는 시민의 양성을 목표로 한다면 디지털 방송은 시민으로서의 개인과 미디어를 소비하는 소비자로서의 양면성을 가지고 있다. 공적 가치 이론은 시민으로서 개인과 공익은 개인 선호 합이라는 두 가지 측면을 반영하고 있다. 마지막으로 아날로그 방송은 완벽한 공공재의 성격이지만 디지털 방송은 스크램블링을 통한 암호화가 가능하여 시청자의 배제가 가능하고, 인터넷 스트리밍 서비스는 경합성으로 분류된다. 순수한 전파를 기반으로 하는 방송은 공공재 성격이지만 양방향의 스트리밍과 암호화는 공공재 성격을 흐리게 하고 있다. [표 3]은 아날로그 방송과 디지털 방송의 공영방송 이론과 특징을 나타낸다.

[표 3] 아날로그 방송과 디지털 방송 시대의 공영방송 특징

구분	아날로그 방송	디지털 방송
용어	공영방송 PSB(Public Service Broadcasting)	공공 서비스 미디어 PSM (Public Service Media)
제공 서비스	방송	방송 + 웹2.0 + 모든 플랫폼
편성	매스미디어(종합편성)	종합편성 + 전문 채널 기능
이론	공익 이론	공적 가치 이론
경제 이론	공공재	시장 실패 이론

서비스 특성	일대다 일방향, Push	일대일 양방향, Pull
이용자	시민	시민 - 소비자
규제 방식	통치(거번먼트)	협치(거버넌스)

*출처: 기존 이론의 재구성

전 세계적으로 시장 경쟁 체제로 전환되고 통신·방송 융합 환경이 도래하면서 전통적인 방송 규제의 방식에 대폭적인 변환이 요구되고 있다. 공영방송에 요구되어 온 전통적인 방송 공익성 개념과의 연속성을 가지면서 시대의 변화에 맞는 보다 유연한 방송의 공익성 개념이 요구되기 때문이다.

4. 공공 서비스 미디어(Public Service Media) 전략

1) 공공 서비스 미디어

공영방송을 정당화하기 위해 시대 흐름에 맞게 변화가 필요하다는 문제를 제기한 곳은 유럽 의회(Council of Europe, Parliamentary assembly)였다. 이후 유럽 집행위원회는 공영방송 기능에 대한 적절한 법제화, 기관, 재정적 구조뿐만 아니라 시청자의 수요 및 디지털 시대의 요구사항에 부합하는 현대화 방안으로 공공 서비스 미디어(Public Service Media)라는 개념을 제시하였다. 방송 통신 융합 환경에서 방송을 넘어 다양한 플랫폼과 서비스를 제공하는 공영방송 개념의 확장을 시도하였다. 미디어학자 야쿠보이츠는 공영방송을 공공 서비스 미디어 개념으로 확장을 주장하면서, 공공 서비스 미디어 개념을 PSB(Public Service Broadcasting) + 모든 관련된 플랫폼 + 웹 2.0으로 요약하고 기술 중립적 소관 업무로 정의했다. 여기에 방송과 새로운 플랫폼을 동등하게 취급하면서 어떻게 공영방송이 공적 서비스를 가장 잘 전달할 수 있게 사용되는 각각의 기술 중립적 소관 업무를 제시했다. 새로운 기술은 공영방송이 그 역할을 더 잘 수행할 수 있게 하고 이전보다 더 다양한 방식에서 시청자에 봉사할 수 있도록 제안한다. 공공 서비스 미디어는 공영방송이 다양한 채널을 통해 사회 통합적 기능을 구현하면서 양방향으로 참여를 증진할 수 있는 역할은 물론 기술 중립적으로 모든 플랫폼에 진출해야 한다. 방송은 집합적 서비스 제공과 함께 개인화된 취향에 맞추는 테마 서비스와 온라인 서비스를 제공해야 한다. 미디어 이용자 습관의 변화를 고려해서 공공 서비스 미디어는 전통적인 방송과 함께 전문화된 콘텐츠와 서비스뿐만 아니라 개인화된 양방향 서비스를 제공할 수 있어야 한다. 민주주의 완성도가 높고 협치가 발달한 나라일수록 공영방송 지배 구조가 안정되어 있다. 영국, 독일 등 공영방송이 발달한 서구에서는 공영방송이 인터넷과 같은 새로운 미디어를 이용한 서비스를 제공할 수 있도록 제도적 보완을 해오고 있다. 공영방송은 법적으로 지원되어야 하고 법적 그리고 재정적인 임무 부여는 온라인 전송의 혁신이 되도록 만드는 필수조건으로서 공공 서비스 미디어는 대규모 전문화되는 핵심 콘텐츠로서 인터넷 콘텐츠를 제공하도록 요구된다. 미디어 환경 변화로 인해 특히 젊은 세대의 공영방송 이탈 현상은 사회적 응집 역할을 중요한 가치로 삼는 공영방송의 기능에 의문을 제기한다. 그리고 시청자들은 미디어 이용에 있어 수동적이지 않고 능동적이며 새로움을 추구한다. 다채널, 다미디어, 스마트 시대에 공영방송은 시장이 충분히 제공하지 못하는 양질의 콘텐츠와 자국의 문화 정체성을 지키고, 창의성을 고양하는 프로그램들을 생산해야 한다. 공영방송은 더 많이 개인화된 방식에서 시민과 시청자에 봉사하기 위한 견해와 함께 그들의 운영을 재창조할 필요가 있다. 선형 텔레비전이 아직 사회적 응집을 위한 중요한 역할을 담당하고 있는 시기에, 선형 프로그램이 동시에 버려지지 않고 무시되지 않는 동안에 새로운 개인화된 서비스를 개발해야 한다. 이런 의미에서 야쿠보이츠가 강조한 바와 같이 공영방송은 공공 서비스 미디어 사업자로 발전해야 한다. 사회의 개인화와 파편화 때문에 공영방송은 사회 통합과 응집 그리고 집합적인 경험을 넘어서 그리고 테마 채널과 온라인 서비스를 제공하면서 그룹과 개인의 이익을 충족시키기 위해 공영방송의 서비스를 재정의해야 한다. 공공 서비스 미디어는 디지털 시대 공영방송의 확장으로, 기존의 공영방송 역할을 기본으로 모든 플랫폼에 공영방송 콘텐츠가 제공되며 양방향 소통을 위한 플랫폼으로 진화해야 한다. 디지털 시대에 공영방송이 공공 서비스 미디어로 진화하기 위해 공영방송의 핵심을 이루는 거버넌스, 공적 책무, 수신료 제도의 혁신이 필요하다.

2) 정치 중립적 지배 구조

아날로그 방송 시절에 공영방송의 규제 방식이 통치(Government)
였다면, 디지털 시대에 공공 서비스 미디어는 협치(거버넌스,
Governance)가 잘 어울린다. 거버넌스는 다양한 이해 당사자들이
다른 형태의 네트워크와 토론의 장을 통해 조정되는 과정이라
할 수 있다. 거버넌스는 투명하고 효율적이며 합리적인 조직 운
영을 위해 구조적으로 작동하는 '협치(協治)' 또는 '통할(統轄)'의
미를 지니고 있어 내부 감독 원리와 사회 통제 원리와 개념적으
로도 밀접하다. 미디어 분야에서 국제화의 진전과 정치적 변화
와 기술적 복잡성은 전통적인 중앙집권화된 탑-다운 통치 구조
가 변화하면서 다양한 이해 집단의 충돌로 미디어 제도의 위기
를 불러오게 된다. 그리고 시민사회의 성장은 미디어 규제에 변
화를 불러오면서, 미디어 자유의 중요성을 고려할 때 국가 중심
적 거번먼트(통제, 규제, 규정)는 시민과 공중에 대한 미디어 책무성이
강조되는 미디어 거버넌스로 규제 시스템의 패러다임 전환이 이
루어지고 있다. 미디어 정책과 지배 구조는 미디어 이용자와 밀
접하게 연관이 있고, 정책 결정 과정에서 미디어 이용자들의 더
많은 참여를 필요를 언급하면서, 좋은 거버넌스(good governance) 이
슈를 제기한다. 공영방송은 그 나라의 정치·경제·사회·문화
적 특성을 반영하는 사회적 합의 기구로 통치가 아닌 다양한 이
해 세력의 의사결정 과정과 결과물을 중시하는 거버넌스가 더욱
중요해진다. 하버마스는 공공 미디어 영역(공론장)에서 국가, 시장,

시민사회의 거버넌스론을 제기하였다. 그리고 국가와 상업의 공적 여론과 사회적 제도 사이의 관계를 매개하는데 시민사회의 특별한 잠재성에 주목했다. 디지털 시대에 공영방송의 지배 구조에 시민사회의 참여는 정치 중립적 지배 구조를 형성하는 데 도움을 준다.

최근 한국의 공영방송으로 지칭되는 주요 방송사들이 공영방송에 요구되는 기본적인 역할과 공적 책무를 그동안 제대로 수행하지 못했으며, 그렇게 된 가장 큰 원인이 바로 잘못된 지배 구조 때문이었다. 특히 그러한 지적은 공영방송의 이사진 구성과 사장 임명 문제에 집중되었다. KBS 이사회 선임과 사장 임명 절차, 그리고 이사회를 구성하는 방식 등 KBS의 지배 구조에 대한 문제는 우리 사회의 가장 논쟁적인 사안이 되었다. 정권이 교체될 때마다 공영방송 KBS의 이사회 선임과 사장을 임명하는 방식을 두고 정치권은 지속적인 논의가 있었지만, 지배 구조를 개선하는 제도 변화는 없었다. 우리나라 정치 구조는 대통령제와 양당제를 근간으로 오랜 기간 지속되어 왔다. 이른바 승자독식의 문화로 공영방송 지배 구조도 예외는 아니었다. '다수결에 따른 승자독식 권력 독점'이 민주적 통제의 원리라고 이해되는 나라에서 공영방송 이사회 구성 및 운영이 타협적이고 협의적으로 운영될 것을 기대할 수 없는 현실적 어려움이 존재한다. 공영방송 KBS 지배 구조가 국가 거버넌스, 정치 권력의 독점에 의해 공론장 기능을 상실하면서 시청자의 신뢰가 하락했다. 한국적 정치 상황에서 공영방송이 정치의 과도한 영향을 받는 현실을 고려할 경우 공영방송이 정치와 완전하게 단절하는 것은 어려운 현실이다. 이러한 정치적 현실을 고려하면 KBS 지배 구조 개선에 대한 새로운 접근과 모델이 필요하다.

지난 2017년 방통위는 방송·미디어, 법률, 경영·회계, 시민사회 분야의 18개가 참여하는 방송미래발전위원회를 발족하여 공영방송 지배 구조 개선방안을 마련하였다. 방송미래발전위원회는 공영방송 지배 구조 개선 방안으로 정치적 후견주의의 통제, 합의적 제도의 강화, 과정의 투명성 강화라는 세 가지 원칙에 의거하여 개선 방안을 마련하였다. 공영방송 이사 추천(또는 임명) 방식에 대한 개선안으로 국회에서 직접 이사를 추천할 때 우려되는 문제점을 고려해 국회 추천 몫의 상임위원 등으로 구성된 방통위가 현행처럼 이사를 추천(또는 임명)하는 방안, 국회가 민의를 대표하는 점 등을 감안하여 국회가 공영방송 이사를 추천 또는 임명하는 방안, 이러한 두 가지 방안 중 선택을 하게 되는 경우라 할지라도 이사회의 전문성, 독립성 제고를 위해 중립 지대 이사를 총 정원의 1/3 이상 포함할 것을 제안하였다. 공영방송 제도가 발달한 유럽의 경우 정치 세력이 전부가 아닌 일부로 참여하면서 공영방송의 거버넌스가 안정화되어 있다. 거버넌스가 안정화되어 있고, 공적 책무가 명확한 공영방송은 가구당 수신료 납부 금액들이 높다.

공영방송의 미래 지향적 지배 구조를 개선하는 방안은 첫째 공영방송에 영향력이 미미했던 시민사회의 성장과 참여를 통해 미디어 거버넌스의 균형을 잡는 것이 중요하다. 공영방송에 정치적 영향을 견제하고 유료 미디어 기업의 성장으로 인한 상업적 서비스의 확대를 제어하기 위해서는 시민사회의 참여가 요구된다. 국가·시장-시민사회의 삼분할 미디어 거버넌스가 작동하기 위해서는 시민사회의 성장을 기본 전제로 하기 때문에 시민사회의 조직화와 참여는 공영방송 제도에 영향을 미치게 된다. 현재 우리나라 공영방송 지배 구조는 국가 거버넌스, 정치가 독점하고 있는데, 민주주의가 발달하고 안정적인 정치 구조를 가진 선진 공영방송의 지배 구조는 정치에서 공공 영역(시민사회)으로 이전하여 정치의 영향을 최소화하고 있다. 둘째 공영방송 지배 구조는 승자독식의 문화에서 집권당이 과반을 점유하지 않은 방식이어야 한다. 이를테면 집권당 40%, 야당 30%, 정치권 이외에서 추천하는 방식으로 30%로 구성하는 방식을 고려해 볼 수 있다. 공영방송 지배 구조에 정치가 개입하는 것을 완전히 차단할 수도 없고, 공영방송 이념에 따르면 그럴 수도 없다. 공영방송은 정치를 배제하는 것이 아니라 다원적인 이해 관계자의 통제 의도를 정치적으로 조정하고 중계하는 과정이어야 한다. 이런 선택의 성공 조건은 강력하고 잘 조직화된 시민사회와 정당으로부터 식민화되지 않은 제도가 존재할 때 가능하다. 셋째 방송통신위원회 위원과 KBS 이사회 임명 절차 개선이 필요하다. 방송통신위원회 상임위원들이 KBS 이사를 지명하는 방식인데, 이러한 방식은 정치권 개입이 당연시되고 이사 임명 과정에서 전문성과 공직에 대한 결격 사유를 검증하기가 어려운 구조다. 현재 KBS 이사회는 정당의 요구에 의해 방송통신위원회를 통해 선임된다. 방송통신위원회 구성도 여당 3명, 야당 2명의 비율로 정치 구조를 벗어나지 못하는 한계가 있다. KBS 이사회 선임은 가능한 공개적 절차에 의해 선정되어야 하며, 이사 직무를 수행할 수 있는 전문성과 공직의 결격 사유에 대해 검증 절차가 마련되어야 한다. 그리고 공영방송의 지배 구조가 다양한 이해 세력의 협치를 기반으로 하려면 규제기관인 방송통신위원회 구성도 집권당이 과반을 차지하는 형식을 탈피해야 한다. 규제기관이 협치로 운영되어야 공영방송도 협치의 형태로 갈 수 있는 것이다. 특히 다원화된 연결망 사회에서 미디어를 규제하는 국가 행정조직은 자신의 공론장을 형성하여야 한다.

공영방송 지배 구조의 진일보를 위해서는 정치 권력을 잡은 집권당과 정치권의 대승적인 양보와 타협이 필요하다. 공영방송 지배 구조 개선을 위해 정치를 벗어나 시민과 전문가 집단의 논의와 토론을 통해 결정하는 공론화 방식을 고려해 볼 필요가 있다. 공론화 모델은 우리 사회의 갈등적 현안 중 하나인 공영방송 지배 구조 개선 논의를 전문가 집단과 시민참여단의 숙의 민주주의로 해결할 수 있는 대안이 될 수 있다. 이제까지 공영방송 지배 구조 결정 방식은 정치권(국회)이 협상을 통한 방식이었는데, 국회는 공영방송 지배 구조 개선에 대해 전문가 집단과 시민참여단의 숙의 과정에서 도출된 결정을 수용하는 정치적 결단이 필요하다. 공영방송 지배 구조를 독점하고 있는 정치권을 견제하기 위해 시민사회의 참여와 전문가 집단의 활발한 연구와 관심이 요구된다. 지난 20여 년 동안 공영방송 지배 구조를 개선하기 위한 많은 방안과 논쟁이 이어져 왔지만, 방송위의 정치가 자리 잡은 우리나라는 제도 개혁을 이루어내지 못했다. 공영방송이 공공 서비스 미디어로 나아가기 위해서 정치 독점에서 벗어나 독일과 북유럽의 공영방송과 같이 국가와 시장을 견제하는 시민사회가 참여하고 학계, 법률, 기술 등 미디어 전문가 집단이 참여하는 지배 구조 모델의 전환이 요구된다.

3) 차별화된 공공 서비스 미디어의 공적 책무

공영방송은 사회 내에서 다른 미디어와 차별화되는 특수 임무를 가진다. 공적 책무는 디지털 시대에 맞게 다양한 서비스를 포함하면서 다른 미디어, 방송 사업자와 차별화될 수 있도록 방송법에 명시하는 것이 필요하게 된다. 공영방송은 존재 이유에 관해 공영방송의 공적 책무를 설명하고 신뢰성 회복과 구별성을 보여주어야 하며, 그 내용 속에 독립성의 확보와 국민들에 대한 양질의 방송 서비스 제공을 위한 차별적 노력을 담아내야만 한다. BBC는 2004년 칙허장에 6개의 공적 가치를 명문화하고 공적 가치를 구현하는 목표를 제시하였다. 민주적 가치를 위해 시민성과 시민사회를 유지하며, 문화적 가치를 위해 창의성과 문화적 우수성을 촉진하고, 교육적 가치를 위해 교육과 배움을 독려하며, 사회적 가치 구현을 위해 영국 고유의 국가 지역 공동체 정체성을 반영한다는 것이다. 또한, 글로벌 가치를 구현하기 위해 영국적인 것을 세계에 알리고, 영국에 세계를 소개하며 경제적 가치를 위해 커뮤니케이션 기술 및 서비스 개발을 통해 국민에게 혜택을 부여하고 있다. 전통적인 공영방송의 공적 책무를 요약하면 누구나 공영방송에 접근 가능할 수 있는 보편적 서비스를 제공하고, 공론장과 관련된 불편부당한 뉴스를 제공하며, 소수자의 이익을 대변하기 위해 봉사하며, 그 나라의 문화와 정체성을 반영하며, 콘텐츠에 있어 혁신적인 품질의 수준을 유지하는 것으로 정의된다. 미디어 연구학자 동거는 전통적인 공영방송과 공공 서비스 미디어의 차이를 다음과 같이 제시했다. 우선 보편성으로 공공 서비스 미디어는 개인화되고 양방향, 온라인 콘텐츠 접근을 가능하게 해야 한다는 것이다. 창의성은 콘텐츠의 공공 생산을 가능하게 함으로써 이용자의 창의성을 고양하는 것으로 사진·SNS·블로거·트위터 제보 등이 공공 서비스 미디어 콘텐츠와 서비스에 이용될 수 있는 것이다. 다양성은 소수와 젊은 세대와 같이 타겟화된 특정 그룹이 디지털TV 채널과 웹사이트를 통해서 더 만족될 수 있고, 온라인 커뮤니티가 새로운 공론장의 포럼으로 역할을 한다. 사회적 응집 역할은 공론장을 통한 대화와 토론이 사회적 응집의 역할에 기여해야 한다. 마지막으로 참여는 공영방송의 생산에 시청자가 구조적으로 참여할 수 있도록 하는 것으로 공공 서비스 미디어에서 시청자 참여는 핵심이며, 시청자는 미디어 측면의 영향력 확대와 참여를 통해 민주적 활동을 배울 수 있다.

그렇다면 한국적 정치와 미디어 특수성에서 공공 서비스 미디어의 정당성과 차별화 방향은 무엇인가? 기존의 공영방송이 담당해 온 사회적 역할과 함께 디지털 미디어 시대에 공공 서비스 미디어가 새롭게 책임져야 할 공적 책무가 추가된다. 전통적인 공영방송이 공론장 역할을 하고 재미와 건전한 오락을 전달하며 보편적 서비스 제공을 통해 사회 통합의 역할에 충실했다면, 미디어가 폭증하고 공영방송의 존재 가치가 희미해지는 시대에 공공 서비스 미디어는 공적 책무는 더욱 중요해진다. 확장된 공공 서비스 미디어는 전통적인 공영방송의 일반 의무를 충실히 수행하면서 디지털 미디어 시대에 한국적 미디어 상황에서 특화된 특수 의무에 대한 책무를 가정할 수 있다. 공영방송의 전통적인 정보 전달, 가치재 성격의 콘텐츠 제공, 보편적 서비스의 유지 및 수신료 사용에 대한 설명 책임이 핵심이라 할 수 있다.

첫째 정보의 전달 측면이다. 공공 서비스 미디어는 공론의 장을 제공해야 하고 신뢰할 수 있는 미디어가 되어야 한다. 한국은 언론의 자유도는 상승하고 있지만, 신뢰도는 가장 낮은 것으로 분석되었다. 영국 옥스퍼드대학교 부설 로이터저널리즘연구소가 최근 발간한 《디지털 뉴스 리포트 2020》에서 올해도 최하위를 기록했다. 2016년부터 2020년 초까지 5년 연속 신뢰도가 가장 낮은 국가로 나타났다. 특히 인터넷상에서 가짜 뉴스로 인해 많은 이용자가 사실 파악에 혼란을 겪고 있다. 공적 지배 구조와 수신료 재원의 혜택을 보는 공공 서비스 미디어는 공정한 뉴스를 제공하는 공론장 역할이 가장 중요한 책무가 아닐 수 없다. 공공 서비스 미디어는 다원화된 사회의 정치적 논쟁 사안에 대해 공론의 장을 제공해야 하고 가짜 뉴스에 대응하는 팩트-체크를 통해 가장 신뢰할 수 있는 미디어가 되어야 한다.

둘째 콘텐츠 측면으로는 광범위한 상업주의 맥락에서 과소 공급될 우려가 있는 가치재 프로그램들을 생산해야 한다. 디지털 미디어 시대 채널의 폭증에도 불구하고 뉴스, 어린이 프로그램, 다큐멘터리와 같이 상업적이지 않은 프로그램들은 과소 공급될 수 있다. 공공 서비스 미디어는 미디어의 상업화 환경에서 돈이 되지 않는 가치재 프로그램들을 공급하는 생산기지가 되어야 한다. 또한, 태풍과 지진 등 자연재해가 일상화되고 코로나19의 감염병 시대에 공영방송은 재난방송 역할이 중요해진다. 재난 발생 시 즉각적인 정보전 달과 함께 다양한 매체와 플랫폼을 통해 재난정보가 도달되어야 한다. 그리고 디지털 시대에 미디어 파편화, 개인화에 대응하여 사회적 응집의 역할을 해야 한다. 글로벌화에 대항해서 국가와 민족의 문화 정체성을 증진하기 위한 역할도 담당해야 한다. 한류의 확산과 함께 우리 문화의 정체성을 유지하기 위한 노력을 해야 한다. 그리고 통일 시대를 대비하여 남북의 평화 및 민족 공동체의 번영을 위한 역할을 새롭게 해야 한다.

셋째 공공 서비스 미디어는 보편적 접근을 위해 높은 도달률의 확대가 필요하다. 여기서 도달률은 전통적인 방송 전파의 광범위한 커버리지 확보는 물론 인터넷과 관련된 모든 서비스에 콘텐츠가 도달되어야 한다. 수신료 지급 금액 정도로 공영방송 서비스가 도달될 수 있는 환경이 되어야 하며, 다양한 인터넷 플랫폼에서 VOD를 최소의 비용으로 시청할 수 있도록 공공 서비스 미디어 도달률은 확대되어야 한다. 또한, 디지털 미디어 시대에 소득 수준에 따라 인터넷과 모바일 서비스의 가격과 속도는 차이가 날 수 있어, 공공 서비스 미디어는 디지털 정보 격차 현상을 해소해야 한다. 최소의 비용으로 공공 서비스 미디어의 유익한 정보와 건전한 오락을 시청할 수 있는 환경이어야 한다.

마지막으로 거버넌스의 운영과 수신료 사용에 대한 투명한 설명 책임의 의무를 구체화해야 한다. 시민의 참여와 소통을 기본으로 하는 공공 서비스 미디어의 설명 책임은 공영방송 시절보다 더 투명하고 공개적이어야 한다. 설명 책임은 공공 서비스 미디어 운영에 대해 사회적 동의를 구하는 과정으로 시민사회와 관계가 더욱 중요하다. 디지털 미디어 시대의 공공 서비스 미디어는 시민과의 소통이 중요하게 작용하며, 시민은 콘텐츠의 생산자와 이용자와의 상호작용이 이루어지는 과정에서 문제를 제기하고, 비판하고 요구하는 역할을 한다. 아날로그 방송 시절에 공영방송의 지배 구조가 통치의 개념이었다면 공공 서비스 미디어의 거버넌스는 시민과의 소통을 기본으로 시민에게 공공 서비스 미디어의 운영을 충실하게 설명하는 책임이 더욱 중요해진다. 공영방송은 수신료의 재정 확보와 시청자에게 책무성을 증명하기 위해 시민과 지속적으로 대화해야 한다. 시민과 시민사회에 대한 설명 책임은 공공 서비스 미디어의 자율, 독립성과 밀접한 관계가 있다. 시민사회가 공공 서비스 미디어의 경영과 운영, 제작, 평가에 적극적으로 참여하는 것이 공영방송에 대한 공적 감시를 가능하게 하고 공영방송이 권력으로부터 독립할 수 있는 조건을 제공할 수 있다.

4) 공공 서비스 미디어 전환을 위한 혁신

공영방송의 거버넌스 및 규제 원리와 공적 책무가 정확하게 명문화되지 않아 공영방송을 규제하는 정치권과 규제기관, 정치권을 견제하는 시민사회 그리고 공영방송 내부도 갈등이 지속되어 왔다. 공공 서비스 미디어로서 지배 구조와 공적 책무 등 제도화가 이루어지면 공영방송의 혁신이 이루어져야 한다.

첫째, 공공 서비스 미디어를 정당화하는 이론적 토대를 마련하는 것이 필요하다. 방송을 넘어 모든 플랫폼에 대한 서비스를 제공할 수 있는, 디지털 시대에 공공 서비스 미디어 존재를 정당화하는 이론적 토대를 구축해야 한다. BBC는 디지털 전환을 계기로 새로운 미디어 전략과 함께 공적 가치(Public Value) 이론을 제시하여 칙허장 개정에 활용했다. 디지털 전환을 계기로 아날로그 시대의 공익 이론을 대체하는 공적 가치 이론(마이클 무어)을 정립하여 모두를 위한 공적 서비스 방안을 제시하였다. 칙허장 개정 과정을 통해 왜 BBC는 수신료를 독점적으로 받아야 하는가 하는 문제 제기에 대해 영국 사회로부터 공공 서비스 미디어 사업자로서 정당성을 확보해 나갔다. KBS도 향후 방송법 개정에 공공 서비스 미디어에 대한 정의와 공공 서비스 미디어의 미션과 비전을 구체화해야 한다.

둘째, 공공 서비스 미디어 구성원으로서 미션에 따라 공익에 봉사할 수 있는 조직문화를 만들어야 한다. 조직문화는 이념과 정치성을 배제하고 시민과 공익에 봉사하는 문화를 말한다. 미션을 구체화하기 위해 공공 서비스 미디어의 조직 설계에 반영해야 하고, 조직의 성과 평가를 구체화하도록 해야 한다. 공공 서비스 미디어 미션을 바탕으로 공적 가치를 구체화할 수 있는 조직을 설계하고, 각각의 조직은 공적 가치를 창출하는 조직이어야 한다. 공공 서비스 미디어는 이념과 정파성에 좌우되지 않은 조직문화이어야 하며, 각각의 조직에 부여된 공적 책무와 공익에 봉사할 수 있도록 내재화하는 과정이 필요하다. 그리고 전통적인 수직적 문화의 아날로그 조직에서 유연한 디지털 조직으로 전환해야 한다. 방송과 인터넷 서비스의 전략적 조화와 효율적 전달을 위한 조직으로 탈바꿈해야 한다는 것이다. 탁월한 공공 서비스 미디어로서 신뢰, 품질 유지, 보편적 서비스 제공과 설명 책임을 위한 전문직주의 제도가 확립되어야 한다. 공공 서비스 미디어 직원은 공공의 이익에 봉사하기 위해 미션과 공적 책무를 정확히 이해하고 실행해야 한다. 그리고 시청자의 참여와 소통을 기반으로 디지털 미디어 시대에 수신료 가치를 실현할 수 있어야 한다.

그레이엄 머독은 공영방송은 그 모든 실패에도 불구하고 디지털 공유지를 건설할 가장 좋은 기회를 제공하는 시스템이라 강조한다. 디지털 공유지는 모든 사람에게 열려 있으며 개인적인 창의성과 참여에 친화적일 뿐 아니라, 디지털 시대의 온전한 시민권을 보장하기 위해 요구되는 집단적인 토론이 수용되는 곳이다. 공영방송은 사람들의 생활 속에서 이미 익숙하고 높게 평가되며 신뢰받는 존재이며, 무료 이용이 가능하다. 미디어학자 험프리는 광범위한 상업주의의 맥락에서 품격 있는 프로그램 표준을 유지하고, 강력한 사적 미디어 회사의 균형을 잡는 역할로 활동하기 위해서, 그리고 글로벌화에 대항해서 국가와 사회문화 정체성을 증진하기 위해서 디지털 시대 공영방송의 역할을 강조한다. 전통적인 지상파 플랫폼에 안주하지 않고 위성, 케이블, 인터넷, 모바일 등 모든 플랫폼에 다양한 서비스를 제공하는 보편적 내용 제공자(universal content provider)로 주요 플랫폼의 채널들을 관리하는 사업자로서 자리매김해야 한다는 것이다.

미디어 환경은 급변하고 있다. 인터넷과 모바일 미디어의 영향으로 시청은 파편화되고 공영방송의 사회 통합적 기능은 취약해져 수신료 재원을 기반으로 하는 공영방송은 정당성 논란에 휩싸이기도 한다. 미디어가 폭증하는 AI 시대에도 여전히 미디어가 공공의 이익을 대변하고 논쟁적 사안에 공론장 역할을 통해 균형을 잡으며 뉴스, 지역방송, 어린이 프로그램과 같이 과소 공급될 우려가 있는 가치재로서 공공 서비스 미디어 역할은 더욱 중요해지고 있다. 신자유주의 기조에 의해 상업화가 만연하는 디지털 미디어 시대에 시장 실패를 보완하는 공공 서비스 미디어는 여전히 사회적으로 중요한 제도라 할 수 있다. 공공 서비스 미디어는 존재를 정당화하기 위해 미션을 구체화하고 공적 가치를 창출하여 수신료 납부자의 이익을 대변해야 한다. 이념과 정파성을 떠나 공익에 봉사하는 조직으로 내부 혁신이 이루어져야 한다. 공영방송을 넘어 공공 서비스 미디어로 나아가기 위해서는 정치, 시민사회 등 공영방송 이해 당사자들의 사회적 합의가 필요하다. 공영방송은 각 나라의 정치 사회 문화적 상황에 따라 변화해 왔다. 오랫동안 변하지 않은 정치 종속적 지배구조를 대체하기 위해 시민사회와 학계 등 공영방송에 이해가 높고 열정이 있는 전문가 그룹의 적극적인 참여가 요구된다. 우리 사회가 지금보다 더 좋은 공영방송 제도를 갖는 위해서 공영방송 이해 당사자의 지혜와 공론을 바탕으로 혁신적인 공공 서비스 미디어 전환을 위한 전략과 기획이 필요한 시점이다.

[1장]

강상준(2015), 심리적 사회적 측면에서 살펴보는 1인 미디어: 우리는 왜 1인 미디어에 열광하는가.《K content》, 한국콘텐츠진흥원, 2015. 7

고동환 외(2019), ICT 산업 중장기 전망(2020~2024년) 및 대응, 정보통신정책연구원, 2019.12

곽은하, 최진호(2019), OTT 서비스 속성에 대한 이용자 인식 및 사업자 경쟁관계 분석, 방송과 커뮤니케이션, 제20권 2호, 2019.

구형일(2018), AI 및 딥러닝 동향, 전기의 세계, 67(7),7-12. 2018

권기영(2019), 빅데이터와 인공지능(AI)을 활용한 라디오방송, 방송문화 2019 가을, 한국방송협회, 2019

권하영(2020), [미디어빅뱅③] 거실TV 대신 안방OTT…"주도권을 잡아라", 『디지털데일리』, 2020.05.25.

김건호(2019), 신경제 패러다임 바꿔놓을 10대 미래 기술은?, 미디어리퍼블릭.2019.7

김경민(2017), 산업혁명은 정말 '일자리 무덤'일까, 시사저널, 2017.05.03.

김광수(2019), AI 발전에 대응한 국민의 안전과 생존권 확보 방안. 법과기업연구,9(3), 2019

김규리(2019), 미국 인공지능 관련 최신정책동향. 한국정보화진흥원. 스페셜리포트 6호, 2019

김동욱(2017), 4차 산업혁명 시대에 미디어·콘텐츠 노동 환경의 변화방과 미디어 제22권 3호, 2017.7

김동환(2015), 로봇저널리즘: 알고리즘을 통한 스포츠 기사 자동 생성에 관한 연구, 한국언론학보 Volume 59, 2015

김민식, 이경남(2019), 인공지능 기술의 진화와 AI 반도체·컴퓨팅의 변화, 초점, 제31권12호 695호,정보통신정책연구원, 2019.12

김선호·박아란(2017), 4차 산업혁명과 뉴스 미디어 정책, 한국언론진흥재단, 2017

김성민·정선화·정성영(2018), 세상을 바꾸는 AI 미디어-AI 미디어의 개념 정립과 효과를 중심으로. ETRI Insight Report 2018-07, 2018

김유식(2020), '신뢰할 수 있는 AI'를 목표로…EU의 AI 계획, 2020년 06월호

김윤경(2017), 제4차산업혁명 시대의 국내환경 점검과 정책 방향, KERI Brief, 2017

김익현(2019), 포스트 넷플릭스, 전쟁의 서막- 글로벌 OTT 시장 현황과 전망, 방송문화 2019. 겨울, 한국방송협회

김지균(2017), 지능형 미디어 서비스 R&D 추진방향, 한국방송 미디어공학회 , 하계학술대회. 2017

김지균(2018), '미디어와 제4차 산업혁명-지능형 미디어.정보통신기술진흥센터.

김현수, 강인규(2019), 5G시대 플랫폼 성장에 따른 사후규제 개편 방안 연구, 정보통신정책연구원, 2019.12

나준호(2016), AI 및 로봇의 직종별 대체 가능성, AI의 발전과 고용의 미래. FUTURE HORIZON,(28), 2016

디지털 미디어 동향 리포트, 2020. 2

디지털인사이트(2020), "디지털스토리텔링의혁명, VR에 주목하라", 2020.05.29.

문성길(2015), 넷플릭스(Netflix)의 신기술 활용 혁신전략에 관한 연구: 빅뱅파괴 패러다임을 중심으로, 고려대학교 언론대학원, 2015

문형철(2016), 과연 창의적인 일은 인공지능(AI)의 영향에 안전할까?, Issue&Trend, 디지에코보고서, 2016.4.21., KT경제경영연구소

박대민·명승은(2018), 미디어 블록체인, 플랫폼리스의 기술, 연구서, 2018- 04, 한국언론진흥재단

박성순(2017), 미디어 환경 변화에 따른 방송산업의 공적영역 유지를 위한 정책 방안 논의, 방송문화 2017. 겨울, 한국방송협회

박영수, 정원식, 허남호(2017), 인공지능을 활용한 미디어 제작의 오늘과 내일, 주간기술동향, 2017.01

박유리 외(2019), 4차 산업혁명에 따른 경제_사회 변화 대응을 위한 미래 전략 연구, 4차산업혁명위원회, 2019.10

박주현(2014), 인터넷 저널리즘에서 의제의 문제. 커뮤니케이션북스, 2014

배기형(2016), 1인 방송과 크리에이터, 네이버 지식백과 MCN, 2016. 4. 25. 브리프 통권 110호, pp.1~6

서희정(2018), 크리에이터 전성시대, 해외미디어동향, 한국언론진흥재단, 2018-06

송지환(2016), Netflix의 기업 문화와 인사 정책, 송지환, 2016.05.12.

김경민(2017), 산업혁명은 정말 '일자리 무덤'일까, 시사저널, 2017.05.03.

신문과 방송(2017), 'AI와 미디어 융합. 2017. 3월호.

신지형(2020), 온라인 디지털 콘텐츠와 OTT 서비스 이용, KISDI STAT Report Vol. 20-02, 2020. 01.30

신태환(2018), 1인 미디어 시대, 인공지능(AI)기술을 통한 비즈니스 플랫폼 혁신, 텍스트 음성변환(Text to Speech, TTS)기술을 중심으로, 정보통신산업진흥원 이슈리포트 2018-제22호. 2018

심홍진(2017), '4차 산업혁명 시대, 미디어 콘텐츠의 생존 전략'. 정보통신정책연구원, 2017

아이티뉴스(2019), '4차산업혁명 핵심 기술 동향'. 2019. 7. 28일자 기사

아트인사이트(2016), 떠오르는 1인 미디어, 장단점을 파헤쳐보자, 2016

안상희, 이민화(2016), 제4차 산업혁명이 일자리에 미치는 영향, 한국경영학회 통합 학술발표 논문집, 2016

오일석(2019), 미국 인공지능 행정명령과 우리에 대한 시사점. 국가안보전략연구원. 이슈, 2019

원정현(2019), OTT서비스, 넷플릭스의 시대가 도래하다. 『소비자 평가』, 2019.02.08.

유건식(2019), 넷플릭스와 2020년 트렌드1,방송문화 2019. 겨울, 한국방송협회

유경한, 이승수(2018), 블록체인, 미디어지형을 어떻게 바꿀 것인가?, 해외미디어동향, 한국언론진흥재단 2019-2, 2018

유선실(2019), 세계 엔터테인먼트 및 미디어(E&M)시장의 현황 및 전망, 동향 제 31권 10호 통권 693호 2019.10.16., 정보통신정책연구원

유수정(2017), 4차 산업혁명과 AI, 한국멀티미디어학회지, 21(4), 2017

유재복(2014), 빅데이터 분석을 통한 방송 분야 활용에 대한 전망 및 제안, 방송공학회지 19권 4호, 2014

이은민(2019), VR/AR 시장 전망 및 사업자 동향, 동향 제 32권1호 통권 696호, 정보통신정책연구원

이재현(2019), 인공지능과 텔레비전: 기술, 활용, 이슈, 방송문화 2019 여름, 한국방송협회, 2019

이제영(2017), 블록체인(Blockchain) 기술동향과 시사점, 과학기술정책연구원 동향과 전망 제34호, 2017. 7. 25.

이진천(2020), 편견도 학습하는 AI(AI). 설비저널, 49(5), 92-93. 2020

이학기, 김경훈, 이경남(2019), 블록체인 인재양성 현황분석 및 대응방안 연구, 2019.12

이현정(2015), 인터랙티브 미디어에 적용되는 인터랙션 의미의 범주화, 한국콘텐츠학회논문지, 2015.08

이호은(2015), 『스트리밍 시대의 비디오 저널리스트』. 커뮤니케이션북스

임성희(2015), 당신과 나 사이의 거리, 그리고 크리에이터. 디투데이

장재현(2018), 5G 서비스가 넘어야 할 과제들, LG경제연구원, 2018. 2.9

전병유·정준호(2018), 디지털 공유 경제와 블록체인, 한국사회과학연구회 동향과 전망 103호, 2018. 6

정병희(2020), 신뢰할 수 있는 방송. 미디어와 AI, 방송과 미디어 제25권 1호, 2020.1

정보통신기술진흥센터(2016), 주요 선진국의 제4차 산업혁명 정책동향, 2016

정보통신기획평가원(IITP)(2019), 〈ICT R&D 기술로드맵 2023〉, 과학기술정보통신부, 2019

정보통신정책연구원(2019), ICT 산업 중장기 전망(2020~2024년) 및 대응전략, 2019.12

정보통신정책연구원(2020), AI TREND WATCH 2020-1호, 2호, 3호, 6호, 8호, 9호, 2020.

정상섭(2016), 지상파 방송 VR/AR 콘텐츠 제작 – VR/AR 기술 구현 HD 스튜디오 제작 사례, 한국방송미디어공학회, 40p. 2016.6

정소영, 이하나(2019), VR, AR을 활용한 온라인 쇼핑몰 체험마케팅 사례 분석, 한국디자인문화학회, 2019.09,

정용찬(2020), 스마트폰 TV의 대체재인가 보완재인가, ETRI Insight Report 2020.3

정원준, 선지연, 김정원(2019), 인공지능 시대의 법제 정비 방안, 정보통신정책 연구원, 프리미엄리포트 19-7. 2019.7

정준영 외 5명(2018),「VR 미디어 획득 기술 및 서비스 동향,[ETRI] 전자통신동향분석, 33(2), 2018.04,

정준화(2019), AI의 특징 분류: AI정책의 주요 쟁점과 과제. 한국지역정보화학회 학술발표대회 논문집, 2019

정지선(2017), 대한민국의 지능화를 묻다, IT&Future Strategy 보고서, 13, 2017.12.15., 한국정보화진흥원, 2017

정철환(2018), 인공지능이 사람과 함께 취재, 편집까지… AI 저널리즘이 뜬다, http://news.chosun.com/site/data/html_dir/2018/06/28/2018062802243.html

조대곤(2019), 디지털 트랜스포메이션 시대, 방송사가 향후 10년을 대비하는 방법, 방송문화 2019 겨울, 한국방송협회

조영신(2016), "4차 산업 혁명과 미디어", 한국방송학회 학술대회 논문집, 2016.11

조용노(2014), '문화,예술,기술의연결로혁신을촉진하다'- 방송, 미디어 시장에서의 빅데이터 기술, 방송공학회지 19권 4호 2014.10

차영란(2018), "광고 및 미디어 산업 분야의 인공지능(AI) 활용 전략 :심층인터뷰를 중심으로" 한국콘텐츠학회논문지 18(9), 2018.9, 102-115

차원용(2016), 인공지능의 오해와 진실, DIGIECO보고서, 2016.4

최계영(2020), 디지털 플랫폼의 경제학 I :빅데이터·AI 시대 디지털시장의 경쟁 이슈, 정보통신정책연구원, 프리미엄리포트, 20-01, 2020

최계영(2020), 디지털 플랫폼의 경제학 II :빅데이터·AI 시대 디지털시장의 경쟁 이슈, 정보통신정책연구원, 프리미엄리포트, 20-02, 2020

최민재, 김성후, 유우현(2018), 언론사 디지털 혁신, 언론진흥재단, 연구서 2018-06, 2018

최종현(2020), 시각 인식 기술을 중심으로 한 AI 기술의 역사와 발전 방향, 한국 방송미디어공학회 방송과 미디어, 2020

최지은 외(2019), 신산업분야 미래직업예측, 정보통신정책연구원, 2019.12

최충웅(2020), 4차산업혁명과 미디어산업 전망, 한국언론인협회 세미나발제문, 2020

최홍규(2017), '진정한 인터렉티브 콘텐츠의 시대가 온다', 방송 트렌드 & 인사이트,1 2(3), 68-73. 2017

최홍규(2018), 블록체인과 미디어에 대한 소고, 방송과 미디어 제23권 3호, 2018.7

한국방송통신전파진흥원,(2017), 방송 산업의 인공지능(AI) 활용 사례 및 전망, 미디어 이슈&트렌드, 한국방송통신전파진흥원, 2017.10

한국인터넷진흥원(2018), KISA Report, Vol.05, Vol.07, Vol.08, 2018년

한국인터넷진흥원(2019), KISA Report, Vol.01, Vol.02, Vol.04, Vol.05, Vol.08, Vol.09, Vol.10, Vol.12, 2019년

한국인터넷진흥원(2020), KISA Report, Vol.01, 2020년

한국전자통신연구원(2020), "변화하는 미디어 환경과 UHD", 네이버 블로그, 2020.03.20.

한국정보화진흥원(2017), 대한민국의 지능화를 묻다, NIA, 「IT & Future Strategy 보고서」, 2017.12

한국정보화진흥원(2019), Global AI Insight. Vol1. 2019. 7

한국정보화진흥원(2019), 사회속의 인공지능, 2019

함경준, 김선중, 이호재, 곽창욱(2018), "AI 기술이 영상 미디어 생태계에 미치는 영향과 방향,"방송과 미디어 23(1), 2018.1.

홍종필(2011), 미디어 컨버전스 시대에 있어서 매스 미디어와 개인 미디어의 경계에 대한 개념적 고찰, 사회과학연구논총, 26, 2011.12.

황준호, 노은정(2019), 4차 산업혁명 시대 해외 주요국 방송·통신 핵심 정책의제 및 정책 추진체계 분석을 통한 정

부 혁신 방안 연구, 정보통신정책연구원, 2019.12

히구치 신야, 시로츠카 오토야(2017), AI 비즈니스 전쟁, 이음연구소 옮김, 어문학사, 2017.

DMC MEDIA(2019), 디지털 미디어시장의 판도 조망, 뉴프론트(NewFronts) 2019 살펴보기-요약본, 2019

DMC MEDIA(2020), 주요 포털 및 온라인/모바일/디지털 이슈와 트렌드, 2020.2

Insight Reprot ECOsight 3.0: 미래사회 전망, AI 연구의 주요 흐름

KT경제경영연구소(2019), 5g guide book 세상 모든 새로움의 시작, 2019.4

KT경제경영연구소(2019), 5G의 사회경제적 파급효과 분석, 2019.3

Lea(2020), "가상현실(VR), 증강현실(AR) 기술이 미디어 산업에 적용된 사례", 네이버 블로그, 2020.05.29.

Ohlheiser, Abby. "Trolls turned Tay, Microsoft's fun millennial AI bot, into a genocidal maniac".《워싱턴 포스트》pp.1~4.

STRABASE 보고서(2017), "HBO의 신규 미니 시리즈 'Mosiac', 양방향 시청 앱 제공 개시… TV 콘텐츠의 진화 방향 시사", 2017.11.

구글 어시스턴트: https://assistant.google.com

네이버 뉴스: www.naver.com

데일리팝, 규제 벗어난 '가짜뉴스 사각지대 유튜브': http://www.dailypop.kr

머니투데이, '클릭만 하면 음란물 홍수에 휩쓸린 10대', http://news.mt.co.kr/

삼성전자 빅스비 공식 홈페이지: https://www.samsung.com/sec/apps/bixby/

세계일보 http://www.segye.com/newsView/20200519518455?OutUrl=naver

연합뉴스 https://www.yna.co.kr/view/AKR20200213046200017?input=119

위키피디아 https://ko.wikipedia.org/wiki/

인공지능과 미디어 https://brunch.co.kr/@mezzomedia/32

인공지능신문 http://www.aitimes.kr

정철환(2018), news.chosun.com

키움증권 글로벌 마켓이슈(넷플릭스): https://invest.kiwoom.com/inv/6444 mtview.phpno=2018101710365747031

파이낸셜뉴스 https://www.fnnews.com/news/202004191018456748

YTN https://www.ytn.co.kr/_ln/0105_201603151455101594

http://news.chosun.com/site/data/html_dir/2018/06/28/2018062802243.htm

http://www.bloter.net/archives/263457

[2장]

강정수, 로봇기자의 등장, 한겨레21, 2013.11.13

박명기, 가상현실, 농담 같은 스토리텔링 혁명, 한국경제, 2015.09.03.

박가열 외(2016), 2030 미래 직업세계연구(Ⅱ),한국고용정보원(자료 보강)

방송과 미디어 특집호, 인공지능 기술의 응용, 14~19p, 2020.1

신성헌, 기사 한 꼭지 위해 데이터 수만개 분석, 조선비즈, 2016.11.13.

신택환외, 1인 미디어시대, AI기술을 통한 비즈니스 플랫폼 혁신, nipa, 2018.5

이지성, 차이정원, 에이트(인공지능에게 대체되지 않는 나를 만드는 법), 2019.10

이성락, 로봇 저널리즘 뜻, 컴퓨터 기술에 기초 .소프트웨어 활용한 기사 작성 방식, 더팩트, 2015. 01.30,

일본경제신문사, AI 2045 인공지능 미래보고서, 2019.3

정승훈, 4차 산업혁명시대 신문의 혁신·역할 확인, 경북일보, 2017

조성은 외 4, 인공지능시대 법제 대응과 사회적 수용성, KISDI, 2018.12

정병희, 신뢰할 수 있는 방송. 미디어와 AI, 방송과 미디어 제25권 1호, 2020.1

황준호, 4차산업혁명위원회 민간 주도로 출범, 아시아경제, 2017.08.16.

KBS 인재개발원 자료, 인공지능 인사이트 1차, 2차 자료, 2018.11

KBS 자율연구회 발표 자료(2019)

http://www.asiae.co.kr/news/view.htm?idxno=2017081517370223593

http://news.tf.co.kr/read/life/1481519.htm

https://www.sericeo.org/player/0128/201912230001

https://cmte.ieee.org/futuredirections/artificial-intelligence-lands

https://www.bbc.com/sport/football/44038006

https://www.mesalliance.org/fox-sports-svp-vr-here-to-stay

https://openai.com/blog/image-gpt/

https://beamandrew.github.io/deeplearning/2017/02/23/deep_learning_101_part1.html

https://cmte.ieee.org/futuredirections/2019/07/22/artificial-intelligence

www://deeplearning-academy.com/p/ai-wiki-machine-learning

www://deeplearning-academy.com/p/ai-wiki-machine-learning

https://ettrends.etri.re.kr/ettrends/170/

www://deepai.org/machine-learning-glossary-and-terms

https://www.nhk.or.jp/strl/open2017/index_e.html

https://www.thurrott.com/uncategorized

https://www.geek.com/tech/deepfake-mouth

http://www.apstatsmonkey.com/StatsMonkey/Statsmonkey.html

http://www.todaykorea.co.kr/news/articleView.html?idxno=266749

https://www.forbes.com/#1e4aad472254

https://www.lexically.net/wordsmith/

https://www.shotspotter.com/

https://www.nytimes.com/section/universal/ko

https://www.bbc.com/sport

http://news.einfomax.co.kr

https://cmte.ieee.org/futuredirections/2019/07/22/artificial-intelligence

[3장]

1. 국회보, 커뮤니케이션 혁명 이끄는 1인 미디어, 2020.06.26.

2. 국회뉴스ON, 유튜브 레볼루션: 시간을 지배하는 압도적 플랫폼, 2019.07.31

3. 방송통신위원회, 2019 방송매체 이용행태 조사, 2019.12.

4. 연합뉴스, SMR, 유튜브에도 국내 방송사 클립 제공한다, 2019.12.13.

5. 정보통신기획평가원, 국내 모바일 OTT 서비스 현황(주간 기술동향 Vol.1907), 2019.07.

6. 하나그룹 '하나가득', 레거시를 위협하는 1인 미디어, 2020.02.01.

7. 한국경제신문, 인간은 인센티브에 반응한다, 2007.07.13.

8. 한국콘텐츠진흥원, 2018 대한민국 게임백서, 2019.01.

9. 한국콘텐츠진흥원, 미래 방송의 예측, 결국은 콘텐츠!, 2012.08.10.

10. 한국콘텐츠진흥원, '생각하지 않는 사람들'의 '인간의 조건', 2013.02.05.

11. DMC미디어, 2019년 포털 사이트 이용 행태 조사 분석 보고서, 2019.10.

12. Mobile Index, 마켓 동향 리포트, 2019.01.

13. Nielsen KoreanClick, 월간 인터넷 이용 동향, 2019.05.

14. PC매거진, The Best Video Streaming Services for 2019, 2019.09.

15. Bill Gates, Contents is King, 1996.03.

16. BIS Research, Global Mobile Gaming Market, Analysis and Forecast, (2017-2023), 2017.11.

17. Cisco, Forecast and Trends, 2017–2022 White Paper, 2019.02.

18. Cisco, VNI Global IP' Traffic Forecast 2017~2022, 2019.02.

19. Counterpoint Research, Chip Vendors Accelerate AI Hardware Integration in Mobile SoCs, 2019.04.

20. Covington, P., Adams, J., & Sargin, E. (2016, September). Deep neural networks for Youtube recommendations. In Proceedings of the 10th ACM conference on recommender systems (pp. 191-198).

21. Deloitte, The future of the TV and video landscape by 2030, 2018.11.

22. DeviceAtlas, https://deviceatlas.com/blog, 2019.09.

23. Digital TV Research, SVOD Platform Forecasts, 2019.11.

24. GSMA, Global Mobile Trends 2020: New decade, new industry?, 2019.11.

25. Hofstede, G. (2001). Culture's consequences: Comparing values, behaviors, institutions and organizations across nations. Thousand Oaks, CA: Sage publications.

26. IFPI, Global Music Report, 2019.04.

27. iResearch, User Tracking Report on Internet Sector Q2 2019, 2019.08.

28. Kim, S., Lim, T. (2015). Communicating across cultures with people from Korea. In M. Bennett(Ed.), The SAGE Encyclopedia of Intercultural Competence (pp. 80-84). Thousand Oaks, CA: Sage Publications, Inc.

29. Lim, T., Allen, M., Burrell, N., & Kim, S. (2008) Differences in cognitive relativity between Americans' and Koreans' assessments of self, Journal of Intercultural Communication Research, 37, 105-118, doi:10.1080/17475750802533471

30. Lee, A. Y., Aaker, J. L., & Gardner, W. L. (2000). The pleasures and pains of distinct self-construals: The role of interdependence in regulatory focus. Journal of Personality and Social Psychology, 78(6), 1122–1134. https://doi.org/10.1037/0022-3514.78.6.1122

31. Markets and Markets Research, Virtual Reality Market - Global Forecast to 2024, 2019.11.

32. Mordor Intelligence, Enterprise AI Market - Growth, Trends, and Forecast (2020 - 2025), 2019.06.

33. OrbisResearch, CDN Market-Growth, Trends, and Forecast (2019-2024), 2019.05

34. Page, S. E. (2008). The difference: How the power of diversity creates better groups, firms, schools, and societies-new edition. Princeton University Press.

35. Sandvine, 2020 Global Internet Phenomena, 2019.09.

36. Sandvine, The Mobile Internet Phenomena Report, 2019.09.

37. Statcounter, https://gs.statcounter.com, 2019.10.

38. Statista, Video Streaming (SVoD) on worldwide, 2019.07.

39. Synergy Research Group, Cloud Infrastructure Services Market, 2019.07.

40. 42matters, https://42matters.com/stats, 2019.10.

[4장]

가상현실(VR) 영화의 최신 사례 분석(2018), 한국전파통신진흥원(KCA) 트렌드 리포트.

김석기, 김승엽, 정도희(2017), IT트렌드 스페셜 리포트, 서울:한빛미디어.

김은솔, 김지연, 유은진, 박태정(2017), 가상환경(VR) 운영체제 프로토타입 연구, 방송공학회논문지, 22(1), 87-94.

남현우, 가상현실 증강현실 게임기술 발전 동향, TTA저널 Vol.167. pp83-89.

민준호(2016), 가상현실과 증강현실의 현실. 서울:커뮤니케이션북스.

박유리(2016), ICT생태계 경쟁의 새로운 무대, 가상증강현실, KISDI Premium Report.

박태정(2017), 교육의 미래를 바꿀 VR-러닝 활용 방안.

삼정KPMG 경제연구원(2018), 게임 산업을 둘러싼 10대 변화 트렌드.

이길행, 김기홍, 박창준, 이헌주 외 5인(2018), 가상현실 증강현실의 미래.

이헌주, 김화숙(2018), 가상·증강현실 기술 및 산업 동향, 기획평가원 기술 동향.

양희태(2019), VR 기반 가상 스포츠 산업 활성화를 위한 정책 방안, 한국통신학회논문지 44(11).

윤현영(2019), VR·AR·MR 관련 기술 및 정책 동향 주간 기술동향, 정보통신기획평가원.

장영찬, 임종석, 김재현(2018), 가상·증강현실(VR/AR) 산업 동향, 정보통신기획평가원 한국통신학회지(정보와 통신) 36(1).

장형준(2018), VR 특성이 이용자 만족과 지속 이용 의도에 미치는 영향에 관한 연구, 서울과학기술대학교 박사논문.

최정원(2018), 생산성을 높이는 증강현실 기술.

한국과학기술기획평가원(2016), 가상증강현실기술,2016기술영향평가보고서.

한국산업기술진흥원(2017), AR·VR산업동향 및 기술전략,기술동향 브리프.

[국내외 기사/칼럼 내용]

가상현실, 5G 콘텐츠 전쟁의 핵심으로. 2019.02.06.

IT World, "가상현실을 실전에 적용한 6가지 산업분야," 2016. 6. 15.

KEIT, "미국의 가상현실 산업 현황," 2016. 5. 10.

5G 시대, VR/AR 영향력 커진다. 2019-02-20

5G 네트워크와 가상현실. 하대겸, 2018.05.23.

5G가 바꾸어 놓을 콘텐츠 세상. 최호섭

5G로 가속도 내는 가상현실 산업. 2019.01.28

Augmented/Virtual Reality Report Q1 2018, Digi-Capital, 2018.

Digi-Capital, "The 7 drivers of $150 billion augmented/virtual reality," 2015.

Google Open Source Blog, "Omnitone: Spatial audio on the web," 2016.

IDC, "Worldwide Augmented and Virtual Reality Hardware Forecast," 2017-2021, 2017.

[5장]

1. KCA 트랜트리포트, 'BBC의 OTT전략과 시사점-iplayer와 Britbox를 중심으로' (2020년)

2. OTT 레볼루션, 온라인동영상시장의 지각변동과 비즈니스 기회, Issue Monitor, 삼정KPMG (2019년)

3. 2018년 방송시장 경쟁상황 평가, 방송통신위원회(2019년)

4. 2019 미디어 시장 지형도, KBS PSM전략부(2019년)

5. 2019년 방송매체 이용행태 조사, 방송통신위원회(2019년)

6. 2019 OTT 서비스 트렌드 리포트, 메조미디어, CJ ENM(2019년)

7. 권은정, 개인방송 규제에 관한 법체계적 고찰-'통합방송법안'에 대한 비판을 중심으로, 한국공법학회(2019년)

8. 권형둔, 헌법상 방송개념과 OTT서비스의 방송법적 규제의 정당성, 언론과법(2019년)

9. 김대원 · 김수원, 주요국의 OTT 규제 톺아보기. KISO 저널(2019년)

10. 김여라, 이슈와 논점, 새로운 미디어서비스 출현에 따른 방송법 개정의 과제, 국회입법조사처(2019년)

11. 신혜원 · 지성우, KCA 미디어 정책세미나 방송의 정의와 방송사업분류체계 개선방안: OTT 서비스를 중심으로, 미디어 환경변화에 따른 방송 개념의 확장가능성, 한국방송통신전파진흥원(2018년)

12. 정두남 · 정인숙, 방송통신융합에 따른 광고제도 변화에 관한 연구 수평적 규제체계의 도입에 따른 광고규제 개선방안, KOBACO 연구보고서(2017년)

13. 정용준, 한국 방송정책의 가치와 이념, 방송통신연구, 한국방송학회(2011년)

14. 정은진, 2018년 미국 TV방송사의 인터넷 동영상 시대 대응전략(2018년)

15. 주대우, 英, 공영방송의 미래 보고서 발표, KBS공영미디어연구소(2019년)

16. 천혜선, OTT 콘텐츠 산업 성장의 기회인가 위기인가, 미디어미래연구소 (2019년)

17. 황유선, 글로벌OTT사업자의 국내진입에 따른 미디어 생태계 영향, KISDI(2018년)

18. 황준호 · 김태오, KISDI, Premium Report, EU 시청각미디어서비스 지침 개정안의 주요내용 및 시사점(2016년)

19. Curran, J.(2002). Media and Power. London and New York: Routledge.

[6장]

기명석 · 석진욱 외(2017), 'HDR/WCG와 3D 오디오를 지원하는 초고품질방송 서비스와 고정 UHD/이동 HD방송 서비스를 제공하는 ATSC 3.0 기반 UHD방송시스템 개발', 방송공학회논문지, 제22권 제6호, 2017. 11.

김광호(2013), 지상파방송의 700MHz 주파수 대역 활용방안, 방송문화, 2013. 11.

김광호 · 박성규 · 이창형 외(2018), '4차산업혁명과 미디어의 미래', 방송문화진흥총서 182, 한국학술정보, 2018.

김남두(2015), 방송 서비스 고도화를 위한 지상파 UHD 방송 및 방송주파수 정책방안 연구, 방송통신위원회, 방통융합정책연구, 2015-38.

김용환(2015), 'MMT 표준 기반 방송통신 융합 멀티미디어 전송', 방송통신융합 기술, 방송과 미디어, 한국방송공학회 학회지, 2015. 1.

김용희(2019), '5G 혁신성장과 산업변화에 관한 연구', 5G 실감미디어 기술, 방송과 미디어, 한국방송미디어공학회 학회지, 2018. 7.

김학용(2019), '5G 서비스 구현 기술의 이해', 5G 실감미디어 기술, 방송과 미디어, 한국방송미디어공학회 학회지, 2018. 7.

김헌진 · 이성준(2019), 독일 5G주파수 최근(2019) 경매사례분석, 전자통신동향분석 34건 제6호, 2019. 12.

김현순 · 이민규(2015), '방송 · 통신 융합서비스 동향', 방송통신 융합기술방송과 미디어, 한국방송미디어공학회 학회지, 2015. 1.

민동철(2018), 지상파 UHD 방송 활성화를 위한 기술정책 연구, 서울과학기술대학교 대학원 석사논문, 2019. 8.

박구만(2019), '자유시점 콘텐츠 구성기술 개발사례', 5G 실감미디어 기술, 방송과 미디어, 한국방송미디어공학회 학회지, 2018. 7.

박상우 · 이석원 · 이종식(2019), '5G가 열어가는 자율주행 세상', 자율주행자동차, 방송과 미디어, 한국방송미디어공학회 학회지, 2019. 1.

박성규(2014), 델파이와 기술의 사회적 구성론 분석을 적용한 지상파 UHDTV 방송 도입에 관한 연구, 서울과학기술대학교 대학원 박사논문, 2014. 2.

박성규 · 김동우 · 박구만(2013), 'UHDTV방송을 위한 기술동향과 효율적 주파수 활용', 방송과 미디어, 방송공학학회지, 2013. 4.

박성규 · 이창형(2014), '지상파 UHDTV방송의 주파수 활용과 이용자 수신환경 개선에 관한 연구', 전자파기술, 한국전자파학회지, 2014. 9.

박승근(2019), 제4차 산업혁명 활성화를 위한 5G 추가 주파수 공급의 전략적인 의견, 전자통신동향분석 34권 제6호, 2019. 12.

방송통신위원회(2015), 지상파 UHD 방송 도입을 위한 정책, 2015. 12.

방송문화진흥회(2018), 2018년도 문화방송 경영평가 보고서, 방송문화진흥외, 2018.

서영우(2019), '5G 서비스와 방송미디어의 진화', 5G 실감미디어 기술, 방송과 미디어, 한국방송미디어공학회 학회지, 2018. 7.

서유림·강석주(2019), '딥러닝 기반 Super Resolution 기술의 현황 및 최신 동향', 방송과 미디어, 최신 미디어와 인공지능, 한국방송미디어공학회 학회지, 2019. 1.

서재현·이봉호(2018), 지상파UHD모바일 방송 시범서비스 현황, 방송과 미디어, 2018. 4.

석왕헌·허필선(2020), 국내UHD 서비스 현황 및 경쟁력 평가, 전자통신동향분석, 35권 제1호, 2020. 2.

송슬기·백종호(2018), 지상파 8K UHD 방송, 통신 융합서비스 기술, 2018 방송과 미디어 제23권 1호.

신유상·이재권(2018), 2018 평창 동계올림픽 ATSC3.0 표준기반 4K-UHD/모바일 HD방송 추진 결과, 방송과미디어, 2018. 4.

신지형(2019), 2019년 방송산업 실태조사, 과하기술정보통신부, 2019. 11.

안성준·박성익·권선형(2019), 차세대 지상파 DTV 방송기술 동향, 주간기술동향, 2019. 7. 24.

안호천(2015), '3밴드 LTE-A', 대한민국 희망 프로젝트 414, 전자신문 기사, 2015. 2. 2.

옥광호(2019), '홀로그램 기술과 사업화 현황', 디지털 홀로그램 미디어 기술, 방송과 미디어, 한국방송미디어공학회 학회지, 2019.

이상운(2019), '자율주행자동차 시대의 도래와 방송통신의 역할', 자율주행자동차, 방송과미디어, 한국방송미디어공학회 학회지, 2019. 1.

이상진(2019), 지상파 UHD 방송 현황과 앞으로의 과제, 방송과기술 vol 277, 2019. 1.

이정아·박성일(2018), 2018 NAB Show 출장결과-차세대 방송기술 동향 조사 및 미국 현지 방송사 방문. 방송통신위원회, 2018. 4.

이창형(2015), '지상파 다채널서비스 잠재 수용자의 이용의도에 미치는 영향요인에 관한 연구', 서울과학기술대학교 박사학위 논문, 2015. 2.

이후삼(2019), UHD 모바일 방송의 이용자 선호도와 방송서비스 편익 분석, 서울대학교 공학전문대학원 석사논문, 2019. 12.

임정윤·임운·심동규(2016), 'HDR/WCG 영상 압축을 위한 표준기술 동향', 고실감 UHD, 방송과미디어, 한국방송비디어공학회 학회지, 2016. 1.

임중곤·전성호·김진필(2018), KOBA 컨퍼런스 발표, 2018. 5.

임중곤, 함상진 외(2014), '국내지상파 UHDTV 표준화와 서비스 추진 동향', 전자파기슬, 한국전자파학회지, 2014. 9.

전자신문(2019), 'SK텔레콤, 美 '차량극장' 선점한다. 5G·UHD 융합 시연 성공', 전자신문 기사, 2019. 6. 4.

정상섭(2019), '5G 시대 도래와 콘텐츠의 미래', 5G 실감미디어 기술, 방송과 미디어, 한국방송미디어공학회 학회지, 2018. 7.

정용찬·최지은·김윤화(2019), 2019 방송매체 이용행태 조사, 방송통신위원회, 2019. 12.

최아름(2019), 5G보다 50배 빨라 6G연구개발 어디까지 왔나, 정보통신신문, 2019. 10.

채수현(2014), '디지털지상파 라디오 방송의 전송방식 결정요인에 관한 지상파 방송사의 인식차이 연구', 서울과학기술대학교 석사학위 논문, 2014. 8.

한상혁(2019), 2019 방송통신위원회 연차보고서, 방송통신위원회, 2020. 3.

황성희(2016), 지상파 UHDTV 방송 송수신 정합 Overview, TTA Journal Vol. 167.

황순주·김희정·신동재(2018), 일본 공무국외출장 결과(미래방송기술·재난방송 및 지역방송 정책동향 조사), 방송통신위원회, 2018. 3.

ATSC.org(2020), ATSC Standard: "ATSC 3.0 System, 2020, 5. 15.

Erik Dahlman 외(2013), 조봉열 역, '4G LTE/LTE-A 이동통신시스템', 홍릉과학출판사, 2013. 2.

UHD KOREA 홈페이지(uhdkorea.org).

[8장]

강상현(2013), 공·민영 체계 개편 및 공영방송 지배 구조 개선 방안, 방송문화연구 제25권 1호 pp 39-74, 방송문화진흥회

강재원(2009), 융합시대, 공익 개념의 지형도, 그리고 공익의 재개념화, 방송통신연구 겨울호, pp 9-41, 한국방송학회.

고민수(2008), 공영방송 구조개편 논의에 관한 헌법적 고찰: 국가기간방송에 관한 법률안을 중심으로, 한국언론정보학회 세미나, 2008. 11, pp 59-80,

김광호(2011), 우리나라 공영방송사 책무평가, 미래미디어연구소

김성중(2019), 다매체, 다채널 시대에도 공공 서비스 미디어는 필요한가, 방송문화 겨울호, pp 36

김진웅(2003), 방송 공익성의 철학적, 제도적 분석, 방송과 커뮤니케이션 12, p6-31, 문화방송

김진웅(2008), 공영방송의 상업화에 대한 연구, 커뮤니케이션학 연구, 제 16권 3호

박종원(2018), KBS 제도에 영향을 미치는 요인과 지배 구조개선에 관한 전문가 인식 연구, 한국디지털콘텐츠학회 논문지 제19권 6호

박종원(2018), 공영방송 제도 개선에 관한 전문가 인식 연구, 서울과학기술대학교 IT정책대학원 박사논문, 2018

박홍원(2012), 공론장의 이론적 진화-다원적 민주주의에 대한 함의, 언론과 사회, 2012.11, p179-229, 성곡언론문화재단

박흥수(1995). 『다매체 시대의 프로그램 공익성 구현 방안에 대한 고찰』, 연세행정논문 총20집, 연세대행정대학원.

방정배 등(2008), 방송통신융합시대 공영방송 규제 제도화 방안: 거버넌스 및 책무성 시스템 논의를 중심으로, 방송통신위원회, 2008

안창현(2008), 공영방송의 설명책임에 관한 연구:NHK의 '개혁재생사업'을 중심으로, 한국언론정보학보, 2008.02, p268-302

윤석민(1999), 다채널 상황하의 수용자 복지와 보편적 방송영상 서비스. 한국언론정보학보 44(1), 1992.12, p287-327, 한국언론정보학회

윤석민(2002), 21세기 방송환경변화와 새로운 방송이념, 방송연구, 2002

윤석민(2011), 다채널 디지털 시대 새로운 방송 공공성 이념의 모색, 한국방송학회 세미나 자료, 한국방송학회

윤석민·홍종윤·오형일(2012), 멀티 플랫폼 시대, 방송의 공익성과 공영방송의 역할, 방송문화연구 제 24권 2호 p7-35, 한국방송

윤영철(2001), 디지털시대 방송의 공익성과 민주주의, 방송통신연구 52, 2001.8, p33-55, 한국방송학회

이준웅 외(2011), 방송의 디지털 전환과 디지털 지상파 플랫폼 서비스의 다변화, 한국방송학회 방송통신연구

이준웅(2009), 디지털 시대 공영방송의 전망, 전략, 그리고 지배 구조

이준웅(2011), BBC 미래 전략 ; BBC 디지털 서비스의 발전과 공영방송의 사회적 기능, 한울 아카데미, 2011

이준웅(2017), 공영방송 정체성 확립을 위한 지배 구조 개선방안, 방송문화연구 29권 1호 pp 73-120

이창근(2013), 공영방송의 공공 가치 개념에 대한 이론적 검토, 언론과 사회 21권 1호, p74-135, 성곡언론문화재단

정영주(2015), 공영방송 제도 정립을 위한 현행 방송법의 한계와 입법 과제 고찰: 판례분석을 중심으로, 언론과 법, 2015

정용준(2007), 시민사회와 방송개혁, 방송통신융합 시대의 민주적 방송 제도를 위하여, 커뮤니케이션북스, 2007.

정용준(2015), BBC의 공론장 모델에 대한 역사적 평가, 방송통신연구, 2015.07, p165-184, 한국방송학회

조소영(2019), 방송법 개정 관련 법안들에 대한 법적 검토: 한국방송공사의 공적 책임 및 지배 구조 개선내용을 중심으로, 언론과 법 18(1), 한국언론법학회

조항제(2015), 공영방송의 미래적 모색: 공론장과의 공진화, 언론과학연구 15(4), 2015.12 p405-446, 한국지역언

론학회

조항제(2019), 공정성의 이론적 구성, 방송문화 겨울호 pp 11-12

지성우(2017), 공영방송의 내부적 자유와 공정성에 관한 연구, 미국헌법학회 미국헌법연구 28(2)

최선욱(2016), 미디어 환경변화에 따른 공영방송의 대응전략과 과제, 공공 서비스 미디어로의 전환, 한국방송학회 봄철정기학술대회, 2016

[단행본]

김광호 외(2013), 미디어 융합과 방송의 미래, 진한미디어, 2013

김광호 외(2018), 4차 산업혁명과 미디어의 미래, 한국학술정보, 2018

강형철(2004), 공영방송론: 한국의 사회변동과 공영방송, 나남신서 1059

강형철(2012), 공영방송 재창조; 공영방송에서 공영미디어로, 나남, 2012

강형철(2016), 융합미디어와 공익, 나남신서 1885, 나남

그레이엄 머독(2011), 디지털 시대와 미디어 공공성, 이진로 등 역, 나남

데니스 맥퀘일(2006), 디지털 시대 공영방송의 책무 수행 평가, 강형철 역, 한울 아카데미, 2006

데니스 맥퀘일(2013), 커뮤니케이션 이론 제5판, 양승찬 · 이강형 공역, 나남

배용수(2006), 규제정책론, 대영문화사

조항제(2014), 한국 공영방송의 정체성, 컬처룩

크리스천 니센(2007), 디지털시대의 공영방송, 김형일 역, 커뮤니케이션북스, 2007

피카드(2013), 공공미디어의 경제학, 이진로 등 역, 마고북스, 2016

하버마스(1987), 사실성과 타당성; 담론적 법이론과 민주적 법치국가 이론(2000), 한상진 · 박영도 역, 나남 출판

하버마스(1989), 공론장의 구조변동; 부르조아 사회의 한 범주에 관한 연구, 한승완 역(2001),

하연섭(2011), 제도분석 이론과 쟁점, 다산출판사

핼린과 만시니(2009), 미디어 시스템 형성과 진화, 김수정 역, 한국언론재단, 2009

[기사 인용]

미디어오늘(2020), 로이터저널리즘연구소, 한국 뉴스 신뢰도 "올해도 최하위", 2020. 06. 17일자 기사

[해외 논문]

Allan Brown(1996), Economics, Public Service, Broadcasting, and Social Values, The Journal of Media Economics, 9(1)

Bardoel, J. and D'Haenens, L. (2008) 'Reinventing Public Service Broadcasting in Europe: Prospects, Promises and Problems', Media, Culture & Society, 30(3): 337–355.

BBC (2004) Building public value. Renewing the BBC for a digital world. London.

BBC(2007), Royal Charter, 2007

C. Hamlink(2007), Toward Democratic Media Governance, Media Between Culture and Commerce Changing Media – Changing Europe Series Vol 4, pp225-240

Curran(2002), Media and Power. Routledge

Davies, G(2004) The BBC and Public Value. London: The Social Market Foundation.

Donders, K.(2012) Public Service Media and Policy in Europe. Palgrave Macmillan. DOI: 10.1057/9780230349650 (edition 2011).

E. Nowak(2014), Autonomy and Regulatory Frameworks of PSM in the Triangle of Politics, the Public and Economy: A Comparative Approach, Reuters Institution for the Study of Journalism, pp1-20, 2014

Francis. J. G.(1993), The Politics and Regulation, The Comparative Persrective. Cambridge, MA: Blackwell Publishers.

Graham Murdock(2004), BUILDING THE DIGITAL COMMONS: PUBLIC BROADCASTING, University of Montreal, The 2004 Spry Memorial Lecture, Vancouver, 18 November 2004 IN THE AGE OF THE INTERNET,

Hallin, D. D. & Mancini, P.(2004). Comparing Media Systems: Three Models of Media and Politics. Cambridge: Cambridge University Press

Hallvard Moe(2011), Defining public service beyond broadcasting, Department of Information Science and Media Studies, 2011

Hanretty, C.(2009), The Political Independence of Public Service Broadcasters, EUROPEAN UNIVERSITY INSTITUTE, Department of Political and Social Sciences

Held, V.(1970), The Public Interest and Individual Interests, New York: Basic Books.

Humphreys, P. (2009). A political scientists's contribution to the comparative study of media systems in Europe: A response to Hallin and Mancini. Paper presented at the ECREA-CLP workshop New Directions for Communication Policy Research, Zurich.

Indrajit Banerjee and Kalinga Seneviratne(2005), Public Service Broadcasting: A best practices sourcebook, UNESCO

Ivana Andrijašević(2015), Public Service Broadcasting as a Public Good: Challenges in the Digital Era, MEDIA STUDIES, p23-40

Jakubowicz, K.(2007) Public Service Broadcasting: A Pawn on an Ideological Chessboard. In de Bens, E. (ed.) Media between Culture and Commerce. Bristol: Intellect Books.

James Deane(2004), A. Brown(1996), Economics, Public Service Broadcasting, and Social Values, The Journal of Media Economics, Vol 9(1), pp 3-15, 1996

Jarren, O. & Donges, P.(2001), Swiss Public Service broadcasting in the network: Possibilities to secure and bind SRG to society, Series Discussion Point: Vol 41, pp 60-65, 2001

Mary Debrett(2009), Riding the wave: public service television in the ulti-platform era, Media, Culture & Society, in 2009 Vol. 31(5)

Moe. H(2012) Governing Public Service Broadcasting: Public Value Test in Different National Contexts, Communication Culture & Critique, pp 207-216, 2012

Moore. M(1995), Creating public value: Strategic management in government. Cambridge, Mass: Harvard University Press.

Ofcom(2003), Communications Act 2003

Ofcom(2004) Ofcom review of public service television broadcasting. Phase 1 – Is television special? London, Ofcom

Peter Lunt & Sonia Livingstone(2013), Media studies' fascination with the concept of the public sphere: critical reflections and emerging debates, Media, Culture and Society, 35 (1). pp. 87-96.

Petros Iosifidis(2011), THE PUBLIC SPHERE, SOCIAL NETWORKS AND PUBLIC SERVICE MEDIA, SERVICE MEDIA, Information, Communication & Society, 14:5, 619-637

Robert G. Picard(2011), The Changing Nature of Political Case-Making for Public Service Broadcasters, Regaining the Initiative for Public Service Media. RIPE@2011

Sondergaard, H(1999), Some Reflection on Public Service Broadcasting, Nordicom Review(1), pp 21-28.

Syvertsen, T.(2003), Challenges to Public Television in the Era of Convergence and Commercialization, TELEVISION & NEW MEDIA Vol. 4 No. 2, May 2003

Wermer Rumphorst(1998), Model Public Service Broadcasting Law, UNESCO, 1998

AI 시대의
미디어

Media in the Era of Artificial Intelligence

초판 1쇄 인쇄 2020년 8월 31일
초판 1쇄 발행 2020년 9월 4일

지은이   김광호, 안동수, 박성규, 이창형, 김상철
           박창묵, 박종원, 장형준, 이희대, 김상연
펴낸이   박정태
편집이사   이명수   출판기획   정하경
편집부   김동서, 위가연
마케팅   박명준, 김유경   온라인마케팅   박용대
경영지원   최윤숙

펴낸곳   북스타
출판등록   2006. 9. 8 제313-2006-000198호
주소   파주시 파주출판문화도시 광인사길 161 광문각 B/D
전화   031-955-8787   팩스   031-955-3730
E-mail   kwangmk7@hanmail.net
홈페이지   www.kwangmoonkag.co.kr
ISBN   979-11-88768-28-8 13300
가격   20,000원

표지디자인 by 이창형